東アジア「開明」知識人の思惟空間

―― 鄭観応・福沢諭吉・兪吉濬の比較研究 ――

金　鳳　珍

九州大学出版会

はしがき

「アジア」とは——その語源は古代アッシリア語の「アスー aṣû」すなわち「出て行く」を意味する動詞である——「日の出てゆくこと」、つまり「日の出」を意味する（ちなみにヨーロッパは「日没」を意味する）。このセム語がギリシアに入って、空間概念としてのアジアがつくり出されたと思われる。むろんアジアという空間概念は、近代に至るまで、統合された実体を前提とするものではなかった。その後、近代資本主義の地球化の過程のなかで、アジアは「東方の果て＝極東」まで拡大し、やがて地球全体の世界が形成された。そこで「東方のアジア」すなわち東アジアという地域概念が誕生した、というより、〈他者〉からもたらされ、与えられた。その出自によって当初から、この概念自体が欧米中心的近代主義やオリエンタリズムを内包するといった問題性を孕んでいたということができるかもしれない。そして東アジアには、山室の表現を借りるならば、自己でありながら自己ではないという二律背反がつきまとい、それがまた可能態としてのありうべき東アジアという像を再生産してきたのである（山室信一 二〇〇一、二）。ともあれ、近代以降、実態としての東アジアは分裂しかつ分割されていった（この分裂と分割は、それぞれの仕組みを変えながら、今なお再生産されているように思われる）。

東アジアの分割はさておき、その分裂は、端的に言えば、近代資本主義の地球化への適応の様式の差に起因する。この近代資本主義の地球化は、民族主義と植民地主義とが世界大に拡散する過程を伴っていた。それは、産業化と民主化、自由と進歩を象徴する一方、他方では、暴力と専制を肯定するという矛盾的な二重性（＝背反性）を帯びていた。したがって、この地球化に適応しようとした東アジア諸国の投企または近代化も矛盾に満ちていた。その矛盾は、象徴的に言えば、「近代」（文明、秩序、制度、思想などを含む概念。ただ近代と表記する場合もある）への適応の様式として「模倣と反発」との二重性として現れた。だがそれは、結局、近代の力に圧倒される形で〈解消〉された。同時にそれぞれの「伝統」（ただ伝統と表記する場合もある）は、近代の負の側面への批判力、抵抗力を喪失していった。そして東アジアは、近代とくにその負の側面に呪縛されていった。その間、一部では、近代と伝統のもつ――負の側面を克服ないし止揚する形で――正の側面を配合ないし融合しようという試みもあったが、その試みは「伝統と近代の批判的省察」という東アジア共通の思想課題（本書の終章を参照）を残したまま〈霧散〉した。その過程のなかで、東アジアは――「不幸な歴史」を記録し、それがまた域内の諸国民の深層心理に「感情の記憶」を刻みかつ伝承しつつ――分裂し分割されていったのである。むろん、これに対する抵抗（言説）としての連帯の構想や統合の模索もあった。しかしこれも、東アジア共通の思想課題を残したまま、「連帯と自主の相克」の状況のなかで漂流しかつ失踪していった。

もちろん、伝統から近代への転換の過程のなかで、近代への「模倣と反発」は多様な方式で表出した。その表出方式には、国々や人々それぞれの位相・思惟空間（の差）により、さまざまな相違（性・点）が――類似（性・点）も――伴っていた。たとえば東アジア三国――清国（清朝中国）、日本、朝鮮――（以下三国と記す）の知識人の間には、近代への「模倣と反発」の表出方式における相違が生じた。その背景には、それぞれの伝統とその表出方式の異質性はもちろん、それに伴う、伝統と近代の配合・融合の仕方の相違もあった。この相違は三国の知識人の思惟空間の差とともに、彼らの思惟構造・様式とその作用――の変化――の異質性に起因する。もっとも、その間の相違や異質性のみならず、あわせて相互の類似や同質性にも注目しなければならないのは言うまでもない。これらの論点も含め、本書の題名に挙げた三国それぞれの「開明」知識人三人の思惟空間における対内外観とその変容がいかなるものであったか、それをどのような方法で比較分析するか、またそれをどのような視点から捉えようとしているかを明らかにすることが本書の課題である。

ところで、近年、東アジアとくに三国の思想史を含む多様な分野の比較研究への関心が――同分野および関連分野の研究に携わっている三国や世界各国の学者、知識人の間で――高まっている。こうした傾向は「地域」としての東アジアへの関心の高まりと軌を一にするものである。その背景にはとりあえず経済成長を動因とする東アジアの復活がある。それが、経済空間としての東アジアへの関心を促し、「地域」（の可能態）に対する地理学的想像力とリージョナルな感覚をつむぎ出している、そのなかで「地域」の比較研究への関心も高まっているように思われる。だが同時に、新しい地球化の時代の到来も、それと同時進行している世界各地での地域化への傾向もその背景にあるように思われる。この地域化への傾向は新しい地球化への適応の一様式であるということができるかもしれない。

この新しい地球化は、「伝統＝前近代から近代へ」の転換期における近代資本主義の地球化に通底するものであるという認識も可能である。現在、東アジアを含む世界の諸地域は、「現代」の文明、秩序、制度、思想などを含む世界規模の状況変化のなかで、いわば「モダンからポストモダンへ」の転換期を迎えているということができるかもしれない。とはいえこの新しい地球化は、個人や国家の自己責任、自由競争を前提する上で、新自由主義の市場経済が世界の諸地域に浸透していく過程でもある。その意味では、この新自由主義的地球化は近代資本主義的地球化の改訂版であるといえる。したがってそのなかには、衣を替えた新たな矛盾が含まれている。新自由主義は、民族主義に寄生しつつ、新しい――文化的、経済的、政治的――植民地主義と〈共犯関係〉を結んでいるという負の側面をもつ。ゆえにこれは、欧米中心的近代主義を温存しかつ新たな欧米中心主義を再生産するためのイデオロギー的枠組みとして機能しており、それがまた私たちの言説の時空間を支配している――言説編制を再生産している――機制ともなる。

もちろん、この新自由主義的地球化の矛盾や負の側面に対する批判も抵抗も、東アジアを含む世界の諸地域の一角で浮上しつつある。しかしながら三国の政界、学界、知識界など各界の主流派は、それらの矛盾にはほぼ鈍感で、むしろ〈共犯関係〉の一翼に加担しているといえるのではなかろうか。そこで新自由主義的地球化の矛盾や負の側面に対する三国の批判力、抵抗力はいまだ志を得ずにいるといえるのではなかろうか。それゆえ、「近代の呪縛」はいまなお東アジアひいては世界の隅々に徘徊しているといえるのではなかろうか。

一方、世界の諸地域での地域化への傾向に沿った形で、三国の間においても、遅ればせながら経済空間としての「地域」の統合すなわち地域化という「実験、実践」の試みが始まっている。これは、三国それぞれの一国主義や一国史の限界を超えるべく、その後に来るべき地域主義や地域史――ひいては世界史――への想像力を促しかつ形成して、またそのことによって、地域主義や地域史そのものを現に育成していくという方向につながることができるかもしれない。それらのことは、三国の（比較）思想史の一課題であるといえるのではなかろうか。がしかし、地域的アイデンティティとしての東アジアの地域主義や地域史への想像力は、三国の間では、まだ形成されていないといえるのではなかろうか。

もっとも、「地域」としての東アジアとその比較研究への関心は、この地域ないし世界への認識（の位相・思惟空間）における新しい地平を開いていくための動因になりうるかもしれない。だが、「地域」にかかわる多様な分野の比較研究への関心が高まっているとはいえ、その関心の多様さや高さに比べてみれば――みても――件の比較研究は、まだ数も種類も少なく、あえて言えば、そのレヴェルもまた低いといえるのではなかろうか。なお、比較のための視点と分析方法に触れるならば、その多くは――批判的省察に欠けた――「借物」であるわけで、「地域」の特殊性を含む属性および域内の現場性（ローカリティ）を反映するものでもなければ、ゆえに「地域」のいろいろな属性や「現場」をうまく比較し分析するものでもないといえるのではなかろうか。

こうした一連の問いは、東アジア地域の比較思想史の分野における新しい地平を開くことを目指した、本書の問題提起や問題意識とも深く関わっている（序章と終章を参照）。とくに比較のための視点と分析方法への問いと関連して、序章では「アジアから考える」という視点および文明論的な視点を提示し、「構造相関」的分析を打ちたてた。これら二つの視点に基づいて本書の本文で試みた比較分析は、近代三国の比較政治思想史という分野の一角を――ここに「伝統と近代の批判的省察」「近代の呪縛の超克」などの思想課題とそれにかかわる「知的実践」を投企しつつ――明らかにしようとしたものである。とはいえ、同分野の膨大な範域（＝範囲・範疇・領域）からいえば、本書は、その一端の解明・解釈に挑んだ一試論にすぎない。三国を含む東アジア地域の比較政治思想史ないし比較思想史一般の分野は、あたかも荒れ地のように、その開拓、開墾そして新しい地平の開きを待っているのである。

山室は、「人類史を多様な人や民族、思想や文化の間の相互の結びつき、背反、ほころび、分離の限りない反復の過程と捉え、諸地域の歴史を同時代の世界史の一環として関連づけていくこと――それが思想史の課題であるとするならば、アジアにおける、そしてアジアをめぐる思想の流れこそ、その対象としてあるはずである。ただ、わたし自身はそれをあくまで日本という足場から眺めることしかできない」（山室信一 二〇〇一、viiiページ）と述べている。そして山室は、自著を『思想課題としてのアジア』と題したのは、「アジアという空間が思想の課題として立ちはだかっているということとともに、なによりもそうした問いを、可能な限り根源的な地点まで問い続けることが思想史の課題であるという意味を込めたものである」（同）と記している。

この山室の著書は、近代東アジア思想史における「基軸・連鎖・投企」という視角を提起しかつ膨大な関連史料（テクスト）を考察した――しかもこの地域の思想史を（思想）課題として検討した――好著である。彼の提起した視角は、筆者が提示した二つの視点、なかでも「アジアから考える」という視点と通底する面をもつ。そして彼の考察は、筆者が試みた「比較分析」につながる可能性をもつ。というのは、彼の考察の対象は「地域」の思想（史）であり、したがって域内諸国・人々の思想（史）の「比較」を必然的に伴わざるをえないが、しかし彼の考察の範疇は「比較分析」を含んでいない。彼の考察は、端的にいえば、「構造相関」的分析を試みているものではない、がしかし、そうした分析の地平を開くための契機ないし動因にはなりうると思う。

先の引用文のなかの二つの傍点部分については、筆者なりの問題意識を表明する形で、その問題性を指摘してみたい。まず、「同時代」を、筆者は「歴史的コンテクスト＝状況（変化）」と捉えてみたい。このことを前提として、その前後文脈をあわせて言い換えるならば、諸地域の思想史の課題は「域内における、そして域内をめぐる思想の流れを、地域史と世界史のコンテクストに照らして解明・解釈していくこと」であるということになるだろう。こうした課題を近代の三国の思想史に限定するなら、それは、本書の（思想）課題としての「構造相関」的分析の対象にほかならない。ただし、それを「近代」という歴史的コンテクストに照らしてみる、筆者の視野は必ずしも「同時代」に限定されるものではない。つまり、筆者は、三国における伝統から近代そして現代、将来までの時空間を視野に入れているのである。

次に、山室は「日本という足場」にこだわっているようであるが、筆者は「韓国という足場」に拘束されたくない。もっとも――本書の序章の註21の表現を借りて言えば――筆者も、自分の存在基盤である所与の場（トポス）から自由ではありえないだろう。したがって、その自由でないこと（いわば「存在被拘束性」）による一定の被拘束的様相をみせるようになるかもしれない。がしかし、筆者は、自分のトポスを超えたところに、多重の、複数次元の位相・思惟空間を主体的に設定していきたい。そして、異なるトポスと重なり合うところに、できれば常に、新しい空間と地平を開いていきたい。こうして生成する空間と地平のなかで筆者は、自分の存在をある一定のトポスから自由にし、自分をとりまいている「現実」に抵抗し、「現実」を拘束するための「理想」を養っていくつもりである。これは、筆者が、近代三国の比較政治思想史の課題そして「思想課題としての東アジア」と取り組むことになった契機ないし動因——あるいは結果——だったということができるかもしれない。

ここで最後に、われわれの「存在被拘束性」という「現実」における歴史性と先入見の問題に触れておきたい。われわれはいつもすでに、ある特定の歴史に負荷されている、歴史性をもつ。しかし「ある特定の歴史」のなかには、自己・自国の歴史と相関する他者・他国の歴史も、一定の程度、含まれている。そこで自己の歴史性と他者の歴史性との作用連関が成立する。ところが、それを忘却することによって、自己とは無関係な他者、現在とは無関係な「過去そのもの」という幻想が生まれてくる。自己とは無関係な他者という幻想は、思想課題における一方主義や一国主義あるいは自己と他者に対する二重基準を作り出す。そして、その「過去そのもの」とは歴史主義の幻想である。歴史研究における客観性や実証主義の〈誤謬〉は、この歴史主義の幻想に起因する。この歴史主義の幻想は「歴史的コンテクスト」の時空間を隠蔽し、自己と他者の歴史性とその作用連関を度外視する。それがまた、思想史を含む歴史の課題や問題への無関心と没理解を生む。まず、自己の歴史性を自覚し、それと他者の歴史性との作用連関を知覚しなければならない。それは、諸地域の思想史（歴史）を思想課題とするための不可欠な条件である。

次に、自己の歴史性と他者のそれとの相違が確認されねばならない。それは、諸地域の思想史の（思想）課題を他者と共有し、この課題と取り組むときに必要になってくる自己内の、自己と他者との、そして過去と現在——さらに将来——との〈対話〉を成立させるための不可欠な条件である。ここで共有するということは、他者の歴史性（あるいは他者性）に出合うことである。そこで他者の歴史性に出合ったとき、どのようなことが生じてくるのであろうか。われわれはいつもすでに、一定の先入見の中に投げ出されている。他者の歴史性は、異質なもの、疎遠なものとして、登場してくる。このとき、われわれの先入見が刺激される。そしてそのことによって、ようやく自己の先入見が自覚されるようになってくる。それを、筆者は――ガダマーの「解釈学的状況の意識」（Gadamer, 1986, II. Teil, S. 305ff.）になぞらえて――「歴史解釈学的状況の意識」と名づけてみたい。

この「歴史解釈学的状況の意識」において、われわれは自己の先入見を一時的に「停止」することができる。それは、フッサールの現象学でいうところの「判断中止《エポケー》」の状態である。このエポケーは、フッサールによれば、「世界（われわれが常に語っている世界）とその主観的な与えられ方〔主体の意識〕との相関関係」という新たな探求領域を開く（Husserl, 1976, III. Teil, S. 168）。もっとも、そのなかで、自己と他者の「歴史解釈学的状況の意識」が交互作用することによって、自他の歴史性とその意識との相関関係を探求する領域も開かれるだろう。この開かれた探求領域において、自己の先入見を停止することもなく、あるいは、それを停止するかわりに、自他の歴史性とその意識との相関関係がもつ意味を捉え直そうという意志も、一つの可能性として際立ってくるだろう。この意志を際立たせることによって、その背景にある自己の歴史性も先入見も際立ってくる。ここではじめて、自己と他者、現在と過去の間に、真の緊張関係が成立する。この緊張関係を隠蔽したり歪曲したりせずに、あますところなく展開するとき、〈対話〉は成立するだろう。

こうした〈対話〉をモデルにして、諸地域の思想史の（思想）課題と取り組む。このとき、自他の歴史性とその意識との相関関係のもつ意味を捉え直そうという意志が「エポケー」の根源に潜む以上、このエポケーは「知的自己責任」との倫理的要求を含意する。〈対話〉は、この責任を自覚しかつ果たすための倫理的な実践知を協働産出しようという意志を伴わなければならない。いいかえれば、われわれは専門知を開いて「実践的な公共知」を協働産出していくことを、〈対話〉の動的な過程として活性化しなければならない。そのことによって、「歴史解釈学的状況の意識」を超えたところに「将来志向の歴史と歴史意識との相関関係」という新たな探求領域も開かれるだろう。とすれば、その過程のなかで、諸地域の思想史の（思想）課題と取り組む人々は所期の成果を収めるのみならず、また望外の賜物をも得るようになるのではなかろうか。このきわめて漠然とした希望を心の奥底に抱きつつ、ほとんど夢に近い「理想」を追いかけるに異ならない、〈対話〉と知的巡歴の軌跡として本書がある。

目次

凡例

一、漢文を引用する際には、原則として現代日本語で読み下しを行った。ただし、漢文の原意をくずさないため、書き下し文を用いたところもあり、原文のまま引用したところもある。朝漢文の文献を引用する際にも、読み下し訳のかたちを取った。

一、引用文中の（略）は省略した箇所であり、大括弧［ ］は筆者による補足説明または補充語である。なお、読解の便宜上、適宜、振り仮名を施した箇所もある。

一、引用文中に原著者が施した強調部分たとえば傍点には（傍点原文）と記す。そのほか、引用文や本文に付してある強調部分（傍点、太字）は、すべて引用者による。

一、年代表記は原則として西暦を用いたが、朝鮮、日本、中国それぞれの年号を併記し、あるいは年号のみで表記した場合もある。

一、つぎの著作に対してはそれぞれ略記を行った。

・『福沢諭吉全集』第一～二十一巻、岩波書店、一九六九～一九七一年（再版）→たとえば、その第一巻は『全集一』と略す。

・『兪吉濬全書』Ⅰ～Ⅴ、ソウル：一潮閣、一九七一年（影印本）→たとえば、そのⅠは『全書Ⅰ』と略す。

これらの著作を引用するさい、引用文の後に括弧をつけ、そのなかに著作や論文の題名と、出典のページ（数字のみ）を記しておく。ただ、ある著作や論文を引き続き引用して、引用文の題名と出典が自ずと分かる場合は題名や出典を省略し、数字のみを記す。夏東元編『鄭観応集』上海：人民出版社、一九八二年（上冊）、一九八八年（下冊）の中に収録されている鄭観応の主著の略記については、本文の第一章の註7、8を参照。

なお、参考文献は本書末尾に紹介する。それらの著作・論文を本文中に引用するさい、前記同様の略記方式を施す。だが、著作名や論文名については、原則として、編著者と発行年のみを表記する。たとえば、上に紹介した夏東元編の文献の場合、夏東元編　一九八二、夏東元編　一九八八の方式で略す。

東アジア「開明」知識人の思惟空間

――鄭観応・福沢諭吉・兪吉濬の比較研究――

序章　比較歴史・思想の時空

一　問題提起と視点

問題提起

十九世紀中葉以来、いわゆる「開国」によって、東アジア三国には「伝統」から「近代」への転換という世界的な潮流が持続的に押し寄せた。(1) この転換期に、三国の人々にとって、「伝統と近代とはどのような意味をもっていたか」、また彼らは、「伝統から近代への転換という潮流にどのように対応しようとしたか」。これらの二つの問いが、本書を貫く問題意識の発端である。

「開国」以後、三国は、欧米国際秩序に編入されたと考えられている。たしかに、この「開国」期を境にして、三国と欧米諸国の間や三国の間に新しい国際関係が生じたと言える。しかし、そのことは即座に一つの国際秩序の形成を意味したわけではなく、少なくとも日清戦争まで、国際政治の現実を規定する二つの国際秩序が存在し続けていた。これら二つの国際秩序の出合いは、伝統的な東アジア地域秩序（＝華夷秩序）と近代的な欧米国際秩序との間の摩擦・葛藤を生みだした。すなわち開国期は三国にとって国際秩序の転換期であり、こうした状況のなかで新たな国際秩序への適応ないし模索の長い道のりが始まったのである。

三国にとっての開国あるいは国際秩序の転換は欧米国際秩序への受動的な編入の過程としてとらえられがちだが、三国が欧米国際秩序を活用することによって、自らの秩序原理や枠組みへと能動的に組み入れていったという側面も見逃されてはならない。三国は、開国後、欧米国際秩序の原理を選択・受容しつつ、華夷秩序を「近代的」に改編していった。その改編過程で、三国それぞれの華夷秩序の原理や枠組みは次第に変質・変容し、三国それぞれの変態（metamorphosis）が生成することになった。これらの変態こそが、新たな国際秩序の模索プロセスの中で——過渡的な現実態として——産出された新しい国際秩序だったのである。

開国の衝撃波は国際間の事象に止まらなかった。衝撃が国内にも響き渡り、その波は政治、経済、社会、文化の領域に長期持続的に拡散していった。開国にともなう軍事的な危機意識の高まりと軌を一にして、三国の国内では自国や自文明についての文化的な危機意識も高まっていった。その結果、外来文化要素の伝播が深まるにつれ、ひるがえって国内の改革を模索する主体も増えていった。このような状況変化のなかで、三国は、欧米近代の諸制度を奪用（appropriation）しつつ、伝統的な諸制度を改革していくことになる。三国は、開国を契機にして、新たな国内システムの模索プロセスに入ったのである。[2] こうして三国は、各々の新たな国内システムを形作る一群の諸制度の改革・創出を行っていった。

ところで、こうした国内制度の模索プロセスのなかには、先に指摘した国際秩序の模索プロセス同様に、当時の三国の人々が構想し模索したがついに具現されず、歴史の空間に埋蔵されてしまった「無数の可能態」が存在していた。ただし、それは、この「無数の可能態」のすべてが歴史の空間に単に埋蔵されてしまったことを意味しない。少なくともその一部は、常に現実態と相関関係を結び、現実態そのものを変質・変容させたり、新たな変態を生成したりするような可能性を内蔵しているものであった。それでは、この「無数の可能態」のなかには「どのような形態が含まれていたか」。それらの形態は、三国の人々の構想・模索において、「それぞれがどのような特徴あるいは異同を示していたか」[3]。

伝統と近代の二分法を超えて

伝統から近代への転換(=近代化)は、連続と非連続(断絶)を含む内発的変化と外発的変化の相互作用のプロセスであった[4]。そしてこのプロセスでは、ときに伝統と近代の「異種交配 hybridization」が生じた[5]。こうした異種交配は世界の諸地域、たとえば東アジアでも西欧でも観察される現象である。したがって、筆者の立場は、伝統と近代の単純な二分法的発想や、欧米流の近代化による啓蒙といった欧米中心的見方は克服、もしくは止揚されるべきであり、伝統も近代も、それらの転換や異種交配現象も、新しい視点によって再照明されなければならないという位置にある[6]。そこで筆者は、再構成のための支柱となる視点として「アジアから考える」という視点、および文明論的な視点の二つを提示したい。

まず「アジアから考える」という視点は、文字どおり、「もっぱらヨーロッパと日本とから説明され、接近がなされてきたアジアを、それ自体として内側から構想しようとする」というものである[7]。この視点には、一国史から地域史へ(さらに世界史へ)関心を寄せること、アジアの歴史文化(の変容)をアジアの内在的展開に沿って捉えること、歴史学における欧米中心的な近代主義やオリエンタリズム(の呪縛)を乗りこえることなどの問題意識が含まれている[8]。近代主義を乗りこえるとは、近代(性)の批判としての脱近代と、「近代=未完のプロジェクト」としての近代の完成を目指す立場との双方を見据えた上で、「近代」を批判的に省察し再構成することを意味している[9]。オリエンタリズムを乗りこえるとは、オクシデントの知の体系に依拠した言説に対抗しうる言説を提示すること、すなわち脱オリエンタリズムを試みることを指している。[10]

一方、文明論的な視点とは「伝統＝保守・後退、近代＝進歩・発展」という一元的な進歩史観や「アジア文明＝特殊・負、欧米文明＝普遍・正」との二分法などを止揚し克服する視点である。[11] この視点は、アジア文明と欧米文明の双方に、またそれぞれの伝統と近代のなかにも、特殊（個別）もあれば普遍もあり、正と負の両側面（以下、〈正〉〈負〉と略す）が混在しており、それぞれの国の歴史と文明は固有の発展様式をもつという相対主義的な思考に基づいている。[12] またそれは、単数の伝統と近代（性）ではなく、複数の伝統と近代（性）を視野におく。[13] その意味で、筆者が提示する「アジアから考える」視点および文明論的な視点の二つは、その根本では問題意識を共有するものである。

二　課題と方法、構成

課　題

本書の課題は、開国により二つの秩序が接触した近代という大転換期のなかで、その時代の代表的な思想家である三国それぞれの「開明」知識人三人――鄭観応《チョンクワンイン》、福沢諭吉、兪《ユ》吉濬《キルジュン》――（以下、三人と略す）の対内外観とその変容を比較分析することである。それによって、三国の知識人における「無数の可能態」の一端を発掘し、その意義を解明することにしたい。

三人の国際秩序観を考察するにあたっては、彼らにとって、欧米国際秩序が何であったかという即自的認識だけでなく、それへの対自的認識、すなわち自国はこれに対応していかなる新しい国際秩序を構築すべきだと考えたかという二つの側面に注目したい。また同様な視点に立って、三人の国際政治観と近代国家（国内政治）観を比較分析の対象とする。その際、彼らの国際・国内政治観（以下、これに国際秩序観を含めて「観」と略す）を「構造相関」的に分析するために、その「観」の根底となった彼らそれぞれの思惟の構造や様式に着目し[14]、その間の「異同」を解明する。

本書の課題を上記の二つの視点と関連させた上で、最後に以下のような二つの問題意識を提起したい。一つは、これまで三国の伝統が欧米の近代（の一つ）によって一方的に裁断――多くの場合、否定――されてきたことにより、それぞれの伝統と近代のもつ普遍と特殊、〈正〉と〈負〉に関する歴史的、思想的考察が疎かにされてきたことに対する真摯な反省である。もう一つは、近代の入口における国際秩序の転換や国内外システムの変容への三国の対応が決して単純なものではなかったことと関連している。そこには、転換への対応の過程でやむをえず捨て去られた「反近代の近代」的かつ「超」近代的な「観」が存在していたのである。現在、近代の出口にあって、また新たな国内外秩序の転換期にある今日の世界、とりわけ東アジア地域・諸国に有意義な観点は、近代を推進し歴史の中に残された「観」中にではなく、実は歴史の狭間に捨てられた「観」の中にこそ、存在している可能性がある。

「構造相関」的分析

個人レベルの国際秩序観とは、文字どおり国際秩序に対する観念であると定義される。それは、いいかえれば、国際社会またはそれを構成する諸国家を規定している秩序原理についての認識である。もっとも国際政治と国内政治は必ずしもきれいなかたちで二分できるものではないため、この個人レベルの国際秩序観にも、構造的に「連繫」された国際政治と国内政治に対する観念や認識が含まれることになる[15]。国際秩序、国際政治、国内政治は構造的相関関係にあるために、必然的にそれぞれの「観」も構造的相関性をもつ[16]。「構造相関」的分析とは、これらの相関性を考慮しつつ、「観」を「それが生まれたさまざまな歴史的構造の脈絡の中で眺める」という「構造比較Struktur-

が可能になる。

vergleich」を行うものである。[17] そのことによって「観」の個別の内容を明らかにするとともに、三者相互の比較

三人は、三国それぞれの国内外の状況変化(=時勢)に照応する現実認識にたち、伝統的思惟のなかに「近代」の要素を選び受け容れる形で、知的営為を行っていた。彼らの思惟様式は、基本的に状況や現実と深い関連をもつ状況主義的かつ現実主義的なものであった。しかし同時に、彼らは状況や現実に対し一定の批判姿勢と自己主張の表明を忘れていない。そのため、彼らは、ときには伝統を擁護し近代に批判姿勢をとり、またときには伝統の要素の改廃を試み近代の要素を取りいれることもあった。彼らの知的営為または思惟様式の作用(=思惟活動)は、多様な様相を見せているのである。[18] それでも三人は常にその過程のなかで両要素を再解釈し再構成しようとする自己確認と自己修正(=自省的行為)を怠っていなかった。三人の思惟活動は、時勢に対応しつつ、内発的かつ外発的に変化したため、彼らの思惟構造や思惟様式もそれに応じて変化していった。これらのことは、彼らの思惟構造・様式が重層性をもち、かつダイナミック(動的)なものであったことを示していると言えよう。三人の「観」は、変化する現実認識に基づいてたえず磨かれ続けた彼らの思惟活動の産物であった。

三人の「観」は彼らの個人のものであるが、これをより大きい視点から見てみれば、伝統と近代の異種交配の一産物であったとも言えよう。そのことを把握するためには、三人の言説を実証的に検証し、その意味を、彼らが生きた伝統から近代という転換期の歴史的コンテクスト(脈絡、状況)に照らして解釈する必要がある。[19] 言説それ自体は、個々人の心、知のシステムの営みの産物だとしても、その心、知のシステムは外部のシステムとの連関なしに成り立ちえない。言説は単なる個人の主観にとどまるのではなく、また状況の客観的記述でもない。すなわち個人の言説や「観」は、外部状況との緊密な相互作用の産物であるがゆえに、分析のためにはこれら客観・主観の融合が目指されなければならないのである。[20] したがって「観」の分析(解釈)を試みる際には、その状況との相互作

用、あるいは状況の中での「観」の生み出し方に着目する必要がある。その分析は、「観」と状況の相互作用が編み出す思惟様式や思惟構造を追跡することである。

「観」の形成をとりまくコンテクストとして、最も重要なものは、伝統から近代への転換にともなう国内外システムの変容である。しかしコンテクストは、時間の流れに応じたシステム変容などの客観的状況であると同時に、意識主体との交互作用が作り出す意識の位相空間（＝思惟空間）でもある。意識主体は、客観的——と自ら考える——状況（現実、世界）に、主観的意識を投じる射程と幅によって張り巡らされた位相空間を設定する。意識主体は、その位相空間のなかで自分の心、知のシステムを構成し、状況に対応し、応答する諸意識形態（理念、論理、心理など）を生成する。その意味において、思惟構造や思惟様式は諸意識形態を表出する主観的要因である。それらが客観的状況とともに働き、諸意識形態を表出していく様相こそが、それぞれの「観」を生みだしていくのである。この時代に同じく伝統から近代への転換期を迎えた三国であっても、三人の知識人の「観」が全く同じはずはなかった。それらはどのような点で異なっていたのだろうか。本書は、これらを検証していく作業を進めることによって、三人の位相空間、また三国という場（トポス topos）において、伝統と近代の異種交配現象が、いかなるかたちで生じていったのかを明らかにするものである。[21]

構　成

第一章は、それぞれの思惟空間のなかで諸意識形態を表出していく様相（推移）を把握するために、各人の著作と思惟活動を概観する。その過程のなかで、彼らの思惟構造と思惟様式（の作用）を通じて表現されている伝統と近代の異種交配現象を明らかにする。いいかえれば、それぞれの「観、論」における伝統と近代の異同をかいま見る。

第二章は、三人の国際秩序観の転換と形成、変化を比較分析する。そのなかで三人の、国際秩序転換の認識、万国公法(略称、公法)観、国家平等観念などの異同をみる。また鄭観応と兪吉濬のもつ新しい国際秩序、地域秩序の構想を比較分析する。これらの比較を通して、三人の思惟空間のなかでの平等不平等や平均、公私、大同などの観念・概念の異同、またそれぞれの状況との交互作用の特徴を明らかにする。

第三章は、三人の国際政治観について、国権論(国権確立論と国権拡張論)とアジア論などを比較する。この「観、論」は、むろん三人の間に異同をみるのだが、とくに福沢とほかの二人の間には大きな相違が存在した。したがって、まず三人の異なる思惟構造・様式、なかでも福沢のそれの異質性を浮き彫りにすることが目指される。一言でいえば、福沢の議論の特徴は、国権拡張論・好戦論とアジア蔑視観なのだが、その詳細をみるために、続いて彼のアジア政略構想(の実像)を、通説や通念を批判的に考察するかたちで徹底的に分析する。さらに加えて兪吉濬と鄭観応が王道と覇権の間で、国権確立と国権拡張の間で、いかなる状況的思考・表現をし、また変えていったのかを比較分析する。最後に兪吉濬の実践活動に焦点を当て、彼が朝鮮の「保国」と「亡国」の間でどのように活動し、思惟していったかを考察する。

第四章は、三人の近代国家観を扱う。ここでは国民統合のイデオロギー、立憲君主制論や議会制度論、民権論や人権論、君権論(民権論との関係)などについて、それぞれの異同を比較する。別の言い方をすれば、彼らの対内思惟空間のなかにあった民族主義、民主主義、民本主義などの様相を対比分析するということになる。

終章では、この序章での問題提起や問題意識を補足する形でいくつかの項目——これらの項目が本文の内容からはやや飛躍しているような印象を与えるかもしれないが——を論じた上で、本書の結論を導く。ここで論じられる項目は「伝統と近代の批判的省察、もう一つの近代(性)、〈近代〉の比較とその方法、周辺文明論と文明交流圏の視点、比較文明論の視点、グローカル(glocal=global+local)な世界秩序と東アジア地域秩序」である。以上の議論をふまえた上で、最後に三人の「観」の意義と限界を総括する。

註

(1) 三国における「開国」の概念と性格、時間差と様式などについては、金鳳珍 一九九六年一二月を参照。

(2) 国際秩序（システム）や国内システムの模索プロセスは、一種の「文化触変の過程」として捉えることができる。平野は「国際関係を文化で見る」という、「動く国際関係論」としての国際文化論を唱えている（平野健一郎 二〇〇〇）。これは国際関係（の単位、関係）の文化性に着目した議論であり、そのキーワードは「文化触変 acculturation」である。平野は文化を固定的なものではなく、たえず動いている一つのシステムとして見る（五七）。平野が提示する文化触変過程のモデルによれば、文化システムは、旧平衡から部分的解体が始まり、その後、外来文化要素を選択し受容して再解釈する――拒絶・黙殺したり、受容する際に抵抗したりもする――ことによって、自ら再構成し新しい平衡を作り出す。つまり、文化触変は文化システムの動揺をもたらすと同時に、その動揺を安定させるメカニズム・過程なのである（五七―五九）。ただし、そのメカニズムが機能不全に陥る場合には、やがてはシステムの全体的な解体にいたることもあるという。

(3) ここで「異同」とは、必ずしも異質性と同質性とはいえず、同類と差異あるいは類似と相違（性・点）という意味として用いられる。

(4) 武田は、単なる西洋化あるいは外発的変化でもなく、また質的吟味をしない手放しの伝統肯定でもない「伝統の革新」、それこそが「近代化 modern transformation」であると主張している（武田清子 一九七七、四）。また歴史社会学者ヴェーラー（Hans-Ulrich Wheler）は、近代化理論に対するさまざまな批判の視点を提示している。とりわけ彼は、近代化理論のなかに潜んでいる「最適者生存」原理にしたがった欧米の優越的自意識や自民族中心主義（＝知的帝国主義）を指摘する。また近代化理論が、伝統と近代の形式的区別に集中し、構造的二分法を構成する対概念を次々と作り出す作業に没頭することによって、伝統から近代への転換という移行期それ自体の分析がはなはだしくなおざりにされることになったと批判する（H・U・ヴェーラー著、山口定他訳 一九八六、四六―四八）。

なお、一九七〇年代半ばに登場した「内在的発展論」も、従来の近代化論のもつ西欧式の機械論的発展を否定するものである（鶴見和子他編 一九八九、四九―五〇）。この視点は中国近代思想史の研究者シュワルツによって提起されたものである。彼は、ウェーバー（Max Weber, 1864-1920）の合理主義対伝統主義という二律背反は諸文化における「近代と伝統」の間に存在する複雑な諸関係をぼやかしてしまうとし、近代化の「両義性もしくは多義性 ambivalence or multivalence」に注目していたのである（武田清子編 一九八四、一九七―一九八）。また別の論文の中でも彼は、ウェーバーの合理性概念による伝統と近代の差異化についてその反省を促し、(中国の)近代化過程における伝統文化、なかでも儒教の、そして儒教知識人のさまざまな「自己実現 self-realization」への注目を呼びかけている (Schwartz, 1996, pp.45-64)。

(5) コーエン (Paul A. Cohen) は「西洋の衝撃――中国の反応」「伝統と近代性」「帝国主義」といったアプローチに主導されてきた既存のアメリカを中心とした中国研究の傾向に批判を加え、「中国自身に即した China-centered」アプローチ、つまり、中国の内発的変化(の文脈)や基層社会(多層的構造の社会)を重視する方法論の必要性を提起している (P・A・コーエン著、佐藤慎一訳 一九八八)。この提起は、中国(東アジア)の近代思想史を研究する際、その内発的変化として起こった「異種交配」に注目する方法論の必要性を呼びかけているものである (四四)。「伝統と近代」の異種交配現象や、その様相をうかがうことは、同時に、それによって伝統と近代のもつ正と負またはその虚像と実像を捉える(捉えなおす)契機になるであろう。なお、バーバーは、植民(主義)言説の属性を解明しその構造を解体するとの目的で――「両価性 ambivalence」「模倣 mimicry」と共に――(文化的)「異種交配性(雑種性) hybridity」という概念を用いている (Bhabha, 1994)。つまりこの概念は、植民地の原住民と支配者それぞれのもつ言語や文化の混合、再構成といった属性を意味しており、植民言説の二元的構造を解明、解体するものである。彼の用い方はやや限定されたものだが、それを拡大すれば、たとえば「伝統と近代」の文化触変にも当然適用できる。この異種交配(性)は、人類文化(文明)の触変過程で普遍的に起こる現象である。その如何を、いかに解くか、これこそが本書の課題である。

(6) さらに最近、東アジアの近代と伝統は、新しい視点によって再び光が当てられつつある。東アジア近代(思想)史を、欧米近代という尺度ではなく、東アジアの内在的論理や内発的変化に即して解明する視点がそれである。たとえば、溝口は、「守旧――洋務――変法――革命」という段階論的な仮説構図の最大の欠陥すなわち中国の歴史的基体への不洞察、事実捨象を批判し、基体自体の内因を契機とした弁証法的な展開を重視する「基体展開論」をうちだす (溝口雄三 一九八九、三五-八七)。また李は中国の伝統や近現代に深く根づいた文化パターンの構造を解き明かす視点を提示している (李沢厚著、坂本ひろ子他訳 一九八九)。浜下は「アジアから西欧を見る」という視角、つまり、「西洋の衝撃」だけでなく、西洋に対する「アジアの衝撃」という観点の必要性を提唱している (浜下武志 一九九〇、一-二四)。浜下も述べるように、伝統は本来近代と対比されるべきものではなく、むしろ近代を生んだ土壌として捉えられるべきであり、近代の性格自体が伝統によって規定されている関係を見る必要がある (一八-一九)。このことは伝統と近代の異種交配の様相に注目することにほかならない。

(7) 溝口雄三・浜下武志・平石直昭・宮嶋博史「刊行にあたって」同四人編 一九九三~一九九四、各巻、iiページ。

(8) まず、ここでいう欧米中心的近代主義とは、〈他者〉としての欧米の近代を〈自己〉の近代と同一化――縫合――することによって、欧米の近代を基準化、絶対化しようとする傾向性であると理解されたい。そこで、この〈自己〉は、欧米中心的近代主義を自ら飼育し、近代主義そのものを自己化する契機を得る。それは、近代の相対化を拒み、近代と伝統の二項対立的図式を形成する。のみならず、それは、自己喪失――故郷喪失――すなわち他者依存の傾向を誘導する一方、他方では、その喪失感を補おうという自己への回帰の傾向を温存するような矛盾を生み出す。そして、近代や伝統の複数性、重層性、正負の両側面は見損なわれる。これらの傾向は、現代に至ってもなおその形を変えながら温存している節がある。

次に、オリエンタリズムは、エドワード・サイードの告発した西欧型に加えて（Said, 1978 今沢紀子訳 一九八六を参照）、これを成功裡に受け容れかつ再構成した日本型（非西欧型の特殊形態）、さらに（半）植民地化を経験した国家で育まれた非西欧型——例えば、中国型や朝鮮・韓国型——などに追加分類する必要がある（金鳳珍 一九九八年九月を参照）。なかでも韓国を含む東アジアの一部国家（地域）は、日本の帝国主義によって「植民地的近代性」（Barlow ed., 1997 を参照）を経験したわけだが、その前後過程で、例のオリエンタリズムが強制的に飼育させられ、なおそれを自発的に育成してきたのである。この「自発的に育成してきた」とは、非西欧の国家自身が、「自己の真正さ」を度外視し歪曲しつつ、自らを「表象」してきたということである。これらの帰結ともいえるが、また非西欧国家同士も、たがいに、相手国に対するオリエンタリズムを育成する場合がしばしばあったし、また今もある。

(9)　近代（性）の批判としての脱近代は、多くの哲学者によって唱道されてきたため、実に多様な形や傾向をとっている。ここではそのすべてに触れる紙幅はない。「近代＝未完のプロジェクト」についてはHabermas（1981）の論文、pp.3-14を参照。また、テイラーは「近代的正体性《アイデンティティ》」の歴史や「近代的自己 the modern self or selfhood」の資源・遺産を、近代の多元的な方向性の存在とその意義の考察という視点によって描いている（Taylor, 1994 を参照）。その著作において彼はフーコー（Michel Foucault）、ハーバマス、マッキンタイア（Alasdair MacIntyre）らによる近代性への新たな理解とは一定の距離をおき、近代の偉大さと危険性の配合、あるいは近代的正体性の複雑さと豊かさを捉える（pp.ix - x）、いわばこれは「近代性の争い the conflicts of modernity」（Chapter 25）の理解を試みようとするものである。なお、山脇は、「モダニティー全般は、自然、文化、歴史の次元で主流となる諸思想（自然支配、国民主義的均質文化、進歩史観など）と、傍流にある諸思想（全体論的・調和論的自然観、多文化主義、反進歩史観など）の双方が拮抗し合って成立している複合体であり、抽象的なレヴェルだけで論じることは困難かつ不毛である。そしてこの点を考慮するならば、モダニティーを単数形ではなく、複数形で『モダニティーズ』として様々な視座で捉える姿勢が不可欠となってくる」（山脇直司 一九九九、一二一）と主張している。この主張は近代（性）の複数の、多様な面をみる視座が必要だということであり、これには筆者も一定の同意を与える。しかし、単に複数だ、多様だということを指摘するだけでは不足であり、同時にその——それぞれの——重層性（構造）、さらにそのなかの正負の両側面を捉える視点も必要である。そして、その負の側面、あるいは負になってしまった側面は、批判的に省察し再構成する、乗りこえるべき対象となる。これらのことは、伝統にもあてはまる（註12を参照）。

(10)　オリエンタリズムを乗りこえるためには、駒井も述べるように、意識的にオリエントに依拠しながら新しい知を創造しなければならない（駒井洋編著 一九九八、iiiページ）。同時に、脱オリエンタリズムの試みは「脱オリエンタリズムのオクシデンタリズム化」あるいは「オクシデンタリズムとしての脱オリエンタリズム」に陥らないように注意しなければならない（駒井洋編著　一九九八所収の若林幹夫論文を参照）。すなわち脱オリエンタリズムとは、オリエンタリズムという言説に対抗しうる言説の提示を通して、オリエント対オクシデントという二項対立の克服・止揚をめざすことにほかならない。

（11）大沼は「文際的 inter-civilizational」な視点を提起している（大沼保昭　一九九八）。大沼の視点は、筆者のいう文明論的視点と通底する。

（12）普遍と特殊、正と負といった判断（区分）には何らかの規準や基準（criterion or standard）が必要である。規準（基準）そのものは時空、またはコンテクスト・トポスによって変わるはずである。こうした前提に立つならば、そもそも普遍的な規準を設定することは容易ではない。のみならず、普遍的な規準を設定すること自体がある種の危険性を孕む場合さえもある。極端な相対主義の立場（例えば不可知論、懐疑論）に立つならば、「絶対」はありえず、すべての規準は主観的で、客観的ではないということになる。しかし筆者の掲げる「相対主義的な思考」はそうした悪しき相対主義とは無縁である。諸地域・国家の歴史と文明のなかに普遍と特殊、〈正〉と〈負〉が混在するという思考は、その共通項として、時空を超えた、人類にとっての普遍と特殊、正と負がある、ゆえにその判断規準もあることを否定するものではない。繰り返しになるが、そうした判断規準を――普遍的に――設定するのは容易ではない。しかし、それに近づいていくことは不可能ではないのである。それに近づいていく過程の中で、普遍的な規準は設定される、あるいは、多数者によって選択される。これがまた、共通項としての価値・信念体系となる。こうした価値・信念体系は、実はある種の道徳判断を内包している。それは、何らかの客観的で普遍的な規範（norm）が存在することを想定する観念である。そうした観念それ自体が、また一種の規範である。

それにもかかわらず、道徳判断やその規準設定は不可能だとか、要らないという意見を述べる者がいるとするなら、それは、その者がマッキンタイアのいうところの「情緒主義 emotivism」に陥っていることを意味するであろう。マッキンタイアの情緒主義とは、「すべての評価的判断、より特定して言えばすべての道徳判断は、それらの判断の性格が道徳的もしくは評価的である限り、好みの表現、すなわち態度や感情の表現に他ならない」とする教説である（アラスデア・マッキンタイア著、篠崎栄訳　一九九九、一四、傍点原文）。その主張の核心部分とは、「客観的で非人称的な道徳的基準が存在するといういかなる主張に対しても、その妥当な合理的正当化は何もないし、ありえないのだ。したがって、そのような基準は何もない」ということである（二三、傍点原文）。これに対してマッキンタイアは、「情緒主義が依拠している主張とは、〈客観的道徳のために合理的正当化を供給するあらゆる試みは、過去、現在を問わず事実上失敗した〉というものである。（略）しかしながら、情緒主義が考慮し損ねたことは、情緒主義が真である場合だけでなく、真であると広く信じられた場合にも生じるであろう、道徳にとっての影響である」（二四）と主張している。この「真であると広く信じられた」という一節は、単に情緒主義のみに向けられているのではなく、実は近代に誕生し蔓延し、現代にも強靭な影響力を行使している哲学・理論全般がその射程内に入っている（それゆえ彼の議論は強力な近代主義批判でもある)。情緒主義の主張は真ではなく、ただ「真であると広く信じられた」のみだということである。

そこでマッキンタイアは次のことを指摘する。まず「私たちの文化においては、道徳的な一致を確保するための合理的な(rational)方法は何もないように思われる」が、それは、現代の道徳発言の多くが「不一致disagreement」を表現するために用いられていることに起因するからだ(七)、と。次に「合理性の観念それ自体が道徳に基礎を供給すること」「その基礎は、私たちが情緒主義者と主観主義者の説明を拒否するのに十分な論拠をもてるような基礎であること」を明らかにする(二五)、と。さらに彼は、近代以来の情緒主義や啓蒙主義、それに基づく哲学・理論によって「道徳的言説の諸形態と道徳言語が同時に変質させられた」(四四)が、まさにそれが「道徳を変形・断片化」し「大幅に道徳をその本来の場から追いやった」(四五)と指摘する。そこに、概念と概念、観念と観念との間の「不整合inconsistency」「一貫性の欠如incoherence」があるとし、それを、詳細に検証している(同書とくに四—六章)。

(13) 近代と同じく伝統についても、その複数性(=複合性)をみる視座や、その重層性、そのなかの〈正〉と〈負〉などを捉える視点が必要である。そのなかに伝統とは何かという問いも当然含まれるが、しかしその答えは簡単には出されないだろう。試みに、伝統とは、ある人間集団のなかで歴史的に形成され、代々に継承された多様な(数、層、側面をもつ)文化遺産の複合体であると一応定義したい。ただ、伝統が形成される過程のなかでは、その基盤としての「変わらざる、変わり難い」部分も生まれれば、その建造物としての「変わる、変わり易い」部分も生まれる。一方、伝統が継承される過程のなかでは、その内外変化に伴う異種交配も行われれば、その継承者による選択あるいは「発明」も行われる。他方で、伝統はその継承者や他者によって表象もされるが、前述のオリエンタリズムはその一形態である。伝統の「発明」についてはHobsbawm and Ranger eds. (1983)を参照。またこの概念を日本の近代に適用し研究した著作としてはVlastos ed. (1998)がある。

(14) 個人レベルにおける思惟構造と思惟様式は、個々人の心、知(=意識)のシステムの基底にあるもの、その枠組みをなすもの、と理解されたい。この二つは、個人の体験のみならず、社会の歴史・文化の遺産(蓄積)から形成され、個々人の思惟(意識)活動の基盤をなすものだとも言えよう。ただし、二つを次のように区別したい。思惟構造は、思惟様式の基盤をもなすもの、いいかえれば、心、知のシステムの最底辺にあって、その骨格をなすものだと。ゆえに思惟様式は、思惟構造よりは、変わりやすいものだともいえる。

(15) 国際政治と国内政治の「連繋linkage」についてはRosenau ed. (1969)を参照。

(16) したがって対内外観(の転換)は、それと構造的相関性をもつ世界観、文明観、人間観などの、いわば知的システム全般(の転換)と考えることもできる。

(17) G・バラクラフ著、松村赳他訳 一九八五、二一五。なお、スコッチポールは、「構造的遠近法structural perspective」に基づき、国際的=世界史的状況(context)に関心をよせるための「比較史的分析」を主唱している(Skocpol, 1979, p.5, pp.14-24.

passim)。この分析の視角を、「構造相関」的分析も共有する。

(18) 思惟活動は、意識のすべてを貫く精神の「作用連関 Wirkungszusammenhang」のなかで成り立っている。ディルタイによれば、人間の生や知は「構造連関」であり、それが何かを実現する働きとしてとらえられた場合に、「作用連関」とみなされる(Dilthey, 1958)。構造連関は「体験――表現――理解」の結合連関であり、それが現実認識、価値規定、目的定立などの働きを結合することにより、統一的かつ全体的な作用連関を形成している(S.191ff.)。この概念は以下の二つの側面をもっている(S.152 ff.)。まず人間は、さまざまな精神的諸力を一定の仕方でまとめあげて何かを実現していく統一的な力をもつ現実的な活動主体ないし創造主体である。このことは、個人のみならず、個人の相互作用によって成り立つさまざまな「関係システム Beziehungs-systemen」、すなわち共同体、文化システム、国家などにもあてはまる。ディルタイは、このような個々の主体を、さまざまな働きの統一的な連関として、「個別的な einzelner 作用連関」と命名した。一方で、さまざまな個別的作用連関それ自身もまた互いに働き合っており、個人と個人、個人と共同体ないし国家、共同体と文化システム、国家と国家などの間には、さまざまな交互作用が成立し、それらが合流して、広大な「社会的歴史的な作用連関」を形成している。ディルタイは、歴史的世界の全体を一つの包括的な作用連関としてとらえようとしたのである。

(19) この解釈とは、「観」の構成契機としての言説を媒介にしたコンテクスト内の究明(=構造的把握)にほかならない。しかしここでコンテクスト内の究明とは、コンテクストを観念の決定因としてテクスト(言説)を解釈すること、即ちコンテクストに即した究明を意味しているのではないということである。スキナー(Quentin Skinner)は、観念や所与のテクストそれ自体のみに集中することが原理的に適切でないと主張し、むしろ「テクストを説明する他の出来事のコンテクスト」を研究すべきだと論じている(クェンティン・スキナー著、半澤孝麿他編訳 一九九〇、九九―一〇〇、傍点原文)。ただし、所与のテクストの中の観念を、もっぱら「社会的コンテクストの観点から」のみ理解すべきだという、コンテクスト主義的方法論(contextual methodology)の前提は誤りだと、彼は指摘する(一〇四、傍点原文)。

　この解釈と関連して、三人の言説を実証的に検証するためには、彼らが書いた文章のコンテクスト(文脈)を捉えなければならない。それは、いいかえれば、三人の書いた文章の一部だけを引用し、その前後の文脈を無視して恣意的な解釈を行うことを避けなければならないということである。というのは、かりにその「文章の一部」が修辞的あるいは状況的な表現であるとすれば、そうした表現は、必ずしも書き手の真意を表しているものではないということになるだろう。とすれば、そうした表現の真意は、コンテクストに照らして前後の文脈を考察することによって明らかになるはずである。そのことによって、三人の言説を媒介にしたコンテクスト内の究明=解釈は、それ自体の透明度を高めることになる。そのため、本書では、三人の書いた文章を引用する際、やや長い形で引用する場合が多いということを断わっておきたい。

(20) スキナーが、コンテクスト内の究明を説きながらも、テクストの「説明」を強調するのは、解釈学(主義)における「理解」の重視傾向を警戒・批判し、実証主義の「説明」の重要性を喚起したかったからである。もっとも、コンテクスト内の究明や「理解」は主観主義のもつ恣意性を免れないとはいうものの、現代の解釈学が、彼が警戒・批判するようなコンテクスト主義や主観主義に陥っているわけでは決してない。むしろ問題は、実証主義の観察帰納法のもつ論理内在的な難点、たとえば、観察の対象は無限だという観察の限度や、観察の規準は恣意的かつ演繹的に設定されるという規準の恣意性・演繹性にこそある（今田高俊 一九九五、四〇－四三）。そもそも、いかなる「説明、理解、解釈」も、客観的なものにはなりえず、主観（主義）を必然的にともなっている。

　この難題を突きつめて考えたのが、「地平の融合 Horizontverschmelzung」という概念を提起したガダマーである（Gadamer, 1986, II. Teil, S.311ff.）。彼は、解釈（説明、理解）を行う際に必然的に伴う「先入見 Vorurteil, Vormeinung」の問題をとりあげる（S.270ff.）。かつてハイデッガーは「理解の先行構造」を分析し、そのなかで「解釈学的状況」の被拘束性＝「被解釈性」、解釈者の自明の先入見の問題を提起したが、ガダマーはその「状況 Verhältnis」のことを、「地平」ないし「視界」と呼んでいる。ガダマーによれば、先入見は歴史的に形成された有限な地平である。われわれはいつもすでに、一定の地平に投げ込まれており、その地平においてすべてのものを理解している。したがって「いっさいの先入見の克服」という啓蒙主義の目標は、一つの幻想にすぎない。そうした幻想をいだいているという点では、歴史主義もまた同罪である。ガダマーは、啓蒙主義も歴史主義も、ともに自己の歴史性を忘却していると批判する。彼はその上で「地平の融合」を提起する。地平とは、閉ざされたものでもなければ、固定されたものでもなく、たえざる形成過程にある。われわれの理解は、そうした形成過程に与っており、われわれの理解によってはじめて「地平の融合」が引き起こされてくるのである（丸山高司 一九九七、一三六－一三七）。理解とは、過去を現在に媒介すること、いいかえれば、過去の真理要求を現在の状況に「適用 Anwendung」する――テクストの意味を具体的な状況に適合させる――ことである。**これが「地平の融合」という出来事であった**（同一五二）。このような「地平の融合」をコントロールされた形で遂行すること、それこそ「作用影響史的意識 das wirkungsgeschichtlichen Bewußtsein」の課題であるとガダマーは言う（S.346ff.）。「地平の融合」は、実証主義的歴史観や歴史主義のもっていた客観主義への強い批判を宿した考え方である。しかしながら、この考え方が「理解、解釈」にまつわる主観主義を完全に克服してしまったというわけでもない。主観（主義）と客観（主義）、どちらも「説明、理解、解釈」に必要な要因であるため、そもそも克服不可能なものなのである。それを自覚しかつ自省した上で、ガダマーの考え方は成り立っているのである。それゆえ歴史の方法論において「客観か主観か」の二者択一を論ずることは不毛であり、両者の生産的な融合こそが目指されなければならない。

（21）意識（主体）は、その存在基盤である所与の場（トポス）から自由でありえない限り、その自由でないことによる一定の被拘束的様相をみせるはずである。またトポスの差異は――コンテクストの差異や時間的ズレとともに――個別主体の思惟活動に作用し、それぞれの異なる意識群を生成することが予測できる。しかしながら、意識主体はトポスに、必ずしも全面的に拘束されているとは限らず、所与の場を超えたところに、多重の、複数次元の空間を主体的に設定できる能力をもっている。この意識空間は、原理的には自由自在に所与の場を超え、異なるトポスと重なり合うこともできる。それが（筆者の言う）意識の位相空間である。この位相空間が存在することによって、トポスを異にする意識主体同士でも、ときに同質的な、類似の意識群を形成できるのである。トポス（論）については、中村雄二郎 一九九八と岩田靖夫他 一九八五が詳しい。またこのトポス論を東アジア近代思想史の比較研究に適用し、新たな方法論をうちたてた論文として張寅性 一九九四は注目に値する。なお、中国人の伝統的な空間観念については、三浦国雄 一九八八を参照。

第一章　思惟空間と諸意識形態
──著作と思惟活動──

鄭観応（一八四二－一九二二）は、清国の近代化の方策として、「変法」（＝「西体」の導入）を唱えた。しかしそのことは、必ずしも伝統的な思惟構造からの離脱を意味してはいなかった。彼の思惟空間のなかでは伝統的思惟の作用と反作用、すなわち「伝統」から離れようとするベクトルと、それから離れまいとする、もしくは離れきれずにそれを固めようとするもう一つのベクトルが存在していた。彼は、近代と伝統のもつ〈正〉と〈負〉を認識した上で、その両側面を判別することによって、それを状況認識にしたがって採長補短しようとした。その意味で、鄭の開明思想のなかには近代と伝統の両要素が混在しており、鄭は「洋務」論者であると同時に「変法」論者であり、また「西体」論者であるとともに「中体」論者、「東道」論者でありえたのである。このことは他の二人の思想にも、一定の程度、あてはまる。

福沢諭吉（一八三五－一九〇一）は、「如何でもして国民一般を文明開化の門に入れて、此日本国を兵力の強い商売の繁昌する大国にして見たい」という「大本願」をもっていた（『福翁自伝』一八九九年作、『全集七』二四八）[1]。彼にとっては、文明とは欧米文明であり、文明開化とは西欧化だとの認識が強かったように見受けられる。しかし、彼の思想のうちにも実は伝統的思惟の作用と反作用が働いていた。彼は、前代の「和魂洋才」論を克服したとされているが、それと同時に、遅くとも明治十年代以後、和魂の手段化を主張し始めている(後述)。これはちょうど明治政府の近代化政策が一定の成果をあげていた――と福沢が考えた――時期に当たり、『福翁自伝』によれば、このころ福沢は「新政府の勇気と改新の勢に乗じて第二の誓願、大願」、いわば〈富国強兵→対外膨張＝国権拡張〉を唱え始めてもいた(『全集七』二五九を参照)。そのため和魂の手段化という発想は、伝統的思惟に属しつつも、その後の日本の西欧的な国権拡張に正当性を与えることに容易に結びついたのである。

兪吉濬(一八五六－一九一四)の思想のなかにも「伝統と近代」が混在していた。両要素は、彼の思惟空間のなかで混淆し共存しつつ、相互作用し、異種交配を生みだした。兪は開化思想家、「変法」論者であったが、同時に「東道」論者でもあった。兪は――福沢に直接学んだことがあるが、しかし福沢の思想に対する反発からか――「文明＝欧米文明、開化＝西欧化」との認識を否定している。兪は、鄭同様、欧米近代(文明)の〈負〉には抵抗を示し、あくまで伝統と近代の採長補短をめざしたのである。

彼ら三人の思想を解釈するとは、以上のような伝統と近代の相互作用による複雑多様な事象を分析することを意味している。その際には、どのような視点を取るかによって三人の思想に対する解釈が違ってくることになるだろう。そこでもう一度、序章で筆者が掲げた二つの視点を想起してもらいたい。重要なことは、第一に彼らの思想の中において、何が伝統であり、何が近代であったかを分別するに止まらず、第二に両要素がいかなる化学反応を起こし、その結果何を生み出したのかである。それは、いいかえれば、彼らの思惟構造・様式における、伝統と近代との異種交配の様相を把握することにほかならない。

一　鄭観応

著作活動と開明思想

鄭観応の経歴は、中国近代史上の重要な対外事件と折節が重なっている。彼の生まれた一八四二年は、アヘン戦争が終結し、南京条約が調印された年であり、彼は第二次アヘン戦争中の一八五八年に科挙受験を断念し、上海で買弁の叔父、鄭廷江《チョンティンジャン》の下で語学などの訓練を受け、翌五九年から宝順洋行（Dent & Co.）で買弁として働き始めた。[2] このころ鄭は英国人の宣教師フライヤー（John Fryer 中国名：傅蘭雅《フランヤ》、一八三九－一九二八）の英華書館（Anglo-Chinese School）の夜学に約二年間通い、英語を学んだ。[3] また彼は買弁活動のかたわら時事問題、国際問題などに関する論文を執筆し、後の一八七三年には処女作『救時掲要』、一八八〇年代に入っては『易言』の三十六編本（一八八〇）、二十編本（一八八二）などを刊行した。

鄭は買弁経歴と著作活動を通じて資産と名声を得る一方、経営専門家として種々の洋務企業に招かれてもいる。[4] 一八七八年、李《リ》鴻章《フンチャン》（一八二三－一九〇一）が設立した上海機器織布局への経営参加を皮切りに、鄭は一八八一年に上海電報分局の総弁（＝総裁）、翌八二年からは上海輪船招商局（一八七二年設立）の幇弁（＝副総裁）などを務めた。しかし、一八八五年清仏戦争の最中に種々のトラブルにまきこまれ、一時は引退を余儀なくされる程の打撃を受けた。またこの清仏戦争は、彼の思想遍歴における大きな転機をもたらした。転機とは、彼が欧米諸国の教育や議会制度（＝「西体」）の優秀さを肯定し、その導入（＝「変法」）を公開的に主張するようになったことである。清仏戦争中に書かれた『南游日記』（一八八四年作）のなかで、鄭は『易言』に対する自己批判を表す形で西体を肯定している。そして清仏戦争後、鄭は自らの変法思想を鮮明に表した論文を執筆し、『易言』の修正・増補版として『盛世危言』を刊行した。その初刊の五巻本（『盛』五と略す）が出版されたのは、おりしも一八九四年の春（甲午三月）、日清戦争開戦の直前であった。

清国は負け続け、日清戦争は一八九五年四月に調印した下関講和条約によって終決した。[5] 東洋の小国たる日本に敗戦したという衝撃は清国の朝野、派閥などを問わず、中華世界の全域を震撼させた。また、敗戦に乗じて、帝国主義列強は清国分割を本格的に展開した。こうした「瓜分《かぶん》中国」の危機意識が高まる中で、鄭の『盛世危言』は広く流布した。『盛世危言』が脚光を浴びた主たる理由は、鄭が洋務のなかの変法を強調したことにあった。一八九五年、下関講和条約調印の約半年後、彼は『盛』五を大幅に増補した十四巻本の『盛世危言増訂新編』を刊行した（『盛』十四と略す）。以前から彼の著作は洋務官僚や洋務に関心をもっていた知識人に注目され、広く読まれていたが、『盛世危言』は光緒帝（一八七一—一九〇八、在位一八七五—一九〇八）に推薦され、しかも皇帝の命により総理各国事務衙門（一八六一年創設、後述を参照）が二千部を印刷、配布するほどであった。[6] その後も、日本を含む列強の八ヵ国連合軍による北京占領を招いた義和団事件が起きた一九〇〇年には、八巻本の『盛世危言増訂新編』が刊行された（『盛』八と略す）。

以上、鄭の経歴を概観しながら主要著作を紹介したが、[7] その他にも、彼は数多くの書簡や疏文などの文章を収録した著作集を出版した。その中には『盛世危言後編』（一九〇九年「自序」、一九二一年刊、『後編』と略す）が含まれている。[8] その「自序」には次のような記述がある。

ある国が苟も攘外をするためには、すみやかに自強すべし。自強をするためには、必ず先ず致富すべし。致富するためには、必ず首《はじめ》に工商を振るうべし。工商を振るうためには、必ず先に学校を講究し、速やかに憲法を立て、道徳を尊重し、政治を改良すべし。（一一）

ここには、彼の洋務論と変法論が集約的に表されているといえよう。各文における前者は目標、後者は手段を示しているが、これらのいずれも総合目標＝「安内攘外」（一四）の一部を構成している。安内攘外とは、その構成要素は時代とともに異なるにせよ、当時の世界においては「普遍的」な概念として、清国のみならず世界のどの国家にも当てはまる当然の国家目標と考えられていた。

まず、「攘外」は反外勢、反帝国主義を指している。これは清国にとって、アヘン戦争以来の列強の進出・侵略の危機や不平等条約から自国を守ることであり、いいかえれば「自主」を意味していた。この概念は、欧米近代の〈負〉への抵抗意識、いわば「反近代」を含むものでもあったといえる。この攘外が、自らの種族や地域（＝内）を華、その外を夷と固定するような華夷（中華）意識いわば「偏狭な」華夷意識と結合する場合もなかったわけではない。しかし、こうした偏狭な華夷意識は、多くの場合、かえって攘外の障碍要因になりがちだという現実認識から、少なくとも「外」が強敵である限り、それを「攘《はら》う」ためには偏狭な華夷意識は排除されるか、克服されるべきものであると考えられた。事実、洋務運動が始まって以来、それをリードした官僚やそれに同調した知識人は、偏狭な華夷意識をもっておらず、むしろその排除・克服に励んでいたのである。(9) 鄭も、その一人にほかならない。

第二に、「自強」は攘外＝自主とともに、総合目標の要をなしている。したがって、安内攘外は「自主自強」といいかえてもよい。これこそ、時代の要請にしたがって夷務から洋務への転換が進められた際に、その洋務の目標とされたものである。自強はそのための手段、またそれ自体を構成する下位の目標をもつ。そのなかには「致富、工商、学校、立憲」、そして道徳の尊重と政治の改良などが含まれる。

第三に、致富と工商は、明治日本の言葉を借りれば、富国と殖産興業を指している。ここでは富国強兵のなかの強兵が省かれているが、だからといって鄭が強兵の必要性を軽視したわけではない。洋務運動がまず強兵（機器の購入、軍事技術の導入など）から始まったとするならば、彼にとって、強兵はなおさら強調する必要もないことであったであろう。ただし『盛世危言』の最後に、軍縮を説く「弭兵《びへい》」篇が置いてあることには注意すべきである。彼は強兵を主張していたが、それ自体を「正しいもの」とは考えていなかったようだ。彼にとって、強兵とは、自主自強のための必要条件ではあっても、「真なるもの "True"」でも「自己のもの "Mine"」でもなかったと考えられる。[10]

最後に、学校と立憲は欧米の制度の導入に注目したものである。通説では、これこそが変法＝制度改革だと考えられてきた。この変法という概念は、明治日本の言葉では「文明開化」と近いものである。しかし当時の清国では、日本とは異なり、欧米文明＝文明とは考えられていなかったので、この概念には、文明を抜きにした「開化」のみを当てはめる方が妥当と考えられる。

鄭は「設議院」＝立憲君主制の導入を強く主張した「変法派」であったが、それでもなお、いわば「改良主義者」として位置づけられることが多い。[11] しかし、こうした位置づけは「保守→洋務→変法→革命」との段階論的構図を暗黙の前提としたものである。この構図が、清国(や中華民国)における「近代」思想の展開を説明するために、全く無効だというわけではない。ただし、この構図はあくまで仮説であり、しかもその中には偏見や先入観が含まれており、それに該当せぬケースを説明しえないという欠陥がある。これは「歴史を発展とか進歩とかいう基準によってとらえ、その発展・進歩の雛型をヨーロッパに祖型づけた」構図の一例である。[12] 鄭の思想経歴は、まさにこの構図に該当せぬケースの一つである。われわれは構図化――図式化、類型化――の誤謬や欠陥に陥ってはならない。

さて、鄭の買弁経歴が始まったのは、列強の「自由貿易帝国主義」が清国の沿岸部すなわち条約港に本格的に浸透し始めた時期であった。第二次アヘン戦争中、清国は列強の優勢な武力の前に屈伏した。その結果は清国や中国人にとって悲惨なものであった。アヘン戦争は、その名前も示しているように、理不尽な「麻薬」戦争であった。

しかも英仏連合軍は、清国側に理不尽な要求を貫徹させるために、北京を占領し、掠奪と破壊をほしいままにした。その間、一八五八年の天津条約や一八六〇年の北京条約など一連の不平等条約が結ばれ、清国は、連合国に多額の賠償金を要求されるとともに、締約諸国にさまざまな利権を皇帝の「恩恵」として与えることを余儀なくされた。清国は香港（一八四二年に割譲）の対岸の九龍を英国に割譲し、条約港として広東、厦門、福州、寧波、上海に新たに華中、華南、南満州にわたる一一ヵ所が加えられた。またこれを機に公式文書の中で「夷」という字の使用は禁止された。これにより夷務は洋務に変わったのである。

清国は大きい国ではあっても、外患に強い国ではなかった。しかも、第二次アヘン戦争とほぼ同時期に清国は、未曾有の内憂たる太平天国（一八五一―六四）との内戦の最中であった。それに乗じる形で、英仏両国は「不道徳」な戦争を仕掛け、清国に大打撃を与えたのである。

こうした状況のなかで、清国は、これまでのような理念的な王道政治とその思想・実践課題だけではなく、欧米諸国に学び、その文明を受容するという新しい思想・実践課題を課された。後者の課題、すなわち洋務は、当時の中国の文化的な背景や人々の心情を鑑みれば、決して容易なことではなかったはずである。そのためには、第一に欧米の「覇道」に対する怨念を克服し、第二に欧米の進出を危機としてではなく機会としてとらえ、第三に欧米の長所を認めてそれを導入することなどを同時に進行させる必要があった。

こうした状況のなかでともかく洋務運動は始まり、洋務の範囲は拡大していった。[13] 一八六一年、北京に近代国家の外務省に当たる総理各国事務衙門（略称総理衙門または総署）が創設された。その付設官庁は、総署の直属とした総税務司（一八五九年創立）、外国語学校の同文館（一八六二年設立）などであった。[14] 洋務運動は、まず軍事技術の導入、機器の購入から始まったのである。しかし、変法＝制度改革を広い意味でとらえるならば、洋務の本格的な開始はむしろ変法の実現に求められねばならない。もっとも、通説の「変法」すなわち議会制の導入は、洋務運動の期間中にはまだ実現されていない。とはいえ欧米の政治制度や議会制への関心はすでに洋務運動期の以前にもあり、一八六一年の馮桂芬《フォンクイフォン》（一八〇九－七四：李鴻章の幕友）の「校邠廬抗議」を皮切りに、多くの洋務官僚や外交官はその関心を高めていった。[15] また洋務官僚の張樹声《チャンシュソン》（一八二四－八四）も、没年一八八四年の九月に「遺摺」の形で、議会制の導入を進言していた。[16] とすれば、当時の清国において変法は、洋務の対概念ではなく、むしろ洋務に内包された下位概念であったという見方も成り立つであろう。[17] したがって、これらの洋務官僚たちは洋務の名の下において変法の実現を目指したのである。

洋務への関心

鄭は、洋務運動の動向とその軌を一にし、遅れ馳せながら洋務に関心をもつようになった。ただ彼は、洋務官僚と違って、上海を主たる舞台として活躍した条約港知識人であった。条約港知識人とは、欧米諸国に開かれた多数の港で欧米人と直接交流をした、あるいは海外経験をした清国の知識人を指す。そのなかには、P・コーエンのいう「沿海地方の改革家 littoral reformers」例えば王韜《ワンタオ》（一八二八－九七）、容閎《ロンホン》（一八二八－一九一二）、何啓《フォチ》（一八五九－一九一四）、唐景星《タンチンシン》（一八三二－九二）、伍廷芳《ウティンファン》（一八四二－一九二二）、馬建忠《マチェンチォン》（一八四四－一九〇〇）、馬良《マリャン》（一八四〇－一九三九）らが含まれる。[18]

鄭の処女作である『救時掲要』に収録された二十四篇の文章のほぼ半分は、「猪仔《チュザイ》」の悲惨な状況を描いたうえで、その弊害を阻止する法律を設けることや、海外の中国人を保護する領事を派遣することなどを主張したものである。猪仔とは、いわゆる苦力貿易によって条約港から海外に移住した中国人の労働者の一種を指すが、その実態は人身売買によって生まれた奴隷のような存在であった（女性は「猪花《チュファ》」と呼ばれた）。[19] そのほかはアヘンの禁止、医療救済などの慈善事業、修身・修養論などに関する文章から成っていた。文中における彼の主義や主張は、以下の四項目にまとめることができる。

第一は、儒教思想の民本主義、道徳主義、天下主義などである。たとえば「澳門《マカオ》猪仔論」の冒頭の文章には、『書経』〔五子之歌〕に『民は邦の本と為す。本を固くすれば、邦も寧《やすん》ずる』とある。故に王は仁政を行って貧乏を救済し、法令を厳にして游民を禁じ、億万の人を一心にせしめ、天下の民を保つ所以《ゆえん》である」(六)と記されている。当時の中国知識人として、鄭に儒教思想が身についているのは当然のことである。彼は、儒教など伝統思想に基づき、「富国安民」を志したのである。それゆえ彼の文章のなかには「仁、礼、義、徳、道、理」といった用語とともに「経世済民、済世、救生、救民、一視同仁」などの言葉が頻出する。これらを見るかぎり、彼が伝統主義者であるかのように見える。だが、彼が単なる時代遅れの保守派であったわけではない。『救時掲要』には一方で欧米の近代文明への関心が現れているからである。

冒頭に示したように鄭は「変法、西体」論者であると同時に「中体、東道」論者でもあった。後に彼が洋務や変法への関心を強めていった際にも、なお儒教伝統の「道徳の尊重」は諦められていない。儒教伝統は、彼にとって捨てるべき短所では決してなく、あくまで守るべき長所だったのである。彼にとって孔孟の道＝「東道」に基づく「仁政」の核心は「保天下、生民」、すなわち道徳主義、天下主義、民本主義にあった。

第二は、西洋人の蛮行への批判である。「澳門猪仔論」には、西洋人は中国人を誘拐し、騙して集めた後、猪仔として海外に輸出することや、多くの猪仔は船中で病死するか、到着地で餓死し、あるいは殺戮されることが記されている(六)。その「続」にも類似した記録があるが、そのなかで彼は、キューバのハヴァーナに着いた猪仔の三分の二が死んだという『香港日報』の記事を引いた上で、西洋人はそうした事実を「掩飾《えんしょく》〔不正・欠点などを覆い隠すこと〕」していると批判する(一〇)。その他の文章にも、西洋人の行為を「東誘西騙、残酷、残暴、不仁」とし、その蛮行への批判意識を表している。彼は「万物貪生、人情畏殺」(「勧戒殺放生論」三九)と説き、老子の「修命」、釈迦の「修性」を引き、孔子の「中庸」は「性命之道、一貫之道、天下之道」（「論三教要旨傍門惑世」四七）を論じたと主張する。

第三は、猪仔や商人など中国人の保護論である。文中で鄭は「保護我民」のための領事の設置（一〇）、「万国公法に遵《したが》」い、西洋諸国を集めて「済弱扶傾、吊民伐罪、善悪分明」を「理論」すること（一一、一九）を唱えている。また鄭は、租借地では「万国律法」を「理」にかなうようにすること、たとえば、治外法権の弊害を禁止する法律の制定、海関の設置、西洋人の中国人に対する弾圧や人身売買の取り締まり（一三）を論じている。これらをまとめて説いたのが「擬請設華官于外国保衛商民」と題された論文であり、その目的は「救民、保民、楽民、憂民」（一三、二一、二三）、および貿易の利権回収にあった。

第四は、議会制度に対する評価である。鄭は文中で、英国の議会は、奴隷販売の禁止について数次にわたって議論した結果、猪仔販売の弊を防ぐ法律を設けたこと、およびこれを聞いた中国人が感激し称賛した（八、一〇）ことを記している。鄭自身は英国議会の行為を「徳、美」と評価しており（八－九）、おそらくこれを機に、彼は、議会制度に注目し、次第にその導入論を主張していったと考えられる。

『救時掲要』の最後の論文である「論中国輪船進止大略」は、のち彼が『易言』『盛世危言』で本格的に論ずる洋務と変法の内容を集約したものといえる。まず彼は輪船、機器、火砲は「天地造化之奇」として「軍と国が利用して強と富を致す」（五二）ものと論じ、そのために「民間機器、兵船機器」の「制造局」を設置することや、また「天文、地理、各国語言文字、法律」を習うことを主張する（五三）。彼によれば、欧米諸国は「官と商が互いに財貨を流通し」大きな利益を得ている、したがって輪船、商売は「富民之道」であり、「国体」を損なわず「国威」を張るためのものである（同）。またそれは「軍威を整頓して社稷《しゃしょく》［土地の神と穀物の神、転じて国家統治の主要条件との意］を保ち、また西洋各国の兵法を取って国を裕《ゆたか》にし、民に足り、国の用を充たす富強の道」（五八）である。それなのに「〔洋務を〕議する者は皆泰西の長技を知るが、泰西の立法の大旨や本源を操ることを知らない」（五五）と、彼は洋務官僚を批判もしている。この『救時掲要』の著作段階において、彼はすでに「変法」論者であった、もしくは少なくとも「変法」論者になる途中であったといってもよかろう。いや、彼にとっては、むしろ洋務こそが変法だったのである。

『易言』をみれば、鄭がどのような問題に関心をもち、それをどこまで拡大し、かつ充実させていったかが分かる。その二十篇本に収録された主要論文の題名は、「公法、通使、伝教、交渉、開鉱、商務、西学、考試、鉄路、電報、船政、水師、火器」など多岐にわたっている。彼の主な関心は、当初、対外貿易や海外情報すなわち時事問題や国際問題にあったが、それが次第に外交、産業、教育、軍事などの分野に拡大していった。なかでも「西学」「考試」──三十六篇本の場合には「論考試」とその付論「論洋学」──は教育制度と科挙制度の改革を論じたものであった。一方、三十六篇本には（二十篇本にはない）「論議政」「論辺防」などがあり、「論議政」のなかで、彼は議会制度の導入論を説く。「論辺防」は彼の「保中国」論（国権確立論）であり、このテーマは後に『盛世危言』で大幅に修正・増補された。これらのいずれも、洋務官僚の関心分野とほぼ一致するもの、つまり洋務の範疇《カテゴリー》に入るものであった。

洋務と変法

筆者は、鄭にとっては洋務＝変法であり、彼の関心分野は洋務の範疇に入ると述べた。これは彼に限られることではなく、同時代の、もう一人の条約港知識人である王韜においても同じだった。王韜は鄭の『易言』三十六篇本に序文（一八七五）と跋文（一八八〇）を寄せているが、その跋文には「杞憂生〔鄭観応の号〕が変えようとするものは器であり、道ではない」（一八六六）と記されている。いわば「東道西器」論であり、それを「洋務」論と言い換えてもよかろう。通説では、「洋務」論は「変法」論と対立するもの、もしくはその前段階のものであると考えられてきた。しかしこれは誤解である。同跋文のなかで王韜は、「変法によって自強すべし」「自強の道は杞憂生の言にある」（一六六）、「当今の世、西法を行わなければ、強兵富国もできない」（一六七）と主張する。彼らの東道西器による洋務の範疇は、当然のごとく、変法を内包していたのである。[20] もちろん二人の論が洋務官僚のそれと完全に一致しているわけではない。しかし、少なくとも変法を主張した洋務官僚たち、すなわち「内陸の先駆改革家」のそれとはおおむね同一線上にある。したがって通説が、洋務論を「東道西器、中体西用」論とみなすことは、ある程度は許されるにせよ、それと変法論との間に対立関係や、前後関係があるという指摘は必ずしも妥当ではない。

とはいえ、鄭のような儒教思想など伝統主義に基づく「洋務＝変法」論者が、一方で教育や議会の西洋流の制度改革を強く主張したことは、たしかに意義をもっている。そこで筆者は、その制度改革を狭義の変法——便宜上、それを〈変法〉と表記す——と捉えることを提起したい。この〈変法〉を主張するため、すなわちその主張を正当化し、主張の根拠を確保し、〈変法〉の実践・実施を促すためには、鄭はむしろ「中体西用」論の枠を解体する必要が生じた。その契機は、あたかも劇的な転機のように、清仏戦争の最中に訪れた。一八八四年の著作『南游日記』のなかで彼は、「西洋人の立国の本を査《しら》べる中で、そこに体と用が兼ね備わっていることが分かった。書院〔学校〕での人材育成、議院での政治議論、君民一体、上下同心はその体である。練兵、機械の製造、鉄道、電信などはその用である。中国は、その体を遺《わす》れて用のみを効《なら》おうとした。だから、扞格〔齟齬〕をきたすことが多く、富強をもたらすことが困難であった」（九六七）と述べている。これは、体と用との不可分性に基づく中体西用論の批判である。鄭によれば「西用」を導入するなら「西体」も導入しなければならない。かりに中体西用論が洋務運動の支配的な論理だったとすれば、多くの官僚や知識人にとって、それは中体西用との間に齟齬をきたすものだったはずである。

朱子学のみならず、中国の伝統思想においては、欧米の近代思想における主と客、人間と自然、内と外、そして政治と道徳などを分離する二元論的な思考様式が入る余地はほとんどない。そのため中体西用のような形式で一応入ったとしても、結局のところ、それをいずれは一元論的に、あるいは陰陽論的な和の論理に基づいて、再構成せざるを得なかったと思われる。しかも、中体西用論が、洋務運動の際に必ずしも最初から支配的であったわけではない。そうした見方が支配的になった一因は、洋務官僚の一人張之洞《チャンツトン》（一八三七－一九〇九）が、康有為《カンヨウウェイ》（一八五八－一九二七）、梁啓超《リャンチチャオ》（一八七三－一九二九）らの新進変法派に対抗する形で、一八九八年三月頃に著した「勧学篇」のなかで「中学を体とし西学を用とする」ことをくりかえし述べたことにあった。しかし「勧学篇」を読めば分かるように、張之洞は中国伝統の体用の論理を否定しておらず、例えば議会制度を高く評価し「西洋諸国にも、君臣の道がある」（「内篇第三・明綱」）と主張していることからもわかるように、そうした視点から〈変法〉や「西道」を肯定的に見ている部分もあったのである。張之洞は単なる中体西用論者ではなく、彼も「西体、西道、変法」を、一定の程度、肯定していた。

体用の不可分性に立ち返った鄭は、『南游日記』のなかに見るように、『易言』の内容を自省している（九六九）。そこで彼は、香港から帰還する船中で、ある英国士官に「自強の道はいかなるものであるべきか」と尋ねたが、これに対して、英国士官は次のように答えたという。

すみやかに変法すべし。商政、砿務、工芸などは富国に足りることである。これらを変えなければ、我［清国］は弱くなり、彼［西洋諸国］は強くなる。輪船、鉄路、電線などは守国に足りることである。これらを変えなければ、我は遅くなり、彼は速くなる。約章の利病、使才の優拙、兵制の錯綜などは輔国に足りることである。これらを変えなければ、我は孤立して彼は協力し、我は脆くて彼は堅く、我は疎くて彼は熟する。これらのいずれも、旧法を改めて行うことである。そして、議院を設けて上下の情に達し、学堂を建てて文武の人材を養わなければならない。(九八四)

この英国士官の言葉を借りて、鄭は洋務＝変法、〔変法〕の必要性を説いているのである。

この頃から、おそらく鄭は新しい論文を構想し始め、後に彼は『易言』を修正・増補する形で『盛世危言』を刊行したのであろう。その初刊の「自序」(一八九二年作)で、彼は「治乱の源や富強の本は、船堅砲利のみにあらず、議院の上下同心、教養の得法、興学校、広書院、重技芸、別考課、そして人の才能を尽《ことごと》く発揮させることにある」(二三三)とし、次のように述べている。

張靖達公〔張樹声〕は次のように言った。西洋人の立国には本と末が具にある。礼楽教化は中華に遠く及ばないとしても、富強の馴致《じゅんち》には体と用が具にある。学堂で人材を教育し、議院で政治を論じ、君民一体と上下同心を実現し、実を務めて虚を戒め、謀《はか》り定めた後に動くのはその体である。輪船、大砲、洋槍、水雷、鉄路、電線などはその用である。無論、中国はその体を遺《わす》れてその用を求め〔たがゆえに〕、つまずき倒れて歩調を合わせず、常に相及ぶことがなかった、と。(二三四)

これは体用や本末の不可分性に基づく「西体」の導入論、〔変法〕論である。『盛世危言』では〔変法〕についての論文や文章が大幅に増補された。

変法と東道

このように鄭は西体を肯定し、〈変法〉を強調し主張するようになった。その意味で、彼は次第にいわゆる「近代人もしくは近代主義者」に近づいていったと言えるかもしれない。がしかしその際にも、彼は近代文明の〈負〉を肯定するような「欧米中心主義者」ではなく、彼の構想した近代は、「反近代」を内包し、またその外郭を伝統が包囲するというものであった。そこで東道は、彼にとっては、あくまで固守すべき伝統の精髄あるいは普遍的な価値・規範であった。「道器」篇、それは東道の固守論である。それを『盛世危言』の巻頭におく理由について、「道は本、器は末であり、器を変えるにしても道を変えるべきではない。変えるべきものは富強の権術であり、孔孟の常経ではない」（二四〇）ことを知らせるためであると、鄭は述べている。

鄭は明らかに東道論者であったが、伝統・復古主義者や中華主義者ではなかった。また彼の東道論は、開明性や近代性の限界でもなければ、中華意識の痼疾でもなかった。東道は、理念と実践の間に依然距離があったにせよ、彼にとっては、世界の人類に開かれたものであり、東西普遍の道（＝道理、道義、道徳）につながるものであった。そこで彼は、「西洋人は大道を知らぬ」といい、「もともとキリスト教の初心も、俗なる利によって導くのではなく、人に善を勧める」ものだが、しかし「惜しくもその精義が伝わらず」に「詭辞」になってしまったと主張する（二四二）。それは、いいかえれば、彼が、西道の存在を認めていたもののその現実的な不履行を批判していたことを表している。当時、西洋人の営みは「正しいもの」でも「道徳的なもの」でもないと、彼が判断していたともいえる。

それでは、鄭は東道西器論者であったといえるだろうか。彼の次のような論理からみれば、答えは「否」である。「道器」篇の後に付した文章のなかで彼は、「もともと器は道より離れることができない」「道は器の中に寓する」「道は器を通してでなければ、その用を顕《あら》わすことができない。器は道を通してでなければ、その生を資することができない。物が気より生まれるように、器も道より出る」(二四四)と述べているからである。それは、道と器とは体と用と同じく不可分なもの、いわば「二つながら一つ、一つながら二つ」であるとの意味である。とすれば、彼の道器論の論理のなかでは、東道西器のような道器の分離は成立しないはずである。したがってそれは、西器を導入するならば、西道も一緒に導入しなければならないとの論理になるはずである。しかし彼は、前述したように、西道としてのキリスト教に対しては——その道が現実で履行されていないとの判断もあって——あくまで批判的な立場を貫いていたように思われる。

もっとも、現実においては、「道と器が離れる」(二四四)場合がある。がしかし、道器はあくまで「合一、並行、精一執中」するのが正常で、この正常な道こそが「尭、舜、禹、湯、文、武、周、孔[子]の道、すなわち万世不易の大経」であると、鄭は主張している(同)。この主張のなかには、おそらく彼の、西洋における道と器の分離状態への抵抗や西道の現実的な不履行への批判が含まれているだろう。だからこそ彼は、『盛世危言』の「凡例」のなかで「器は変えるにしても、道は変えるべきではない」と述べたのだとした上、さらに、「我が彼の法を師としても、必ず経[物事のすじ道、東道]は守り、本を固めるべきである」(同)と呼びかけているのである。その意味では、彼はあくまで東道の固守論者であった。

とはいえ、鄭における西道の肯定ないし導入の方途がまったく閉ざされてしまうのではない。なぜなら、彼は次のような論理を立てているからである。それは、「秦、漢以来、中原は板蕩し[21]、文物が存せず、学者は制作の原を窺わず、空文に循《したが》って性理のみを高談した。これより、我は虚に堕《お》ち、彼が諸々の実を征した。虚の中に実があり、実なる者は道である。実の中に虚があり、虚なる者は器であることを知らなかった」(二四二—二四三)という、一種の「附会論」である。つまり、清国は古来の「実なる道」から離れて「虚なる器」に堕ちている反面、欧米諸国は実を征しているということである。それは、実際上、むしろ「道」に近いのは欧米近代文明の方である、だから

「西道」を積極的に導入せよ、との主張を含意する。ただし彼は、キリスト教に「有識者は断じて眩惑するまい」(二四二)と戒めている。キリスト教は、彼にとって、「実なる道」ではなく「実のなかの虚」だったといえるだろう。とすれば、彼には、キリスト教以外の西道に習うことにより、東道に「実なる道」を回復するという希望があったともいえるだろう。

　この「附会論」は、道器・体用の不可分の論理とその現実的な分離との背理を調整する、一種のイデオロギー的な枠組みとして機能していたといえる。そのことによって、鄭は東道論者であると同時に変法論者──または西道論者──でもありえたのである。

> 『大学』に「格致」一編がなくなり、『周礼』に「冬官」一冊がかけて、古人の名物象数の学が流徙して泰西〔西洋〕に入って、遂に中国は工芸の精に遠く及ばなくなった。我はその本に努めたが、彼はその末を逐《お》った。我はその精を明らかにしたが、彼はその粗を得た。我は事物の理を究めたが、彼は万物の質を研いだ。(二四二)

鄭によれば、西洋の学問と技術は元来中国のものであり、その「本、精、理」はなお中国に残っている。そのためその導入は中国のものを取り戻し、再度啓発することにほかならず、したがって東道と変法とは矛盾・対立しない。

　それでは、鄭が東道固守を主張した理由は何であったのだろうか。一つは、彼が不道徳な近代を戒めることを東道に託していたからであると思われる。もう一つの理由は、東道の究極的勝利への確信である。「道器」篇の結論部で彼は、「博文約礼」(『論語』雍也)を引き、博は「格致の諸門」(=器)、約は「性命の原、通天人の故」(=道)であると説いている(二四三)。そして彼は、「今の西洋人は外から中に帰り、正に博より約に返り、五方から倶に中土に入る。それは同軌、同文、同倫を見る端である。これより本と末を具え、虚と実を備え、理と数を合し、物と理を融し、そして数百年後には、その枝のように分かれた教えが必ず浸《ひた》り衰えて孔孟の正趣に折り込まれる」（同）と主張している。さらに『新書』の「強必以覇服、覇必以王服」を引き、今の西洋人は「皆覇術の緒余[22]のみを用いている」と批判する一方、他方では、もし清国が「王道を憲章とし、列邦を撫輯《ぶしゅう》し、政教の権衡を総覧し、広く泰西の技芸を採り」さえすれば「四海は仁に帰り、万物は所を得て、車書を大一統する宏規を拓《ひら》くのも難しくない」（同）と論じている。そこには、清末の「大同」思想とともに、東道の最終勝利の予言が見える。

ちなみに、鄭の東道固守の趣意の中には、その東道が、清国の版図内の多数民族を一つの「中華民族」として統合するイデオロギー、いわば「中華民族主義」として機能すること、その期待もこめられているのではないかと思われる。鄭は、国民統合や、それに役立つ民族主義のような何らかのイデオロギーの必要性を痛感していたであろう。がしかし現実には、清朝は異民族の王朝、清国は多民族国家であり、それらが当時一つの中華世界を構成していた。そこで漢族だけの主義を唱えることは、清朝の否定や清国の分裂を招きかねない。とすれば、東道は、こうした背反を超克するための格好なイデオロギーであったと考えられる。清朝を否定せず、清国の多民族を統合し、ひいてはそれを共有する周辺諸国と連帯するためのイデオロギー、それを東道に求めたともいえる。その意味で、東道は一種の「開かれた」民族主義であったといえるのではなかろうか。

変法と変法派、革命派

一八九〇年代に、鄭は新世代の変法派の領袖たる康有為、革命派の旗手たる孫文《スンウォン》（一八六六—一九二五）と親交を結んでいた[23]。が、一八九八年の戊戌変法や一九一一年の辛亥革命などの重大な国内事件に対して、鄭は自分の意見を明確に表していない。変法とくに立憲君主制を主唱していたことを鑑みれば、彼は戊戌変法に——少なくともその目標には——同情的だったと思われる。しかし戊戌変法の失敗後、康有為、梁啓超らの活動について、「毫も条理がなく、度徳量力を知らず、将来必ず風波があると思っていた自分を、どうして同党であったと謂うか[24]」と、鄭は康、梁らとの親密関係を否定している。たしかに彼は戊戌変法の失敗を予想し、それを支持していなかった。これに対して夏は、鄭の立憲は学術研究に過ぎず、実践ではなかったと酷評している（夏東元 一九八五、一七二）。しかし、これは正しい批評ではない。なぜなら、『盛世危言』に「必ず先に議院を立てる」（「議院上」三二三）と記されているように、鄭はかつて議院設立、立憲の実践を主張していたからである。しかも一九〇〇年夏、「変法は何をもって先と為すか」という盛宣懐の問いに対して、鄭は「答某［盛宣懐］当道設議院論」を書き、そのなかで「先ず議院を設け、併せて学校を開く」ことが「今時急矣」と答えている（「議院下」の付論、三二四）。これは国会の即時開設論、即時立憲論だった。戊戌変法のとき、鄭が問題視したのは、立憲の実践の如何ではなく、その実践をめぐる方法であったといえる。

一九〇一年一月、清朝は「変法」実施の詔勅を発し、外務部の設置（総署の改組）を皮切りにいわゆる新政が開始された。この改革を主導したのは張之洞、劉坤一《リュウクンイ》（一八三〇－一九〇二）、袁世凱《ウェンスカイ》（一八五九－一九一六）らの中堅の洋務官僚だった（李鴻章は同年死去した）。新政の範囲は行政、軍事、財政、教育（一九〇五年には科挙制度を廃止）の制度改革、産業振興政策の実施などに及んでいた。しかしながら革命運動は国内外で活発化し、一九〇五年には革命諸団体が東京で大同団結して中国同盟会を結成した。同年、清朝は載澤《ツァイツォ》（一八六八－一九三〇）らの五大臣を外国に派遣し、各国の憲政を視察させた。その報告を踏まえて、清朝は一九〇六年に立憲の準備に先立つ官制改革を行った。これは民族資本家上層部や康有為、梁啓超らの変法派を勢いづけることになり、その結果、彼らの立憲派と革命派との間で論争を巻き起こしたのである。

一九〇八年一一月、光緒帝と西太后が相前後して死去すると、僅か三歳の溥儀《プイ》（一九〇六－六七、宣統帝：在位一九〇八－一二、満州国皇帝：在位一九三四－四五）が皇位を継承した。同年一二月、清朝は宣統八（一九一六）年から憲政を実施するという上諭を発した。翌一九〇九年、各省ごとに諮議局（地方長官の諮問機関、省議会の前身）が設けられると、国内の立憲派はここを拠点に国会の即時開設を求める運動を開始した。また、一九一〇年一〇月に北京に諮議局選出の民選議員と勅選議員からなる資政院が開設されると、立憲派は、ここにも請願書を呈出し、各省の長官（総督や巡撫）にも働きかけて、彼らからの上疏も行わせた。これに対して清朝は、立憲預備の期間を短縮し、宣統五（一九一三）年には国会を開くこと、ただちに官制を改革して「責任内閣」を設置する詔を発した。このため、立憲派の内部には分裂が生じたが、一部のものは新たな請願を準備した。清朝はこれに対して弾圧を行うとともに、一九一一年五月には「責任内閣」を組織した。しかしこの内閣では一三名の国務大臣のうち、漢族四名に対し満州族が九名、しかも行・財・軍の重要ポストは皆満州族によって占められていた。これに反発して、立憲派は「全国に宣告する書」を発し、清朝に対する希望を捨て、革命が勃発した際には、各省の独立を援助する道を選ぶことになった。

この間、鄭は朝廷大臣や地方長官らに数多くの書簡を送ったが、なかでも即時立憲を勧めるものが少なくなかった（『後編』巻三を参照）。鄭はいわば民族資本家の変法派であり、当時には康有為、梁啓超らの変法派と同様に、立憲派の一人であった。鄭は清朝の新政に対する期待を諦めることができず、革命運動には同調しなかった。その間にも革命派の武装蜂起は国内各地で繰り広げられた。一九一一年には、一〇月の武昌蜂起とこれに続いて各省の独立が達成される過程で、新しい政権づくりが進行し、一二月には帰国した孫文を臨時大総統とする中華民国（一九一二年一月一日に成立、南京政府）が誕生した。その後、各種の勢力や党派が入り乱れて戦うなかで、清朝の滅亡（一九一二年二月）、袁世凱の大総統就任、北京政府と南京政府の対立、第二革命の失敗、袁世凱による革命派の弾圧、そして袁世凱の死亡（一九一六年六月）を機に軍閥の割拠と分裂が続いた。

夏によれば、鄭は辛亥革命に対立する「錯誤的な政治態度」を取っていたという（夏東元 一九八五、一一章）。しかし実は辛亥革命に対して、鄭は明示的な反対も賛成も表明せず、論評を避けていたのである。これこそが彼の「政治態度」だったといえよう。武昌蜂起の約一ヵ月前の九月四日から中華民国成立直後の一月一二日までの間に、あたかも革命の混乱を「避難」しようとしたかのように、彼は長江流域の都市（輪船招商局の分局）の視察に出かけた。その視察記録たる『西行日記』（『鄭観応集』上、所収）のなかにも革命に対する論評はない。ただ武昌蜂起後の日記のなかで、彼は訪問先の各地で災害や盗賊の発生、治安の不在、物流の閉塞などによる民生への悪影響を描いている。夏東元は、これらのいずれも「鄭観応の辛亥革命に対する不満の情緒を表現した」ものと評している（同、二四四）。だがそれは、先の「錯誤的な政治態度」と同じく、過度な批評である。『西行日記』の「自序」は一九一二年に書いたものだが、その末尾には「中華民国孟春月」と記されている。そして「列強の場合、国内の各港に往来する船は均しく本国の商民の利益に帰せしめ、他国人の侵奪を許さない」という文章で始まる「自序」のなかで彼は、「今の共和時代に既に富強することを欲するに、ひそかに航海の利を述べ、急いで籌《はかりごと》を起こし、農工に較《くら》べて目前に要着する」ことを主張している（二〇一六）。鄭は革命後の中国に、新しい希望を託していたのであった。

二　福沢諭吉

著作と文明開化論

福沢諭吉は、下級武士の子として生まれ、儒学などの伝統学問を学んだ。また早くから国内外の状況変化に関心を寄せており、自ら兵学と蘭学さらに英学を修めた。安政五（一八五八）年、中津藩江戸屋敷からの出府命令を受け、大阪から江戸へ来た福沢は、築地鉄砲洲の中屋敷に蘭学（洋学）の家塾を開いた（のち三田の慶應義塾に発展する）。

また彼は幕末の最初の遣米使節(一八六〇)や遣欧使節(一八六二―六三)、および慶応三(一八六七)年の甲鉄艦受領交渉のための米国派遣に加わり、欧米諸国の文物制度を見聞した。その後、幕末維新期を経て、彼は欧米文明の啓蒙家あるいは文明開化論者として登場し、明治維新(一八六八)後には著述、教育、言論、そして政治、外交などの活動を通して政府と民間――ひいては朝鮮の開化派――に大きな影響力を行使した。[25]

幕末から明治初期にかけて福沢は『唐人往来』(一八六五年作、一八六八年刊)、『西洋事情』(初編 一八六六、外編一八六七、二編 一八七〇)、『世界国尽』(一八六九)をはじめ、『学問のすすめ』(一八七二―七六)、『文明論之概略』(一八七五、略記『概略』)などを刊行している。これらの著作を前期著作、後の著作や論説を後期著作と呼ぶことにする。その間に、状況変化に伴う著述における論旨の変容、あるいは思想の内在的展開における一種の「転回」[26]ないし「旋回」[27]がみえるからである。ただ「転回」、「旋回」は、すでに前期著作からも見ることができるので、それが必ずしも前期・後期を隔てる明確な規準にはならない。しかし福沢自身が「恰も一身にして二生を経るが如く」(『概略』「緒言」『全集四』五)と述べているとおり、前後期のどこかで何らかの論旨の変容は起きたように思われる。

福沢の言葉を借りるならば、前期の論旨は「大本願」、後期の論旨は「第二の誓願、大願」というふうに区別することができるかもしれない。だが実は、「大本願」と「第二の誓願、大願」とは不可分の関係性をもっている。この二つの願望の論旨は福沢の思惟様式や思惟活動(の変化)の中で一貫しているのである。それは〈文明開化→一国独立=富国強兵→対外膨張=国権拡張〉という図式で表すことができる。もっともこれらの願望の論旨は、彼の状況認識に沿って、複雑多様な言説で表現される。[28]しかしおしなべてそれらは、その大論旨=大目的たる国権拡張に収斂する。明治一五(一八八二)年、福沢は『時事新報』の連載論説「藩閥寡人政府論」(五月一七日~六月一七日)を書いた。その「第五 明治十年の後(後略)」のなかで、彼は「我輩生の目的は唯国権皇張の一点にある」(『全集八』一二四)と断言している。明治一〇年頃、彼の著述には日本国内への自信に満ち、外への膨張を唱えるような言説が増えていく。[29] それは権力政治、帝国主義など欧米近代の負の側面の導入を意味していた。それを如実に示しているのは明治一〇年代以降の著述、なかでも『通俗国権論』（一八七八年九月）、『通俗国権論二編』（一八七九年三月）、『時事小言』（一八八一年九月）などの著作、そして一八八二年三月一日に創刊した『時事新報』の多数の ── アジア（朝鮮や清国）関連 ── 論説である。

福沢は、丸山によれば、「近代知識人」である（丸山眞男 一九八六の上、三六―四二を参照）。そこで丸山は、「近代知識人の誕生というのは、まず、身分的制度的な錨付けから解放されること、それから、オーソドックスな世界解釈の配給者という役目から解放されることが前提となります。そういう二重の意味で『自由な』知識人がここに誕生する」と述べている（三八、傍点原文）。しかし、近代人もまた、新たな身分や制度の錨《いかり》に拘束されることや、近代主義のオーソドックスな世界解釈の配給者になることもある。しかも、福沢は、欧米近代文明のもつ〈正〉と〈負〉を問わずに導入しようとした近代知識人であった。その意味では、彼を「近代」に便乗しつつ適応しようとした近代主義者と評することができよう。もちろん、彼が欧米文明への抵抗・批判精神を全く忘れていたわけではない。また、彼は欧米文明を諸文明の一つとして相対化しようと試みたこともある。しかし ── 後述するように ── それは欧米文明を、何らかの「普遍」によって克服・止揚することを意味しておらず、あくまで限定的な相対化にとどまっていた。むしろ彼は欧米文明を当時の最高文明として目的化、基準化（あるいは規準化）し、大（本）願との目的のための手段として欧米文明を手段化したのである。その大目的のために、福沢は近代文明のもつ長短、是非などを問わなかった。

欧米文明の相対化

『西洋事情』の「小引」のなかで福沢は、西洋書籍の既存の翻訳書が、西洋の「文学技芸を講究する」のみで、

「各国の政治風俗、経国の本」を捉えていないのだから、「実用に益なき」ものだという(『全集一』二八五)。彼自身は、「史記以て時勢の沿革を顕《あら》はし、政治以て国体の得失を明にし、海陸軍以て武備の強弱を知り、銭貨出納以て政府の貧富を示す」(同)ことが重要だと論じる。それは、いいかえれば、西洋のテクノロジーの分野に限らず、その歴史や政治・社会体制の次元を受け入れるべきだということである。そのことによって、「外国の形勢情実を了解し(略)友は則ち之に交はるに文明を以てし、敵は則ち之に接するに武経を以て」(同)することが重要だとも論じる。ここで文明という言葉が登場しているが、それを、福沢は必ずしも欧米文明との意味に限定していなかったように思われる。『西洋事情外編』の「世の文明開化」には次のような記述がある。

歴史を察するに、人生の始は莽昧《もうまい》にして、次第に文明開化に赴くものなり。莽昧不文の世に在ては、礼義の道未だ行はれずして、人々自から血気を制し情欲を抑ゆること能はず。(略)世の文明に赴くに従て此風俗次第に止み、礼義を重んじて情欲を制し、小は大に助けられ弱は強に護られ、人々相信じて独《ひとり》其私を顧みず、世間一般の為めに便利を謀る者多し。(『全集一』三九五)

福沢の文明開化論は文明進歩論または社会進化論に基づいている。しかし注目すべきは、ここで文明の規準が「礼義」の道だということである。

右の引用文には、孔子の「克己復礼」の思想が表れているように見える。孔子は、「己《おのれ》に克《か》ちて礼に復《かえ》るを仁と為す」(『論語』顔淵)という語で、礼を人の最高善としての仁に包摂し、孟子は仁・義・知(智)を並べて天賦の性によって根拠づけ、荀子は聖人の教示する外的規則そのものと捉えた。そこで儒教思想の本質は礼にあると認識されている。(30) ただし、礼儀という語は荀子によって多用され、先王が歴史的に制定――作為――して天下万民に示したとされる。ともあれ、右の引用文は、福沢の思惟構造・様式のなかに儒教思想の基底が存在したことを示している。

福沢にとって、文明開化は人類の普遍であった。彼は、「世の開化を進め法則を設け、其法寛なれども之を犯す者なく、人々力に制せられずして心に制せらるゝは、文明の有様にて、即ち人生天稟の至性」だ（同、三九五）と述べている。また彼は、文明開化は「自然」であり、それをさらに進めないのが「人為」とも述べている。[31]これらの観点が、「文明開化」と呼ばれる英国においても、その「教化」は十分ではない（三九七）といった彼の諸文明の相対化とともに文明の発展段階論的な見方につながったのである。さらに彼は、人類には、文明の進歩によって「他の風に靡《なび》き他の徳に化して、共に天地の歓楽を享《うけ》るの日ある」（同）と予想する。この前半は「君子之徳風。小人之徳草。草上之風、必ず偃《ふ》す」（『論語』顔淵）を、後半は一種の「大同」思想を連想させる。少なくとも当時の福沢の観念においては、文明とは、西洋文明や儒教文明などを含む「普遍文明」だったのであろう。[32]

福沢における諸文明の相対化、文明の発展段階論的な見方、そして「普遍文明」の観念などは、『学問のすゝめ』十五編「事物を疑て取捨を断じる事」にも表れている。そのなかで彼は、西洋の習慣を「採用せんとするには（略）其性質を明にして取捨を判断」（『全集三』一二五）すべきだと主張する。そして彼は、「口を開けば西洋文明の美を称し（略）智識道徳の教より治国、経済、衣食住の細事に至るまでも、悉皆《しっかい》西洋の風を慕《した》」う（同）とする人々を、「改革者流、開化先生」（一二六）と批評する。福沢は、「西洋の文明は（略）決して文明の十全なるもの」ではない（一二五─一二六）と、欧米文明を絶対視せず、その相対化を図ろうとしたのである。

こうした態度は、彼の価値判断の相対性、相対主義へとつながっていた。『学問のすゝめ』十三編のなかで彼は、「真実無妄の公道を発明」していない間は、「人の議論も亦何れを是とし何れを非」と定めるべきではないと主張する（同、一一〇）。そこで、「世界中の公道を求めざる可らず」（同）と、まず世の東西を超えた普遍的な道が求められていた。しかし、のちに彼は、公道の存在を自ら否定するようになる（後述）。一方、福沢の相対主義は、「驕傲と勇敢と、粗野と率直と、固陋と実着と、浮薄と穎敏と、相対するが如く、何れも皆働の場所と、強弱の度と、向ふ所の方角とに由て、或は不徳とも為る可く、或は徳とも為る可きのみ」（同）というふうに、何でも――「徳」さえも――相対化するものであった。この相対主義は『概略』のなかで「両眼主義」として引き継がれる。そして、彼の両眼主義はしだいに「和の論理」を弱め、近代的な「対立、相克の論理」を強め、それと同時に徳の相対化は徳の軽視にとって代わっていったのである。

欧米文明の目的化、基準化

福沢は『概略』第一章「議論の本位を定る事」で、「軽重長短善悪是非等の字は相対したる考より生じたるもの」（『全集四』九）と価値判断の相対性を説き、「両眼を開かしめ、片眼以て他の所長を察し片眼以て其所短を見せしめなば、或は其長短相償ふ」（一二―一三）という彼の両眼主義を明らかにしている。それが、第二章「西洋の文明を目的とする事」のなかでは次のように変わっていく。その冒頭に「文明開化の字も亦相対したるもの」（一六）とある。そこで福沢は「西洋諸国を文明と云ふと雖ども、正しく今の世界に在てこの名を下す可きのみ」という（一八）。ここで「今の世界」という言葉に注目したいが、それは、欧米文明を時間軸において相対化することを意味する。つまり、世界各所の文明は時間軸上にそれぞれ位置づけられるものであり、それゆえその進み方は将来的に逆転する可能性もあるという意味で、文明の相対性を示しているのである。

しかし、こうした時間軸における相対化は、進んだ欧米文明を絶対的な基準として目的化すべきだという主張に容易につながることになる。「欧羅巴《ヨーロッパ》の文明は即ち今の世界の人智を以て僅《わずか》に達し得たる頂上の地位」である、がしかし、「苟も一国文明の進歩を謀るものは欧羅巴の文明を目的として議論の本位を定め」なければならない（一八―

一九）と、福沢は主張している。西洋文明は単に現時点で相対的に進んだものに過ぎない。しかし、それが今の世界で最高の文明である以上は、それを目的や基準としなければならない。こうして、欧米文明の相対化を主張しつつも、そのことと矛盾することなく、欧米文明を目的化・基準化できる論理を作り出そうとした。これこそが、彼にとって、文明と欧米文明を、また文明開化と西欧化を等式で結ぶための論理だった。それでは、その間に論理の矛盾あるいは二律背反《アンチノミー》は生じなかったのだろうか。(33) それを、明らかにしておこう。

もし何らの基準を設けず、相対化をはかるならば、それは相対主義の誤謬に陥るだろう。その意味で、相対化と基準化とは両立しえる —— あるいは両立せざるをえない —— ものである。もし人々それぞれの見方を —— 何らの基準もなく —— すべて相対化してしまうと、そこに誰の何が「真か偽か」の判断は不可能となる。この不可知論を避けるため、相対化の作業の際には、相対化されるものの次元とは異なる位置に、ある基準を設定する必要が生じる。その基準それ自体は相対化の対象を超えるもの（＝相対化の対象より普遍的なもの）でなければならないのである。したがって、福沢が欧米文明を本当に相対化したとするならば、欧米文明それ自身を基準とすることはできなかったはずである。彼は、『概略』第一章を著す時点で、実際には欧米文明の相対化を諦め、その基準化を選んだのである。

結局のところ、福沢のいう欧米文明の相対化は、実はその相対化ではなかった。というのは、欧米文明が、時間軸とともに空間軸においても相対化されない限り、それを相対化と呼べないからである。さらに、欧米文明の基準化は、その絶対化を引き寄せる可能性をもっていた。その帰結ともいえよう、彼は、欧米文明のもつ〈正〉と〈負〉を問おうとしない。その結果、欧米文明の目的化は、一種の「目的合理性」の追求という形で、彼の大本願（＝大目的）達成のための手段とされたのである。

欧米文明の手段化

『学問のすすめ』の五編のなかで、福沢は文明を「有形と無形」の二つの形態に分類している。「学校、工業、陸軍、海軍」などは有形文明である。そして、無形文明とは「文明の精神」を指すが、その正体は「人民独立の気力、即ち是なり」という（『全集三』五八）。この文明の精神を、通常の意味としては、宗教や道徳などの——普遍性をもつ——文明の精粋と捉えてもよかろう。[34] そうした捉え方を、福沢自身もある程度、前提としていたかもしれない。しかしながら彼の文明の精神は「人民独立の気力」と言い換えられることにより、「一国独立」という彼の大本願、大目的の一部となる。「独立」こそが「文明の精神」ならば、独立という目的のためには、当然、文明の精神も手段化される。

類似の例は『概略』第二章「西洋の文明を目的とする事」にもある。「日本人の義務は唯この国体を保つの一箇条のみ。国体を保つとは自国の政権を失はざることなり。政権を失はざらんとするには人民の智力を進めざる可らず。（略）第一着の急須は、古習の惑溺を一掃して西洋に行はるゝ文明の精神を取るに在り」（『全集四』三二）、と。ここで国体とは「自他の別を作り（略）自から担当して独立する者」、「ナショナリチ nationality」（二七）を指すので、「国体を保つ」とは一国独立とほぼ同意である。そこで文明の精神は、国体保存そのものであるか、あるいはそのための手段として位置づけられる。そして、次節では、国体は皇統、独立は国体＝皇統の護持を意味し、西洋文明はそのための手段だとされている。「西洋の文明は我国体を固くして兼て我皇統に光を増す可き無二の一物」（三二）、「我国の皇統は国体と共に連綿として外国に比類なし」（三七）と、福沢は主張する。これらを即、彼の尊王論的国体論（＝天皇主義）、和魂主義の表現と読むのはいささか性急な判断かもしれないが、少なくともその端緒を示しているものと言えよう。

『概略』第十章「自国の独立を論ず」は、以上の議論の総括である。そこには内外や自他の分別、現実主義的権力政治観、戦争の肯定、国家平等や国際道義（道理、公道）の否定、西洋諸国に対する反感と競争意識などが集約されている。結論として、福沢は「国の独立は目的なり、国民の文明は此目的に達する術なり」（二〇七）、「国の独立は目的なり、今の我文明は此目的に達する」術だ（二〇九）と再度強調している。ここで注目したいのは、「国民の文明、我文明」などの言葉が用いられていることである。これらの言葉は、この時期以後の福沢の思惟様式の二つの変化を表していると考えられる。一つは、もはや日本も文明開化の進んだ文明国だとの自信から、日本文明を欧米文明と同格として論じていることであり、もう一つは、欧米文明のみならず日本（の伝統）文明も「術」＝手段として活用するという意志を示していることである。次を見よう。

結局の目的を自国の独立に定め、恰も今の人間萬事を鎔解して一に帰せしめ、悉皆これを彼の目的に達するの術とするときは、其術の煩多なること際限ある可らず。（略）試に見よ、天下の事物、其局処に就て論ずれば、一として是ならざるものなし、一として非ならざるものなし。（二一〇－二一一）

目的のためには手段や是非を問わないという言明は、前述した両眼主義に基づく価値判断の相対性やその規準を自ら否定するものでもある。彼はまた近代、伝統を問わず、いかなるものも手段化し、目的のためにはその正負を問わずに「術、方便」として用いる。そこで戦争も「独立国の権義を伸ばす」（一九一）ための術と解釈される。

福沢は、どうしてあらゆるものを躊躇せず手段化していったのであろうか。近代のなかにも伝統のなかにも、「負、非」の手段化に抵抗する「正、是」の普遍価値や道徳規範が存在している。たとえば、国際法や公法、道義、道理、公道などの理念である。しかしこれに対して福沢は言う。「其交際［外交］に天地の公道を頼にするとは果して何の心ぞや。迂闊も亦甚し」（二〇四）と。ここで「公道を頼にする」といった普遍主義は消えうせ、それは「偏頽心、報国心」のような「私情」にとって代わられる(同)。かりに「文化―政治」「普遍―個別」を両軸にして考えるなら、彼は文化パラダイムから政治パラダイムへ、普遍主義から個別主義へと傾斜していったといえる。そこに自民族中心主義、権力志向主義が生まれ育ったのである。[35]

ただし福沢も公道を完全に切り捨ててはいない。「天地の公道は固より慕ふ可きもの」ともいう表現も残されているからである。しかしそこには「先づ世界中の政府を廃する」ならば、という前提条件がつく(二〇四)。これについて丸山眞男は、「あくまで天地の公道対『私情』(別名報国心)の二元的緊張であり、国際社会への権力政治的対応をあくまで『私情』あるいは『私の情実』に発するものと見て、それ以上には評価しない、醒めた認識がここに」あると説明している。[36]しかし福沢が「二元的緊張」の間でどちらを好むか、その答えは自明である。彼の両眼的言説は、常に状況認識に沿って「評価を下す」のだからである。

儒教批判

儒教は「正、是」の普遍価値を内蔵しており、その文化的・道徳的な普遍主義は、「負、非」の手段化を阻止する要因として働く。それゆえ手段化を評価する福沢にとって、儒教は嫌悪、批判の対象となったように思われる。福沢の批判は、まず儒教がもっている「負、非」の側面から始まり、さらに儒教一般その「正、是」の側面にまで向かう。むしろ儒教が「正、是」の普遍価値を内蔵しているからこそ、それを福沢は批判の対象としたような節もある。

中国、朝鮮、日本それぞれの儒教の間には異同が存する。[37]また近代以来、儒教(伝統)は近代主義的発想によって「表象」されたという側面をもつ。[38]したがって、近代主義的発想の強い、福沢の儒教批判が無条件に正しいわけではない。注意すべきは、彼の批判対象となった儒教は、日本の儒教(=日本化された儒教)か、それを規準とし捉えられた儒教か、または近代主義やオリエンタリズムによって一方的に裁かれた儒教だったということである。福沢は、『概略』第七章「智徳の行はる可き時代と場所とを論ず」のなかで、「戦争は悪事なれども敵に対すれば戦はざるを得ず。人を殺すは無道なれども戦のときには殺さざるを得ず」、「世の中の事に、一以て之を貫く可き道はある可らず。唯時と処とに随て進む可きのみ」（一一五）という。もはやここでは彼の相対主義は時勢追随主義となり、「悪事、無道なれども」という箇所に道徳意識のかすかな余韻を残すとはいえ、戦争までもが合理的なものとして肯定される。一方、道は「一以て之を貫く」（『論語』里仁、衛霊公）といった儒教的普遍主義は非合理的なものとして否定される。「時と処とに随て進む」ことが、〈道徳否定→戦争肯定〉といった発展論的図式に基づいて、進歩として合理化される。この持論の前に「最も強靭な障壁として」[39]立ちはだかるような儒教は、福沢にとって批判の対象とならざるをえないだろう。

もちろん福沢の儒教批判のなかには必ずしも不当とはいえないものもあることを見逃してはならない。その意味では、福沢が『福翁自伝』（『全集七』）のなかで、たとえば「門閥制度は親の敵」（一一）としたり、開国に異議を唱えた「漢家を敵視」（七六）したり、自分にも偽君子の側面があると告白した（二一〇）のはそうした例として理解できなくもない。しかし彼の儒教批判はそれこそ「行き過ぎ」にまでエスカレートする。[40]『福翁自伝』のなかで彼は「天下の儒者流を目の敵にして、儒者のすることなら一から十まで皆気に入らぬ」（二二九）、また朝鮮人は「破廉恥、習慣の奴隷、卑劣」（二一三）であり、「支那の文明望む可らず」（二一四）と主張している。こうした「彼の反儒教意識」こそが、福沢を、対朝鮮・清国の「外交問題に関しては是また終始一貫、最強硬の積極論者」としたと、丸山は主張している。[41]また丸山は、朝鮮をめぐって日清関係が悪化するや、「従来の国内儒教思潮に対する諭吉の抗争の全エネルギーは挙げて、儒教の宗国としての支那に対する敵対意識に転じて行ったことはきわめて自然」と論じている。[42]しかし、これが「きわめて自然」であるかどうかについては議論の余地がある。儒教が福沢の国権拡張主義の前に「強靭な障壁」として立ちはだかるものだったとはいえ、そもそも日本の儒教思潮への反感と清国への敵対意識とは次元が違う現象である。

福沢の儒教批判は、文明開化主義の障壁として、儒教の負の側面だけでなく正の側面に対する批判をも含んでいる。しかし、儒教の正の側面（＝道徳主義）は近代文明の負の側面、なにより、弱肉強食の国権拡張主義の前に「強靭な障壁」として立ちはだかるものであった。そのことが、福沢に、正・負すべてを含めて儒教を批判するという「行き過ぎ」を導いたのだった。福沢が、儒教や欧米近代の普遍主義から、自国中心主義の個別主義へ、また普遍主義に基づく道義志向から、自国中心主義的な権力志向へと移行するのは、その意味で「きわめて自然」だった。それは、福沢にとっては、「徳の領域からしだいに知の領域に移行する」[43]ための「自然」な歩みだと考えられたのである。

和魂の手段化

福沢は、丸山によれば、前期には儒教観念の相対性＝虚偽性への「急なる批判」を行ったが、後期の、たとえば『時事新報』一八九八年三月一五日付の論説「儒教主義の害は其腐敗に在り」（『全集十六』所収）の中では「態度の余裕」をみせているとされる。[44]丸山はその理由について、福沢が「むしろ儒教思想を歴史的に位置づけ、一定の歴史的社会構造との照応性を示すといふ方向」で行うようになったからだと指摘している。[45]すなわち歴史的社会構造が変化すれば、それに応じて思想も変化するという発想である。しかし、理由は、それだけではないだろう。その背景には、明治十年代後半以降、教育、軍事の部門における政府の一連の政策転換と、「軍人勅諭」（一八八二）や「教育勅語」（一八九〇）などに代表される日本儒教の再編があったはずである。日本儒教が国家道徳、国民道徳として復活したのである。

一八九八年三月一三日付の論説「排外思想と儒教主義」のなかで彼は、「明治十四、五年の頃に際し、政府の当局者が遽《にわか》に挙動を一変して儒教主義の教育を奨励したる事実は甚だ明白にして、今更ら抹殺する」(『全集十六』二七四)ことはできないと述べている。この「儒教主義の教育」に対して、福沢は反論を展開したことはなく、かえって「神道、仏教」などの「道徳の教」も、儒教同様、「社会人道に裨益する所のもの甚だ少なからず」(前掲「儒教主義の害は其腐敗に在り」『全集十六』二七六)というように、むしろ政府の政策転換に賛成していた。福沢は、たとえ前に批判したことがあっても、後で状況が変われば、また批判した対象のなかに手段化しうるもの(利益)があると判断すれば、前の批判を撤回したり、修正したりすることをためらわなかった。

福沢は、封建主従の倫理や尊王論的国体論を、ときには批判しつつも、目的のための手段として活用しようとする。彼は、『概略』第十章「自国の独立を論ず」のなかで、「君臣主従の間柄」、「忠臣義士の恩義」などを「所謂『モラル・タイ』なるもの」(『全集四』一八四)と説き、それらが、日本の「風俗習慣の力」(一八五)だという。[46] また彼は、「国体論の頑固なるは民権のために大に不便」だが、「今の政治の中心を定めて行政の順序を維持するがためには亦大に便利なり」(二一一)とし、国体論の有用性も発見したという。そして彼は、「君臣の義、先祖の由緒、上下の名分、本末の差別等の如きも(略)即ち文明の方便なれば、概して之を擯斥するの理なし」(二一一―二一二)と述べている。彼のいわゆる両眼主義は、「此方便を用ひて世上に益を為すと否とは、其用法如何に在る」(二一二)と言ってはばからない。「結局其最後最上の大目的を忘れざること緊要なるのみ」(同)であり、大目的のためにこれらの「論」は手段化される。それを、「伝統の発明」(エリック・ホッブズボーム)という用語に準えて、「和魂の発明」とでも言えよう。

この和魂の発明、すなわち「和魂の否定から肯定へ」の〈転回〉は、国家平等や国際道義、公道の「肯定から否定へ」という〈転回〉を伴うものであった(『全集四』一九〇―二一〇を参照)。またその際に和魂は「近代的なもの」

に変形され、再評価される。そして和魂は、『概略』においては、「自国独立」との大目的を達成するための手段になる。これがいわば和魂の手段化である。おそらく福沢は、これが国民統合、民族主義の高揚のために有効だと考えたであろう。松本三之介の言葉を借りるならば、天皇のような、日本固有の民族的シンボルを媒介とする統合の型である。(47) これは、鄭観応や兪吉濬が、同じ理由から、東道を「活用」しようとしたことと類似性をもつ。しかし、鄭や兪は東道の普遍性に、福沢は和魂の特殊性に訴えたという大きな違いがある。

このように、福沢の両眼主義は目的合理性を追求する方便主義(状況追随主義)と親近関係にある。そこにはそもそも「正負、是非」の議論の入る余地は乏しかろう。論理の矛盾、転倒を招く「正負、是非」の議論は避けられ、議論は方便、状況に沿って容易に〈転回〉する。好意的に理解するならば、これこそが福沢の思惟の柔軟性、弾力性であった。しかし、こうした態度が孕む危険性も否定できない。たとえば、のち国体の概念は「教育勅語」と結合し、また天皇制国家の支配論理として、ファシズムへと発展していく。(48) これは福沢の称揚した国体=ナショナリチの一つの帰結であった。また彼の文中にはその武士気質も間歇的に爆発することがある。丸山のいう「福沢の思想における合理主義的契機と非合理的な契機」(丸山眞男 一九九八、三三八)の後者の側面である。つまり、福沢の和魂と近代精神との間には、合理・非合理をめぐる「心理的不安定感」があった。その際に、福沢の——心血の裏に底流する——非合理的なパトス=武士気質が意図せず間歇的に爆発することがかえって彼の言説を魅力的にしたというのである。(49)

もっとも福沢の武士気質の爆発は、いつも間歇的だったというわけではないようだ。「丁丑公論」(一八七七年稿、公刊一九〇一年)、「痩我慢の説」(一八九一年稿、公刊一九〇一年)(両論文は『全集六』所収)には福沢の武士気質がストレートに出ている。後者の論文について、松本は、「この『私情』の『公道』化という〔逆説的なイデオロギー構造の〕問題が『痩我慢』という福沢一流の通俗語に置きかえられ、さらには『日本武士の気風』『三河武士の旧風』という形で実体化されていってしまった」（松本三之介 一九九六、一一六）と評している。そのため、福沢の「瘦我慢の説」に接した時、徳富蘇峰（一八六三―一九五七）は「瘦我慢の説を読む」（『国民新聞』一九〇一年一月一三日付）を草して、ストレートに（福沢の）瘦我慢を滅私奉公的自己犠牲と連結させたのだという（同一一七）。福沢自身は、日清戦争を「文野明暗の戦」とし、その勝利が、「天の恵、祖先の余徳」によるもので、「私の為には第二の大願成就」（『福翁自伝』『全集七』二五九）だったと泣きながら喜んだ。また義和団事件に際して、一九〇〇年六月二一日付の論説「国の為めに戦死者に謝す」のなかで福沢は、「我国の軍人も勇戦奮闘、然かも最も優勢なる砲台を第一に占領して、指揮官以下数名これに死したるの一事は、実に我輩の心臓を鼓動せしめ」た（『全集十六』六二一）と書いている。こうした言説から、彼の武士気質の躍動がかいま見えるのである。

三　兪吉濬

開化思想と著作

兪吉濬の開化思想は、その生涯の活動に照らして、大きく一八七〇年代の第一期、一八八〇年代～一八九〇年代中葉の第二期、以後の第三期に区分することができる。(50)

第一期は、兪が、朝鮮の「実学」なかでも「北学」の改革思想を学びつつ、外来（主に清国経由）の思潮を導入し、初期の開化思想を形成した時期である。(51) 一八七三年秋頃、兪は、北学派実学者の巨頭で外来思潮に関心を寄せていた朴珪寿《バクキュス》（一八〇七―七七）の門下に入った。(52) 朴珪寿は対米、対日「開国」を主張していた。これは一八七三年冬の「癸酉の政変」によって大院君《テウォンクン》（一八二〇―九八：摂政一八六三―七三）が下野し、高宗《コソン》（一八五二―一九一九：在位一八六三―一九〇七）の親政、いわば閔妃《ミンビ》（一八五一―九五）の戚族、閔氏の政権が始まろうとした時期のことである。[53] 兪は、すでに朴珪寿の門下に入っていた多数の初期開化派と付き合った。[54] そのなかには、金玉均《キムオッキュン》（一八五一―九四）、朴泳孝《パクヨンヒョ》（一八六一―一九三九）、徐光範《ソクァンボム》（一八五九―九七）らの急進開化派とともに、金允植《キムユンシック》（一八三五―一九二二）、金弘集《キムホンジップ》（一八四二―九六）、魚允中《オユンジュン》（一八四八―九六）らの穏健開化派が含まれていた。朝鮮は一八七六年に対日「開国」を行った。翌七七年、兪は「科文弊論」を著し、自ら科挙を断念している。[55]

第二期は、兪が日本留学と米国留学を通じて欧米の近代思想を学び、七年間の軟禁生活を経て、甲午改革に参加するまでの時期である。一八八〇年代に入ってから、閔氏政権の朝鮮政府は、改革、開化、「開国」政策に本格的に乗り出した。一八八一年に朝鮮政府は、政治機構改革として統理機務衙門（略称統署）[56]と軍制改革として別旗軍[57]を新設した。また日清両国の近代化を視察するために、日本に紳士遊覧団（一八八一年五～八月頃）[58]を、清国には対米開国の協商という密命を兼ねた領選使、金允植を派遣した。兪は紳士遊覧団の一二名の朝士の一人、魚允中の随員として渡日し、福沢の慶應義塾に留学した。その後、彼は壬午軍乱の事後処理と日本視察のために派遣された特命全権大臣兼修信使、朴泳孝一行とともに一八八三年一月に帰国した。[59] 帰国後、兪は統署主事に任命され、新聞発刊の準備に携わる一方、「苧社輯訳」の論説や論文と『世界大勢論』を書いている。

その後、一八八三年七月に報聘使閔泳翊《ミンヨンイック》（一八六〇―一九一四）一行が朝米条約締結（一八八二年五月）の答訪使節として派遣された際に、兪はこの使節団に加わった。公式日程の終了後、兪は閔泳翊の許可により、同年一一月から米国留学生活を始めた。兪は、東京で知り合った（と推定される）モース（Edward Sylvester Morse; 1838–1925）の指導を受けた後、一八八四年九月の新学期から南バイフィールド（South Byfield）所在の中・高等学校にあたるガーヴァナー・ダンマー・アカデミー（Governor Dummer Academy）に編入した。[60] 一八八四年一二月、甲申政変の失敗の報に接した彼は、ハーヴァード大学への進学を諦めて帰国を決意し、翌八五年五月ないし六月からヨーロッパを歴訪して、一八八五年一二月に帰国した。帰国後、彼は甲申政変の首謀者との関係が疑われたが、閔泳翊の配慮もあって、処刑を免れ、軟禁生活に入った（軟禁解除は一八九二年春）。その間、彼は「中立論」（一八八五年作）、『西遊見聞』（一八八九年作、一八九五年刊）などを著す一方、密かに外交事務にも携わっていた。

一八九四年春に東学教徒と農民が東学の公認、国内改革などを要求し蜂起した。これを鎮圧するため、朝鮮政府は清国の助力を求めた。清国軍が派遣されるや、日本も一八八五年の天津条約の第三条を根拠に派兵した。同年六月に東学農民軍は自主的に解散し、朝鮮政府と清国側は日清両国軍の撤収を要求したが、逆に日本側は、撤収条件として朝鮮内政の共同改革を要求した。それを清国側が拒否するや、日本側は単独で内政改革に着手することを決定し、朝鮮の開化派勢力と交渉する一方、他方で、七月末に清国軍を攻撃、日清戦争（宣戦布告は八月一日）に突入した。七月二三日、日本軍は王宮を占領し、これを機に国内の開化派は大院君を再び「摂政」とする甲午改革政府（軍国機務処）を成立させた。軍国機務処の核心メンバーたる兪は、のち内閣総書や内務大臣などを歴任しつつ改革を主導した。その一年半後、高宗のロシア公使館への避難（俄館播遷、一八九六年二月一一日）によって改革政府は崩壊した。兪は、多数の同志をうしなったまま、日本に亡命した。

第三期とは、十一年間の日本亡命を経て、朝鮮が日本の保護国となっていた一九〇七年八月に帰国し、一九一四年九月に世を去るまでの時期である。亡命中、現実の厳しさを身をもって体験した兪は現実主義の志向をいっそう強めるようになった。だがこれは、彼の道徳志向が弱まったことを意味してはいなかった。帰国後、彼は「愛国啓蒙運動」に携わった。当時は武装闘争運動も起こっていたが、彼はそれには参加せず、国民啓蒙による実力養成を目指したのである。彼はそれこそが「現実主義的」と判断したのであろう。武装闘争に参加しなかったとはいえ、彼が日本帝国主義と「妥協」したわけでは決してなかった。日韓強制併合の後、彼が受爵を拒否したのは、その象徴的な出来事だったといえる。以下、彼の開化思想、思惟様式の一端を、主著『西遊見聞』を中心に考察しよう。

欧米文明の相対化

まずは『世界大勢論』の「開化殊異」を引いてみよう。

開化とは、流水の本源のようなもので流れれば流れるほど漸大し、墜石の速力のようなもので降れば降るほど倍増するのだ。とすれば、階級［等級］を設けているのは、随意に区画することにすぎない。要するに、文明と半開、半開と未開、また未開と野蛮というのはその間に決して境域があるべきではない。また今日の欧洲《ヨーロッパ》諸国および亜墨利加《アメリカ》合衆国などは文明開化といえども、決して開化の極ではない。［それは］現時における開化の進歩にほかならない。真の開化がいかなるものなのかはまだ知らない。（『全書Ⅲ』三四―三五）

開化とは、いわば世界の進歩を指す。その際、この進歩とは、ある文明や文化が世界の諸国、諸地域に伝播・拡散・増大することを指す。その意味では、それは進歩というよりむしろ進展として捉える方がよかろう。兪によれば、開化（の進歩）は誰でもどの地域国家でも、共有できるものである。

兪は開化の等級を四つ（野蛮、未開、半開、文明）に便宜的に区分してはいる。しかし、その間に「境域」はなく、欧米文明も「開化の極」ではない。これは、まず空間軸において開化を相対化し、次に時間軸において欧米文明＝文明開化を相対化した視点である。後者の視点に限っていえば、これは、福沢の前期著作にみる欧米文明の相対化と共通するものだが、福沢には前者の視点がほぼ欠落していた。兪は開化それ自体を、空間軸において相対化したのである。この時空間軸における相対化の視点は、次の四つの議論につながっていく。第一は「より普遍的な文明」の追求であり、第二には、開化の諸等級間の固定観念や差別観念、あるいは「普遍対特殊」のような対立構図への批判である。第三には、これに関連して、欧米文明のなかには普遍と特殊、〈正〉と〈負〉が混在するという発想である。さらに、この発想自体は欧米文明＝文明開化のもつ〈負〉への批判意識につながる。当然、この批判意識は野蛮、未開、半開にもあてはまる。最後にこの相対化の視点は、欧米文明の他に諸文明の存在を想定するものである。そこで等級の区分それ自体は否定される。文明開化＝欧米文明が普遍なのではなく、開化そのものが普遍なのである。

そのため、兪は「文明開化」ではなく、「開化」という言葉を選び用いたであろう。[61]これによって、「欧米文明＝文明開化、唯一の文明」とは限らないということを、兪は暗示したかったのである。兪と福沢との相違点の一つである。したがって兪は、福沢のような欧米文明の目的化、基準化を行おうとしない。彼にとっては、文明の規準（または基準）は、文明開化＝欧米文明ではなく、開化それ自体、あるいは「より普遍的な文明」の追求にほかならない。欧米文明は、文明の規準になりうるが、しかしあくまで規準の一つである。また欧米文明は、開化のための目的の一つとなりうる。だが福沢のように、「欧羅巴の文明を目的として議論の本位を定める」（『概略』二章）ことはしない。欧米文明は、たしかに開化の手段であり、兪の願う〈開化→「一国独立」＝「富国強兵」〉のための手段である。しかし兪は、目的のための手段の如何、是非、正負を常に問い続けた。

前の引用文は、「自己の国朝の恥辱慢侮を忘却せず、習慣成俗を軽率にせず、他国〔西洋諸国といわない〕が文明に進就したる所以然者を推察して我国の開化の進歩を計り較《くら》べる」（三五）と続く。ここで「恥辱慢侮」とは、おそらく十数年前の丙寅洋擾と辛未洋擾や、前年の壬午軍乱に際しての日清両国の派兵、[62]清国側による軍乱鎮圧と大院君の拉致などを指すのだろう。とすれば、そこには強大国の行為への批判意識とともに自国の状況に対する不満が投影されているといえよう。一方、「習慣成俗を軽率にせず」には、自国のよき伝統を守ろうとする意志が示されている。また他国の文明を推察し、自国の開化を計り、両文明、開化を較べるとは、欧米文明であれ自国の開化（＝文明）であれ、それぞれの正負、是非を推察し、計り、較べることを意味している。

開化論

次は『西遊見聞』の「開化の等級」の冒頭である。

開化とは、人間の千事万物が至善極美な境域に到達することを意味する。ゆえに開化の境域は限定することができない。[ただし]人民の才力の分数によりその等級の高低がある、また人民の習尚と邦国の規模にしたがい、その差異は生ずる。これは開化する軌程が一つではない由縁である。大頭脳は、人の為不為にある。(『全書I』三九五)

「至善極美な境域」は、それを「より普遍的な文明、開化の次元」と言い換えてもよかろう。こうして開化の境域は——「普遍」により——相対化される。開化には「差異」が存する。しかし、この差異とは、等級の高低ではなく、「軌程が一つではない」ことを意味する。つまり、各人民や諸国家の開化は、それぞれ固有の発展・進展様式をもっている。そこには多元的発展論、文化多元主義的な発想がみえる。続く文章を引いてみよう。

五倫の行実を厚くし、人の道理を知るのは、行実の開化である。人が学術を究め、万物の理致を格するのは、学術の開化である。国家の政治を正大にして百姓が泰平を楽しむ[ようにする]のは、政治の開化である。法律を公平にして百姓がうらむことを無くすのは、法律の開化である。機械の制度を便利にして人の用に利させるのは、機械の開化である。物品の製造を精密にして人の生を厚くするのは、物品の開化である。この屢条の開化を合わせて始めて、開化を具備したものと謂える。(三九五—三九六)

ここで注目すべきは、「開化の等級」を論じながらも、もはや等級区分それ自体を止めている――と同時に文明という言葉も消える――ということである。開化の「等級」とは、実は、開化の種類にほかならない。このように、兪の関心は開化の内実にあった。

兪のいう開化は、欧米文明（化）とは限らない。とくに行実の開化――朝鮮語で行実《ヘンシル》とは道理や礼儀を知り、かつ正しく実践するとの意――は道徳主義、儒教的普遍主義に基づくものである。また兪は、ほかの開化を説く際にも、「格物窮理（致知）、正大、泰平、公平、利用厚生」など儒教の概念・理念を用いる。これらの用語に焦点を合わせるなら、彼の開化とは、むしろ儒教文明による開化＝儒教文明化を意味していたと考えてよかろう。彼にとって、儒教文明化は、彼のいう開化の一部をなす構成要素であったとも考えられる。つまり、彼の開化は儒教文明化も欧米文明化も内包しているのである。『西遊見聞』十三編の「泰西学術の来歴」には、「泰西は今日の文明の大機を成した」（三五一）、「泰西学問の大主意は、万物の原理を研究し、その功用を発明し、人生の便利」また「天下の人の利用厚生、正徳」にある（三五二）と記されている。

兪の開化は、「屢条の開化」の総体であり、「普遍文明」を目指すものであった。彼にあっては、開化にも文明にも「等級」はなく、「軌程」の差異が存するのみであった。兪の開化論と福沢の文明開化論、この両論の異質性、異種交配の差はもはや明らかである。兪の最大の特徴は普遍の追求と徹底した相対化である。

> 開化する者は千事萬物を窮究し経営し、日新又日新〔『大学』伝第二章〕を期約する。（略）その進取する気像〔象〕は雄壮で、少しも怠惰しない。また人を待つ道に至っては、言語を恭遜にし、形止を端正にし、能《かな》う者を倣《なら》い、能わない者を矜《あわ》れむ。（略）貴賤と形勢の強弱で人品の区別を行わず、国人がその心を合一して屢条の開化に共に勉める者である。（三九六）

一方、「半開化の者」は「屢条の開化に専心せざる者」、「未開化の者」は「紀綱と体制がない故に、天下で最もあわれむべき者」である（同）。兪の三等の区別は、開化の等級を、地理的に、時間的に区分するものではない。この区別は、諸等級間の固定観念や差別観念、「普遍対特殊」のような二項対立の構図などとはまったく無縁である。これは、時空間軸において相対化された文明を前提とし、時空間軸を超えた開化の内実を説くための区別なのだ。これは、その内実、等級区分の否定にほかならない。兪は誤解が生じないよう、次のように念を押している。

> このように等級を分けて論じた。しかしながら、勉励するのを已《や》めなければ［やめない限り］半開化の者も未開化の者も開化する者の境域に至る。（略）半開化の者の国にも開化する者があり、未開化の者の国にも開化する者がある。ゆえに開化する者の国にも半開化の者があり、未開化の者がある。（略）人生の道理を守り、事物の理致を窮究しさえすれば、これは蛮夷の国に在るにしても開化する者である。人生の道理を修めず、事物の理致を究めないのは、開化の国に在るにしても未開化の者である。（略）人民の［なかに］開化する者が多ければ、開化する国である。（三九七―三九八）

ここで彼の開化論における普遍の追求と徹底した相対化が再度、確認される。当然、彼の相対化は普遍的な規準をもたない「悪しき」相対主義とは無縁である。こうした普遍主義と相対主義の根源には、儒教の文化的普遍主義が存在している。また傍点部分のなかには、筆者のいう「開かれた」中華意識が投影されている。

> 行実の開化は、天下萬国を通してその同一なる規模が千萬年の長久を閲歴しても変わらないものである。しかし政治以下の諸開化は、時代に随い変改し、地方に従い殊に異なるものである。ゆえに、古に合したるものが今は

合わないものがあり、彼に善なるものが此には善ではないものもある。古今の形勢を斟酌し、彼此の事情を比較し、その長を取りその短を捨てることが開化する者の大道である。（三九八）

行実の開化は「不変」である。この不変を、普遍と捉えてもよかろう。しかし同時に、彼はいわば変法論を説く。それは多元的発展論、文化多元主義の発想に基づくものであり、採長補短し、変法していくことこそが「開化する者の大道」である。その際には、行実の道理や普遍を規準とする価値判断によって、それぞれの開化（文明）のもつ正負、是非も問われる。

「事物の理致と根本を窮究し考諒して、その国の処地と時勢に合わせ当らしめる」こと、これが「実状開化」（四〇〇）であり、「前後を推し量る智識を欠き、［開化の］施行を主張して財を少なからず費やすにしても、実用はその分数に抵《いた》ら」ぬこと、それは「虚名開化」である（四〇〇―四〇一）。開化の目的は、「他人の長技を取るのみならず、自己の善美なる者を保ち守ることにある」（四〇一）。したがって「時勢を量り、処地を審《つまび》らかにし、軽重と利害を判断したのち、前後を分弁して次序に施行しなければならない」（四〇一―四〇二）。これこそが、兪の相対主義である。

兪によれば、世級（時代）が降れば降るほど、人の開化の道は前進するとされる。ある者は、後人は前人に及ばぬというが、しかしこれは筋が達《とお》らない談論であり（四〇三）、現に欧米諸国は文明の利器を製造し、開化進歩している。彼は、この時代変化に、「応変する道理」で、適応すべきだ（四〇三―四〇四）と主張する。彼は続けて、この道理、理致は旧世界にも朝鮮にもある（四〇四）が、「前人の旧規を潤色」し、さらに前進しなければならず、これが「後人の応変する道理」なのだ（同）と述べる。兪は社会進化論や進歩史観を受けいれていた。しかし、それは多分に批判的なものとしてであった。[63]

東道論

前述したように、行実の開化とは「五倫の行実を厚くし、人の道理を知る」ことである。この「五倫、道理」を東道と呼ぶならば、行実の開化と同じく東道も「不変＝普遍なるもの」である。その意味で、兪は東道論者には違いないが、しかし彼は単なる東道論者でもなければ、東道西器論者でもなかった。なぜなら、行実の開化を「天下萬国を通してその同一なる規模」と捉える際に、彼にとって「不変＝普遍なるもの」は東道だけではなく、ほかの道、たとえば西道をも包容するはずだからである。事実、彼は東道を自負し、かつ固守しようとした一方、西道（＝キリスト教）に期待もし、苦悩している。

次の引用文は、兪が米国留学を断念し帰途についていた際に、恩師E・モースにあてた書簡の一部である。[64]

隣国は我ら〔朝鮮人〕の弱さ、無力を利用してすべての悪を我らにかぶせ、我らの善を除いています。我々はわが国のために、どうすれば活動力を取り戻し、悪の代わりに正義を求めることができるかを考えています。そして私は、次のような結論に到りました。活動力以外にいかなる宗教も助けにならない、と。（略）

私は、宗教に関わる問題について絶え間なく伺いながら、ときに疑い、ときに本を読んでいます。驚いたことに、創造、救援、判断、審判、罰、洗礼、山上の垂訓『新約聖書』マテオ、ルカによる福音書」などが二、三千年前に中国や印度にも一時あったし、なかのあるものは昔と同様に、神聖さと道徳として今日に至るまで引き続き維持されていると、私は発見しました。（略）さらに〈明日を考えるな〉とか〈悪を善で報えよ〉というくだりを読み、驚きました。[65] それは、キリスト教国家では通用されず、奇しくもわが国民の間で実践されたのです。

このように彼はキリスト教に関心をもっており、求道者の態度や苦悩に言及している。この文章からはキリストの教えを実践していない国家に対する批判意識や、むしろ朝鮮国民こそがかような教えを実践してきたという自負心も伝わってくる。後に彼はキリスト教徒になる（後述）。

兪の道は東西を問わないものであり、彼の思惟のなかでは、東道と西道の異種交配が進行中であった。このような異種交配現象は、彼の「論、観」の特徴として、さまざまな形で表れている。『西遊見聞』のほかの論文を通して、儒教的普遍主義の表れ方、そのなかでの「伝統と近代」の異種交配現象を、さらに考察しておこう。

一は道徳の教育、二は才芸の教育、三は工業の教育である。道徳は、人の心を教導し、倫彝《りんい》［倫常、恒常不変の人の道。出典は『書経』洪範］の綱紀を建て、言行の節操を飭《ただ》すに、人と世の交際を管制する。（略）才芸は、人の智を養成し、事物の理由を達《とお》し、本末の功用を揣《はか》るに、人と世の知識を掌轄する。（略）工業に至っては（略）人と世の生きる道を建て成す。これらを教育の三大綱という。その実は正徳、利用、厚生の大趣旨だ。（「人民の教育」一二七）

これは、異種交配のなかで、東道や伝統の観念が強く表れる一例である。類例を引いてみよう。「法律を設けるのは、教化が及んでいない処に備える、天下の各人がそれぞれの身命、財産および名誉を正直な道をもって守り、安寧に享楽する、礼義廉恥の四維を張り、教化の大本を立てる［ことである］。（略）法は天下の法、一人の法ではない」（「法律の公道」二八四―二八五）。また「これ［衣食住］を求める道理と法がなければ、人は禽獣と異ならぬ。すなわち、生民の自然なる正理を根拠とし、五倫の行実を酌定し、人の大道を明らかにする」（「生涯求める方道」三〇四）。「利を取る道に従うにしても、その道理と行実が正大か否かを議論すべし。（略）仁義は真実をもって利せしめる」（「商賈の大道」三八〇）。

次は異種交配のなかでも、伝統思想の枠組みを越え、それが欧米近代思想と融合した代表的な例一つをあげてみよう。

自由と通義は人生の不可奪、不可撓、不可屈の権利である。しかし、法律を恪遵し、正直なる道理をもってその躬《み》を飭した後に、天授の権利を保有し、人世の楽を享受すべきである。（略）人が世に生まれて、人たる権利に賢愚、貴賤、貧富、強弱の分別はない。これは世間の大公至正なる原理である。人の世に生まれたのちに占有する地位は人作［作為］の区別である。享存する権利は天授の公道である。（略）理より視れば、人の上に人がなく、人の下に人もない。（「人民の権利」一三三―一三四）

これは、東道や（天）理のような伝統観念と、近代の自然法観念との融合を示す好例である。

兪は道、普遍主義を守ろうとした。ここでは、この行為自体の「是非、正負」を問うことはせず、代わりにその理由について考えてみよう。さまざまな理由が考えられるが、彼にとって、それは「正しいもの、真なるもの」であり、欧米文明のもつ正の側面の導入、つまり彼の願う「普遍的開化」の追求に役立つものであり、かつ欧米文明、儒教文明のもつ〈負〉の是正にも役立つものであった。晩年、キリスト教に帰依した後、彼は「孔子は政治道徳の聖、わが救主は宗教道徳の神」（一九〇六年作「査経会趣旨書」『全書Ⅱ』三九六）、と述べている。当時の「美徳なき時代」に、キリスト教＝西道と孔子の教＝東道を融合する形で、彼は普遍の道を追い求め続けたのである。

註

(1) この福沢の大本願を図式化してみれば、〈「文明開化」＝資本主義的発展→「一国独立」＝「富国強兵」〉（安川寿之輔 一九七九、八五）となるだろう。ちなみに、『時事新報』の論説「時事新報の一周年日」（一八八三年三月一日付）のなかで福沢は、「畢生の大望たる日本国の独立富強」と表現している（『全集八』五六二）。

(2) 買弁（comprador）とは、中国では、開国後に外国人が開港場に設立した商店、会社、領事館などでその代理人、顧問、雑役係として働いていた中国人を指す。

(3) フライヤーの経歴については中国社会科学院近代史研究所翻訳室編 一九八一の該当欄参照。

(4) 鄭の経歴や著作年度を含む彼の思想の考察に関しては、佐藤慎一 一九八三年一〇月、一九八四年一〇月、一九八五年六月および夏東元 一九八五を参照。後者の著作は鄭の経歴と思想に関する優れた業績だが、ただその解釈の方法論がマルクス史観に偏っているという欠点をもつ。

(5) 鄭の日清戦争に対する態度や戦中と戦後の活躍については、夏東元 一九八五の六章を参照。

(6) 同右、七一を参照。

(7) これらの主著は、前掲編書『鄭観応集』上冊のなかに収録されている。ただし『盛』五、十四、八は併合本として収録されている。引用の際には、引用文の後に括弧をつけ、その中に論文名（や著作名）と『鄭観応集』上冊の頁（論文名が分かる場合は頁のみ）を記す。

(8) 『後編』は、前掲編書『鄭観応集』下冊の中に収録されている。引用の際には、『鄭観応集』上冊と同じ要領を用いる。

(9) これとの関連で、もう一つの華夷意識の存在を確認する必要がある。それは、華と夷の相互の変換ないし移動（＝「華夷変態」）の可能性を想定した文化的概念としての華夷意識である。それを、筆者は「開かれた」華夷意識と命名したい（金鳳珍 一九九四年一〇月、三一－三四を参照）。自他関係の認識からいえば、開かれた華夷意識は〈他者〉を認知し尊重するものであるのに対して、偏狭な華夷意識は〈他者〉を無視・軽視するものだという区別が成り立つ。

なお、佐藤は「実体概念としての華夷観」と「機能概念としての華夷観」との両概念を提示している（佐藤慎一 一九九六、二〇四－二〇六）。前者は種族性を重視するもので、筆者のいう偏狭な華夷意識に近い。後者は文明性を重視するもので、筆者のいう開かれた華夷意識に近い。佐藤によれば、「夷狄にして中国たれば、これを中国とする」（韓愈《ハンユィ》：七六八－八二四、『原道』）という表現に見られるように、異民族であっても一定の文化的条件さえ満たすならば、中華世界に包摂されることとなり、さらに極端な場合には、「中国にして夷狄たれば、これを夷狄とする」というように、漢族であっても一定の文化的条件を喪失すれば、華たる資格を失って夷に堕落したとみなされる。そして佐藤は次のように主張している。中国史において、華夷観の両概念は、様々な濃淡をもって現れたが、清末に至ってそれはさらに分極化した。西洋諸国に対して、当初は「実体概念としての華夷観」の側面が強調されたのも事実であるが、しかし西洋諸国に文明が存在することが次第に認識されるにつれ、「機能概念としての華夷観」の側面が重視されるようになり、それが極度に進行した場合には、西洋諸国が華であり中国が夷であるという見方すら生まれた。他方、清朝に対しては、「機能概念としての華夷観」の側面が次第に「実体概念としての華夷観」の観点から捉え直されるようになった。

このように華夷観が変化した後、すなわち清末以降、西洋諸国と日本に対する抵抗意識や排外主義は衰退するどころか、むしろ高揚したように思われる。その際に、偏狭な華夷意識だけでなく、そこには開かれた華夷意識も働いていたのはいうまでもなかろう。開かれた華夷意識もまた近代の〈負〉とくに帝国主義に対しては、当然抵抗する。ここで咎めるべき対象は、後者の〈負〉や帝国主義であって、前者の華夷意識ではないはずである。もっとも、近代の〈負〉や帝国主義への抵抗は、必ずしも華夷意識のみによるものではなく、それは自然かつ普遍的な事象である。しかし華夷意識に対する誤解と偏見に満ちた通説は、その歴史内在的な変容や分極化の現象を軽視しており、それが今なお支配的な言説になっている節がある。その背景に、中国や朝鮮の近代史を単に「失敗」した歴史と捉える傾向が強く働いている。その「失敗」の要因を「悪しき」伝統に求め、それへの批判が華夷意識や儒教などに向かうのである。通説に沿って東アジアの中華思想を考察した論文としては、駒井洋編著 一九九八所収の古田博司論文を参照。

(10) Joseph Levenson, "'History' and 'Value': the Tensions of Intellectual Choice in Modern China," in Arthur F. Wright ed. (1953), p.150. See J. Levenson (1958).

(11) 夏東元も、多くの中国人学者と同様、鄭を「改良主義者」として位置づけている（夏東元 一九八五、とくに四章を参照）。

(12) 溝口雄三「近代中国像の再検討」溝口雄三 一九八九所収、三九。「保守→洋務→変法→革命」という段階論は、溝口も指摘するように、近代論的、超近代論的、史的唯物論的、人民（農民）論的な方法論など中国の近代史を裁断するさまざまな方法論に投影され、通説化された。日本の場合、その通説化に大きな影響を及ぼした研究として、小野川秀美 一九六九が挙げられる。この研究は、段階論的構図の問題を除けば、それにもかかわらず優れた業績である。以下、本書で、かりにある著書や論文を批判の対象として取り上げたとしても、それらの業績のもつ意義を全否定しているわけではない。

こうした通説化の背景には中国の儒教を解釈する方法論の問題があった（日本と朝鮮の儒教解釈の問題については本章の註38、註51などを参照）。たとえば、島田虔次 一九七〇は、明清の精神史の「連続なる基礎構造を捉える」（五）ことをめざしており、その根底には、宋以来の新儒学の内在的展開をその独自様相において検出し、その結果、「中国史の普遍性と特殊性とが明白」（三二九）になることにより、いわれなき「中国特殊論＝停滞性論」を打破しようとする意図があったといえる。しかし、問題はその方法論にある。島田は「もっともよく整備されているヨーロッパ風学問の諸概念をインデックスとして、つまり、中国のうちにヨーロッパを読もう」(三一九)とした。そこで朱子学は「中国空前の思弁哲学」(一七)とみなされ、その沈滞を救う思想ライン〈王陽明→泰州学派→李卓吾〉が検討される。また島田は「多分ヨーロッパ近代の思惟に類似しながらも、遂にそれ[陽明学]は中国思想としてこの限界を超ゆることはなかった」(八〇)、あるいは「李卓吾の獄死こそ中国の近世が遂に市民的近世」にならなかった(二六九)という結論を下す。ただしこうした結論は、島田の方法論によって事前に決まっていたものであるがゆえに、問題を孕んでいる。

溝口雄三 一九八〇(の序章)は、島田の方法論を痛烈に批判している。溝口は「中国的近代の淵源」を「独自中国的、異ヨーロッパ的」な特質のなかに求める(第四章を参照)。これが溝口の、中国思想とくに新儒学の内発的展開を重視する「基体展開論」である。この方法論を適用して、溝口はまた、宋明清代から近現代までの新儒学の内発的展開を説明している(戸川芳郎他著 一九八七の六―一二章)。ちなみに島田も、別著の島田虔次 一九九七のなかのいくつかの論文を通して、方法論の自己修正を行っている。

(13)『皇朝経世文編』は清朝の政務を吏・戸・礼・兵・刑・工などの項目に分けている。またこの分類にしたがって、官僚や知識人の文書を項目別に分類し収めている。洋務運動以後に編纂されたその『続編』、『三編』には、「洋務」という新項目が付け加えられている。さらにその最後編『新編』は、伝統的政務と洋務の区別がなくなり、「通論」をはじめ「官制、法律、学校、農政、商政、兵政、交渉、民政、学術」などの項目に分類が変化している。

(14) 同文館の詳細については、孫子和 一九七六を参照。

(15) 溝口雄三 一九八九所収の前掲論文、四七―五二。なお、小野川秀美 一九六九の二、三章を参照。

(16)『張靖達公奏議』巻五の「遵議球案摺」(「遺摺」は同書の巻八)。なお、これについては溝口雄三 一九八九、三八と五〇を参照。

(17) 清国はアヘン戦争を機に、欧米国際秩序の条約体系に編入されることとなった。清国側はそれを「変局」と認識し、その後、対応策を考案し実施していく。この過程を広い意味での変法ととらえるならば、変法は、一八四〇年代から始まり、第二次アヘン戦争後の洋務運動とともに本格的に実施され、後に拡大していったものといえるだろう。その意味で、変法と洋務とはコインの裏表の関係にあったと言える。「変局」の認識、対応策についての例証は王爾敏 一九八二所収「近代中国知識分子応変之自覚」を参照。

(18) Cohen (1974), Chapter 9. なお、洋務官僚に属する馮桂芬、郭嵩燾《クオスンタオ》(一八一八―九一)、薛福成《シュエフーチォン》(一八三八―九四)、黄遵憲《ファンチュンシェン》(一八四八―一九〇五)らは「内陸の先駆改革家 pioneer reformers of the hinterland」として区別される。

(19) 詳細は可児弘明 一九七九を参照。

(20) 王韜は「変法」上中下の三篇を書いている(『弢園文録外編』所収)。上篇では「軍械、火器、工作」など(=器)、中篇では「[西洋の]長を師として一変の道となす」という「取士之法、練兵之法、学校之虚文、律例之繁文」、下篇では「西法」にならって変えるのが「洋務の一道」だとし、「設専科、設学校、設領事」などを述べる。彼にとっては、そもそも洋務こそが変法であった。なお、王の議会制度の導入論は、同書の「重民」下篇に収められている。王は、この議会制度導入を変法の主眼と捉え、伝統的な重民政策の延長線上でこれを実現しようとしたのである。

(21)「板」、「蕩」(『詩経』の篇名)は、国政が乱れたことをそしった歌。

(22)事業の余力との意。『荘子』譲王には「道之真以治身、其緒余以為国家」と記されている。

(23)夏東元 一九八五の八章、五章の四を参照。八章は、鄭観応と康有為との親交関係、および戊戌変法に対する鄭の反応についての叙述である。前者に対して、一八九五年一一月に康が上海で強学会を組織したときに鄭はそれを支援し、その後も康らの変法維新運動を支持している。五章の四は、鄭観応と孫文とが同郷(広東省の香山県人)出身であり、一八九〇年前後に親交を結んでいたことや、一八九四年に鄭が、盛宣懐《チョンシェンフィ》(一八四四―一九一六)に書簡を送り、孫文を李鴻章に推薦するように依頼したことを記している(とくに一一五―一一八を参照)。孫文は一八九四年六月に天津に赴き、李鴻章に政治改革の意見書を提出した。しかしこれは無視され、孫文は以後、革命家の道を歩み始めた。同年一〇月、ハワイに渡った孫文は、反清革命を宣伝し、一一月末にホノルルで興中会を結成した。さらに翌九五年二月には香港に帰り、そこに興中会本部を設立した。

(24)盛档「鄭観応致盛宣懐函」光緒二四年九月一五日付。夏東元 一九八五、一七〇から再引用。

(25)福沢の生涯と活動については、彼自身の著作『福翁自伝』、石河幹明 一九三二、富田正文 一九九二などを参照。なお福沢の西洋体験については山口一夫 一九八〇、一九八六を参照。

(26)ひろたまさき 一九七六を参照。ひろたによれば、第一の転回は「幕臣福沢から啓蒙福沢への転生」(九四)であり、福沢啓蒙の「凋落」つまり第二の転回は「天賦人権論にもとづく普遍的価値の主張から『権道』的現実主義に居直った現実的特殊的価値の主張への転回」(一六七)、第三は一八九〇年代における「大資本の論理」への転回(二四三)であるとされる。

(27)丸山眞男「解題」(福沢諭吉著作編纂会編 一九五二所収、のち『丸山眞男集』第五巻所収)を参照。丸山はこれを「自然法から国家理由への急激な旋回」(『丸山眞男集』第五巻、二三六)と表現する。なお丸山は、別著のなかで、「いわゆる国権論や皇室論、さらにアジア認識の問題にわたって、福沢が果してこの『概略』の地点から『転向』したかどうか、つまり彼の思想の生涯にわたる連続性と非連続性の問題、を避けて通ることはできない」(丸山眞男 一九八六の上、ⅲページ)と主張している。

(28)したがって福沢の言説を解釈する際には、彼の思惟様式や思惟活動の多様な変化とともに、彼の論旨の一貫性を見損なわないように注意しなければならない。これとの関連で、丸山は、「福沢の生涯を通じて一貫した思惟方法を問題」(「福沢諭吉の哲学」『丸山眞男集』第三巻、一六四、傍点原文)とすると述べている。また、「福沢諭吉の人と思想」という論文のなかで丸山は、福沢の思想をコンパスに喩えて、このコンパスの「中心自体が場との関係で軌跡を描く」、「だから、場を通じて、中心の軌跡の一定の法則性」を見出していく以外にない(『丸山眞男集』第十五巻、二八八、傍点原文)とも述べている。

(29)『民情一新』(一八七九年八月刊)は、前期から後期への変わり目の著作であるといえる。その末尾の文章には「我日本は既に其近時の文明を利用して以て今日の有様を致せり」、「我日本は開国二十年の間に二百年の事を成したるに非ずや」(『全集五』六〇)との表現がある。これは「内への自信」の表明である。

(30)「礼」の用語解説については、溝口雄三ほか編『中国思想文化事典』(東京大学出版会、二〇〇一)の該当項目を参照(その他の主要概念についても同じ)。

(31) これは、丸山眞男 一九五二でいう「自然から作為へ」(=朱子学から近代思想への進歩)とは逆の発想である。こうした違いの理由は、福沢の伝統的または朱子学的自然と、丸山の近代的「自然 nature」との間に概念上の相違があるためである。東アジア伝統と欧米近代の自然概念の相違やその解釈・翻訳をめぐる問題については柳父章 一九七七を参照されたいが、同著の六章は丸山の自然解釈に対する一種の批判である。

(32) このこととの関連でいえば、兪の『西遊見聞』には『西洋事情』など福沢の前期著作の影響が強い。理由の一つは、おそらく兪が、福沢の後期著作より前期著作の内容に共鳴するところが多かったからであろう。それは、また福沢の前期著作にみる国家平等観念や自然法思想、人民同権の説などに関してもあてはまる。

(33) 丸山は、福沢の合理性と非合理性、文明とナショナリズムといった関係の中にある矛盾を認めつつも、福沢の両眼主義は「具体的には一つの途を選択し決断しながら、認識態度としてはあくまで、ものごとの反対の、矛盾した側面を同時的に見て行こうとする」(土橋俊一他編 一九八四、二六)と肯定的に評価している。しかし、福沢の両眼主義は、「矛盾した側面を同時的に見る」が、同時に、それ自体が矛盾を孕む面もあると思う。

(34) これとの関連で、福沢のキリスト教への態度に触れておきたい。これについて、内村鑑三(一八六一―一九三〇)は一九〇二年に福沢を「宗教の大敵」、すなわち「自身宗教を信ぜざるに之を国家或は社会の用具として利用せんと欲する者」(『内村鑑三全集』第十巻、三三八)と呼んだ。福沢は宗教の完全な否定者ではなかったが、「宗教は経世の要具なり」(『時事新報』一八九七年七月二四日付の論説)と論じてはばからなかった。また『福翁自伝』のなかにも、「多数の民心を和らげる」ためならば、「仏法にても耶蘇教にても」何でもいいとの記述がある(『全集七』二六〇)。福沢の宗教論(観)については小泉仰 二〇〇二、白井尭子 一九九九、千種義人 一九九三などを参照。

(35) 詳しくいえば、福沢は、文化軸では、同一性志向の文化的普遍主義から差別性志向の自民族中心主義へ、また政治軸では、「倫理―政治連関型」(=儒教型)の道義志向主義から「倫理―政治分離型」(=マキアヴェリの近代政治型)の権力志向主義へと傾斜していった。そこで民族至上主義や超国家主義の基盤が助成される。福沢の自民族中心主義と権力志向主義は、それこそ日本の伝統と近代それぞれのもつ負の側面の異種交配様相を示している。これとの関連で、日本伝統における華夷意識と自民族中心主義との連関については、藤田雄二 一九九三年一〇月、塚本学 一九八六を参照。

(36) 丸山眞男 一九八六の下、二三九。そして丸山は、「天地の公道にたいする国家実存理由、あるいは文明の普遍性にたいする自国の独立の『特殊主義』は福沢の魂の内部におけるともに実存する二つの精神の格闘」であるとし、「そのディレンマへの内的な理解と共感《シンパシー》なしには」、福沢の思想と行動はつかめないと主張する（二四〇、傍点原文）。この主張は理解できるが、しかし共感できない。

(37) 三国の儒教の異同については溝口雄三 一九九〇年六月、渡辺浩 一九九七とくにⅡの論文、李基東 一九八七などを参照。日本儒教は、周知のように、中国や朝鮮の儒教を受容する初期段階を経て、後に――実は初期段階においても――「本家」の儒教とはかなり違う変容を見せている。とくに中期・後期段階に入ると、日本の特殊性を強調する傾向あるいは〈日本への回帰〉のような傾向が強まり、日本儒学の内部で、または儒教に対抗する形で、水戸学や国学へと変容していく。その過程のなかで儒教の諸観念・概念は土着化し、粉飾される。単純化の危険性をおかしていえば、「理」概念の日本での変容には、仁斎学による〈屈折〉、徂徠学における〈挫折〉、そして水戸学や国学による〈日本の特殊性への回帰〉というようなサイクルが存在していたと考えられる。

(38) 従来、儒教と近代思想の関連性の問題は、多くの場合、儒教の克服という視点で捉えられてきた。そのため儒教、ならびに儒教的思惟は近代化を阻害する「保守、反動」と考えられる傾向があった。日本の場合、儒教とくに朱子学は、日本の近代化に一定の貢献をしたにもかかわらず、封建的残滓として、否定的に評価されがちであった。たしかにそこには正当な理由もあった。明治維新以来、急激な西欧化にともない、それへの反動として復古主義や日本主義の思惟様式が噴出した際に、儒教がその一翼を担ったからである。「軍人勅諭」（一八八二）や「教育勅語」（一八九〇）はその典型である。そこには、たしかに石田雄 一九五四が、天皇制国家体制の精神構造＝「家族国家」観のなかに儒教的家族主義を否定的にみるような契機もある。ただし、その際にはその儒教はあくまで日本化された儒教だということを考慮すべきであろう。

その一方で、儒教を肯定的に評価しようとする研究もあった。しかしこれも、多くの場合、日本の近代化や近代思想の形成に貢献した限りにおいてのことであり、儒教的思惟から近代的思惟を引き出そうという研究関心によるものであった。しかも儒教のうちに西洋的なるものを発見し抽出するという「ないものねだり」をくり返し、結局のところ、その限界性や停滞性を批判するという作業に終始することも少なくなかった。江戸時代の儒教思想に近代性や合理性を求める作業も、こうした傾向をある程度反映したものといえる（たとえば、丸山眞男 一九五二、源了園 一九七二、一九八〇などはその代表的な研究である）。こうした作業は、もしその意図が近代性の発見にあるのなら、近代志向の知的傾向（＝近代主義）を明瞭にさせうるものの、儒教と近代思想との異種交配の様相は軽視・無視されてしまうであろう。問題はその意図、あるいは方法論なのである（かりに筆者の文明論的視点に立つならば、儒教のうちに――西洋近代の「普遍」に通底する――西洋的近代的なるものを発見し抽出することも十分可能である）。

もちろん以上のような作業の反省を促す研究者も決して少なくない。溝口雄三はその代表格であり、松浦玲もその一人（巻末の参考文献を参照）。だが、こうした新しい立場、方法が「アジアの伝統と近代」の思想史研究に十分に活用されたとは言い難い

（日本よりも、中国や韓国など東アジア諸国において、事情はさらに深刻である）。ここにも欧米中心的近代主義やオリエンタリズムの根は広く、深いといえよう。ただ例外もある。たとえば、渡辺和靖　一九七八は「近世において蓄積された知的伝統の解体過程と、西洋近代思想の受容過程とを同時に視野に収めつつ、両者の動的な関係を立体的に捉える」（一二）という視点から、明治思想史における近代的自我の問題を「儒教的伝統と近代認識論との相克葛藤」（四三）と理解しようとする。また松本も「日本の伝統的な思想や観念が、西洋近代のそれとどのように結びつきまた反発し合ったか」という問題を提起している（松本三之介　一九九六、二三九）。また儒教一般に対する「偏見、誤解」を是正しようとする傾向もある（加地伸行　一九九一、一九九四など一連の研究）。

(39)「福沢諭吉の儒教批判」（一九四二年作、丸山眞男　一九八七所収）のなかで、丸山は、儒教思想が「一方新日本建設の素材となるべき欧洲市民文化の移入普及と、他方国民に深く根を下した封建意識の打破」という福沢の意図の前に「最も強靭な障壁として立ちはだかった」と論じる（九三）。そのため福沢にとって、儒教は負の思想と把握されたのである。しかしそこには別の理由もあった。端的にいえば、それは儒教が戦争肯定のような負の側面を「非」とするからである。戦争肯定に対する「強靭な障壁」であったがゆえに、福沢にとって儒教は負の思想となったのである。

(40) 丸山眞男　一九八七、一〇二。

(41) 同右、一一一—一一二。

(42) 同右、一一三。

(43) 丸山眞男　一九八六の中、二三一。

(44) 丸山眞男　一九八七、一一〇。

(45) 同右、傍点原文。

(46)『全集四』一八四。福沢によれば、君臣主従の間柄とは「己が一命をも全く主家に属したるもの」、恩義とは「上下の間を円く固く治めて、其間柄の美なること」である（同）。これらは、周知のように、本来の儒教徳目とは異なる。

(47) 松本三之介　一九九六、一〇九—一一〇を参照。

(48)「教育勅語」の国体については山住正己　一九八〇の第四章を、天皇制国家の支配論理やそのファシズム化については藤田省三　一九八七を参照。

(49) 丸山眞男　一九九八、三三八—三三九を参照。なお、福沢を、竹越三叉（一八六五—一九五〇）は、「欧洲の文明に洗礼せられたる武士の意気地を有したる日本人に外ならざるなり」と評する（「福沢先生」『萍聚絮散記』一九〇二年刊所収、伊藤正雄編　一九七〇、一二九から再引用）。一方、石田は、「欧洲主義の唱道」としての面と「瘦我慢」に固執した面との間の緊張と対決の関係こそが、福沢における思想的創造力の発条となったと評する（「解説」石田雄編　一九七五、五八三）。ここでは、こうした両面性のなかの「心理的不安定感」に注目したい。「精神的混血児ともいうべき知識人は心理的不安定感にさいなまれ、母なる日本への反抗から西洋への帰属を願い、あるいはまた逆に日本へ回帰したりした」（平川祐弘 一九八七、八）という傾向があった。福沢も例外ではなかったのであろう。

（50） 兪の学習、著作、実践については兪東濬 一九八七、金鳳烈 一九八九、鄭容和 一九九八と二〇〇四などを参照。

（51） 朝鮮の実学思想については数多くの研究文献があるが、ここでは金漢植 一九七九、琴章泰 一九八七、小川晴久 一九九四を挙げておく。朝鮮朝の思想系譜を概観するためには、それを朱子学→実学（北学）→「開国」後の「尊皇攘夷」思想と開化思想にまとめた朴忠錫 一九八二を参照。また実学（北学）思想と開化思想または両思想の関連については、姜在彦 一九七三の序章、姜在彦 一九八〇の第一、二章、姜在彦 一九八二の第一、二章を参照。なお、衛正斥邪思想、開化思想、東学思想とそれぞれの運動の性格に関しては、金栄作 一九七五を参照。以上の文献は、朝鮮社会停滞論や他律性史観を克服し、朝鮮思想史における内在的発展（展開）をとらえようとするものであり、その点で概ね共通する。しかし、この内在的発展の視点のなかにも問題がある。詳細についての検討は省くが、次のことは指摘しておきたい。

開化思想は伝統思想＝儒学と近代思想との異種交配の産物にほかならない。これは、一定の程度、衛正斥邪思想や東学思想にもあてはまる。これらの思想は、それぞれの程度の差こそあれ、「伝統」の一部を批判して「近代」の要素を受容していったという意味で、近代的な思想でもあった。しかしそのなかには、伝統の継承や、近代への批判もあり、したがって「反近代の近代」も含まれていた。また儒学も近代思想も、ともに「限界」をもつ。そのため儒学のような伝統思想を、近代思想ではないという理由だけで「限界」と規定すると、朝鮮（や東アジア）の近代思想史における異種交配を軽視・無視することになり、これが無理な解釈や歪んだ解釈をもたらす危険性がある。

（52） 朴珪寿の思想や「開国」論理については、姜在彦 一九八〇の第四章第二節、原田環 一九九七の第二篇、李完宰 一九八九、一九九九、孫炯富 一九九七などを参照。姜によれば、朴珪寿は「開化思想の源流」（姜在彦 一九八〇、一七八）、あるいは「北学派と開化派を結節させた中心人物」（姜在彦 一九七三、七）である。これに対して、藤間は「実学と開化思想は、どの地点で断絶したか」を検討すべきだとし、断絶の契機として「一つは一八六六年と一八七一年〔丙寅洋擾と辛未洋擾が起きた年〕の民族的昂揚であり、もう一つは呉慶錫《オキョンソク》〔一八三一―七九〕たちの商・工人的センスなり中人階級としての意識と意欲である」と主張する（藤間生大 一九七七、二七四）。実学と開化思想との間には時代状況の変化や外部からのインパクトの差があり、当然、思想的な断絶や飛躍があるというのが藤間の趣旨であろう。この説には同意するが、さらに断絶とともに連続を、またそのなかの異種交配現象にこそ注目すべきである。

（53） 癸酉の政変以後、朝鮮の対内外政策をめぐる大院君と閔妃・閔氏との対立はよく知られている通りである。この対立を、原田は「大院君（派）＝守旧派・守旧党・鎖国派・攘夷派、閔氏＝開化党・開化派・開国派」という構図に整理する（原田環 一九九七、一一)。その後、一八八二年七月の壬午軍乱後に、後者の党派は内部分裂し、「清国党・事大党・事大派・閔氏と、日本党・独立党・独立派・自主独立党との対立」（一一―一二）に変化したという。また原田は、このような図式的区分は、戦後にも、日本人のみならず韓国や朝鮮民主主義人民共和国の多数の著作に踏襲されているという（一三―一五）。この図式的区分は一種の理念型としては有効かもしれないが、そこには単純化の誤謬や類型化の欠陥がある。

なお、戦前における日本人の著作――その代表的著作の影印叢書として伊藤隆・滝沢誠監修　一九九七〜二〇〇〇を紹介しておく――のなかには日本人の立場と時代的な背景に絡んだ歪曲や偏見が入っている。いわば朝鮮人の党派性論はその典型例である。この党派性論を批判的に検討した研究は多いが、ここでは李泰鎮　一九八九（とくに八章）を紹介したい。

五〇〇年王朝の朝鮮が「開国」以降の大転換を迎え、その初期にもたらされた政治・社会・経済・文化などあらゆる面での混乱をのりこえようとしたさい、さまざまな党派の噴出したのは自然な現象である（日本も清国も同じである）。朝鮮近代史の不幸、悲劇の原因を探る際に、問題にすべきは、朝鮮内部の党派分裂だけではなく、むしろ外国勢力の競争や列強の帝国主義、ひいては近代文明の〈負〉である。

(54)　初期開化派をまた、急進開化派と穏健開化派とに分けるのは、日本のみならず韓国の近代史学界の通説である（李光麟の諸著作、慎鏞廈　一九八〇など）。ただ姜在彦の場合は、前者を「変法的」開化派、後者を「改良的」開化派と呼んでいる（姜在彦　一九八〇の四章）。もちろんそのほかの用語もある（李完宰　一九八九の一章を参照）。筆者は――単純化の誤謬や類型化の欠陥に注意しつつ――通説の区分、用語を採用する。問題は兪吉濬の場合だが、彼は急進と穏健どちらにも属し得る思想傾向をもつ。実は兪だけではなく、初期開化派の思想傾向のなかには「急進」も「穏健」も混在する。また学者によっては急進開化派＝親日、穏健開化派＝親清との図式を用いる場合もあるが、これには同意し難い。親日や親清などの語は、性急な価値判断と単純化の誤謬を孕んでいるからである。またそれは、図式化や類型化と同様、われわれの思惟作用を断絶させる役割を果たす場合もあるからである。

(55)　兪は「科文弊論」（『全書Ⅴ』所収）のなかで「異端対吾道」という図式を批判し、また「国家之富強、人民之安泰」に役立つ「利用厚生」の道を勧めながら、科挙の廃止を求めている。兪は「科文［科挙］を廃しなければ、聖人の道は行われない。聖人の道が行われなければ、世の教は振わず、而して民の俗は日に汚される。吾［兪吉濬］は聞く。聖人の道をもって国を治めると。科文をもって国を治めるとは聞いていない」（二四二）と論じている。また「言事疏」（一八八三年作）では「科挙の法を罷《や》めるべきである。一日遅れると一日の害があり、一年遅れると一年の害がある」（『全書Ⅳ』六六）との記述がある。

(56)　統署の組織、職務などに関しては金寿岩　二〇〇〇のⅢ部を参照。

(57)　駐朝鮮日本公使花房義質の建議により一八八一年五月、日本陸軍少尉の堀本礼造を教官として招聘し創設した新式軍隊。壬午軍乱の時に解散。

(58)　これについては鄭玉子　一九六五年四月を参照。

（59）朴泳孝一行は副使金晩植（金允植の従兄、一八三四－一九〇一）、従事官徐光範、金玉均（第二次訪日）、閔泳翊らであった。彼らの滞日中の活躍については朴泳孝『使和記略』を参照。帰国前、朴泳孝一行が福沢と会った際、福沢は、実行問題として、第一に留学生の派遣、第二に新聞紙の発刊を勧めたが、一行の中には、このほかに軍事調練も行いたいと望む者があった（井上角五郎先生伝記編纂会編　一九四三、三四）。一行は、新聞発刊の補助人として牛場卓蔵、高橋正信、井上角五郎、軍事教練の教師松尾三代太郎、原田一、植字工真田謙蔵、三輪広蔵らに同行し、印刷機、漢字活字を購入・配送して帰国した。そのなかで金玉均、徐光範らは日本の内政視察や借款交渉のために暫く居残り、一八八三年四月、朝鮮に赴任する英国総領事アストン（William George Aston, 1841-1911）とともに帰国した。

（60）動物学者モースは、一八七七年六月に初来日し、東京大学理学部の初代動物学教授を務めた。以来、一八八三年二月までに彼の日本滞在は計三回に及び、日本に社会進化論を伝授した人物として有名である。福沢とも親しく付き合っていた。モースについての研究は磯野直秀　一九八七、守屋毅編　一九八八などを、兪吉濬とモースの関係については「美国留学時節의 兪吉濬」（李光麟　一九八五）と「兪吉濬의 英文書翰」（李光麟　一九八九）を参照。なお、金鳳珍　二〇〇四年三月は、米国のピーボディ・エセックス博物館（Peabody Essex Museum 略称ＰＥＭ：マサチューセッツ州のセイラム市所在）付属のフィリップス図書館に所蔵されているモース文書（E. S. Morse Papers）——この文書の構成については、同論文の註1を参照——の中の朝鮮関連文書を調べ、その結果の一部を著した論文である。同論文（題名「モースの日本滞在と朝鮮人との出会い」）は、まだ兪吉濬とモースの関係というテーマに至っていない。そのテーマについては、同論文の続篇論文（執筆予定）を通して明らかにするつもりである。ちなみに、兪吉濬のモース宛の一九通の手紙は、フィリップス図書館側によるモース文書の分類記号すなわち箱番号（B）と紙ばさみ番号（F）に従えば、B15F10に保管されてある。

（61）ただこうした用語の使い分けとは裏腹に、そもそも「開化」はcivilization、すなわち文明の訳語だった。というのは、西周《あまね》（一八二九－九七）は、このcivilizationの訳語として「文明」ではなく、「開化」という言葉をあてている。彼の『百学連環』（一八七〇年作）の総論のなかに「ヒマニッチ［humanity］と云ふ意は則ち Mental Civilization（心ノ開化）なる意」（大久保利謙編　一九八一、『西周全集』四巻、一八）とある。また『燈影問答』（一八七〇年作：大久保利謙編　一九六一、『西周全集』二巻所収）のなかでは「開化文明」（二五七）と「文明」（二七六）との言葉も用いる。当初、開化も文明もcivilizationの訳語だった。

　しかし福沢にあっては、文明開化という語は、一般名詞の文明というより、特定の西洋文明を意味する向きが強まった。そのため「文明開化」と「開化」の語の間に、一種のイデオロギー性の分化が生じた。たとえば、それは前者、後者それぞれが、欧米文明主義対普遍文明主義＝諸文明のもつ〈正〉と〈負〉の取捨選択主義、あるいは、欧米文明の〈負〉への追従主義対批判・抵抗主義を指すといった分化である。「開化」とは、いわば「文明化の使命 la mission civilisatrice」、「明白な運命 Manifest Destiny」（この語の成立と米国史における意味については斎藤真　一九八一のＶを参照）を信ずる思考（「文明開化」）に対する「不作為の批判、抵抗」である。この思考（「文明開化」）に人種主義が重なれば、「白人の重荷 The White Man's Burden」という周知の尊大な観念となる。したがって「開化」の語の使用は、文明概念の内包で外延たる人種主義、帝国主義への批判、大国主義、国権拡張論への抵抗を含意する。

(62) 壬午軍乱のさい、留学生の兪は太政官に上書し、日本の派兵と大院君および大院君派の除去などを要請した（『吉田家文書』第三一四七号「兪吉濬尹致昊上書」、吉田は当時の外務大輔吉田清成。上書の内容については彭沢周 一九六九、二二九－二三一を参照）。当時、兪は日本も軍乱の被害者であり、大院君および大院君派が閔氏政権の開化政策を反対していると判断したからであろう。しかしこうした要請をしたことに対して、後日、彼が「恥辱慢侮」を覚えた可能性がある。

(63) 朝鮮における進化論の受容については李光麟 一九八一所収の「旧韓末進化論의 受容과 그 影響」を参照。兪は社会進化論を、福沢やモースから学んだのであろう。しかしその受け容れ方は、福沢とは異なっていた。この違いは、二人の国権論を対比してみれば明らかである。これについては本書の三章を参照。

(64) この英文書簡は ── その前後の綴りが喪失されたと思われる ── モース文書の分類記号 B15F10 の 129dd の一枚と 129ee の三枚の計四枚となっている。この書簡の韓国語訳は、李光麟、前掲論文「兪吉濬의 英文書簡」の二二七－二二八にある。そこで李は、この書簡について、その作成日を「一八八五年六月頃」、その作成場所を「米国からヨーロッパに向かう船上」と推定している（二二九）。その作成日についての李の推定には、筆者も同意する。ただし、筆者の推定によれば、兪はこの手紙を、米国からヨーロッパに出発する前（一八八五年六月頃）に米国内 ── 南バイフィールド、あるいはヨーロッパ行の船着きの港都市（ボストンである可能性が高い）── にて書いた。

(65) 『聖書』のなかに、〈明日を考えるな〉や〈悪を善で報いよ〉とまったく同じくだりがあるのではない。しかし神を信じ、信者のすべての事を神に任せ、明日の事を考えない、心配しないことはキリスト教の基本精神である。また悪を避け、悪に悪をかえすなといった趣旨の、類似の句や文章は『聖書』（『旧約聖書』格言の書、イザヤ書、エゼキエル書、『新約聖書』の四福音書、ローマ書、コリント書など）や『賛美歌』のなかに散在する。

〈悪を善で報いよ〉という精神は東アジアの伝統思想にもある。典型的な例をあげると、「以徳報怨」すなわち〈怨みを徳で報いよ〉という言葉がある。これは『老子』第六十三章にも記されている。おそらく古い格言であったであろう。この老子の言葉にたいして、孔子はやや異なる見解をもっていたようである。「或る人曰わく、徳を以て怨に報いるは、如何。子曰わく、何を以て徳に報いん。直を以て怨に報い、徳を以て徳に報いる」（『論語』憲問）。「以徳報怨」という説はどうお考えになりますかと、ある人が孔子に質問した。その趣旨を説くならば、怨み（悪意）に対して怨みで報いるのは人情の常であるが、今その怨みに対して徳（恩恵、善意）を以て報いるというのであるから、この説は非常に寛大な、すぐれた態度として孔子の許しが得られるだろう、と期待した質問である。然るに孔子はこれに対して、（「以徳報怨」というならば）それでは人から徳を与えられた際、何を以て報いるべきであるか、報いようがないではないか。怨みを報いるには直を以て報い、徳に報いるに徳を以てするのが、本当の態度である、と教えた。ただ直を以てすることを誤り解して、僅かな怨みも必ずこれに報いるに刻薄に流れることは、もとよりこの章の教えるところではない。

「直を以てする」というのは、直すなわち公平無私の道を以て人に接することであって、「能く人を好み、能く人をにくむ」(『論語』里仁)、仁者の態度である。そこで直すなわち公平無私の道は、当然、儒教の最高徳目たる仁(または他の徳目)に基づくものである。その仁とは——「人を愛する」などと解されるが——ただ単に「人を愛する」ことではない。おそらく孔子の教えは、怨みをそのまま放置せず、それを公平無私の道(と仁徳)を以て直さなければならないと、そして直された(仁徳に感化された)怨みに対しては徳を以て報いよとの主張であろう。なぜなら、怨みに対して徒に恩徳を施すという態度は、決して公平な判断を世に示すのではないからである。それでは道義(道徳と正義)は否定されかねず、結局、世の真実も人間の和解も成り立たなくなる。

つまり、「以直報怨」とは、直そのものが徳に基づくものであり、「以徳報怨」をただ単に否定するものではない。孔子は、怨みに対しては、それを直し(正し)、然るのち(あるいは同時に)徳を以て報いるべきだと言っているのだ。〈悪を善で報いよ〉を否定したのではない。孔子にとって、徳は善であるとともに「直、正」である。ちなみに、兪吉濬は、「開化の大目的は、人に邪を棄て正に帰することを勧めるとの趣意にある」(「政府の職分」一七九)と述べている。このように「棄邪帰正」も開化の大目的であり、そのなかには「以直報怨」の精神が含まれていたのであろう。

第二章　国際秩序観——対外思惟空間（Ⅰ）——

「開国」と、それに伴う近代的な改革が始まる以前の華夷秩序、とりわけ中華世界秩序は何百、何千年という長期にわたって比較的安定したシステムとして、変化することなく維持されていたかのように見える。しかし実際には開国以前にも、華夷秩序の内部にはさまざまな変容があった。その重層構造の内部では、多様なダイナミックスが存在していたのである。[1] それをとらえるためには、これを動的平衡系＝線形系システムではなく、動的非平衡系＝非線形系システム（複雑系）であると想定する視点は有益かもしれない。[2]

かりに華夷秩序が、固有の枠組み、理念と秩序原理をもつ一種の複雑系だったとするならば、開国は、伝統と近代の相互作用により、そこでさまざまな新しいコンテクストが異種交配されるような場を提供することになったと考えることができよう。もっとも場の供与は、その行く末を完全に決定するものではなく、不確定な新たなコンテクストの潜在的可能性を提示する役割を果たすに過ぎない。その際に、無数の可能態（＝変態）のうちのどれが選択され、かつ具現することで、どのような新しい秩序の形態が生まれるのかについては、あらかじめ決定されていないのである。開国は、変容しつつも一定の秩序を維持していたシステムの平衡状態にショックを与えることになり、そこから新たな秩序の模索プロセスが始まった。華夷秩序、および欧米国際秩序は、開国を契機にして、これまでにない大規模なシステムの転換期に突入したのである。

もちろん三国の開国と、新しい秩序の模索プロセス＝華夷秩序の近代的改編は、それぞれ異なる様式、形態をとりながら歴史上に出現した。結果的には、三国の華夷秩序（の枠組み）はともに崩壊することになったが、その経緯にはさまざまな国内外要因が絡んでいたため、三国の崩壊の時期、境界や臨界点はそれぞれ異なっていた。三国のなかで日本は比較的早期に明治維新を成し遂げた。これに対して清国と朝鮮は、政変や維新の試みや、多様な制度改革の推進があったものの、結局それは「革命」的な近代化に結びつかず、それより先に国家自体が崩壊することになった。国際システムの近代的改編の過程で、日本型華夷秩序は自ら崩壊して、欧米国際秩序に自ら積極的に組み込まれる道を選んだ。しかし清国および朝鮮の中華世界秩序は、日清戦争により崩壊させられるまで、欧米国際秩序に抵抗する一定の役割を果たすことになった。

このような事象を「日本＝進歩・発展、清国と朝鮮＝保守・停滞」といった図式で見るのは安易で一面的な理解である。そもそも欧米文明＝普遍・正だという視点の正当性の保証は、どこにも存在しないのである。事実、欧米近代の国際秩序にも、常識的に考えて特殊・負としか評価しようのない現象がいくらも観察できる。かりに日本の近代化を〈成功〉とするならば、そこには欧米近代に由来する「特殊・負」の導入の成功をも見なければならない。また、かりに清国と朝鮮の近代化を〈失敗〉とするならば、むしろそこには「特殊・負」の導入を批判し、抵抗するような強靭な力が存在したことを見てとらねばならない。各国の近代化を、「近代」の視点だけでなく、「反近代の近代」という視点から見るならば、そこには逆説的に〈失敗のなかの成功〉、〈成功のなかの失敗〉という様相が浮かび上がってくるはずである。

三人は、欧米国際秩序を認識し諸要素を導入し、また批判しつつ、他方では華夷秩序の諸要素の改廃を試み、それぞれの国際秩序観を形成していった。もはや後戻りが不可能な開国以後の新たなコンテクストのなかで、三人の知のシステム内部ではさまざまな異種交配作用が生じた。しかし三人の間で、所与コンテクストへの適応の仕方において、つまり時勢への対応面で、全く同一の様相が表れたわけではない。なかでも目立つ差異は、新しい国際秩序や地域秩序の構想の有無である。鄭と兪は新たな構想を抱いていたが、福沢はそのかわりになるものをもっていなかった。それこそが「反近代の近代」と単なる「近代」の差異である。しかし結果的には、鄭と兪の「反近代の近代」構想は、歴史のなかで「未発の契機」となってしまった。これらの事象は、何を意味するのであろうか。

一　国際秩序観の転換と形成、変化

秩序転換の認識――危機と機会――

鄭は、「夫天道数百年小変、数千年大変」(「論公法」六六)との表現で、開国当時を「天下大変」の時代ととらえていた。彼は、文明が啓《ひら》かれて封建が成り立ち、尭舜から夏殷周までの二千年間にはたいした変化はなく、第一の大きい変化は、秦代に起こった「封建から郡県の天下」への転換であったと述べる(同)。郡県の天下は、清に至るまでの二千年間継続し、その間の変化は、易姓革命による王朝の変化と領土変更にすぎず、枠組みそのものを変更するものではなかった。この時代、郡県の天下での「国際」関係を規律する「礼楽征伐之権」は、天子一人に「統属」されていた(「公法」一七五、三八七)[3]。

しかし清国が海禁を開き、欧米諸国と「立約通商」したことにより、第二の大きい変化、すなわち郡県の天下から「華夷聯属之天下」への転換が生じた(「論公法」六六)。ここで華夷とは実質的に「中外」を指し、また聯属とは、垂直的関係を表す統属の対概念として、諸国家が水平的関係で並立している状態を指す[4]。華=中は、通常、中国=

清国を意味するが、朝貢国を含む中華世界を指す場合もあるため、「華夷聯属之天下」を広義の意味で捉えるならば、そのなかで中華世界秩序と欧米国際秩序との両秩序が併存し、かつ競合することも可能であった。

鄭はこうした「華夷聯属」による秩序転換に対応し、中華世界秩序を再編せねばならないと考えていた。彼の『易経』のいわゆる「運会説」の論理は、「物極《きわ》まれば則《すなわ》ち変じ、変久しければ則ち通ずるのを知るべし」（「論公法」六六）というものであった。[5]「聖人が聖人を継ぎ〔物事を〕興すといっても、変えられないものがあり、また変えざるをえないものもある。実に天道、世運、人事には限りがある」（同）、しかしそれを控制《くうせい》し「因変達権」を講じなければならない。そこで「世の変わりには常がなく、富強には道がある。ただ今に准《なぞら》え古を酌《く》み、陳言〔陳腐な言葉〕に狃《なれ》ること勿《なか》れ。因時制宜し、成例に拘《こだわ》ること勿れ」と主張される。具体策として、彼は当時の洋務をほぼ網羅し言及しているが、その首位に「公法、約章を宜《よろ》しく修めるべし」と述べている（同）。そのため彼は『易言』の冒頭に「論公法」や「公法」を置き、他の論文を束ねる、いわば扇の要といった役割を与えたのであろう。[6]

鄭は、『盛』十四（「増訂新編凡例」一八九五年作）のなかでも、当時を「数千年未有之変局」とし、「変通」を促している（二三七―二三八）。[7]『易言』では危機感を示すことが第一義とされていたが、『盛』十四では危機をむしろ変法・改革（＝近代化）の機会ととらえようとの意志が強調されている。彼の思惟作用のなかでは、危機への対応と機会への適応との二重心理が働いていた。表現の違いはあっても、これはおしなべて福沢にも兪にもあてはまる。三人はともに当時の時勢を認識し、それへの対応・適応を呼びかけたのである。

福沢は、「唐人往来」（一八六五年作）のなかで、「鎖国の、攘夷の、異国船は日本海へ寄附《よせつ》けぬ、唐人へは日本の地を踏ませぬ」（『全集一』一二）というような当時の、日本の排外主義を批判し、時勢の変化に「臨機応変」に対処することを呼びかける。福沢は、ここでアジア諸国に対して、「兎角《とかく》改革の下手なる国にて、千年も二千年も古の人の云ひたることを一生懸命に守りて少しも臨機応変を知らず、むやみ己惚《うぬぼれ》の強き風なり」（一三）と皮肉と偏見に満ちた批評をしている。その一方で、欧米諸国については、逆に「人情は古今万国一様にて、言葉の唱へこそ違へ仁義五常の教なき国はなし」（一四）と、あたかも儒学者であるかのような態度でこれらを好評する。

各国より当前の礼儀を以て使者を差遣《さしつか》はし既に条約も取り結びたることなれば（略）此方よりも世界普通の道理に従て益々信実を尽すべし。（略）内心は日本の土地をも奪取らんと思ひ不埒《ふらち》なる振舞《ふるまい》を為す国もあらば（略）其《その》道理を押立《おしだ》て我日本国の威勢を張り、之《これ》を追ひ払ふとも其国を攻取るとも誰か何と言ふべきや。（略）敵は如何程大国なりとも少しも恐るゝに足らず。唐土［清国、朝鮮］など此《この》道理を知らず［…］。（二〇）

詳しくは後述するが、当時の福沢はこうした儒教的普遍主義から、万国公法の自然法的側面を理解していた。だからこそ、彼は「文明の君子たらんものは、先づ見聞を博《ひろ》くし、世界万国の事情に通じ、世界の道理は入札《にゅうさつ》にて定まるものと思ひ、世界中千万人の是《ぜ》とする所は、仮令《たとえ》己《おのれ》が宗旨に戻《もと》るとも、断然と改宗して、万国公法宗と云へる宗門に入り度《たき》ものなり」（「或云随筆」一八六六年作『全集二十』一二）と論じることができたのである。ただしこの近くの箇所の「唐土など此道理を知らず」という一節には、彼のアジア他国に対する無理解が現れている。道理を知りかつ守る面において、清国も朝鮮も日本と同様の認識があり、鄭も兪もこの道理を理解していた。しかし彼らは福沢と異なり、道理それ自体を守りぬく一貫性を保つことこそが、より重要だと考えていたのである。たしかに二人には「威勢を張り……其国を攻取る」といった発想がなかったため、福沢に言わせれば、万国公法の「道理」を知らぬという揶揄の対象になるのかもしれない。その後、「文明の君子」である福沢は、儒教を罵倒し、道理の一貫性を放棄することにためらわない[8]。

「唐人往来」の趣旨について、福沢は後に『福沢全集緒言』（時事新報社、明治三〇年一二月）の冒頭で、「吾々洋学者流の目的は、唯《ただ》西洋の事実を明にして日本国民の変通を促がし、一日も早く文明開化の門に入らしめんとする」(『全集二』一二三)ものだったと記している。福沢も、鄭・兪ら同様、変通を促し続けた。その目標は文明開化にあった。福沢は、開国後の状況変化を、変通＝改革の好機ととらえた。『概略』のなかで彼は、「幸にして嘉永年中『ペルリ』渡来［一八五三年と一八五四年のペリー来航］の事あり。之を改革の好機会とす」(『全集四』七二)とはっきりと述べている。兪にも、これと似た認識があった。

前述したように、兪は日本留学を終えて帰国したのち(一八八三年一月から同年七月の米国行まで)、多数の著作を書いている。そこに前期著作から後期著作へと「旋回」した後の福沢の影響が否応なく見えるのは当然のことである。当時の彼には、朝鮮の切迫した情勢に対する危機感や憂慮から、早く現状を打開し開化・改革を誘導しようとする焦燥感もあったであろう。そのためなのか、当時の兪は非常に進取の精神に満ちた意見を表明する。まず、『漢城旬報』という近代的な新聞の発刊に先立ち執筆された文章を引いてみよう。「その［新聞発刊の］要領は一国人民の知見を拡大するにほかならない。大は万国政治の事理から小は一身一家の修齊にいたるまで日新又新し、その卑陋なる習俗を脱して開明なる化運に向かって弊害を除き、正理に帰して不便を捨て有益に就き、その国の文化［草稿では文明］を増進する」(『全書Ⅳ』六－七)。ゆえに「政府もまた時勢の変遷と民心の向背を観察し、その政治を適宜に改良し得る」(七)。また「農工商万般業務に関係する事件を記録し報道する」ので、その発展にも役立つ(七－八)。そして新聞発刊は、「文明の増進」(八)、「人民の進取気力」(一二)の養成に貢献するものだと宣言されている。それは、兪が、開国後の状況変化を変通＝改革の好機ととらえていたことを意味する。

次に「競争論」をみよう。この論文の趣旨は競争の精神・気力を養成し、国家・人民の富強・進歩を促すことにある。そのなかに次の一節がある。

わが朝鮮国は久来、鎖閉して外国との交通を謝絶し、その競争する事がわずか一国内の同胞兄弟に止まっていた。だが現今、時勢の変遷に際して外国と交際する道を漸く開いた。（略）これは、わが兄弟の競争区域を拡張し文明富強の編緒を開くものである。その気力を旺盛にし（略）進んでその便否を審《つまび》らかにし、また自国の事物をとって彼国の事物に比較し［採長補短せねばならない］。（『全書Ⅳ』五九―六〇）

開国後の状況変化を、彼は「変開の、文明富強の編緒」ととらえる。そこで文明富強という言葉を使っているが、これは「彼の事物に（略）優るものがあれば取って我が短を補い、我の事物が（略）長《た》けたならば永久保存してその長をますます長けるようにする」（六〇）との意味であり、福沢の文明開化とはかなりニュアンスを異にしている。

最後に、統署の主事を辞職するに際して書いた「言事疏」（癸未一八八三年作）をみよう。その内容は外交・内政全般の改革を促すものだが、とくに朝鮮をめぐる周辺情勢に頻繁に言及しており、その分、危機感が漂っている。その点は鄭の言説にも相似るところがある。そのなかで兪は、「臨時制宜しなければ、不利に往くだろう。因循の習に安んじること勿れ。姑息の政に狃ること勿れ」（『全書Ⅳ』六八）と主張する。彼は当時の周辺情勢について、ロシアを朝鮮にとって最大の脅威とみなしていた。彼は「わが国家地方は、まさに亜洲《アジア》の咽喉に適しかつ強き露《ロシア》に隣接した、天下必争の地である。しかも露人は虎狼であり、眈眈《たんたん》と睨《にら》み視《み》るに幾年《いくねん》もたつ。それが動かないのはとくに釁《すきま》がないからだ。彼［ロシア］は公法に遵《したが》わないが、時にこれを畏れる節もある」（六八）と論じる。その上で朝鮮の対露政策を問いただしながら、自分が習得した公法知識を披露していく。それは最終的に「公法、約章を宜しく修めるべし」（鄭観応の語）との結論につながる。

一方、福沢の「変局」に対する危機意識は、他の二人よりオプティミスティックだったように思われるかもしれない。しかし、当時、三人の危機感に大きい差があるはずはなかった。福沢は『概略』の十章「自国の独立を論ず」

のなかで、日本の外交について「憂ふ可き病」（一九三）、「至困至難の大事件にして、国命貴要の部分を侵したる痼疾」（二〇三）、「我国の一大難病」（二〇五）と表現し、開国後の状況変化を憂慮している。「国民たる者は毎朝相戒めて、外国交際に油断す可らず」（二〇五）という文章に代表されるように、この十章は、「福沢の危機感の熾烈さをよく物語って」いるものであった。(9)

しかし、三人がよく似た危機感を抱いていたにせよ、福沢の危機に対する対応策は、他の二人とはかなり異なるものであった。『概略』十章で彼は、「国と国との交際に至ては唯二箇条あるのみ。云《いわ》く、平時には物を売買して互に利を争ひ、事あれば武器を以《もっ》て相殺すなり」（一九〇）と論じ、さらに「戦争は独立国の権義を伸ばす」ための術、「一視同仁四海同胞の大義と報国尽忠建国独立の大義とは、互に相戻《あいもとり》て相容れざる」（一九一）との認識を示している。丸山は、ここにあるテーマを「国家の実存理由」の問題とし、「こういう考え方は、明治十年代以後に、福沢が東アジアの国際情勢の切迫にたいして日本の国権拡張を強く押し出すときにも、実は根強く保持されております。そこでは日本国も、こうなった以上、西洋列強と同じく『禽獣国』の一員として行動するのみ、というのです」と解説している。(10) 福沢の危機感は、こうした考え方に基づいて、国家実存理由の思想や国権拡張論を「正当化、合理化」する方向に向かっていた。後に彼は公法への信頼を捨て、比喩を用いるなら、万国公法宗から権力政治宗に宗旨替えしていったのである。

公法観——公法と「公」法(11)——

鄭は、ヨーロッパ各国が「なお春秋の世」にあるとし、欧米列強と日本の国際関係を「戦国七雄」、俄《ロシア》を秦の連衡、英・美（米）・普《プロイセン》・法《フランス》・澳《オーストリア》・日を六国の合縦になぞらえる（「論公法」六六）。つまり、彼は、西洋国際社会は覇道＝力の支配の横行する場で、当時はあたかも春秋戦国時代のような「秩序というよりは無秩序の時代」であるとみなしていたのである。[12] 彼によれば、こうした状況にもかかわらず各国が相互の輯睦《しゅうぼく》＝信頼関係を維持できるのは「万国公法の一書を奉る」(同)からであるとされる。

公は一国が私することができない。法は各国が皆《みな》その範を受ける［との意味だ］。そして［公法の範例たる］明許と黙許、性法と例法などは、理と義を以て准縄［規準］とし、利を戦って綱領とするのだが、天理と人情を越えるのではない。(略)［公法は］実に世道と民生に大きな裨益をもたらす。［各国は］必ず自国を万国の一と視る、然《しか》るのち公法を行う。(六六―六七)

これは鄭が『万国公法』などの漢文訳の公法書物[13]を読んだうえで、彼なりに理解したことを整理したものと思われる。[14]『万国公法』の一巻一章や『公法便覧』の「総論」をみれば、「明許、黙許、例法」はそれぞれ条約、慣習法、国際慣行 (the presumed consent of nations, the conventional from their express consent; the consuetudinary from their tacit consent; and the customary law of nations) を、また「性法」は自然法 (the natural law) を指している。[15]引用文の末尾の文章からは、彼が国家平等観念を抱いていたことが推察できる(詳細は後述)。

十九世紀における欧米の国際法学が、自然法主義から法実証主義への傾向をますます強めていたことは事実である。しかし法実証主義者にとってさえ、自然法は「私法と国際法との間の架橋の役割をはたす」ものと考えられていた。[16] そのため、近代実証主義は自然法の観念をきびしく排除はしたが、しかし法に共通する一般的な概念や基本原則を、完全に排除することはできなかったのである。とりわけ『万国公法』などの漢文訳の公法書物は、その選定や翻訳にマーティンの個人的性向が影響したこともあり、自然法により国際法の規範的内実を与えようとする傾向が強いものであった。そのため翻訳や解説の際には、欧米国際法＝公法のなかには、条約、慣習法、国際慣行などの「実体法」とともに自然法も含まれ、その自然法の観念は儒学の理と義、新儒学の天理と人情と同義である、などと説明されていた。それを読んだ当時の東アジアの知識人は、用語の差こそあれ、自然法を、「天理自然」に基づく法——筆者のいう「天理自然法」——と素直に理解することになったのである。

鄭も、公法を自然法主義的な発想で理解している。彼の公法(理解)は天理自然のような儒教的普遍主義に基づくもの——これを「公」法と表記することにしよう——と解釈できる。彼は公法への信頼を、「世道と民生に大きな裨益」と表す。その際、信頼の対象は、公法ではなく、「公」法にほかならない。現実の「無秩序の時代」を統べる公法そのものは、むしろ不信の対象である。彼の公法観には公法に対する信頼と不信が錯綜しており、それが公法の啓蒙を目指した後の論文「公法」で、はっきり表明されている。

福沢は、『西洋事情』外編の「各国交際」のなかで、[17]「世の文明に進むに従《したがっ》て一法を設《もうけ》てこれを万国公法と名《なづ》けり。抑《そもそ》も世上《せじょう》に一種の全権ありて万国必ず此公法を守る可《べ》しと命を下すには非ざれども、国として此公法を破れば必ず敵を招くが故に、各国共にこれを遵奉せざるものなし」(『全集一』四二二)と述べている。彼は、各国の間で「自から礼儀を存するは文明の然らしむる所」(同)であるとして、あたかも公法が「礼儀」の問題であるかのように理解している。さらにヨーロッパ諸国の間には「国力の平均と唱《となえ》ることありて、世の太平を保つの一大助」(同)と、勢力均衡の原理を儒教の平均観念を援用しつつ説明している。これらの文章からは福沢も公法を、「公」法として理解し、原則としてはこれを信頼することの重要性を主張していたという事実が確認できる。もっとも、彼の公法観にも実際には公法に対する信不信が錯綜している。

同じく「各国交際」の冒頭を引いてみよう。

各国自立して其本国を守り其所領の地を失《うしな》はざるは、多くは兵力の然らしむる所なり。(略)有力者は非を理に変じ無力者は常に其害を被《かぶ》るとはこのことなり。（略）各国交際の有様は、今日に至るまで尚《な》ほ往古夷民の互に匹夫の勇を争ひしものに異ならず。故に現今至文至明と称する国に於《お》ても、動《やや》もすれば大に戦争を始めて、人を殺し財を費し、其害挙て云《い》ふ可らず。実に長大《ちょうたい》息《そく》す可きものなり。（四一一）

福沢は、国際社会は力の支配の横行する場であると外交の権力政治的側面を強調するが、この文章では、あくまでもそれを「長大息す可きもの」と批判的な視点に立っている。この時点では、福沢はなお「理」を是、「力」を非とみなしていたように思われる。しかしその直後から、「之〔権力政治の悪弊〕を視れば、各国政府の不正強暴を制して全くこれを止む可きの方術あることなし」（四一三）と、現実の公法に対する不信感がただちに告白される。後にこの不信感こそが、現実の公法のみならず「公」法までも否定し、権力政治を「信頼」するしかないという彼の主張を形成する核になっていく。

福沢も、初期著作のなかでは、「公」法への信頼を表明していた。たとえば『学問のすすめ』の「初編」（一八七二年作）では、「天理人道に従て互《たがい》の交を結び、理のためには『アフリカ』の黒奴にも恐《おそれ》入《い》り、道のためには英吉《イギ》利《リス》、亜米利加《アメリカ》の軍艦をも恐れず」（『全集三』三二）と記されている。彼の公法（理解）も、当時は「天理人道」のような儒教的普遍主義に基づくものであった。[18] しかしすでにここで福沢は、「支那《シナ》〔中国〕人などの如《ごと》く、我国より外に国なき如く、外国の人を見ればひとくちに夷狄々々と唱へ、（略）実に国の分限を知らず、一人の身の上にて云へば天然の自由を達せず」（三一―三二）、と清国人の偏狭な中華意識を批判している。この批判は、一定の程度、清国の現実を捉えたものであった。が同時に、それは、清国（人）に対する偏見を伴うものでもあった。こうした福沢の中華意識に対する偏狭な理解とそれに対する嫌悪は、後にそれが変態《メタモルフォーゼ》した結果として、むしろ日本の自国中心主義に発展していくことになる。

「公」法観と国家平等観念

『西遊見聞』（朝漢文混用の著作、『全書Ⅰ』所収）の「邦国の権利[19]」には、兪の「公」法観がよく現れている。

> 一国の主権は、形勢の強弱と起源の善否や土地の大小と人民の多寡を論ぜず、（略）天下のどの国であれ他邦と同有する［同等にもつ］権利である。（略）［諸国は］独立自守を基礎とし、その主権の権利を自ら行使する。即ち各邦の権利は、互係の職分の同一であることによりその徳行および慣習の制限を立てるものである。このように邦国に帰属する権利は、国の国たるための道理であり、その現躰［現体制］の緊切な実要であるが故に、それを、本を立てる権利というのである。（一〇五－一〇六）

引用文の前半における公法の国家平等観念や、後半の「互係の職分の同一」および「国の国たるための道理」といった記述のなかには、儒教の均分主義と天理自然権の思想が含まれているように思われる。

国権の様々な種類を論じるなかで、兪は、たとえば「独立する権利」とは「万国が平均する礼数と敬重する待遇を互いに行う」権利であると主張する（一〇七）。ここには、相互主義と道徳主義とともに、筆者のいう〈万国平均（＝均分、平分）観念〉が表明されている。つまり彼のいう国権（国の独立権）とは、一国のもつ一方的な権利ではなく、国際関係の中で平均して相互に享有すべき権利であり、その意味で相互に義務を伴う権利であるとされる。また、この彼の万国平均観念のなかには、欧米国際法の国家平等観念も内包されている。彼は、自然法的な国家平等観念いわば〈天賦国権論〉にしたがって「大国も一国であり、小国も一国である。国の上に国は更《さら》になく、また国の下に国はない。一国の国たる権利は彼此《ひし》の同然［同等］なる地位で、分毫の差殊［別］も生じない」（一〇八）と主張する。[20]

しかし、「物の不斉《ふさい》なる故に諸人の強弱と貧富には必然的に差異がある」（同）ことが往々にして人間社会の現実であるように、国際関係の現実においても諸国家が必ずしも平等な状態にあるとは限らない。そこで、各国が「平均の地位を保ち守る」ためには、「邦国の交際もまた公法で操制し、天地の無偏なる正理で［諸国家を同］一視する道を行う」（同）ことが必要であるとされる。つまり、国家平等の原理は、公法や正理に基づく取り決めの下ではじめて実現するもの、またそのようにして実現させるべきものである。ここにも彼が欧米近代流の国家平等観念とともに、朝鮮の伝統的な均分主義や天理自然権の思想を理想とし、これらを融合させることによってその議論を形成していることがわかる。本書の言葉でいいかえれば、彼の国権の概念は、欧米近代の国家平等観念と朝鮮（また中国）伝統の万国平均観念との異種交配によって成り立っているのである。この万国平均観念は、「天下の天下」（『呂氏春秋』貴公）や「天下為公」（『礼記』礼運篇）との観念から派生したもの、あるいは、互いに通底するものであるといえる。

一般に公法とは、通常、万国公法すなわち欧米国際法を指し示す言葉である。しかし、兪は、これを天地の正理や天理自然のような儒教的普遍主義に基づく「公」法と同一視しようとした。すなわち彼にとって「公」「法」とは、「公は平分なり」（『説文解字』）の「公」と、「自然の道理に基づいて人世の綱紀を立てる」（「法律の公道」『全書Ⅰ』二八三）ための「法」とを合成した概念だったのである。彼によれば、「公」法とそれに基づいて国権が保障される国際秩序では、「諸国が友和の意をもって、平均の礼を用いて約款を互換し使節を交派し、強弱の分別をせず［互いに］権利を守って侵犯しない」（同一〇八）という状況が実現する。なぜなら、「他邦の権利を敬わなければ、自己の権利を自ら毀《こわ》すことになるので、自ら守る道に謹慎する者は他人の主権を損なわない」（一〇八－一〇九）はずだからである。こうした考え方は『論語』の「己《おの》れ立たんと欲《ほっ》して人を立て、己れ達せんと欲して人を達す」（雍也）、「己れ欲せざる所、人に施すこと勿れ」（顔淵）といった人間社会における基本的な道徳的態度を連想させるものである。

兪の自然法的な国家平等観念は、国家主権の平均という観念すなわち万国平均観念を土台にすれば、必然的にそれぞれの国家の平等、それぞれの国家の独立という理想状態が実現するはずだとの発想に基づいていたように思われる。その意味では、「平均、平分」の観念は「平等」観念を内包しているといえる。つまり、兪の「公」法観は、漢文訳の公法書物、および当時の国際法学説を受容したうえ、それを万国平均観念などの伝統思想とりわけ儒教的普遍主義に照らして再解釈することによって形成されたものであったのである。

如何なる邦国や人民であれ、その国憲の躰制及び品例〔種類や形態〕の如何にかかわらず、その国を自ら管〔理〕する者は主権独立国である。〔ホイートンによれば〕主権は一国を管制する最大権である。〔それは〕内外に実施される。内施される主権〔対内主権〕は、その国の大法〔根本法〕と原理によって人民に附伝し、また主治〔統治〕者に委授〔帰属〕する。外施される主権〔対外主権〕は一国の政治の独立が各国の政治に相対〔独立的に存在〕し、これによって和戦の間に交渉する関係を保執するものである。大概、外治と内交を自主し、外国の指揮を受けぬ者は正当な独立国である。(一〇九―一一〇)

この引用文は、デニーが『清韓論』のなかで、朝清宗属関係における朝鮮の主権独立性を説くために国家主権の対外独立性を国際法学説に照らして論じた文章を兪が改訳したものである。[21] また彼の国家平等・独立の観念には、福沢の前期著作の影響もあったはずである。

福沢の『学問のすすめ』には、彼の国家平等・独立の観念がよく表れている。その初編のなかには「人の一身も一国も、天の道理に基《もとづい》て不羈自由なるものなれば、若《も》し此一国の自由を妨げんとする者あらば世界万国を敵とするも恐るゝに足らず」（『全集三』三二）という記述がある。彼は、天理（自然権）を根拠とし、国家と人間の不羈自由＝独立自由を説いたのである。

しかし彼の国家平等・独立論には、ときに彼の身分意識が混入した記述もある。先の文章に続き、「このごろは四民同等の基本も立ちしことなれば、何《いず》れも安心いたし、唯天理に従て存分に事を為《な》すべしとは申《もう》しながら、凡そ人たる者は夫々の身分あれば、亦其身分に従ひ相応の才徳なかるべからず」（三三）という表現がある。そこでは人間平等は天理に基づくものとはいえ、あくまで各自の「身分」やそれに伴う「才徳」相応なものであるべきだと主張されるのである。この箇所は福沢が身分の存在を認め、しかも身分の固定を肯定しているかのようにも読みとれる。人間は根元的に平等なのか、それとも身分相応に平等なのか、この時点での福沢の記述には曖昧なところがある。(22)彼は後に、「公」法や国家平等といった観念を放棄し、代わりに国家間の弱肉強食、不平等の現実を肯定するようになる。もし国家の平等がその国の「身分」相応のものだとするならば、その国の「才徳」に応じた不平等も肯定されてしまうであろう。

しかしながら全体的に見れば『学問のすすめ』三編の小題名「国は同等なる事」と「一身独立して一国独立する事」に見られるように、福沢の基本的な主張は、国家平等・独立に置かれていた。

貧富強弱は国の有様なれば、固《もと》より同じかる可らず。然るに今自国の富強なる勢を以て貧弱なる国へ無理を加へんとするは（略）国の権義に於《おい》て許す可らざることなり。近くは我日本国にても、今日の有様にては西洋諸国の富強に及ばざる所あれども、一国の権義に於ては厘毛の軽重あることなし。（『全集三』四二―四三）

これは国家間の不平等の現実を認めつつ、それでも国家主権の平等性を説いた国家平等観念の表明である。福沢の

「我日本人も（略）先づ一身の独立を謀り、随《したが》って一国の富強を致すことあらば、何ぞ西洋人の力を恐るゝに足らん。道理あるものはこれに交り、道理なきものはこれを打払《うちはら》はんのみ。一身独立して一国独立するとは此事なり」（四三）という表現からは、富強によって何としても独立を達成するという彼の強い意志が読み取れる。

鄭の「公」法観も、兪同様、国家平等・独立観念を内包するものであった。このことを、「公法は万国の大和約」だという冒頭で始まる『易言』二十編本の「公法」のなかで確認しよう。

公法とは、彼此［各国］が自国を万国の一と視ることによって相互に維系することができる、また相互に統属することはできないところの道である。（略）そもそも各国の権利は［その政体が］君主、民主、君民共主のいずれにせよ、むろんすべての国々が自有する。それを他人［他国］は奪うことができない。性法のなかに、人を奪う、また人に奪われる理はありえない。それゆえ均勢の法と互相保護の法がある。（一七五。『盛世危言』の「公法」のなか（三八七）にもほぼ同じ内容の文章がある）

つまり、各国が自ら万国の一つとみなす限り、公法とくに性法は各国の権利の自主＝主権を保障するのである。[23]

この引用文のなかで鄭は公法、正確にいえば、性法の理に照らして国家主権の不可侵＝独立を説いている。もっとも彼がこの文章で国家・主権平等を明確に主張しているわけではない。また「万国の一と視る」という表現も、これが必ずしも国家平等観念につながるとは限らない。さらに各国の権利をすべての国々が「自有する」というのみで、兪のように「同有する」との表現は用いておらず、万国平均観念もはっきりとは示されていない。しかしながら、彼の「公」法観に中国伝統の「公＝平分」の思想が含まれていることを思い起こしてみれば、彼が万国平均観念をもっていなかったはずはない。また彼が国家平等観念を受容しようとしなかったわけでもない。たしかに後述のように彼は不平等条約に対する強い不信感から、国家平等観念を素直に受容することに抵抗を感じていた節もある。しかし「万国の一と視る」とは、欧米国際法の国家平等観念を容認しそれに従うことを意味する。[24] また各国が「相互に維系する」、あるいは「相互に統属することはできない」とは、国家主権の平等と独立を、性法、理に照らして主張するものである。[25]

公法不信とその行方

『盛世危言』の「公法」のなかで鄭は、「国は、大であれ小であれ、法なければ立たない」（三八七）、「常なる法があってこれ［列国］を範囲しなければ、どうして大小［の国家］を相維し、永く輯睦を敦《あつ》くすることができようか」（三八七–三八八）と主張する。すなわち国は規模の大小を問わず、「常なる法」としての公法に従うことによってはじめて自立できるものとされているのである。諸国はそれぞれ「彼はこの例［常なる法］に遵って我を待ち［もてなし］、また我もこの例を守って彼を待つことを望む」（三八八）ため、彼我の相互主義に基づいて「万国の一大和約」（同）としての公法を遵守することによって、大国も小国も相互の平等・独立の主権を尊重しあうことができるはずだということになる。

しかし中国を取り巻く現実は、「公」法も公法も守られていない状況であった。鄭はこうした現状に重大な疑念を呈している。

我が中国は海禁を大きく開き、信睦を講じ修め、外交使節を往来して幾年もたった。また同文館を開き、西学を習い、公法を訳し（略）備えてきた。しかし立約したところ、通商の一端について言えば、なんとその矛盾が多いものだろう。一国の有利のごとく、各国の均霑《きんてん》との語［最恵国条項］は何の例なのだ？（略）茶とアヘン、これらを較べれば、その公道はいかなるものか？　外国人は中国に至ると身税を収めないが、中国人は外国に至ると重い身税が取りたてられる。今英美［米］二国は逐客の令［中国人移民制限法］を出すことで、我が国の工商が彼の貿易工作に到るのを禁止し、また旧来住み着いた商人からも必ず重い身税を収める、なんと苛《むご》い待遇だろう？種々情理に合わないのに、公は何かあらん、法は何かあらん。（三八八。一七六にもほぼ同じ内容）

最恵国条項の不平等性、関税不平等、人種差別など、皮肉にも現実には公法を掲げる欧米列強こそが国家平等を自ら否定しているのである。欧米列強は公法の理念を擬制の原則で装い、自国に有利な不条理な方策を中国に強いている。鄭の公法不信は、ここに根拠をもっている。(26)また天津条約（一八五八）の締約国は、中国に「公法の利益を共に享《う》ける」と約束したはずだが、現実にはその約束は全く裏切られている。「ああ、甚だしき欺きかな！」（三八八。一七六には「ああ、また異なるかな！」）と、彼は欧米諸国の欺瞞的態度に対して激しい憤りを隠さない。

後の著作である『盛世危言』の「公法」では、「公法は固より恃《たの》むべくして恃むべきでない」（三八九）、「公法は虚理にたよるものだ。強者はその法を執って人をしばることができる、弱者は必ずひそかに忍び、屈を受けることを免れない。それゆえ、国家は発憤し自強してこそ、まさに公法の益を得ることができるのだ。もし弱きに積もれて振るわなければ、百の公法あるとしても何の補《たすけ》になるだろうか？」（同）と、公法への失望がはっきりと記されるようになる。日清戦争後、鄭の公法不信は公法否定にまで近づき、発言にも次第に現実主義的な議論が増えていった。しかし、それでもなお鄭が福沢と明らかに異なる点は、公法不信を転じて、権力政治の肯定や「力＝正義」論につなげようとしないところにあった。公法を取り巻く不条理な現実を批判しながらも、彼の思惟作用は、公法の正の側面を活かした「公」法の確立を信じ、それに基づく新しい国際秩序や地域秩序を構想することに向かう。こうした思惟作用は、兪にも共通するものであった。(27)

前述したように福沢の前期著作は、基本的には「公」法への信頼や国家平等・独立観念を主張するものであったが、後の自国中心主義への転回の萌芽となるかのような発想がすでに前期著作にも含まれていた。福沢は、「内は忍ぶ可し、外は忍ぶ可らず。此学問のすすめ、初編より十一編に至るまで、文章も事柄も様々なれども、其大趣意として失はざる所は、上下同権、共に日本国を守て独立を保たんとするの一事に在るのみ」（『全集十九』二二二）と述べている。これは、「この原稿は『学問のすすめ』第十二編として明治七年七月以降に起草せられたものであらう」（同、編註からの引用）とされる未発表の原稿の冒頭であり、そこに、「内は忍ぶ可し外は忍ぶ可らず」という仮題がつけられている。彼は『学問のすすめ』において「初編より十一編に至るまで」国家間・人間間の平等、独立を説いている。がしかし、その主張をもう一度深く考察してみると、福沢の発想の根源は、鄭や兪が当然のことと考えていたようなすべての国家の普遍的な平等や独立ではなかった。というのは、福沢にとって「独立」とは、内と外とを区別したうえでの内＝日本国の独立であり、これこそが「大趣意」だとされている。上下同権を、すべての人間の普遍的な権利平等と捉えることは、福沢にしてみれば、単なる誤解である。

「上下同権の義を誤解する者」がいることは、「著者〔福沢〕の素志に背く」ので、「二、三の弁解」（同）をしたいとし、彼は「弁解」を始める。まず、人類の権義とは、実は「唯日本に生まれたるの故のみを以て此名称ある」（二二三）という。そこで〈他者〉である他国人民は考慮されない。次に、日本人の共同性が強調され、しかもそれが一つの全体性に還元されるために、その議論においては日本人の個人の主体性もまた考慮の対象外に置かれてしまう。[28] 彼は、上下同権の義について、「其向ふ処とは何ぞや。外国人に向ふことなり。其働《はたらき》とは何ぞや。日本国の独立を保つことなり。（略）故に上下同権の説を主張するは、妄《みだり》に目上の者を犯して内々の争端を開くの趣意に非《あら》ず。詰《つま》る所は日本国中の人民をして共に与に国を守らしめん」（二二三）ということだと弁解している。上下同権の説を主張する目的は、まず日本国の独立にある。そのためには、人間平等どころか日本人同士の平等も、みだりに唱えるべきではない。

当時、日本国中に自由民権運動が広まり、国内が混乱をきたしていた状況を考えれば、福沢のこうした主張を理解できなくもない。しかし、彼の人間や国家の平等・独立の主張が、こうした時局観に基づくものだったとするならば、それが普遍性を欠くものだと評されても仕方がないだろう。彼自身この点について以下のように「弁解」する。「今の人民へ上下同権の大義を教へ、理の在る所は政府と雖《いえ》ども敢て屈す可らずとの趣意を知らしむるは、弱小をして強大に当らしむるの下た稽古《しげいこ》なり、外国の強敵に抗せしむるの調錬［練］なり」（二二七）と。ここでは上下同権の趣意を知らしめることは、その趣意を理念、原理としてまじめに実現するのではなく、「外」との競争に克ち、外国に抵抗させるための一種の方便、手段（＝「下た稽古、調練」）だと説明されている。福沢は、「唯其目的とする所は、理に拠《よっ》て強大に抗するの習慣を養ひ、以て外国交際に平均を得るの一事に在るのみ」（同）と述べる。

福沢は、「万国公法は何処《どこ》にあるや。耶蘇《イエス》正教は何の用を為すや。公法は欧羅巴《ヨーロッパ》各国の公法にて、東洋に在ては一毫の働をも為さず」（二二五）と主張し、本当はもはや国家平等観念など信じておらず、万国公法など信頼していないと告白する。欧米諸国は開港場にて、国際関係にて事件があればそれを解決するのに「舌に藉《たす》くに軍艦を以てし、筆に次ぐに鉄砲を以てし、暗に兵力の端を示して事を成し、遂に我国を第二の印度に陥れんとする」（同）というのが当時の欧米諸国のやり方に対する福沢の認識である。これは欧米諸国の権力政治への批判であったが、後にこれは裏返されることによって、日本も欧米諸国のやり方と同じように権力政治を遂行するのだという意志に取って代わられる。その意志がはっきり表明されるようになるのは、『概略』やそれ以後の著作や論説においてである。こうした移行はどのように起こっていったのであろうか。

まず『概略』の十章「自国の独立を論ず」にはすでに以下のような記述がある。

〔人民同権の説は〕此国の人と彼国の人と相対しても之を同ふし、此国と彼国と対しても之を同ふし、其有様の貧富強弱に拘はらず、権義は正しく同一なる可しとの趣意なり。然るに外国人の我国に来て（略）其条約書の面には彼我同等の明文あるも、交際の実地に就て之を見れば決して然らず。（『全集四』一九六）

こうした現状に対して、福沢は「其言の美にして其事の醜なる」（同）と指摘する。「表向は各国対立彼我同権の体裁あるも、其実は同等同権の旨」ではない（一九七）と、また西洋人の不当な行為を見れば「同権論の迂遠」や「権力不平均」を悟るはずだ（一九九）と、彼は主張する。そこで平等とは擬制、似非観念にすぎないという国家平等観念への批判が、福沢の場合はストレートに平等観念そのものの否定に連結される。これに「戦争は独立国の権義を伸ばすの術にして、貿易は国の光を放つの徴候」（一九一）といった戦争や貿易の「術」としての利用という考え方が結びつくことによって、最初から平等でない世界において、国家が生き残り、発展するための方法として権力志向が正当化されるようになった。こうして彼の公法不信は、公法否定を経由して、「力＝正義」論へ向かっていったのである。この傾向は後にますますエスカレートしていく。

『通俗国権論』の七章「外戦止むを得ざる事」のなかで彼は、「百巻の万国公法は数門の大砲に若《し》かず、幾冊の和親条約は一筐の弾薬に若かず。大砲弾薬は以て有る道理を主張するの備に非ずして無き道理を造るの器械なり。（略）各国交際の道二つ、滅ぼすと滅ぼさるるのみ」（『全集四』六三七）と述べている。ここでは公法は「国際正義の法」ではなく「強者の法」だという公法無用論や「力＝正義」論[29]があからさまに語られている。これらの議論は、福沢が欧米近代の負の側面への批判とほぼ決別してしまったことを意味している。彼にとっては、欧米国際秩序の現実を批判したうえで新しい国際秩序や地域秩序を構想することなど不可能であり、かつそもそも不必要な作業だったのである。

二　新しい国際秩序、地域秩序の構想

公とおおやけ

以上のように、開国後の時代のコンテクストにおけるさまざまな諸要素の異種交配の結果として、三人の万国公法の理解や評価の仕方には相違があった。なかでも目立つ特徴は、「公」法観とその変容についての福沢と、鄭・兪との差異である。三人は、最初、公法を「公」法としてとらえていた。そのなかで福沢は後に公法不信から公法否定へ、さらに「公」法の放棄へと転じていった。その過程で国の平等のような自然法観念は、その普遍性を失うことによって変質し、またそれと対になって理解されてきた「公＝平分、理、天理」などの儒教普遍主義的観念も消え去ってしまった。

これに対して鄭と兪は、公法不信を示し公法を批判しつつも、公法自体を否定したり、「公」法を放棄したりはしなかった。彼らは、むしろ「公」法に基づく新しい国際秩序、地域秩序を構想し構築することを志したのであった。もちろんその具体策レベルでは二人の間にも違いはあるが、それ以上に注目すべきことは、鄭・兪と福沢の間の深い溝である。彼らに「公」法の固守と放棄をめぐって大きい差異が生じた理由はなぜだったのであろうか。その鍵の一つは「公」という概念にあるように思われる。

鄭・兪にとって、公は中国や朝鮮の伝統的な「公＝平分、公天下＝世界」との観念を意味していた。しかし福沢の公は、そこから出発はしたものの結局、日本伝統の「おおやけ＝朝廷、天皇」、「天下＝日本国」に回帰する。両方の思惟において「公」概念には、根本的な異質性があったのである。ここで三人の思惟様式の一源泉として、中国（ひいては朝鮮）と日本の伝統的な公概念の差異を検討してみよう。

中国の公（と私）概念とその歴史上の変化を、日本のそれと対比しつつ、考察した論文のなかで溝口は以下のように説明する。[30]

> 公は、（一）群として『韓非子』のいわゆる「ム［私］に背く」［五蠹《と》篇］すなわち囲いこみを開くの意であって、ここから衆人と共同するの共、衆人ともに通ずる通、さらに私＝自環の反義として説文解字では「公は平分なり」としている。一方、（二）群として、これは『詩経』の用例からの類推だが、共から衆人の共同作業場・祭事場などを示す公宮・公堂、およびそれを支配する族長を公と称し、さらに統一国家成立後は君主や官府など支配機構にまつわる概念になった。（溝口雄三　一九九五、三－四、傍点原文）

これにたいして日本の「オホヤケとして受容された公は、前述（二）群の方にかたよっていて、（一）群の方はほとんど捨象されていた」（同）、と溝口は主張する。

中国の公は、宋代に入ってからは「天理自然の公」に止揚される。さらにそれは、明末期と清末期と二度にわたって「自然の膨張による公・私の原理の構造的な変化」（五五）をもたらす。構造的変化とは、溝口によれば、宋代以降は「天下ノ公」は「朝廷・国家ノ公」を内側から裏打ちし、「天理ノ公」として「朝廷・国家ノ公」を道義づけ、原理づけていたが、明末以降、それは破綻しはじめ、清末には「人人ノ公」が「天理ノ公」の担い手となり、人人が「一姓一家」の「私」を掃去し、国家を人人の国家とすることにより、あたらしい「国民・国家の公」を形成するにいたった、とされる（六六－六七）[31]。これと対比して、日本のおおやけは、共同体的な公に由来する「朝廷・国家ノ公」にほぼ相当するだけであり、「天、天下ノ公、人人ノ公、天下為公、均平」などの原理的・道義的な公については、それらのすべてを欠いている（六七）、と溝口は説明している。

一方、日本のおおやけの意味を、田原嗣郎は次のように説明している。

「オホヤケ」はヲヤケ（少宅）に対する大家・大宅であって、大きいヤケである。「オホヤケ」は「ミヤケ」が朝廷と結びついていたのに対して、在地豪族的な性格をもつ。（略）「オホヤケ」は共同体的機能を備えており、共同体の首長に属していた。首長であることと共同的、公共的であること、この二つが「オホヤケ」の性格を規定する基本の性質であったと考えられる。（「日本の『公・私』」溝口雄三 一九九五所収、九四－九五）

そして田原はその構造について、「オホヤケはヲヤケに対する相対的な語であるから、複数の段階にそれぞれ存在する可能性があった。（略）天皇が日本国という最大の共同体の首長であり、朝廷はその共同性をになう中枢の機関であるからと考えるならば、ヨリ下位の共同体にも『オホヤケ』が存在していたことが充分に想像される。この想像は中・近世において『公』が重層的に存在していたことからして、根拠のあるものであろう」（九五）と述べている。かりに二つの共同体が上下の関係で積み重なっている状態を考えてみれば、下位の共同体＝公は上位のそれに対して私となる。こうして公と私の上下関係はピラミッド型の構造として成り立つ。その頂点には天皇または朝廷が位置しているため、さらにそれを超える、あるいは日本の領域を超えるような「天下の公」の観念は想定し難い。

日本の幕藩体制において諸藩は「公」であるが、同時に諸藩の首長の将軍や「公儀」＝幕府に対しては「私」であった。田原は、日本の公の性質は「幕末期までは基本的には『オホヤケ』の段階から変わっていない」（一一六）と主張する。たしかに幕末明治以後の文献のなかには、たとえば「天下公共之理、公道、道理」など、あたかも普遍性を表すような言葉が頻出するようになる。しかし、田原によれば日本の公の性質は近代に入っても基本的に変わらず、逆にそのピラミッド型構造はむしろ硬化していったという。このことを示す好例が、次のような福沢の公概念である。

［幕藩体制における］藩と藩との附合に於ては各自から私するを免《まぬ》かれず。其私や藩外に対しては私なれども、藩内に在ては公と云はざるを得ず。所謂各藩の情実なるものなり。此私の情実は天地の公道を唱て除く可きに非ず（略）然るに東西懸隔、殊域の外国人に対して、其交際に天地の公道を頼《たより》にするとは果して何の心ぞや。迂闊も亦甚し。（『概略』「自国の独立を論ず」、『全集四』二〇四）

この引用文から、田原は「福沢の考えが伝統的な公私関係観の上にたっていることが分る」（一二六）と主張する。福沢は、日本国では天地の公道を否定し、公道は日本国を越えては成り立たないと考えている。また福沢は「其国民の私情を除くの術ある可らず。其私情を除く可きの術あらざれば、我も亦これに接するに私情を以てせざる可らず。即ち是《こ》れ偏頗心と報国心と異名同実」（同）だと述べ、「私情」は「公道」に勝ると断言している。

「瘦我慢の説」（明治二四年作）においても福沢は、「立国は私なり、公に非ざるなり」（『全集六』五五九）とし、「忠君愛国の文字は哲学流に解すれば純乎たる人類の私情なれども、今日までの世界の事情に於ては之を称して美徳」（五六〇）との見解を示している。また彼は「哲学の私情は立国の公道にして、此公道公徳の公認せらるゝは啻《ただ》に一国に於て然るのみならず、其国中に幾多の小区域あるときは、毎区必ず特色の利害に制せられ、外に対するの私を以て内の為《た》めにするの公道と認めざるはなし」（同）と分析する。ここでは国際関係において普遍性や本来性をもつ公道は存在しないと結論づけられている。

「大同」秩序の発想

鄭は公法に対する不信解消を次のような方向に求めていく。「中国は、宜しく外交使節を遣《つかわ》して各国使臣と会同させ、中国律例と万国公法とを合せて種類を区別し、部門を区分すべきである。同じものは、固より彼此に通行しても心配する必要がない。異なるものは、各々の是を行うなら、[あえて]刻むことで互いに縛らない。ただ異同の間に介在するものは、互いに酌量して一つの是を折衷し、既に妥協したものを参訂して書を成しおさめる」(「論公法」六七。また「公法」一七六、三八八―三八九)という方向である。この彼の構想は、清国がイニシアチブをとり締約各国の国際会議を設けた上で、その場で各国は清国の律例と万国公法とを対照し「是」を集約した『書』を編纂するというものである。この『書』は、より普遍的な公法＝「公」法に基づく新しい法典になるはずである。

次の段階として、各国は「遣使往来、迭通聘問」して「大会諸国」を設け、その場で「立約要盟」し、これによって「無詐無虞、永相恪守」(六七)すなわち、いつわることなく、うれえることなく、永く互いに『書』と「立約要盟」をつつしんで守ることを表明する。現代の用語を用いるなら、「大会諸国」とは一種の国際機構・レジームを、「立約要盟」とはある種の国際憲章を指すものだといえるだろう。

公法に背き、強をもって弱を凌いで、口実をつけて戦端を開く国があれば、各国は会同してその罪を声明し、共にその国を討伐する。数ヵ国の師[軍]が一国を征伐するならば、その国はかなわないだろう。もしその国が後悔し、使節を遣わして講和を要請するなら、軍費賠償法によって軽重を審議し、賠償金を議論し、各国は均分して公金に充《あ》てる。なお悔悛せず、屈服しない場合には、その国を滅ぼし、罪を春秋の大義に表して書き残し、別の後継者を択《えら》びその国を存続させる。誠意を以て公を宣布し、時を審議して法を定める。こうすれば、平和な局面が長く続き、戦争の禍もまた少なくなるだろう。(六七―六八。また「公法」一七六―一七七、三八九も参照)

ここでは権力政治と侵略的な武力行使の否定、また「国連軍」の創設とそれによる侵略国の制裁など、集団安全保障体制の確立の発想が表明されている。鄭によれば、これこそが「公」法に基づく新しい国際秩序の構想なのである。

このような構想が実現したとき到来する国際社会を、彼は次のように描いている。

道ある国は、弱小国であっても自立することができる。道なき国は、富強国であっても自雄することができない。地球全世界が家の庭のように通い、世界各国が指、腕のように聯なる。将に、兵器の邪気が溶けて、日月の光となり、遠き蛮狛の人々も皆大きな恵みで潤う。何と麗しいかな！（六八。この文章は「公法」には省かれている）

これは、国家の存在理由は富強より「道」にあり、世界各国が地球家族、一心同体（大同）となる国際社会のビジョンである。『礼記』礼運篇には「大道が行われている時、天下の状態は公である（天下為公）」云々の有名な「大同」の箇所がある。この天下大同の公は〈自他〉の共存、公平への志向を理念としてもつ一つの普遍原理である。鄭はこの理念と原理を受け継いで、大同の国際秩序を構想していたと言える。詳しくは後述するが、兪の国際秩序の構想も大同の理念に基づくものであった。

一方、福沢にも大同の理念がまったくなかったわけではない。『福翁百話』（明治三〇年刊）の「前途の望（四）」には、「人間社会の進歩無窮にして地球の寿命永遠の約束なれば、進歩又《また》進歩、改良又改良の其中には、知徳兼備の聖人を見ること易《やす》きのみならず、群聖輩出、その極度を想像すれば満世界の人皆七十歳の孔子にニウトン［Isaac Newton; 1642-1727］の智識を兼ね、人生の幸福、社会の円満、殆《ほと》んど今人の絵にも画《えが》く可らざるの境遇に達することある可し。即ち是れ黄金世界の時代なり」（『全集六』二一六―二一七）という記述がある。また、同著の「謝恩の一念発起す可きや否や(六八)」には、「宇宙天然の大機関は霊妙不可思議にして、此地球面の万物、上は人類より下は禽獣草木土砂塵埃の微に至るまでも其処を得ざるなし。(略)智徳の発達と共に前途の望は円満にして、黄金世界の時代も期して空しからず」(二一九)と記されている。この「黄金世界」を、一種の大同世界と理解してもよかろう。このように、晩年の福沢は世界の将来を観照しつつ、黄金世界を思い描いた。そこには大同の理念がうかがえる。しかし彼の進歩への楽観に比べて、その将来展望は楽観的ではなかった。

同じく「天道人に可なり(三)」のなかで福沢は、「開闢以来の歴史僅《わず》か五、六千年の今日、人間の智徳の未熟幼稚なること、喩《たと》えば人寿を百年として今正に二、三歳の小児に異ならず。(略)世界の各国群をなして群児と群児との喧嘩これを称して戦争と云ふ。到底児心に免かる可らざる所にして、唯我輩は眼界を遠くして千万年を期し、天道に任じて小児の成長を待つものなり」(二一四)と述べている。彼が天道の概念のもとに想像する未来はあまりにも遠い未来であった。裏を返せば、彼には「近い将来」については決して楽観視できないという認識があった。たとえば、「天道人に可なり」といった表現のわりには、彼の天道に対する見方は実際にはかなり冷ややかである。天道は、彼によれば、「惨酷不仁の極と云ふも過言に非ざる」(二一二)ものである。

甚だしきに至りては、国と名くる党類を結んで公然自他の間を区別し、双方利害を異にして之を争ひ、遂には相互に兇器を執《とっ》て殺戮を逞《たくましゅ》うし(略)種々の兇策を運《めぐ》らし兇行を遂げたる者は、政治家と呼ばれ軍略家と称せられ忠君愛国の名を成して世界に之を怪しむ者なし。是等《これら》の事実を見れば天道は人の悪事を止むるに非ずして却て之を教唆するものゝ如《ごと》し。(二一二)

したがって彼の認識は、「近い将来」に黄金世界が訪れることがありえない以上、現状に即しては天道の仁のような理念を信ずるわけにはいかない、というものとなる。福沢の「醒めた認識」からは、天道を果てしない未来に置き、目下のところは近代主義的かつ状況主義的に行動すべきだというものにならざるをえなかった。

「公会」の構想

東アジアの知識人たちの「大同」秩序の理念や構想とは裏腹に、列強の植民地獲得の競争はますます激しくなり、現実として清国の周辺諸国は次々と植民地化されていった。一八八四年には、ヴェトナムの植民地化を企てるフランスと、清国との間で清仏戦争が勃発した。戦争中、鄭観応は広東海防軍務大臣彭玉麟《ポンユィリン》（一八一六―九〇）の密命を受けて東南アジアを遊歴した（一八八四年六―八月）。香港、サイゴン、シンガポールを経てバンコクに着いた彼は、国王ラーマ五世の弟、利雲王・沙と会見し、タイの朝貢再開とフランス軍への攻撃支援を求めた。これに対して利雲王は、タイには朝貢再開の意志はなく、フランス軍への攻撃を助けたいが、そのためには「訂立条約」が必須だとの意向を示し、その条約締結を逆提案した（『南游日記』九五五）。これに対する鄭の反応は、「貴国は果して能《よ》く幾《かなめ》を知る、我が大臣も必ず能く体諒する」（同）というものであった。つまり、タイは物事のかなめをいち早く察知することのできる国なので、清国の大臣もタイの立場を了解するはずだ、と述べたのである。それは、鄭自身が、かつての朝貢国においてさえ、もはや朝貢体系は機能しなくなっており、今後はそれを条約関係に改編せねばならないと認めていたことを意味する。

タイからシンガポールに向かう船中で、鄭はデンマーク人の船長と地域の安全保障体制に関する議論を交わしている。ヨーロッパの大勢を論ずるなかで、この船長はベルギーやルクセンブルグなどの弱小国が「自存」できる理由として「均勢之心法」と「聯盟之公会」を挙げたという（『南游日記』九六三）。これを聞いたことをきっかけに、鄭は彼独自の「公会」論を構想するようになった（九六三―九六四）。この公会とは、新しい東アジア地域秩序の構想にほかならなかった。

（一）「公会」の枠組み

公会について、鄭は次のように述べている（項目別の整理は筆者による。以下同じ）。

定義：国の大小や等級の尊卑を論ぜず、諸国が盟約を結び、相互に聯合し、そのなかで最も富強かつ要衝の国を盟主に推す。これが「公会の法」である。

国防：［公会の構成国＝同盟国は］それぞれの国力に相応しい軍備を整え、その兵員数によって司令官を一人か数人配分し、そのなかで知勇と徳威を兼ねた一人の総司令官を推して全軍を統率させる。

外交：［同盟国は］公使の一員を選び、盟主国の首都に駐在させる。有事には会議を召集し、合同で選んだ公使の数人を各国に分派して聘問し、併せて［各国の物産の］有無を交易し、よって声気を通す。

紛争の平和的解決：公会の内部国家間の紛争（「会内失和」）は、盟主国が同盟各国に大義を示し調停を行う。公会の外部国家との紛争（「会外失和」）は、友邦に訴えてこれを排除し解決する。

戦争と中立：もし外部とやむを得ぬ戦争を行うことになれば、同盟国は憂患を同じくし、共に助け合う。その際、同盟国は、春秋時代に管仲《クァンチョン》［？－六四五B.C.］が諸侯を糾合し、天下を一国した大義に従う。(32)

鄭は、おそらくヨーロッパ諸国の間で発展しつつあった同盟、講和などの国際協調の制度を参考にして、華夷秩序においても朝貢体系（の制度や理念）を再編することが必要だと考えたのだろう。この公会は、国際統合・同盟による国家間秩序維持を意味しており、そこには、国家間同盟と盟主国の存在を前提とした多国籍軍の創設、共同外交の国際機関の設置、紛争の平和的かつ集団的な解決、戦争の集団的解決（集団安全保障）などの発想が示されていた。

公会の構成国は、自国の主権を大きく譲歩することで同盟・結合し、また紛争や戦争の際には、その解決を公会にゆだねる。公会自体が、一つの国際人格として行動するものであり、その意味で、公会はあたかも連邦のような国家結合である。しかし他方で、公会はあくまで国家間の盟約を前提としている。つまり、構成国はその主権の一部を留保するものの、これを全面的に公会に委譲するわけではない。いいかえれば、公会は、各国の主権を独占するのでなく、むしろ同盟国の主権を保障するための一種の国際機関であった。鄭は、公会を国家結合の形態として国家連合に近いものにすることを想定していた。そこで鄭はドイツ連邦を公会の一例として挙げている[33]。当時の国際法書においては、ドイツは連邦ではなく国家連合に分類されていた。たとえば『万国公法』（一巻二章の二〇―二三節）は、「会盟」＝国家結合を「衆盟之邦 the system of confederated States」＝国家連合と「合成之国 supreme federal government」＝連邦に分けて、ドイツ連邦を前者の例、アメリカ合衆国を後者の例に区分している。ただし実際には当時のドイツ連邦は、すでにドイツ帝国に、すなわち国家連合から連邦へと変わっていた。

すなわち公会は、連邦と国家連合の両形態の特徴を合わせもつ強力な国家結合（あるいはその可能性の高い国際統合）であり、それ自体が一種の国際秩序でもあった。それは、一つの国際人格として行動し、内外部の国家間秩序を維持するものであり、また公会の盟主国は内外部とくに内部の他国に対するヘゲモニーをもっていた。むろんこのヘゲモニーは、他国を干渉し支配するような覇権でなく、あくまで他国を「保護」するための優越的権威と指導力を意味していた。たしかに公会は、華夷秩序における中国と朝貢国間の一種の覇権システムとみなすこともできるが、それは、あくまで当時の列強の覇権システムに対抗するためのもの、いわば反覇権の覇権システムであったといえる。またそれは、相互依存の国際システムとしても、あるいは、一定の地域安定の国際レジームとしても機能することが想定されていたともいえる。[34] これらのことを、公会のもつ意義としてとらえることができる。[35]

(二) 東アジア地域の「公会」

以下は、東アジア地域における公会の構想である。

構成国：我朝〔清国〕は万邦を化育し、八極を控え御する。現在、高麗〔朝鮮〕とタイは風気を日々開き、富強を望むことができる。ネパールとビルマは固陋に安んじているが、なお自ら守ることができる。

公会結成の手順：まず、清国は使臣を構成各国へ派遣し、利害と禍福を説いて各邦を聯合し公会を挙行する。そのさい、〔不平等な〕修交通商条約を結び、すでに他国の侵害を受けてはいるが、政事と人民を今なお自主できる国々は与にする。それができない国家は退く。そして、公法を遵守しながら〔公会を〕整頓し、〔清国は公会の〕代わりをつとめて諸国に普く告げる。〔公会の整頓＝結成のための条約は〕清国と朝鮮との立約〔一八八二年に締結された朝清間の章程、後述〕に准ずる。想うに、礼儀の邦と自ら称する英国、ロシア、ドイツ、米国のような列強は〔公会の結成を〕承認しないはずがない。とすれば、公会は成り立つ。

公会成立の効果：公会が成立すれば、立約と通商はそのまま行われる。ほかの国は、たとえ陰謀をもつにしても、敢えて禍を起こすことはできない。我々〔公会の内部国家〕は公使を設けてこれを撫綏《ぶすい》し〔いたわり安らかにし〕、海軍を訓練して鎮衛し、屏藩〔周辺諸国〕をしっかりと固めて自由に操縦する。

このように、清国を盟主国とし、主権をなお保持している周辺諸国（朝貢国）を構成国とする公会を、鄭は構想していたのである。

清国はヘゲモニーを発揮して、構成国を「保護」し、それによって東アジア地域の安定をはかるとともに、公会という新しい地域秩序を構築し維持するとされる。この公会は、その意味では、いわば覇権安定による国際レジームである。ほかの構成国は、主権の一部を公会に譲渡するが、内治、外交の自主は基本的に保持する。これらの国は、自主保持のために主権の一部を公会（実質的には盟主国の清国）にゆだねるのである。これによって、公会の構成国とくに清国は周辺諸国を「操縦」することができる。この操縦は、構成国を含む周辺諸国に対する、その保護を目的としたいわば「建設的な関与 constructive engagement」であったであろう。しかし清国による操縦が強まった場合は、これが他国への干渉や介入（intervention）へと転ずる可能性も否定はできない。こうした危険もあるにせよ、公会の目的は東アジア地域における集団安全保障体制としての機能を確保することにあったといえる。

(三)「公会」の限界 ── 朝清関係に照らして ──

しかしながら、鄭観応の東アジア地域における公会の構想の実現は困難であった。当時の清国では、その実現を阻む内在的・外在的な難関や難題が山積みであったからである。たとえば、公会を結成しようとする意志や、それを実現しうる力を、清国はもっていたのか。答えは結果論にせよ、否である。それではもし清国が意志や力をもっていたならば、公会の結成は、列強や日本によって承認されたであろうか。その可能性も、それほど大きくはなかったであろう。なぜなら公会の出現は、清国の「東アジアの盟主」としての登場を意味しており、それに伴い列強は東アジアにおける植民地獲得競争からの退場を余儀なくされる。したがって列強にとって、公会は「危険」な構想にほかならない。

それでは清国の周辺諸国は、公会の構想に賛同する可能性があったであろうか。鄭自身は、当然、周辺諸国は公会の構想に賛同してくれるはずであり、列強の承認さえあれば公会は成り立つ、と考えていたに違いない。しかし周辺諸国は、それに賛同するとはかぎらなかった。たとえば鄭は公会の結成条約の一例として一八八三年に締結された朝清間の章程をあげている。しかし実際には、そのなかに朝清宗属関係が明示されていたことが、両国間にさまざまな問題を起こしてしまったのである。この章程の締結のみならず、一八八〇年代の朝清関係の変化に対して、朝鮮の内部勢力は多様かつ複雑な反応を見せた。その一部を考察してみよう。

一八八〇年代に入って、李鴻章は、朝鮮に対し「属国自主」の原則を形式的に堅持しつつ、裏舞台ではその内治、外交に実質的に関与する政策を施行し始めた。李鴻章は近代西欧的な属国支配＝植民地支配の道を拒否し、宗属関係の枠組みを維持しつつその実質を変えていく道すなわち「陰寓操縦之法」を選択した。茂木によれば、それは宗属関係の再編、強化をどうにかして公法秩序に整合させ、朝鮮における清国の既得権と優越的な地位を欧米諸国と日本に認知させようとする苦肉の策であった（茂木敏夫 一九八七を参照）。この政策は一八八二年の朝鮮と米国、英国、ドイツとの間の条約締結まで基本的に維持された。

朝米条約の交渉のさい、それを朝鮮側から委任された李鴻章は条約文案に、朝清宗属関係を明示する条項、いわば「属邦条項」を挿入しようとした。これに対して、条約交渉の任務を帯び、清国に派遣されていた領選使金允植は「属邦条項」の挿入を歓迎したが、米国側はその挿入に反対した[36]。結局、その代わりに朝鮮国王は米国大統領に同趣旨の「照会文」を送ることで、この件に決着をつけた。その直後、一八八二年七月に壬午軍乱が勃発したとき、清国は、軍乱を鎮圧するとともに事後収拾に乗り出し、呉兆有《ウツァオヨウ》（生没未詳）、袁世凱らの軍隊を駐屯させる一方、朝鮮側の要請に応えるかたちで外交や税務の顧問を派遣した。かくして李鴻章の関与政策は、力による介入政策に変質する契機をえる。それがまた朝鮮の開化派を、穏健と急進の両派に分裂させ、対立させる契機となった。清国軍が壬午軍乱の後始末をしている最中、おりしも金玉均は日本視察（第一次訪日）を終えて帰国していた[37]。金玉均らの急進開化派は、清国の後始末とそれに同調する金允植、魚允中らの穏健開化派を批判し、後には清国と穏健開化派に対する反感を強めていく。

穏健開化派の金允植は宗属関係（＝朝貢体系）の堅持を前提として公法秩序に参加し、対清協調の下で改良的な開化をすすめるという政策を選択したが、それは李鴻章の介入政策を裏打ちするものだった。こうして壬午軍乱の収拾後、金允植の開化政策と対外政策は政府の基本路線となった。同じく代表的な穏健開化派の魚允中は、一八八三年に朝清間の三つの章程を締結するに際して、「属邦条項」の挿入を認めて対清宗属関係の強化による朝鮮の安全保障に重点を置いていた。[38] 鄭観応が公会の結成条約のモデルとして取り上げた「朝清間の立約」とはこの章程を指す。

この章程は、近代的な修交通商条約としての側面をもつ一方、他方で、朝清宗属関係の「近代的」改編・強化を意味するものであった。そのなかで朝清間の階層的関係は確認され、一層強化された。それは、国家平等観念に即して言えば、たしかに時代錯誤的な発想であった。しかし近代の国際秩序が現実的には国家不平等や弱小国の植民地化などを容認していたことを鑑みれば、そうした支配構造への対抗措置としての意義をもつものでもあった。宗属関係の強化といっても、朝貢国の「内治、外交は自主」の原則は基本的に堅持された。穏健開化派にとっては、宗属関係の強化こそが朝鮮の自主独立を守るための安全保障の措置だったわけである。

他方、金玉均や朴泳孝らの急進開化派は、宗属関係を廃止して公法秩序に参加し、清国の介入を排除した上で文明開化と富国強兵をすすめようとした。朝鮮政府は、壬午軍乱ののち、特命全権大臣兼修信使、朴泳孝 ── 金玉均（第二次訪日）もこれに同行 ── を派遣したが、そこで彼らは、清国の対朝鮮介入政策に対抗すべく、独自外交を展開した。[39] 彼らは一八八四年一二月に甲申政変を起こしたが、この政変は袁世凱の率いる清国駐留軍の介入によって失敗に終わった。この失敗によって、最も反清的な急進開化派の勢力は除去されたが、のち朝鮮朝廷の内部では清国の介入政策を牽制し「清国からの独立」を目指す動きが止まなかった。翌八五年と八六年に朝廷の一部勢力によって推進された朝露密約事件や八七年の駐米朝鮮公使朴定陽の派遣などは、その例である。

もし、かりに清国側が公会のような構想を当時の朝鮮に提案したとすれば、穏健開化派はその意義を認めて賛同し、急進開化派はその限界に注目して反対しただろうと思われる。[40] また、たとえ公会結成に参加したとしても、朝鮮側は清国側の過剰な介入や干渉には抵抗したであろうし、清国の力が低下すれば、公会に協調するよりはそこから脱退しようとしたであろう。しかしながら総じて、一八八〇年代の状況を考えてみれば、朝清間においてさえ公会のような構想の実現可能性は、おしなべて小さかったと言わざるをえない。

朝清宗属関係の強化が安全保障の装置になるか、否かは、清国の力にかかっていた。穏健開化派の場合は、清国は朝鮮を保護できるだけの力をもつと判断していた。後に日清戦争で清国はもろくも日本に敗れるが、それ以前の段階ではこうした判断も一概に間違いとはいえなかった。一方、急進開化派の場合は、清国の力はさほど強くないので、朝清宗属関係の強化は朝鮮の安全保障どころか自主独立を危険にさらすものと判断していた。この判断も、歴史をふりかえってみれば、決して間違いではなかった、がしかし、一概に正しかったともいえない。事実、甲申政変の際に、急進開化派は清国の力を見下しすぎ、また日本の支援を期待しすぎたのである。

「公会」への対抗論理――朝鮮中立化案――

金玉均は日本亡命中の一八八六年に国王高宗への上疏文（「池運永事件糾弾上疏文」）を書き、それを『朝野新聞』は七月八日付の「雑報覧」に掲載した。そのなかには「清国ノ如キ近年他国ノ為メニ安南・琉球ヲ占領セラルルモ亦一言ノ抵抗ヲ試ムル能ハズ。然ルニ之ニ託スルニ我邦ヲ以テシテ高枕安臥《こうちんあんが》ヲ得ベシト云フハ実ニ笑フ可キノ至リナリ」という清国の力に対する冷ややかな評価があった。ここで彼は朝鮮の対策として「外ニテハ広ク欧米各国ト信義ヲ以テ親交シ、内ニテハ政略ヲ改革シテ愚昧ノ人民ニ教フルニ文明ノ道ヲ以テシ、商業ヲ興起シテ財政ヲ整理シ、亦兵ヲ養フ」と述べている。

しかしながら、この上疏文とは別に、同じ頃、金玉均は李鴻章への書簡（『朝野新聞』七月一三日付の「雑報覧」に公表された）の結論で次のように呼びかけている。

閣下一人の智能が［朝鮮を］終わりまで扶持する力となれば幸いは莫大であろう。しかし貴国の大勢を反思し、試しに一二の前事［ヴェトナム、琉球の事］の経験を挙げるならば、閣下もそれを為す［朝貢国を扶持する］ことはできないのである。然らば則ち、閣下は尊大なる大清国皇帝を天下の盟主として推して欧米各大国に公論を布き、その諸国と連続して朝鮮を中立国とし、万全無危の地を作るべきではなかろうか。（「與李鴻章書」『金玉均全集』一五二）

すなわち金玉均は、清国を盟主とする朝鮮中立化を提案し、それが「朝鮮の幸いであり、また貴国の得策でもある」（同）と論じている。この提案は、清国の力を見下しすぎた過去の判断ミスを自ら反省して出した妥協策だったとも言える。

兪吉濬は一八八五年末に米国から帰国した後、「中立論」を書き上げている。[41]そのなかで彼は、まだ自強がはかれない朝鮮にとっては中立化が「自保之計、保守之策」だとし、その具体策として、「中国を盟主として英国、フランス、日本、ロシアなどのアジアに［利害］関係のある諸国を会同させ、朝鮮もその間に進んで共にその盟款を訂約する。これは、独り我が邦の地［位］のためだけでなく、また中国の利であり、諸国にとっても相保の計である」（『全書Ⅳ』三二七）と述べている。これは金玉均の朝鮮中立化案ときわめて似通った構想であった。

しかし、同じく清国を盟主とする朝鮮中立化案といっても、宗属関係をどうするかについては両者の間に相違があった。金玉均の案はその廃止を前提とし、あくまで条約体系のなかで中立化を実現するものであった。そこには甲申政変以前からの急進開化派の企図が貫かれていた。一方、兪は、「中国の遠人を待遇する道は、古より今まで、大概寛柔に従い、ただ朝貢を収めて冊封しさえすれば、自治せしめる」(三二三)という考えに基づいて、宗属関係を維持したままで実現可能な中立化を構想した。兪は、宗属関係の維持と朝鮮の主権保持——中立の権利を含む——とは別々の事柄だと考えていた。それゆえ彼は、朝鮮中立化は現実的に、「方略の終始はただ中国にあり、我が邦の親しく信ずる所も中国以外にない」のであり、「わが政府がこれ[中立化]を[清国に]懇請することを願う」(三二八)ことが重要であると主張したのである。

兪の宗属関係維持論は、たとえ中立化案に対する見解差があるとしても、穏健開化派のそれと似通っているように見える。しかし両者の間には注目すべき差異があった。兪は伝統的な朝貢体系の、ゆるやかな宗属関係を前提としていたが、穏健開化派はむしろその強化こそを前提としていた。穏健開化派も清国の過度な介入に対しては不安と抵抗を感じていたが、兪はそもそも清国の介入それ自体に反対であった(後述)。もし清国が宗属関係強化を固執するなら、彼も急進開化派のようにそれに抵抗し、さらに宗属関係の廃止論に転じる可能性を残していた。もっとも金玉均も朝鮮中立化を提案するにあたっては宗属関係の廃止を明言していない。清国の指導力なしには朝鮮中立化もありえないというのが当時の現状認識だったとすれば、その廃止を明言するのは賢明ではなかったはずである。金玉均も兪吉濬も、その廃止を内に秘めつつ、当面の目標を朝鮮中立化の実現に置いた点では共通していた。

そもそも朝鮮側の中立化案は、背景に清国の力(支援)に対する不安や不信、また清国の過度な介入政策への抵抗や警戒があり、それを払拭するために提起されたものという側面もあった。宗属関係強化は、安全保障装置として十分に機能しないため、かえって朝鮮の自強や独立を妨げ、しかも朝鮮をめぐる清国と列強との勢力競争を促す可能性があるという判断においては金玉均も兪吉濬も、共通の認識があったように思われる。だからこそ、二人は、その危険性や脅威を防ぐために朝鮮中立化を構想したのであった。その最たる目標は清国と列強の協調的関与による朝鮮の独立にあり、当面の目標は清国の介入政策の阻止に向けられていた。二人にとって、清国の盟主としての地位はあくまで朝鮮中立化の実現までの暫定的なものであった。両人が朝鮮中立化の実現後も宗属関係の維持を容認するとは考えにくい。むしろその最終的な廃止を視野に入れつつ、二人は朝鮮の中立を主張したのである。

かりに朝鮮中立化が実現したとすれば、朝鮮は独立を維持し、清国と列強との間には朝鮮をめぐる紛争や戦争が避けられたであろう。清国は、盟主の地位を失うかもしれないが、少なくとも列強の協調と、朝鮮の支持を得ることになったであろう。さらに東北アジアにおける、朝鮮をめぐる勢力競争との不安定要素が払拭されれば、代わりに関連各国の相互依存的な国際レジームや共同管理システムの基盤が得られただろう。これこそが朝鮮中立化案の究極の目標であった。そこでは朝貢体系はもはや時代遅れのシステムとなり、宗属関係もその存在根拠を失うことになる。この究極の目標に対して、兪らの朝鮮中立化案と、鄭の公会構想との間には共通認識があったといえる。ただし鄭は、朝鮮のような小国がもつ大国主義への警戒感や朝鮮側の宗属関係への反発に鈍感だったと言わざるをえない[42]。

朝鮮中立化案は、東アジアの近代史上、「未発の契機」となった。しかしそれは、公会構想に比べれば、当時の時代的制約を乗りこえる可能性の高い、つまり実現性の大きい構想であった。実際に、日本側や西欧諸国の一部の外交官も、朝鮮中立化案を検討し、その実現を模索していた。たとえば、壬午軍乱を契機に明治政府は朝鮮中立化構想に向けて外交を展開していた。これは日本の国内世論に賛否両論を巻きおこした[43]。こうした日本による朝鮮中立化案への動きは、清仏戦争、甲申政変、英国の巨文島占領事件などの複雑な東北アジアの情勢変動を機に再燃し、朝鮮中立化の実現をめぐる関連各国の協調可能性も一定の程度めばえていた[44]。この間、駐朝鮮ドイツ副領事のブドラー（H. Budler）も、最終的には朝鮮側に拒否されることになるものの[45]、外衙門督弁、金允植に中立化案を提示している。そのなかで当時、清国側は朝鮮中立化に無頓着であった。[46]

「万国平等秩序」の構想

話を兪の論文「邦国の権利」に戻そう。前述したように、彼は、国際社会の現実では「国の大小と強弱によって［弱小国が］形勢に敵《さか》らえないことが生じる」（一〇九）と、諸国家の現実的な「不斉」（＝不平等）を認める。しかしながら「強大国が公道を顧みず、その力を自ら恣《ほしいまま》に」（同）することは、激しく批判されねばならない。そこで彼は、強弱をいかに「斉《ひと》しくする」（＝平均する）か、つまり国家不平等の現実と国家平等の観念との相剋をいかに克服するかという難題に取り組む。

兪は弱小国を「他邦の保護を受ける受護国」と「他邦に貢物を遺贈し（略）攻伐を免れる贈貢国」との二つの類型に分ける（一〇九）。贈貢国とはすなわち朝貢国を指し、一方、受護国とは、強大国に保護される国を意味する。贈貢国も受護国も「内治と外交を自主し、外国の指揮を受けない正当な独立国で主権国」であり、そうでない「半独立国あるいは属国」とは区別される（一〇九－一一〇）。兪は、「たとえ弱小国［受護国や贈貢国］が急迫した境遇に当たり、その内外事務において（略）他国の命令に服従し、権力を許すことがあろうとも、その主権は毀傷《きしょう》を受けない」（一一〇）と主張する。なぜなら受護国は「自保する道のために他邦の保護を受ける」のであって、贈貢国と同じくそのことで「主権と独立権は少しも減損しない」（一〇九）からである。ここで彼は「近世の公法学士」の学説を次のように翻訳し紹介する。[47]

弱小国は、独立を保存する［ため］に、強大国の意旨を顧望し、その蚕食する侵伐を恐懼する［はずである］。恐懼するが故に、有事に、その明言あるいは暗指の命令に服従する。しかしながら（略）そのことによって、強大国が弱小国を統轄する権力が生まれるわけではなく、弱小国は強大国に付属するとの関係が起こるわけでもない。（略）強大国が常に尊重［優位］であり、弱小国が常に卑亜［劣位］ではあっても、弱小国もまた一つの独立主権の政治［社会］である。強大国は、［弱小国の］統轄権を執《と》ることもできないし、弱小国に命令する正例もない。また服従する正例もない、すなわち弱小国は、たとえその独立を保守し防備することができないといっても、事実と慣習によって、強大国に附属しない。（一一〇―一一一）

彼は、「権利は天然の正理だが、形勢は人為の剛力である」ため、「強大国が自分の裕足なる形勢を擅《ほしいまま》に用いて弱小国の適当な正理を侵奪するのは、不義の暴挙で無道の悪習であり、公法の許さざるものである」（一一一）と結論づけている。

（一）　贈貢国と受貢国の関係

兪は、贈貢国と属国（属邦）との差異について、属邦は、「その服事する国［宗主国］の政令制度を一《ひたすら》遵い、内外の諸般事務を自主する権利は全くない」が、しかし贈貢国は、「強大国の侵伐を免れるために、その敵《かな》えられない形勢を自ら考慮し、本心には合わないながらも、約章を遵守し、貢物を贈遺し、その享有する権利の分度により独立主権を獲存する」と説明する（一一二）。そこで贈貢国は、「諸他の独立国の保有する諸権を行使できる、世界中の堂々たる一独立主権国」（同）である。そして贈貢国は、属国と異なって、「他の独立主権国と同等な修好航海および通商諸約を議定し得る」、また「その訂［締］結した約款に憑遵《ひょうじゅん》し［基づいて］、締約諸国に各級使節を派聘し、交戦および決和を宣告する権利がある」（同）。これらは、贈貢国と属国の差異を、当時の国際法に照らして解釈したものである。[48] 贈貢国＝朝貢国は、属国＝植民地とは異なる、つまり朝貢体系において、朝貢国は内治と外交を自主する「堂々たる一独立主権国」である。

『清韓論』によれば、属国とは“vassal or dependent states”すなわち家臣国家や属領地を指す。そのなかに、近代以来の植民地が含まれるだろう。デニーは、朝清宗属関係と朝鮮の条約関係とを対比しながら、朝鮮は朝貢国であっても、属国とは違う主権独立国であることを緻密に論証しつつ（*China and Korea*, pp.289-306）、次のように述べている。

> To those who are versed in international affairs Korea cannot be considered a dependent state, for the reason that the law and the facts have placed her in the column of sovereign and independent states, where she will remain, unless, through the force of superior numbers, she is taken out of it. Korea has the right of negotiation,—a vassal state has not; Korea has concluded treaties of friendship, commerce and navigation with other sovereign and independent states, without reference to China, which a vassal state cannot do; and in virtue of those treaties has dispatched public Ministers to the courts of her respective treaty powers, while vassal states cannot even appoint Consuls-General but only Consuls and commercial agents. Korea has the right to declare war or peace, which a vassal cannot do except through its suzerain.（p.306）

おそらく兪は、このくだりを参照しながら、先の引用文を書いたのだろう。ただ両文章の間には若干の相違がある。まず、彼は朝鮮（Korea）の代わりに「贈貢国 a vassal state」の語を用いている。これは清国の反感を買わないための配慮だったのだろう。次に、彼はデニーの原文にはない言葉を挿入している。それは、朝貢（宗属）関係についての彼自身の考えを示すものである。以下ではその部分について考察してみたい。

先の引用文によれば、兪にとっての朝貢関係とは、贈貢国が「強大国の侵伐を免れ」「独立主権を獲存する」ために結ぶものである。つまり、彼は、朝貢関係が安全保障体制として機能することを認めている。しかし、その一方で「約章を遵守し、貢物を贈遺」すること、すなわち朝貢関係を維持することは――贈貢国の、あるいは自分の――「本心には合わない」と告白する。朝貢関係に対して、彼が一面では容認し、他面では容認したくない、むしろ形勢が変われば打破したいという、アンビバレントな感情を抱いていたことがここから読みとれる。

兪は、贈貢国と受貢国との関係について、「弱国は、不幸な事情で強国に贈貢するような関係の一つをもつ。すなわち、両国間の交渉の礼度と法例を定めて、強国は受貢する権利を保有し、公法の承認によってその基礎を確立し、他邦の挿理〔介入〕と干渉を容れないのである」（一一四）と説明する。そこで「不幸な事情で」との記述も、上で述べた「本心には合わない」と同様、兪が、朝貢関係を容認したくないという感情を示しているように思われる。

しかし朝貢関係は、贈貢国と受貢国との合意（＝礼度と法例）で結んだ約章による一種の条約または契約関係である。そこにほかの国の介入や干渉が許されないのは当然だが、しかし、同じく両当事国もまた相互の不介入、不干渉の原則を守らなければならない。「そもそも約章への違背は、信義を損毀することであり、公法の取らない〔許さない〕ところである」（同）からである。したがって、贈貢国は、受貢国と協議して朝貢廃止の条約を結ばない限り、「廃貢」することができない。しかしながら受貢国も、「贈貢国が旧来の約旨を謹守し、修貢するという信義を棄てていない時には、その他の権利を侵奪することができない」（同）という。これは、いいかえれば、受貢国＝清国も、贈貢国＝朝鮮との（伝統的な）朝貢関係における「内治と外交は自主」の原則を守るべきだとの主張にほかならない。これこそが兪の主張の骨子であった。

それでは、「受貢国が約章の明訂した大旨に背棄し、その強大なる形勢を恣に」（一一五）した時は、贈貢国はどのように対処するか。この問いに対しては、「国権」と「邦国の権利」との二つの論文において、ややニュアンスが異なる答えが提示されている。前者では「宜しく貢ぎを絶ち、抗辞し、もってその無道の習を論ずる」（『全書Ⅳ』四〇）と朝貢関係の即時廃止が訴えられている。一方、後者では「ある時はその指揮に強いて従い、自保の計をはかる」（一一五）と記されている。ここで「自保の計」とは、慎重な言葉遣いではあるが、中立策ひいては朝貢関係の廃止を含意するものといえる。

（二）「両截躰制」とその批判

贈貢国の「内治と外交は自主」である。したがって、現に「受貢国と同等の約を結んだ諸国は、贈貢国とも平均の礼数を行って同等の約を結ぶ」（一一五）とされる。ここでは、「諸大国は、受貢国とも同等約を結び、贈貢国とも同等約を結んでいる。すなわち、受貢国の同等約国は贈貢国の同等約国であり、贈貢国の同等約国は受貢国の同等約国である」（一一六）という国家平等の論理が主張されている。

受貢国が、「贈貢国に命令し、諸国との同等約を辞却させること」や、また諸国に請願し「贈貢国との同等約を消抹すること」、さらに「已《すで》に派遣した使節を遁回《ていかい》し、已に開いた港を閉鎖し、万国の間に傲然《ごうぜん》と独処すること」などは、すべて「不可」である（一一六―一一七）。しかし現実的には、受貢国＝清国は、「諸国に向かっては同等の礼度を行い、贈貢国［＝朝鮮］に対しては独尊の躰貌を擅に」（一一七）している。「贈貢国の躰制は受貢国と諸他国に対して前後両截《りょうせつ》であり、受貢国の躰制も贈貢国と諸他国に対してまた両截である」（同）という文章で、兪はこの事態を「両截躰制」（同）、すなわち一種のダブル・スタンダード（二重基準）だと主張する。またこれは、当時の、清国の対朝鮮介入により変質した朝貢体系と、条約体制との矛盾的な二重体制をも意味する。

こうした二重基準に基づいて、「虚名を尚《とうと》び、実理を棄《す》てる」（一一六）受貢国、つまり、両截躰制のもとに安住している清国と、この両截躰制のもとに侮られている朝鮮との関係があるのである。そこで彼は公法の理念に基づいて、「強国の妄尊には公法の譏刺《きし》〔非難〕が自在し、弱国の受侮には公法の保護が是存《ぜそん》する。（略）強者の恣に行う驕習《きょうしゅう》を助成するためには公法の一条も設けない」（一一七）と主張する。また同時に、兪は儒教的な礼の概念に基づいて、「強国の君も君である。弱国の君も君である。（略）受貢国の君主が贈貢国の君主に同等な礼を許さねば（略）万国の品例に合わない」（一一七－一一八）と論じている。これは、当時の変質した朝清朝貢関係とそれに関わる両截躰制への批判であり、変質した朝貢関係を、伝統的な朝貢関係に戻すか、さもなければ、それ自体を廃止すべきだ、との主張を含意しているのである。のち日清戦争が勃発すると、兪は軍国機務処の議員として改革を主導することになる。その議案のなかに「清国との条約を改正し、また特命全権大使を列国に派遣する事」（第二号）が含まれていた。

（三）　植民地主義への批判

もっとも、兪はその一方で属国＝植民地の存在を認めていた。その理由は属国の無主権性を強調することで、これに対比する形で贈貢国の主権独立性を論証できるからである。しかしこのことは彼が属国の存在を当為（Sollen）として認めたことを意味していない。彼は、「公法に通暢《つうちょう》する学士曰く、属国は現世に合わない名称であると。この意は、一国の躰制を立てたものが弱小であっても、〔他国に〕強大なる形勢をもって統合する権利はないことを指す」（一一三）と述べている。これを書いた際に、彼は *China and Korea* の次の文を参照したと考えられる。

〔J. K. Bluntschli says:〕“...Today they 〔vassal states〕 have nearly all disappeared because they have been transformed into sovereign states or have been absorbed by more powerful states. ...” (p.307)

二つの文章を対照して見ると、彼はこの文章を自分流に翻案したことが分かる。ブルンチュリーによれば、“vassal states”は主権国に変容したか、強大国に合併されたので、現在にはほとんど存在しなくなったということだが、兪はこれを「属国は現世に合わない名称である」と訳したうえ、さらに自分流の解釈である属国の「不当論、不法論」を加筆したのである。彼はこの翻案で、植民地主義を批判し、さらに朝鮮が清国の「属国」と呼ばれることも「不当、不法」だと論じたように思われる。

引き続き兪は、「たとえ弱国が強国の悖戻《はいれい》なる［道理に背く］恐嚇や、暴礪《ぼうれい》［暴虐］なる逼勅《ひっちょく》［脅迫］により自保する道として属国の躰制を一時的に認めたとしても、これによって、その完久な権利を失うことはない。威逼の下での承認は無効であり、その承認は合法な挙措とはならない。それゆえ百度の承認（略）も、一条の公法で抹消される」（一一三）と述べている。当時の条約によれば、条約強制は無効であると、兪は――当為論的に――理解しているのである。[49] ここで条約強制とは、強国が弱国を、つまり国家を強制して条約を結ぶことを意味する。兪は、強制を行う手段の如何や、国家機関か国家代表者（個人）かを問わず、いかなる強制であれ、すべての条約強制は無効だと考えた。それはまた、デニーの議論をはじめ、当時の国際法学説上ですでに成立していた考えでもあった。[50]

兪は、「公法は天下に行われて各国ともに与《あずか》る権利を維持する。真正な公道は大小の分と強弱の弁によって異同を立てない」（一一三）、「邦国の権利は、威逼と私断では、遷動することができないものである」（一一四）と主張する。また彼は「属国の関係にあっても（略）上国がその下国の自由の権利を侵奪し、残忍な施措と苛虐な待遇を恣に行う」ことは「天下の公道がこれを許さない」（一一五）とも主張している。これらの主張は、とうぜん、属国主義＝植民地主義に対する批判を含意する。天下の公道とは公天下の道義を指す。彼にとっては、国際法は国際正義の法であり、それこそが「公」法なのである。

兪は、近代の国家平等観念を伝統の「万国平分観念」に照らして理解した。それは天賦自然権と天理自然権の両観念を交配し、自然法的主権平等論を打ちたてることでもあった。彼はまた変質した朝貢関係、また植民地主義を批判した。彼の考えからすれば、朝貢関係も最終的には廃止すべきものであり、条約強制も植民地も否定すべきものであった。彼にとっては、国家の大小や強弱による支配－服従関係や名目だけの国家平等などは、あってはならないものであった。彼の伝統と近代との調和による国際秩序構想は、十九世紀後半の欧米国際秩序の現実と大きく異なるものであり、それは、当時の国際秩序のもつ負の側面を克服しようとした新しい秩序であった。それを本書では「万国平等秩序」の構想と命名したい。

今世界の広大なることを挙げて一郷里に比すれば、各々一隅に占拠する諸国は同里に墻籬《かきまがき》を相接する諸家と同じものである。この隣の景況は友睦なる信義を結び、資益なる便利を通して人世の光景を助成する。（一〇八）

大同の理念である。この理念が、彼の構想に投影されていたのである。この引用文の続きは「物の不斉なる故に諸人の強弱と貧富には必然的に差異がある。しかしながら各々の一家の門戸を立てて平均なる地位を保守するのは国法の公道により人の権利を護るからである。邦国の交際もまた公法で操制し、天地の無偏なる正理で一視する道を行う。すなわち大国も一国であり、小国も一国である。国の上に国は更になく、また国の下に国はない。一国の国たる権利は彼此の同然なる地位で、分毫の差殊も生じない」（同、一部は既に引用したことがある）というものである。これも一種の大同の理念だといえる。[51]

註

（1）　華夷秩序の枠組み、理念と秩序原理を通念や通説に囚われずに明らかにした研究としては、茂木敏夫 一九九七、二〇〇〇、金

鳳珍 一九九四年一〇月、一九九五、一九九七年一二月とKim Bongjin (August 2002) などがある。茂木は中華世界の「近代」的再編、筆者は中華世界秩序、朝鮮型と日本型華夷秩序の「近代的」改編を中心に考察している。とくに筆者は三国それぞれの華夷秩序のもつ枠組み、理念と秩序原理の異同に注目し、その比較考察を試みている。また日本型華夷秩序については荒野泰典 一九八八やロナルド・トビ著、速水融他訳 一九九〇などを参照。

なお、中国の中華世界秩序についてはすでに膨大な文献が蓄積されているが、近年、その実像を捉えようとした新しい研究動向が生まれている。なかでもその貿易・交易システムを新しい視点や視座で分析するものが目立つ。これらは華夷秩序に対する通念(停滞、「鎖国」といったイメージ)を打破し、そのダイナミックスを把握するに役立つものである。代表的な日本語著作としては、浜下武志 一九九〇、一九九七、一九九九、浜下武志・川勝平太編 一九九一、平野健一郎編 一九九四、杉原薫 一九九六、浜下武志他編 一九九七~一九九八、岸本美緒 一九九八、八百啓介 一九九八、古田和子 二〇〇〇などがある(そのほか、関連研究は古田和子 二〇〇〇の引用文献を参照せよ)。

(2) 動的平衡系と動的非平衡系については河本英夫 一九九五のⅠとⅡを参照。複雑系については、出版されている参考文献がかなりの数にのぼる。ここではJ・グリック著、大貫昌子訳 一九九二、G・ニコリス、I・プリゴジン著、安孫子誠也・北原和夫訳 一九九三、L・ロージャ著、福田素子訳 一九九三、金子邦彦・津田一郎 一九九六、金子邦彦・池上高志 一九九八、スチュアート・A・カウフマン著、米沢富美子訳 一九九九などを挙げておこう。なお、複雑系の論理をほかの学問分野に適用した研究には広瀬和子 一九九八、濱口恵俊編著 一九九八bなどがある。それを明治維新の研究に適用した論文としては、三谷博 二〇〇〇年六月がある。

(3) 「公法」は『易言』二十編本にも『盛』にもある。両著作の同名論文を引用する際には、前者と後者の頁を併記する。

(4) 佐藤慎一 一九八三年一〇月、九九。

(5) 『易経』繋辞伝下には「窮まれば則ち変じ、変ずれば則ち通ず。通ずれば則ち久しい」とある。この運会説を根拠とし「変、変局」に対応するといった発想は、当時、清国の官僚・知識人に広く流布されていた。その例証については、王爾敏 一九八二所収の「近代中国知識分子応変之自覚」を参照せよ。

(6) 佐藤慎一 一九八三年一〇月、九五。ただし後の『盛世危言』では冒頭論文が「道器」に取って代わられる。それは、彼の公法にたいする不信が増していったことを示すものであろう。

(7) おそらく「数千年」というタイムスパンではなかったであろうが、変局ないし大変というのは福沢にも兪にも共通認識だったはずである。鄭をはじめとする清国の官僚・知識人には、中国人の伝統として誇張された表現を好む傾向がある。変局・大変とは、清朝にとってはただちに王朝変更を連想させるような忌むべき言葉だが、これをあえて用いることで、彼らは警鐘を鳴らそうとしたのである。彼らは当時起きつつある深刻な変化に、一般の中国人はあまりに鈍感だと感じていた。そこで清国の当時の状況は、彼らにとってそうした表現こそがまさに適したものであるように思われたに違いない。彼らは、現状打開を試みるために、あえて大げさな意味づけを行い、その典拠を自国の伝統思想に求めたのである。これは、洋務や変法の根拠を中国の歴史、伝統思想に求める「附会」の方式にも通底する。鄭らの肩には中国の悠久な歴史伝統や文明の重さがのしかかっていた。そこから比較的に自由だった福沢と兪は、当時の状況変化をそのまま認識しうる有利な立場にあったともいえる。

（8）これこそが、福沢の「近代人、近代主義者」としての相貌を強力に示すことになったといえるかもしれない。というのは、マッキンタイアの指摘によるならば、前述したように、「一貫性の欠如、不整合」それ自体は近代の啓蒙主義ないし情緒主義の道徳哲学や哲学理論に目立つ特徴であった（マッキンタイア著、篠崎栄訳 一九九九、とくに四―六章）。啓蒙主義や情緒主義は、道徳を理性に、情念に基礎づけながら、道徳そのものを合理的に立証しようとする。だが、マッキンタイアは、そうした「企ては決定的に失敗した」のだとし、「これ以後、私たちに先行する文化の道徳 ── 後には私たち自身の文化の道徳もだが ── は、公共的で共有された合理的根拠（rationale）あるいは正当化を一切欠くことになった」（六二）と主張する。ではなぜ、この失敗の意義は、それが起こった時代には認識されなかったのか、いや、そもそもなぜ啓蒙主義の企ては失敗せざるをえなかったのか。この自問に、彼は答えていく。次の一節を吟味してもらいたい。「十八世紀の道徳哲学者たちが取り組んだものは、もともと不成功が避けられなかった企てである。（略）彼らは、思考と行動に関するかつては首尾一貫していた［coherent］枠組みから、一貫性を欠いたその諸断片を継承したのである。しかも、自分自身の特殊な歴史的・文化的状況を認知しなかったために、自らに課した仕事の、不可解でドン・キホーテ的な性格を認知できなかったのだ」（六九）。

（9）丸山眞男 一九八六の下、二七五―二七六。

（10）同右、二三三。

（11）近代の中国と朝鮮における知識人の公法観や万国公法の翻訳事情についてはそれぞれ佐藤慎一 一九九六の一章と金容九 一九九七の三・四章を参照。また近代の中国と日本における公法受容についてはそれぞれ田涛 二〇〇一と尾佐竹猛 一九二六、一又正雄 一九七三などを参照。なお、近代朝鮮の公法受容と開化派の公法観に関する研究論文としては金鳳珍 一九九三年一〇月、一九九四年三月、二〇〇一年九月がある。

（12）佐藤は、「当時の中国人の目からすれば、春秋時代はその理想的秩序が弛緩し、社会が混乱の度を深めていた時代であり、そうであるからこそ、孔子は儒家教団を起こして周の理想的秩序への復古を唱えていたのである。戦国時代に至っては、理想的秩序が完全に崩壊し、力の支配が横行するとともに、儒教に対立する諸子百家の邪説が蔓延した、秩序というよりは無秩序の時代にほかならない」（佐藤慎一 一九九六、七六）と述べる。この時代の少なからざる中国人は、西洋国際社会と春秋戦国時代の中国社会とを重ねて理解し、後者に対するイメージを前者に投影して、西洋国際社会は力の支配の横行する場であるとみなしていた。またこの時代の少なからざる朝鮮人もこれと似た理解をもっていた。一八七六年に訪日した第一次修信使金綺秀《キムキス》（一八三二―？）の『日東記游』には次のような記録がある。

いわゆる万国公法とは、諸国が盟約を結んだりした［中国の戦国時代の］六国の連衡之法のようなものである。一国が困難に陥れば万国はこれを助け、一国が誤りを犯せば万国はこれを攻めることによって、［諸国が］愛憎に偏らず、攻撃に偏らないようにする。これは西洋人の法だが、［万国がこれを］規律として奉じ行い、敢えて失おうとしない。（巻三「政法」、国史編纂委員会編 一九五八、七〇）

こうした理解には、万国公法は、あくまで「無秩序時代」の規範にほかならず、したがって華夷秩序の「礼法」に比べて劣るものだとの評価が含まれている。

（13）『万国公法』は米国人宣教師のマーティン（William Martin; 1827-1916）がホイートン（Henry Wheaton; 1785-1848）の著作である *Elements of International Law* を漢文訳して一八六四年に刊行した書物である。この書物が公刊された翌六五年、マーティンは同文館の英文教習に任命された。そして彼は、万国公法の教育に精力を注いだ。佐藤によれば、七年次に配当された万国公法の授業は彼の担当であり、さらに学生を督励して万国公法関連の書物を翻訳させ、自らが監修者となった（佐藤慎一 一九九六、七〇）。そのなかには『公法便覧』（一八七七年刊）、『公法会通』（一八八〇年刊）などが含まれていた。また一八八四年に『中国古世公法論略』も刊行されたが、これは、万国公法とみなし得る規範が春秋戦国時代において諸国家間の関係を律していたことを論証しようとする書物であった。

（14）『万国公法』の「凡例」には、万国公法は「一国が私することができない」と記されている。これは同じく『公法便覧』の「凡例」にもあり、そのなかには、さらに「法は各国が必ず遵うところにある」、「公法は理と義を以て準縄となす」という言葉もある。

（15）朱子学の考えによれば、性は「本然の性」と「気質の性」との二つに区別される。ここで性法とは、もし前者に重きをおくなら自然法を意味するであろう。しかし逆に後者に重きをおくなら、性法は必ずしも自然法を意味しないことになる。だが鄭を含む中国人の多くは、性法を前者に基づく法とみなしていたと判断することが妥当であろう。

（16）石本泰雄「国際法の構造転換」高野雄一編 一九八八、一一。

（17）『西洋事情』外編の三巻は、チェンバーズの『経済読本』（*Chambers's Educational Course*, London and Edinburgh: William and Robert Chambers, 初版 一八三五年）の一冊 *Political Economy: for use in schools, and for private instruction* の前半の翻訳である。ちなみに、この『西洋事情』をはじめ、『学問のすすめ』『概略』などは多様な洋書からの翻訳部分が多い。これら福沢の著作における洋書の影響については、伊藤正雄 一九六九や藤原昭夫 一九九三などを参照。

（18）こうした公法理解は福沢に限らない。日本における国際法の受容の過程とりわけ初期過程では、「天理」ないし「公道」が公法の理解の媒介になった。これについては巻末に紹介した吉野作造、尾佐竹猛の研究を参照せよ。

（19）この論文と、漢文で書かれた「国権」（『全書Ⅳ』所収）とはほぼ同じ内容である。ただし内容に差があるとすれば、それは後述するように「両截躰制」論が前者にだけある点である。本書では「邦国の権利」を考察の対象にし、その著作年度と著作背景を明らかにしておこう。「邦国の権利」の一部文章は、鄭容和 一九九八も述べるように、デニー（O. N. Denny; 1838-1900）の『清韓論』（*China and Korea*, 一八八八年二月刊）のそれとほぼ一致する。とすれば、その著作年度は、一八八八年二月から『西遊見聞』を脱稿した一八八九年の晩春（「西遊見聞序」）までの間ということになる。ただし兪が、刊行前の『清韓論』の原稿を入手していた可能性もある。その場合には、著作年度は一八八八年二月以前に遡る。その著作背景を探ってみよう。

デニーは、李鴻章の推薦で、統署の外衙門の顧問として一八八六年三月に赴任した。彼の前任者は、やはり李鴻章の推薦で、壬午軍乱後の一八八二年一二月に朝鮮に赴任して外衙門協弁事務兼総税務司を務めたメルレンドルフ（P. G. von Möllendorff; 1847-1901）であった。メルレンドルフは甲申政変までは急進開化派と対立するなど親清的だったが、政変の失敗後、朝鮮朝廷に広まった反清感情に同調し、朝廷の一部勢力が推進したロシアとの密約（一八八五年春〜夏、第一次朝露密約事件）に加担した。この事件が発覚されるや、李鴻章は朝鮮政府に圧力をかけてメルレンドルフを解任し、代わりに上海駐在米総領事だったデニーを招聘し朝鮮に派遣した。また李鴻章は朝鮮朝廷の反清勢力と目された閔妃や閔氏勢力を牽制するため、一八八五年九月、大院君——壬午軍乱のときに政権を握ったが、軍乱を鎮圧した清国軍に拉致され、天津の保定府に幽閉されていた——の帰国措置を取った。さらに李鴻章は、同年一一月に袁世凱に駐箚朝鮮総理交渉通商事宜との職位を与えて再派遣し、朝鮮の内治、外交を監督させた。

赴任直後、デニーはロシア公使ウェーベル（Karl I. de Weber、前年の秋に着任）と朝廷との密約交渉（一八八五年冬〜一八八六年夏、第二次朝露密約事件）や、これを牽制しようとした袁世凱の高宗廃位陰謀（一八八六年夏）などを見聞した。翌八七年の秋に朝鮮政府は朴定陽《バクチョンヤン》（一八四一—一九〇四）を駐米公使、趙臣煕《チョシンヒ》（生没不明）を欧州五ヵ国全権大臣として派遣した。この派遣はデニーの勧告を受ける形で行われた。袁世凱がこの派遣を妨害したため、趙臣煕は赴任もせずに香港から帰国し、朴定陽だけが、清国の提起した「另約《ていやく》三端」（赴任後、駐米清国公使の指導に従うという三つの約束）の条件つきで赴任することとなった。着任後の朴定陽公使は条件を守らなかったため、袁世凱と清国側は、それを口実として朝鮮政府に圧力をかけ、公使一行を帰国（一八八九年春）させてしまった。この朴定陽事件を契機にデニーは『清韓論』を著し、清国側が宗属関係を利用して朝鮮の自主外交を妨害するのは国際法やその学説上不当だと説いたのである。この著作が書き上げられた時期は、おそらく朴定陽公使が派遣された一八八七年の秋から、著作が出版された一八八八年二月までの間のことであろう。この当時、兪は、軟禁中だったが、英語に通じていたこともあり、密かに外交事務に携わっていた。実は、一八八七年まで彼を自宅に軟禁した韓圭卨《ハンキュソル》（?—一九三〇）は、彼の庇護者であり、またデニーやウェーベルと親しく交友していた人物だったのである（Moellendorff 1930, S.86）。したがって、兪は韓圭卨を通じてデニーの『清韓論』の原稿を入手し、その出版の前にそれを参照しつつ「邦国の権利」を完了していたという可能性がある。

以下、「邦国の権利」を引用する際には引用文が『清韓論』の原文を抜粋、翻訳したものと判断される際には、原文を注に記しておく。『清韓論』の原文は *China and Korea*（国史編纂委員会編 一九八一、二八三―三三七）を用いる。なお、デニーの手紙をはじめ、彼の朝鮮関連論説や *China and Korea* などの資料集としては Swartout ed. (1984) があるが、この編者自身も Swartout (1980) というデニー研究書を出している。

(20) このくだりは、『学問のすすめ』の冒頭文章の「天は人の上に人を造らず人の下に人を造らず」から影響された可能性がある。ただ、この文章には人間平等観念のみが表れているが、兪吉濬はそれを国際関係にまで適用して諸国家の平等を説いたのである。

(21) この引用文は *China and Korea* の pp.285-286にあたる。

(22) これと関連していえば、鄭や兪の場合には身分の固定を肯定するような言説がほぼ見当たらない。こうした事象の差は、三国の伝統社会構造の相違と関係があると思われる。つまり三国は、通説的な感覚では、同じく士農工商の身分社会だったが、日本の場合は身分移動のほぼ不可能な社会だったのに対して、中国と朝鮮の場合は、現実的な制約は存在したとはいえ、身分＝階層移動が原理的に可能な社会だった。

(23) さて、ここで鄭は「均勢の法」と「互相保護の法」を性法として分類している。これは、欧米国際法にはもちろん漢文訳の公法書物にもない、彼自身の独特の分類である。『万国公法』一巻一章によれば、性法または理法とは「人々の往来の道が諸国の交際の規律になった」（五節）、いわば天理自然の公法を指す。それは、「情理の当然を越えない公法」と「理に服せざるを得ない自然の法」との二つに分類されるが、両者ともに「不偏不倚の性法」である（九節）。

そもそも「均勢の法」とは「勢力均衡 balance of power」を指す。それは、多様な意味をもつものの国際法の一種、まして自然法としては認められない、むしろ現実国際政治の場での政治術・政策とみなされる。それを、鄭は性法と理解したのである。誤解ともいえようが、しかしそうした誤解にはそれなりの理由があるように思われる。というのは、『万国公法』一巻一章十節のなかには――原文にはない――「所謂均勢の法は、すなわち強国が勢に恃《たの》み、互に凌がないように［勢を］均平させる、そのことによって弱国は安んずることができる、実に太平の要術である」との書き添えがある。おそらくこれは訳者マーティンの自らの注釈であろう、この注釈こそが「均勢の法＝均平（公）の法、不偏不倚の性法」との誤解を生み出したのではなかろうか。そこには、「均勢の法」が自然法的な公法として機能することを期待する心理が働いていたかもしれない。

一方、「互相保護の法」とは、当時の欧米国際法の考え方に即して言うならば、性法はおろか法でもない、力関係による支配―服従の原理を指すのだろう。それを性法と理解する、鄭にとっては、その含意が異なっていたはずである。というのも、同じく『万国公法』一巻一章十節をみれば、均勢の法を解説する際に「互相公議盟約、共議和約」といった言葉を用い、それらの盟約、和約によって、ヨーロッパ諸国は「平行自主の国」を認め、弱小国の主権を維持（＝保護）するのだと記している。こうした解説は、ヨーロッパ諸国の公法のなかには「互相保護の法」のような原理が含まれているとの認識を、鄭をはじめ当時の中国人に生成させたのではなかろうか。さらにいえば、そこには、中華世界秩序の一原理たる「交隣の道」すなわち「事大字小」の原理や、朝貢体制の安全保障原則などの観念が混在していたかもしれない。

(24) そして、自ら万国の一つとみなすとの鄭の主張は、中国も「公法内の国」として「公法の利益を共に享」することを意味する。またそこには当時の中国人のもつ華夷観念を打破しようとする意図も含まれていた。

我が中国は自ら地球の中心に居ると謂い、ほかの国々を夷狄と見なし、これまで境域を自守し、遠い先を図ることにつとめなかった。通商以来、各国は富強に恃み、声勢を相聯《あいつら》ね、外は修和を託するが内は覬覦《きゆ》［限度を越えた望むこと］をもつ。ゆえに中国を公法に列せずして外に追い出す意を示す。しかし中国もまた自ら万国の一とし公法に入り列するのを潔《いさぎよ》しとせず、一尊に定まる［との意］を示す。まさに孤立無援、独り損害を受けるのみ。ひるがえって計を変えなければならない。（「論公法」六七）

つまり、中国は「万国の一」として欧米国際秩序に参入し、公法の権利を享受すべきだということである。それを、華夷観念のような自尊意識は妨げているのだ。当然のこととして、彼にとって偏狭な中華意識は打倒の対象であった。彼は、「それ地球は円体で、すでに東も西もないのに、どうして中心と周辺があろう」（同）と記している。

(25)『万国公法』一巻一章によれば、性法または理法とは「人々の往来の道が諸国の交際の規律になった」（五節）一公法であり、それは「情理の当然を越えない公法」と「理に服せざるを得ない自然の法」との二つに分類される（九節）。この説明を土台として、一巻二章以下には、国家主権の平等と独立が論じられている。

(26)『易言』の「論公法」では、まだ、鄭の公法不信は表明されていなかった。もっとも不平等条約の改正論にあたる「論税務」、「論阿片」、「論商務」などの論文はすでにあった。ただし、ここにみる彼の条約改正論は、単なる条約の改正論ではなく、実は公法の改定論ともいうべき論理を含んでいた。彼にとっては、公法はなお不十分なものであり、したがってそれは、真の公法いわば「公」法に改定されねばならなかった。

(27) 兪は公法不信をほぼ表明していないが、それは彼が公法への不信感をもっていないことを意味してはいなかった。彼は「公」法を説き、新しい国際秩序の構想を打ちたてた。それこそが彼の公法不信を示す証拠である。彼はまずは公法信用論を説き、朝鮮を国際社会に参列させねばならないと考えていたであろう。また彼は条約改正をほぼ論じていない。彼もそれを考えていたはずだが、その論を展開しうる〈時空間の余裕〉をもたなかったのであろう。思うに朝鮮の近代は、世界で最も短すぎた近代であり、しかも窮屈な閉塞状況の中で展開した近代であった。

(28) それは、明治～昭和年代の哲学者の論理、たとえば西田幾多郎（一八七〇－一九四五）の〈場所の論理〉ないし〈無の論理〉や田辺元（一八八五－一九六二）の〈種の論理〉などを連想させる。また和辻哲郎（一八八九－一九六〇）は、個人の関係性とともに主体の共同性を強調し、これによって個人・主体（＝「全体性の否定」）を否定して全体性を実現する道を打ちたてようとした。この和辻倫理学を日本伝統の公私観念に照らして分析考察した拙論として、Kim Bongjin September, 2003 を挙げておく。

(29) ここで近代国際法はもっぱら「強者の法」だったのかという問題について注意を喚起したい。近代国際法＝「強者の法」とは、長い間、国際法学説上にも通用してきた説であり、あたかも通説として扱われてきた。しかも、それは近代における帝国主義や植民地支配を正当化・合理化する役割を果たしてきた。しかし、近代国際法は「国際正義の法」の側面をもっていた。

(30) 朝鮮の公（と私）概念とその変容については、本格的な研究が現在なお存在していない。そのためさしあたり中国を対象とした同じ溝口の論文にしたがって、朝鮮のケースも類推してもらいたい。

(31) 清末民国期における公概念の変容については同二八－三九、六七－八六を参照。ただし、天下の公や天下主義は、清末民国期の大変動を経る過程のなかで変質を余儀なくされたり、また形骸化してしまったりした面がある。東アジアにおける「天下の公や天下主義」観念の喪失の主因は、「外」の国家主権や帝国主義の圧力による民族主義の高揚にあったが、それ以来、「真正な」公共性観念はいまだ生成、もしくは回復できずにいる。

(32) 「一匡」とは一つの正しい規律に帰一させること。『論語』に「子曰く、管仲、桓公に相として諸侯に覇たらしめ、天下を一匡する」（憲問）とある。

(33) 一八六六年の普墺戦争の結果、プロシアは翌六七年に、マイン川以北の二二の領邦とともに北ドイツ連邦を組織しその盟主となった。後に一八七一年の普佛戦争の勝利によってドイツ帝国が成立した。同年制定された憲法の規定によると、ドイツ帝国は二二の君主国、三つの自由市、二つの帝国領（アルザスとロレーヌ地方）からなる連邦国家で、連邦内の各邦がそれぞれの政府と議会をもち、そのうえにプロシア王がドイツ皇帝を兼ね君臨するものであった。帝国の立法府は、各邦の代表者からなる連邦参議院(Bundesrat)と、国民の代表として男子普通選挙によって選ばれる帝国議会(Reichstag)との二院制であった。

(34) 覇権システムや国際レジームについてはGilpin (1981) とKeohane (1984) を参照。

(35) この公会の構想も、大同の国際秩序の構想と同じく、「非」近代的な、時代錯誤的なものだったが、同時に「反」近代的かつ「超」近代的な意義をもっていた。なによりそれは、近代の国際システムのもつ負の側面に対して、ウォーラースティンの世界システム論にしたがっていえば、「反システム運動 antisystemic movements」の論理を内在していた。しかもそのなかには、近代を超えてなお現代的な意義をもつ斬新な構想が含まれている。かりにこの構想が実現したとすれば、東アジア地域国家ひいては世界諸国の間に、その中に、少なくとも十九世紀の近代を超えた、地域統合や集団安保体制の新しいモデルが構築されたであろう。そこに、主権国家と非主権国家、前近代と近代といった二項対立の図式を超えた国際関係の論理も、時代を先取りして構成されたであろう。

(36) この条約交渉をはじめ領選使金允植の活躍の詳細は、金鳳珍 二〇〇一年九月、一三〇－一三八を参照。金允植は朝清宗属関係や朝貢体制のもつ「正の側面」を固く信じていた、換言すれば、清国の字小＝朝鮮保護を信頼していたのであろう。その意味で、彼は今日の政治学で言う「恩顧主義者 clientalist」であった。「恩顧主義 clientalism」論の展開、盛衰、再構成については小林

正弥 二〇〇〇とくに二章−四章を参照。

(37) 第一次訪日の金玉均の活躍については金鳳珍 二〇〇一年九月、一三八−一四二を参照。

(38) 魚允中と朝清間の「章程」については同右、一四四−一四七と秋月望 一九八五を参照。

(39) 詳細は金鳳珍 二〇〇一年九月、一四七−一五三を参照。

(40) これとの関連で、穏健開化派と急進開化派との文明観や公法観の違いをみる必要がある。これについては同右、一五三−一五八を参照。

(41) 姜万吉「兪吉濬의 韓半島中立化案」姜万吉 一九七九（宮嶋博史訳 一九八四）所収を参照。

(42) とはいえ鄭自身が大国主義をもったとか、宗属関係の強化を主張したというのではない。彼の関心はあくまで清国と周辺諸国の主権保持にあり、それこそが一貫した彼の主張であった。だが、日清戦争後、つまり清国自体が「瓜分の危機」に陥っていたときには、彼も朝鮮のみならず清国の周辺地域の中立化構想に共鳴しそれを主張するようになる（後述）。

(43) 日本側の朝鮮中立化構想については、たとえば、政府当局のものとして井上毅《こわし》（一八四三−九五）の「朝鮮政略意見案」（一八八二年九月一七日）と法律顧問ボアソナード（Boissonade; 1825-1910）の「恒守局外中立新論」（一八八二年一〇月二九日）などがある（前者は井上毅伝記編纂委員会編 一九六六の一巻の三一一−三一三や芝原拓自他編 一九八八の五二−五四、後者は伊藤博文公編『秘書類纂朝鮮交渉資料』中巻の二二三−二二九、所収）。また民間世論として、新聞論説の「東洋の大勢大計を論ず」（『郵便報知新聞』一八八二年九月五、六日付）、「大陸の関係」（『自由新聞』一八八二年九月一三日付）などがある（芝原拓自他編 一九八八の三六〇−三六九所収）。この時期、朝鮮中立化をめぐる明治政府の外交と、清国を始めとする関連各国の反応については大澤博明 一九九五年の論文を参照。また Conroy (1960)、Deuchler (1977) の該当部分を参照。

(44) 明治政府が壬午軍乱と甲申政変を画期に対清戦争意図を固め着々と軍拡に励んだことは事実だが、だからといって政府内で、朝鮮中立化構想の熱がもっぱら冷めたわけではなく、その構想は一つの選択肢として残っていた。とくに甲申政変後の天津条約は、朝鮮からの日清両軍の撤兵（第一款）と日清両国以外からの軍事教官雇用の勧告（第二款）を定めるものであったが、これらは朝鮮中立化の前提条件を整備しようとする条項だったとも判断できる。また日本の一部の民間世論も再び朝鮮中立化構想を議論していた。たとえば「朝鮮を以て第二のポーランド国と為す勿れ」（『東京横浜毎日新聞』一八八五年六月一四、一六日付）、「列国相ひ約して朝鮮の独立を保護す可し」（『郵便報知新聞』一八八六年九月三日付）などがある（芝原拓自他編 一九八八の三八八−三九二、四〇〇−四〇二所収）。

(45) 『旧韓国外交文書』「徳案」高宗二二（一八八五）年二月二日条を参照。ブドラーの構想は日清露三国保障案だったが、彼は、この案を甲申政変後の日朝交渉のため特命全権大使として漢城に滞在中の井上馨外務卿にも示しその賛意を得ていた（大澤博明「日清開戦論」東アジア近代史学会編 一九九七、一五）。

(46) 巨文島事件を機に清国は「朝鮮属国論」の実質化をさらに固めていたが、皮肉なことに、この時期にこそ朝鮮中立化実現の国際的契機が存在した。一八八六年一〇月、清国との巨文島撤退交渉のなかで英国は朝鮮領土保全協定に日本を参加させることについて打診したところ、李鴻章はそれを拒絶した（Walsham to Iddesleigh, October 9, 1886, in Nish, ed., 1986, p.235）。また朝鮮保全に関する一八八六年の露清口頭了解をロシア、清国、英国、日本四国協定として成文化しようとする案も清国側が「朝鮮属国論」を振りかざして対朝鮮介入政策に固執したために実現しなかった（佐々木揚 一九八〇、四五－四七）。

(47) 「近世の公法学士」は、『清韓論』によれば、ジョン・オースティンである。この引用文は、*China and Korea* の次の文章にあたる。

[John Austin says,] "A feeble state holds its independence precariously or at the will of the powerful states to whose aggressions it is obnoxious, and since it is obnoxious to its aggressions, it and the bulk of its subjects render obedience to commands which they occasionally express or intimate; but since the obedience and commands are comparatively few and rare, they are not sufficient to constitute the relation of sovereignty and subjection between the powerful states and the feeble state with its subjects. In spite of those commands and in spite of that obedience the feeble state and its subjects are an independent political society whereof the powerful states are not the sovereign portion, although the powerful states are permanently superior, and although the feeble state is permanently inferior there is neither the habit of command nor a habit of obedience on the part the latter, and although the latter is unable to defend and maintain its independence, *the latter is independent of the former in fact or practice.*" (pp.288-289, *Italic* part original)

(48) 『万国公法』の「進貢藩属所存主権」（一巻二章十四節）は、題名からも分かるように、進貢国（＝贈貢国）は主権国だと解釈している。たとえば「進貢之国、並藩邦、公法就其所存主権多寡、而定其自主之分、即如欧羅巴浜海諸国、前進貢於巴巴里時、於其自立自主之権、並無所碍」という記述がある（傍線原文）。以下はホイートンの原著（一八五五年度版）の該当部分である。

Tributary States, and the States having a feudal relations to each other, are still considered as sovereign, so far as their sovereignty is not affected by this relations. Thus, it is evident that the tribute, formerly paid by the principal maritime powers of Europe to the Barbary States, did not at all affect the sovereignty and independence of the former. (p.67)

(49) デニーは、*China and Korea* のなかで、次のように述べている。

For under its [Chinese] enforcement whatever may have been stipulated or may be stipulated between China and Korea－not in the line of favored treatment－which is opposed to the spirit or the expressed provisions of the general treaties, or which in any way contravenes the rights, immunities and privileges already vested by such agreements in other powers, either for themselves or for their citizens or subjects, is void and of no effect. (pp.300-301)

ここには清国の対朝鮮介入政策を批判する際の論拠の一つとして、条約強制は「一般条約の精神あるいは明示規定」に違う行為であり、したがって無効だと記されているのである。これは、条約強制＝無効が、単にデニーの説でなく、当時の国際法上の学説であると同時に、もはや慣習国際法上の「原則」として成立していたこと、もしくは当時少なくとも成立しつつあったことを示す証拠の一つである。

(50)　後に、いわゆる国際法学説上の通説では、当時の慣習国際法は「条約強制は無効」という原則をもっぱら国家代表者（個人）に強制が加えられた場合にのみ適用していたと解釈された。これに国家機関に強制が加えられた場合も含まれるとの学説が欧米で唱えられ、この説が広まったのは第一次世界大戦後になってからのことである。それが国際法の一般原則として採択されたのは、さらに下って一九六九年の条約法に関するウィーン条約（条約法条約）でのことであると認識されてきた。この通説には疑問もあるが、さしあたりこれに従うならば、兪の考えはこうした国際法の歴史上の展開を先取りするものだったと言える。この通説への疑問の論拠を一つ提示しておきたい。それは、Woolsey (1874) すなわちウールシーの『公法便覧』である。

Treaties obtained by false representations, or by force, are not binding. The rule for nations here is the same which in all law holds good for individuals. In the former case, the consideration which led to the making of the treaty did not exist, but a false statement was purposely made in order to bring about the contract. In the latter case, the engagement was not the free act of an independent will. (p.174)

いわゆる詐りや強制によって成立した条約は、すべて無効である。それは、国家間の条約も個人間の契約も同じである。これらの条約、契約は諸公法が承認しないからである。一つは、もとより立約する理由がないのに詐りを使って立約してきたものであり、もう一つは［国家や個人が］喜ぶような条約や契約でなく、強制や脅迫によって成立したものである。両者はすべて理にかなうものではない。（『公法便覧』巻二第三章第四節）

つまり、偽りの代表者または武力（強制力）による条約は、それが国家間の条約であれ個人間の契約であれ、無効だということである。

この引用文で注目すべきことは、そこに国家代表者か国家機関かとの区別がない点である。それも当然と言えば当然なことである。通常、国家間の条約を結ぶさい、締約当事者はあくまで国家元首や大臣という職務上の機関である。この国家元首や大臣は国家代表者としての個人であると同時に、それ自体が国家機関である。したがって条約強制を論ずる際に、国家機関と国家代表者とを区別しようとすることは、不可能かつ無意味なことである。真に区別すべきことは、国家を強制する脅迫の性質にほかならない。ウールシーも、ただ国家に強制が加えられた場合、その条約は無効だと説くのである。それは当時の国際法学者において、すでに一般的な考えだったのではないだろうか。そうだとするならば前述した、いわゆる通説は、再検討し修正せねばならないはずである。

もっとも近代国際法は、戦時法と平時法との二重構造をもち、戦争を肯定していた。かりに国家に対する強制が加えられた場合をすべて無効とすれば、戦争終結の方式としての講和条約も認められないことになってしまう。そうした事態をさけるため、国家に対する条約強制一般を無効とすることはできなかった。また、欧米列強や日本が当時の国際法学説上の通説あるいは慣習国際法の原則を無視し、巧みにおかすかたちで、国家（機関と代表者）に強制を加えながら、国権侵脱の条約や不平等条約などを締結していたのも事実である。従って、この点では近代国際法は「強者の法」であったといえよう。

しかし近代国際法が、必ずしも常に「強者の法」であったわけではない。条約強制の存在理由は、主に不法行為に対する救済や権利保障のために、そうした不法行為や権利侵害を行った国家に対して強制を加えることを承認するということに限られていた。それ以外の条約強制は無効だった。まさにそれが、十九世紀後半、国際法学説上の通説、慣習国際法の原則としてすでに成立していた。その意味では、近代国際法は「国際正義の法」でもあったのだ。ウールシーは、次のようにも述べている。

A treaty can never obligate to do an unlawful act, for neither party can give consent to do evil in expectation of a good to be received. Thus a treaty contradicting a prior treaty with another power is void, and if observed, an act of injustice. (p.176)

締約各国が利を図らず、不義を行う、いわば理に違うことで成立した条約は無効である。たとえ不義を行わず、必ず従わねばならない条約であっても、それが他国と前に締約した条約に合わない場合、後の条約は無効である。そうでなければ、そうした条約は国際正義に背くことになる。（『公法便覧』巻二第三章第五節）

つまり正義に違背するような不法行為による条約は無効だということである。このように、ウールシーにとって国際法はあくまで「国際正義の法」だったわけである。

(51) ここでは、兪が、自ら「大同」という言葉を用いた文章の一例を紹介したい。『西遊見聞』の「政府の職分」には、「世界の大同なる景像から推し較べれば、文明勤工の功徳はその流出する弊害を償っても、なお余地が綽然《しゃくぜん》なるものである〔『孟子』公孫丑の「あに綽然として余裕あらざるや」〕。天下の何邦《どのくに》であれ、その草昧なる始初の事物を改革しなければ、その風俗は蛮野の部落と異ならない。開化の大目的は、人を勧め、邪を棄て、正に帰る趣意にある」（一七九）と記されている。

第三章　国際政治観 —— 対外思惟空間（Ⅱ）——

一　福沢のアジア政略構想 —— 覇権追求 ——

序章で筆者は、現実（状況）と認識（思惟活動）との構造的相関を分析するための方法として「構造相関」的分析を提起した。ここではそれに表現（=構造的相関を表す言説）の範疇を加えた「現実—認識—表現」の三分法について説明しておこう。「現実—認識—表現」の三者には相関関係があるが、それらの相関の程度は、意識主体一人一人ごとに異なっている。なぜならば意識主体は、それぞれの異なる意識・位相空間と思惟構造・様式をもっているからである。そのため意識主体の現実認識は多様な形で表出されることになり、その認識や表現も現実とともに変化する。また変化の度合いにも各意識主体によって強弱がある。したがってこれら三者の間には、多かれ少なかれ、多様なズレが生じる可能性がある。たとえばそうしたもののほんの一部の例として、意識的であれ無意識的であれ、認識のなかに理解や利害の先行構造が入り込んだり、ある目的や企図により現実を作り立てたり、論理正当化や状況変化のために表現を操作したり、といったことがある。

坂野は、福沢のアジア政略構想を捉えるためには「現実―認識―表現」の三分法が必要になってくるといい、次のように述べている。

福沢が『時事小言』や「脱亜論」で描いてみせた、西洋列強の東アジア侵略および日本の独立の危機というのは、彼の東アジア情勢の「認識」ではなく、その「表現」にすぎないのである。我々は誇張され一般化された「表現」のレベルで福沢を把えるのではなく、これらの「表現」の基になっている東アジア情勢の「認識」そのものにおいて福沢を理解しなければ、福沢の対外思想を把えたことにはならないのである。（坂野潤治 一九七七、一二一―一三）

この坂野の指摘は、端的に言えば、福沢の文章には「修辞的・状況的表現」が多いので、その表現を、現実に対する福沢の認識と捉えるのは問題があるということであろう。一般的にいえば、意識主体の「認識」と「表現」との間ではギャップが生じるはずである。がしかし、福沢の場合、そのギャップは大きいといえる。

清国・朝鮮（アジア）観

福沢は清仏戦争や甲申政変の頃までには、すでに清国と朝鮮にたいする激烈な蔑視観を表していた（『全集十』の多数の論説）。だがそれは、この時期になって初めて表されるようになったものでもなければ、清国や朝鮮にのみ向けられていたものでもなかった。蔑視の対象は日本以外のすべてのアジア諸国であり、より正確には非欧米国家・地域全体であった。福沢は、そのなかで日本だけは「文明の魁」として例外の国家であり、したがって欧米諸国と同等な地位に立ち、同様な行動を取るべき存在であると考えていた。

福沢の初期著作の地理書や歴史書は、姜によれば、ヨーロッパの進歩に対するアジアの停滞と、その原因とみなされた非歴史的な類型学的カテゴリーの一覧表が作成されるようになった、心象地理を忠実になぞることで、「蛮野文明の別」にもとづく人種や民族の類型を確定するものである。またそれは、アジアの「停滞」の原因を東洋的専制主義に求めた十八世紀以降の西欧のアジア観のコピーであった（姜尚中　一九九六、九五）と、姜は指摘する。いわば福沢のケースは、近代以降の、日本型オリエンタリズム誕生の一つの物語であったということになる。たとえば、福沢の『世界国尽』（一八六九）のなかの「『支那』の物語」の一節を引いてみよう。

仁義五常を重《おもん》じて人情厚き風なりとその名も高かく聞えしが、文明開化後退去、風俗次第に衰《おとろえ》て徳を修めず知をみがゝず我より外に人なしと世間知らずの高枕、暴君汚吏の意にまかせ下を抑《おさ》へし悪政の天罰遁《のが》るゝところなく頃は天保十二［一八四二］年「英吉利国《イギリス》」と不和を起し唯《ただ》一戦［第一次アヘン戦争］に打負《うちまけ》て和睦願ひし償は洋銀二千一百万、五処の港をうち開きなをも懲《こり》ざる無智の民、理もなきことに兵端を妄《みだり》に開く弱兵は負《まけ》て戦ひまた負て今のすがたに成行《なりゆき》しその有様ぞ憐《あわれ》なり。（『全集二』五九三―五九五）

ここで福沢は、文明開化の「正負」や、アヘン戦争における「正義」の所在などについては一切問わない。「勝てば官軍」であり、負けた清国側には「理」もない。そして清国が自らの国力の正確な認識に欠け、戦いに負ける有様を「憐なり」と評している。そこに清国の敗北を他山の石とすることの意義もないわけではないが、こうした文章に見られる福沢の態度は、西欧中心の近代主義の視点に寄りかかった上の清国批判、清国蔑視であった。

こうした清国蔑視は、『世界国尽』の四年前にさかのぼって書いた「唐人往来」（一八六五年作）にもみられる。そこに「今の清朝は昔の韃夷なり。（略）［第一次アヘン戦争後に］国内の政事兵備を改革し外国との付合《つきあい》にも信実を尽くして不都合なき様《よう》すべき筈《はず》なるに（略）［一八六〇年の第二次アヘン戦争のとき］咸豊帝［在位一八五一―六一］は韃靼《タタール》［蒙古］へ出奔し餓死同様見苦しく落命したり。是れ皆世間知らずにて己が国を上もなく貴き物の様に心得て、更らに他国の風に見習ひ改革することを知らざる己惚《うぬぼれ》の病より起りたる禍《わざわい》なり。言語道断（略）悪風俗、苟《かりそ》めにも其真似《そのまね》をすべからず」（『全集二』一三―一四）とある。たしかになかには「正論」もないわけではないが、「言語道断、悪風俗」とは、英仏両国にむかって発せられてもおかしくはない言葉である。福沢の表現にある「兎角改革の下手なる国にて（略）少しも臨機応変を知らず、むやみに己惚の強き風なり」（一三）というような理解は、このころ福沢が現実評価に先立つ認識枠組みのなかに脱亜意識をすでにもっていたことを示している。

なお、「圧制も亦愉快なる哉」（一八八二年三月二八日付『時事新報』の論説）のなかには、この論説が書かれた時から約二〇年前、つまり、福沢が幕末の遣欧使節団（一八六二年一月～一八六三年一月）に随行してヨーロッパへ行く途中、香港に立ち寄ったとき（一八六二年二月）の彼自身の感想が含まれている。そこで福沢は、「日本にも幾億万円の貿易を行ふて幾百千艘の軍艦を備へ、日章の旌旗《せいき》を支那印度の海面に飜《ひるが》へして、遠くは西洋の諸港にも出入し、大に国威を耀《かがや》かすの勢を得たらんには、支那人などを御すること英人の挙動に等しきのみならず、現に其英人をも奴隷の如くに圧制して其手足を束縛せんものをと、血気の獣心自から禁ずること能《あた》はざりき。（略）我輩《わがはい》の志願は此圧制を圧制して、独り圧制を世界中に専らにせんとするの一事に在るのみ」（『全集八』六六）と述べている。後の彼が主張した数々の持論の原型が、ここに凝縮して観察できるといえよう。そもそもの始まりは、幕末頃の一八六二年二月にさかのぼる。そこから起因するアジア蔑視観、脱亜意識、アジア侵略思想などに、後に理論的な肉づけがされ、彼の「論、論理」が形成されたのであった。(1) 彼の思惟作用の内に欧米中心的な偏見や理解の先行構造が先にあり、後は状況に応じてそれが表現を変えて繰り返されたのである。これ以上の例をとりあげて考察する作業は――一部については後述するが――先行研究の夥しい業績にゆずろう。(2) ここでは福沢の前期著作に見る朝鮮観について焦点を絞りたい。

まず福沢の「日本の歴史」は、『全集二十』の註記によれば、「明治初年のものと思はれる」（八七）著作である。そのなかには「神功皇后の時に朝鮮征伐の事起りたり」（八六）といういわゆる神功皇后の三韓征伐説がある。これは『日本書紀』の「神功皇后摂政前紀」のなかに初出し、以後日本の数々の書物に引用され、ときに朝鮮侵略に利用された事実無根の説である。この説を、福沢は多分「明治初年」の征韓論に触発されて書いたのだろう。一八七三年の一〇月政変により、西郷隆盛《たかもり》（一八二七―七七）、板垣退助《たいすけ》（一八三七―一九一九）ら征韓論者は下野し、岩倉具《とも》視《み》（一八二五―八三）、大久保利通《としみち》（一八三〇―七八）、伊藤博文らの政府が成立したが、しかしその後も、征韓論争はしばらく続いた。

『郵便報知新聞』が江華島《カンファド》事件（一八七五年九月、日本軍艦雲揚号による朝鮮の江華島砲台の砲撃ならびに永宗《ヨンジョン》島の占領事件）を伝えた後の一〇月七日、福沢は、この新聞の社説欄に「亜細亜《アジア》諸国との和戦は我栄辱に関するなきの説」を投稿している。そのなかに、「[朝鮮は]亜細亜洲中の一小野蛮国にして、其文明の有様は我日本に及ばざること遠しと云ふ可し。（略）其兵力恐るゝに足らず、加之《しかのみならず》仮令《たと》ひ彼より来朝して我属国と為るも、尚且《なおかつ》之を悦《よろこ》ぶに足らず。蓋《けだ》し其故は何ぞや。前に云へる如く我日本は欧米諸国に対して並立の権を取り、欧米諸国を制するの勢を得るに非ざれば、真の独立と云ふ可らず。而して朝鮮の交際は仮令ひ我望む所の如くなるも、此独立の権勢に就き一毫の力をも増すに足らざればなり」（『全集二十』一四八）とある。これを一読すると、征韓論に反対しているようだが、それでは彼の論旨を正しく解したことにならない。この文章は彼の状況的表現として、どうせ朝鮮は「一小野蛮国」であり、のちにもそうであり続けるはずなので、まず日本の独立を強固にして、しかるのち「我望む所」＝征韓をやっても遅くない、と解釈できるからである。彼自身、「先づ此勁敵《けいてき》[欧米諸国]を圧倒して安心の地位を作り、砲艦の戦の如きは他日徐々に其謀ある可きなり」（一四九）と明快に述べている。「後日征韓論」、これこそが彼の主張の要旨なのだ。

次に『家庭叢談』の論説をみよう。(3) その第一七号（一八七六年一一月一日刊）の「要知論」には以下のような記述がある。「朝鮮征伐の議論も〔征台論と〕同様なり。朝鮮人が江華島に於て我軍艦を炮撃したるとて、一種の征韓論者と云へる憂国者流は（略）、畢竟《ひっきょう》是れ朝鮮の内幕を知らねばこそ（略）起すことなり。元来朝鮮人は唯頑固の固まりにて、外国船とさへ見掛れば直に発炮するが如きは恰《あたか》も我国の往日の如し」（『全集十九』五七九）、と。この「要知論」で、福沢は朝鮮＝頑固・野蛮を「要知」せよというほどに醒めている。彼は征韓論者たちを、蔑韓論者とでもいうべき立場から余裕とともにたしなめているのである。

最後に、『家庭叢談』第四八号（一八七七年二月四日刊）の「朝鮮は退歩にあらずして停滞なるの説」との論説だが、これは――「朝鮮退歩論」を否定しているものの――朝鮮「停滞社会論」の先駆的なものであった。そこで彼は、「任那の入貢、神功皇后の新羅征伐」のような説を取り立てたうえ、その後も日本はしばしば出兵し「征討、鎮撫、廃立、生殺、与奪」などを行ってきたことに注意を喚起している（六一七―六一八）。また彼は、「〔豊臣秀吉の軍が〕朝鮮の八道をば席巻したれども、明〔中国〕兵に接しては互に勝敗ありて遂に力を逞《たくましゅ》ふすること能はざりしにあらずや。（略）今の陸軍三万は秀吉の十五万に敵す可し。是れ他にあらず、兵制改革軍器の然《しか》らしむる所なり。果して然らば今日に至つて朝鮮の懸隔を生ずる亦怪しむに足らざるなり」（六一八―六一九）と述べている。前の引用文とあわせて吟味すれば、この趣旨は次のようになる。朝鮮は「停滞」国家であるため、朝鮮単独なら「席巻」するのは容易である。しかし隣に中国があるため、「席巻」は簡単とは限らない。もちろん「今の」日本の兵力は、秀吉の軍と比べればはるかに勝っており、朝鮮との格差は一段と大きい。しかしこうした差があってもなお「豈《あに》朝鮮の停滞を笑つて我が小進に安んず可きの日ならんや」（六一九）、すなわち日本は油断せず軍拡を進めるべきだと主張される。朝鮮の征服のためには、清国にもまさる兵力を備えなければならないからである。これもまたアジア蔑視観、脱亜意識、アジア侵略思想などの形を変えた表現にほかならない。

国権拡張論とアジア進出論

以上述べてきたような著作、とくに福沢の朝鮮観を考察するためにとりあげた彼の前期著作の多くは、おりしも『学問のすすめ』が「明治年代におけるベスト・セラーズ中の横綱格」(伊藤正雄　一九六八、三、傍点原文)として「国中に流布したる」(『福沢全集緒言』『全集一』三八)頃とほぼ同時期に登場した。平等主義的な色彩の強い『学問のすすめ』と、これらのアジア蔑視的な前期著作の論理の不整合を、われわれはいかに解釈したらよいのであろうか。『学問のすすめ』の初編の冒頭に彼の有名な「天は人の上に人を造らず人の下に人を造らずと云へり」という言葉が掲げられており、二編では「人は同等なること」、三編では「国は同等なること」が主張されている。もっとも「天は人の……」はその末尾に「と云へり」が付いているように「借物の枕言葉《まくらことば》」だとの指摘もある[4]。彼の表現に「借物の枕言葉」が数多くあったとするならば[5]、福沢の認識と、その表現とのズレこそが、彼の論理の不整合を理解するための糸口となろう。

　丸山は、福沢の国内政治の論理には大体において連続性があるが、しかし「国際政治の場合には、立論の変化は必ずしも具体的状況に対する処方箋の変化にとどまらずに、ヨリ深く地殻の論理自体にまで及んでいる」(丸山眞男　一九五二、四一二―四一三、傍点原文)と論じている。丸山によれば、福沢の国際政治の論理は、「唐人往来」や『学問のすすめ』では自然法・国家平等の観念に基づいていたが、その後、「自然法思想からレーゾン・デタの立場への過渡を表現する」(四一七)『概略』での転換を経て、ついに『通俗民権論』『通俗国権論』の二部作(ともに一八七八年九月刊)において、「レーゾン・デタの立場への急激な旋回」(四一九)を遂げたとされる。しかしながら、福沢の国際政治論にも論理自体の変化は認められない。福沢は、「唐人往来」や『学問のすすめ』以外の前期著作の論旨を見ればわかるように、前期においても「国家理性 raison d'État」の立場に立っていた節がある。つまり、福沢は前・後期を問わず、国家理性の立場とともに《国権論》（国権の確立論と拡張論との合成概念）の論旨を貫いていたのである。

前期著作のなかで、福沢が自然法観念を啓蒙したのは事実だが、すでにその時点で、そこには国権拡張「論」的主張も含まれていた。しかも彼の国権拡張「観念」は自然法観念より早期に成立していた。さらに彼の自然法観念も、最初は儒教的普遍主義の観念から理解し受容されたものの、すぐ後でその普遍性が否定され、その観念自体も捨象されてしまった。「内は忍ぶ可し外は忍ぶ可らず」という未発表の原稿を著した頃から「僅か三、四年の後に福沢が（略）自然法を離れていた」（丸山眞男 一九五二、四一三）という丸山の指摘のように、自然法観念は、おおむね明治一〇年代からは、儒教的観念とともに切り捨てられてしまったのだ。これに対して《国権論》の論旨は、福沢の持論として、その後にも一貫しているのみならず、状況により転変するもののそれ自体が旋回することはなく、さらなる発展を遂げていった。

福沢の前期と後期との間に、同じく国権論と呼ばれていても、国権確立論から国権拡張論への「旋回」のような事象があったのであろうか。彼は「国は同等なること」、「一身独立して一国独立する事」（『学問のすすめ』三編）など国家平等・国権確立を主張する際に、矛盾を意識せず国権拡張論を主張することができた。なぜなら彼は、国家平等の観念を日本（や欧米諸国）以外の諸国家に適用することを想定していなかったため、日本の国権拡張の犠牲となる諸国の「平等」を視野の外に置いていたからである。したがって、国権独立から国権拡張論への「旋回」があったのではなく、福沢は状況的思考に基づき、「両眼」を開いて、国権確立論と国権拡張論とを同時に主張することができたのであった。どちらかといえば、彼はむしろ国権拡張のためにまずは自国の国権独立が必要だと考えたのである。

では、民権論から国権論への「旋回」のような事象はどうだろうか。福沢自身はこれを否定している。彼は、「内国に在て民権を主張するは、外国に対して国権を張《は》らんが為《ため》なり」（『通俗国権論』緒言、『全集四』六〇三）と国権のための民権を主張する。この論理は、「民権と国権とは正しく両立して分離す可らず」（同）という両権の不可分論として整合性を保っている。しかし力点は明らかに国権の側にあり、民権はあくまでその手段であった。

ここで『通俗国権論』の七章「外戦止むを得ざる事」をもって、この著作における国権拡張論と、前期著作のそれとの整合性を確認しておこう。福沢は、まず「百巻の万国公法は数門の大砲に若かず」との公法無用論と、「各国交際の道二つ、滅ぼすと滅ぼさるゝのみ」との力＝正義論を主張した上、次のような処方箋を提示している。

一国の人心を興起して全体を感動せしむるの方便は外戦に若《し》くものなし。神功皇后の三韓征伐は千七百年の古に在り、豊太閤［豊臣秀吉］の出師も既に三百年を経たれども、人民尚これを忘るゝこと能はず。今日に至ても世上に征韓の論あるは、日本の人民が百千年の古を思ひ出して其栄辱を忘れざるの証なり。（略）外国は必ずしも韓［朝鮮］に限らず、英佛も外国なり魯西亜《ロシア》も外国なり、之を征伐して可なり。（六四一）

あからさまな戦争賛美論であり、戦争は報国心をかき立てる「術」とされる（同）。この文章と先に引用した前期著作の論旨との間には、国権拡張という点で一貫性があり、この文章ではさらに侵略戦争の肯定ともいえるほど議論がエスカレートしている。この「術」を正当化するため、その前提として公法無用論、力＝正義論が主張されたのである。「今の禽獣世界に処して最後に訴ふ可き道は必死の獣力に在るのみ。語に云く、道二つ、殺すと殺さるゝのみと」（六三六）というようなあまりにも殺伐とした表現は、いくら両眼主義を標榜していたとはいえ、彼の国権論や国際政治観が、片目を伏せて、開いた方の目で近代の〈負〉のみを見つめていると評価されてもしかたがない。(6)

〈アジア連帯論〉と脱亜論

福沢の言説は時代とともに自信と余裕に満ちていく。『民情一新』の緒言には、「今日の西洋諸国は正に狼狽《ろうばい》して方向に迷ふ者なり」（『全集五』一〇）、その終章には「我日本は開国二十年の間に二百年の事を成したるに非ずや」（六〇）との「内」＝日本の自信の表明がある。またその二年後に刊行した『時事小言』は「外」＝アジアへの進出の意志を、ある種の余裕さえ漂わせながら、はばかることなく表明している。この『時事小言』は一編「内安外競之事」から六編「国民の気力を養ふ事」に至るまで、彼の持論を〈発展的に〉総整理した著作と位置づけられる。なかでも四編「国権之事」には、その最後の文章として以下のような記述がある。

> 東洋諸国殊に我近隣なる支那朝鮮等の遅鈍にして其［西洋の］勢に当ること能はざるは、木造板屋の火に堪《た》へざるものに等《ひと》し。故に我日本の武力を以て之に応援するは、単に他の為に非ずして自から為にするものと知る可し。武以て之を保護し、文以て之を誘導し、速に我例に倣て近時の文明に入らしめざる可らず。或は止むを得ざるの場合に於ては、力を以て其進歩を脅迫するも可なり。輔車《ほしゃ》相依り脣歯《しんし》相助るとは、同等の国と国との間には通用す可しと雖ども、今の支那朝鮮に向て互に相依頼せんことを望むは、迂闊《うかつ》の甚しきものと云ふ可し。（『全集五』一八七）

傍点部分はアジア連帯論めいた文章であり、これは、福沢の〈アジア連帯論〉を表す例証としてしばしば用いられてきた。しかも後の『時事新報』の論説「脱亜論」と対比させられることで、福沢の〈アジア連帯論から脱亜論への転換〉と誤解されてきた部分である。しかし、この文章の後で福沢は、日清朝三国間の対等な連帯の可能性を自ら否定しているのである。それは取りも直さず福沢におけるアジアの、三国の〈対等な連帯論〉の不成立、不在である。

（一）　アジア連帯論の虚像

それでは、前の引用文（「国権之事」）の傍点部分を、〈日本を盟主とする三国連帯論〉と捉えることはできるのだろうか。たしかにこの文章は日本盟主論を含意するし、その日本盟主論は、前後の文章にも表されているといえる。そしてそれが、三国連帯（同盟、提携）論と結びつく可能性がまったくなかったとはいえないだろう。がしかし、その可能性は非常に低かったといわざるをえない。というのは、次のような三つの理由がある。まず、福沢は、前の引用文のような文章を書いた以前、三国連帯論を展開したことがない。それ以後、『時事新報』の二、三篇の論説の中にも、三国連帯論めいた文章があらわれるが、その内実は三国連帯論ではない（後述）。次に、冒頭の「眼を海外に転じて国権を振起するの方略なかる可らず。我輩畢生の目的は唯この一点に在るのみ」（『全集五』一六七）から始まる「国権之事」の論旨は、最後まで、彼の国権拡張論にある。第三に、この引用文の後で福沢は「相依頼せんこと」が「迂闊」と述べているが、それは、三国間の対等な連帯の可能性のみならず、三国間の連帯それ自体の可能性も自ら否定していることを意味する。つまり、前の引用文で表された福沢の日本盟主論は、三国連帯論とは結びつきがたく、むしろ一種の「文明化の使命」、「日本人の重荷」などの尊大な観念と結びつきやすいものであった。それは、彼の国権拡張論の別種の表現であったといえる。

したがって、福沢の〈アジア連帯論から脱亜論への転換〉という段階論的な図式は成立しない。かりにこの〈転換〉を認めるとしても、それはせいぜい〈国権拡張論＝アジア進出論→《アジア連帯論》→脱亜論＝アジア進出論〉といったバリエーションの一つに過ぎない。そこで坂野は、前の引用文（「国権之事」）と論説の「脱亜論」からの引用とを対比したうえで、「この二つの相異なる対外論の相違を福沢自身十分気がついており、前者から後者への彼の主張の転換の理由について、福沢が用意周到な説明をつけていることも、これまでの多くの研究が指摘している通りである」（坂野潤治 一九七七、八）と述べている。ここで傍点部分は、坂野自身が〈アジア連帯論から脱亜論への転換〉と理解していたわけではなく、福沢の修辞的表現の意をとり損なった多くの既存研究を論駁するための、彼流の反語的表現にほかならない。続く文章をみよう。

しかし（略）福沢の説明には奇妙なところがある。三年半前には、中国や朝鮮の「国土が西洋人の手に落る」ならば、「日本国の独立も疑なきに非」ざる［「国権之事」『全集五』一八七］程度の力しかなかった日本が、わずか三年半で「西洋の文明国と進退を共」にし、「支那朝鮮」に対して「正に西洋人が之に接するの風に従て処分」［「脱亜論」『全集十』二四〇］しうるほどに強力になるということは一寸考えられないからである。（七）

坂野は「二つの論説の間の矛盾を検討していく」（一二）ため、前述した「現実―認識―表現」の三分法を提示する。〈アジア連帯論から脱亜論への転換〉との理解は、坂野によれば、福沢らの明治日本人が一般的・誇張的用語で語った「表現」を額面通りに受けとめたことによる誤解である（一四―一五）。つまり、その「表現」が、いかなる状況認識に基づいたものなのか、また何を実現しようとしたものであるかを検討しなければ、坂野が指摘するように、いたずらに言葉の上だけで「対外思想」が語られ、日本人の「対外観」が語られることになる（一五、傍点原文）。福沢には、「日清協調論は最初から存在していない」（坂野潤治 一九七七、二五）。それゆえ福沢の〈アジア連帯論〉は「朝鮮改造論」に限られるものであり、「清国の日本の手による文明化という主張は、言葉の上での語勢としてつけられていたにすぎない」（二二）と坂野は論じる。しかし、かりに福沢が朝鮮改造論を、このときから展開し始めたにしても、福沢のかつての持論がこのとき根本から転換を遂げたとはいえない。この同じ時期、およびこれ以後の著作や論説でも、福沢はやはり相変わらず彼の持論すなわち国権拡張論＝アジア進出論、そして朝鮮進出＝侵略論を展開しているからである。また先に引用した「国権之事」それ自体も、その前後文脈を見れば分かるように、〈アジア連帯論から脱亜論への転換〉との転換説を自ら否定している例なのである。

（二）　朝鮮改造論の虚像と実像

もう一度、先に引用した「国権之事」の傍点部分「武以て之を保護し、文以て之を誘導し、速に我例に倣て近時の文明に入らしめざる可らず」に注目してみよう。福沢は同文章のなかで「相依頼せんことを望むは、迂闊」、つまり朝清両国との連帯は望めないとの認識を示した上で、引き続き「国権を皇張せんとする其武備は、独り日本一国を守るのみに止まらず、兼て又東洋諸国を保護して、治乱共に其魁《さきがけ》をなさんとするの目的」（一八七）だと主張する。彼の言う「保護、誘導」とは、明らかに〈侵略、進出〉を含意している。繰り返しになるが、「国権之事」の冒頭から結論までを貫く彼の論旨は、国権拡張論なのであり、先の傍点部分のみを引用して〈アジア連帯論〉を語るのは完全な誤解、誤読なのである。それでは、坂野のいうように〈アジア連帯論〉を朝鮮改造論に限ることはできるだろうか。

坂野は同著で、福沢の「真の目的が朝鮮の改造＝干渉にあった」（坂野潤治　一九七七、三八）、あるいは「『時事小言』以来、福沢が唱えつづけてきた、そして壬午事変の勃発により一旦は実現の可能性すら見いだした朝鮮改造＝日本化政策」（四四）といった表現を用いている。坂野は、朝鮮改造を福沢の主観的な目的としては認めた上で、実際には「朝鮮改造＝干渉、日本化政策」という表現からもわかるように、その内実は朝鮮進出・侵略論だったのだと論じている。坂野は、「福沢の朝鮮進出の正当性の根拠でもっとも矛盾を含んでいるのは（略）西洋諸国のアジア侵略を強調することによって、日本の膨張を正当化しなければならなかった点であろう」（三四）と述べる。もっとも朝鮮改造論は、それ自体で整合性のある「論」としては成り立っていなかったのである。以下はそのことを示す例である。

方今東洋の列国にして、文明の中心と為り他の魁を為して西洋諸国に当るものは、日本国民に非ずして誰ぞや。亜細亜東方の保護は我責任なりと覚悟す可きものなり。（略）我家を防ぐに兼て又近隣の為に（略）無事の日に其主人に談じて我家に等しき石室を造らしむること緊要なり。或は時宜に由り強て之を造らしむるも可なり。又或は事情切迫に及ぶときは、無遠慮に其地面を押領して、我手を以て新築するも可なり。（「国権之事」一八六－一八七）

ここで「近隣」とは朝鮮を指す、と捉えても差し支えない。とすれば、傍点部分は、いわば朝鮮の「改造」に当たることになる。がしかし、この文章の前後をみれば、朝鮮の「改造」は、東洋の「魁」（＝盟主）の日本による「保護」「地面の押領、新築」の可能性を含んだものである。それは、朝鮮（アジア）の「保護、植民地化」を意味する。福沢にとって朝鮮の改造（＝文明化）と朝鮮の保護（＝日本化、植民地化）とはほぼ同一のことであったのである。

『時事小言』の刊行は一八八一年九月であり、その「国権之事」のなかのアジア連帯論めいた文章もまた、福沢の状況的表現の一つだといってよい。そこには、一八八一年に入ってから本格的に推進された朝鮮の改革推進にともなう開化派の訪日、例えばまさにこの時期の紳士遊覧団の訪日（同年五〜八月頃）のような状況変化が投影されている。紳士遊覧団の朝士の一人だった魚允中が福沢を訪問し、随員の兪吉濬ら三人を慶應義塾など日本の大学に留学させたことや、朝鮮の開化派や清国の公使館員の関心を集めた渡辺洪基《こうき》（一八四八－一九〇一）らの興亜会（一

八八〇年三月九日創立）の活動などが、福沢の状況的表現に影響を与えたのであろう。(7)

ここでいう〈アジア連帯論めいた文章〉が含まれている論説はほんの二、三篇にすぎない。しかもそれらは、一種の同義反復の文章である。そのなかで「朝鮮の交際を論ず」（一八八二年三月一一日付）はその数少ない例の一つである。前年一二月二〇日に魚允中が福沢に書翰を送り、金玉均一行の訪日を報せた後の論説である（実際に金玉均が福沢のもとを初めて訪れたのは一八八二年六月であった）。

我輩が斯く朝鮮の事を憂て其国の文明ならんことを翼望《よくぼう》し、遂に武力を用ひても其進歩を助けんとまでに切論するものは（略）世界中の形勢を察して我日本の為に止むを得ざるものあればなり。（略）亜細亜洲中、協心同力、以て西洋人の侵凌《しんりょう》を防がんとして、何れの国かよく其魁を為して其盟主たる可きや。（略）我既に盟主たり。（略）輔車相依り脣歯相助くと云ふと雖ども、今の支那なり、今の朝鮮なり、我日本の為によく其輔たり脣たるの実功を呈す可きや。我輩の所見にてはこれを保証するを得ず。（略）故に我日本国が支那の形勢を憂ひ又朝鮮の国事に干渉するは、敢て事を好むに非ず、日本自国の類焼を予防するものと知る可し。（『全集八』三〇―三一）

このなかの修辞的、状況的表現は「国権之事」と比べてやや軟らかい表現だが、福沢の国権拡張論の論旨はほぼ同じである。

もう一つの例として、「牛場卓造［蔵］君朝鮮に行く」（一八八三年一月一一、一二、一三日付）を引用してみよう。題名どおり、福沢が、壬午軍乱後に訪日した朴泳孝一行の要請に応じて牛場、高橋正信、井上角五郎らを朝鮮に遣わした際に書いた論説である。「朝鮮の人民決して野蛮なるに非ず。（略）今其眼光をして分明ならしめんとするの術を求るに、威を以て嚇《おどか》す可らず、利を以て啗《くら》はしむ［出典は『史記』高祖紀］可らず、唯其人心の非を正して自から発明せしむるの一法あるのみ」(『全集八』四九七―四九八)。これを読むかぎり、彼の朝鮮蔑視観や、朝鮮進出論などは、全く消え失せてしまったかのようにみえる。前年まで、とくに壬午軍乱後、多数の論説を書き、例の蔑視観と対朝鮮(と清)好戦論を激しく展開していたことに比べれば、[8]まるで異なる態度である。おそらく福沢は、朴泳孝一行からそれほど大きい衝撃や感銘を受けたのであろう。彼は一行に会ったことにより、自分の持論を部分修正し、朝鮮「改造」論を打ちたてねばならないと考えたのかもしれない。しかも一行は、正使：朴泳孝、副使：金《キム》晩植《マンシック》(金允植の従兄)、従事官：徐光範、随員：金玉均、閔泳翊、尹雄烈《ユンウンリョル》(一八四〇―一九一一、尹致昊の父)ら朝鮮政界の大物たちであった。また弟子の兪吉濬が帰国した代わりに、朴裕宏《パクユクェン》と朴命和《パクミョンファ》が慶應義塾に入学し、さらに牛場らを朝鮮に遣わしたばかりのところであった。こうした状況が福沢の心境の変化をもたらしたのかもしれない。しかし状況証拠による速断は禁物である。

この論説の結論部を引いてみよう(〈文章一、二、三〉の区分は筆者による。以下同じ)。

〈文章一〉支那の国力は我十分の一にも足らず[……]。故に我日本人が今日朝鮮の関係より支那人に対するの方略は、富強の道固より怠る可らず、財政整理せざる可らず、兵備拡張せざる可らずと雖ども(略)唯学者の本色を以て支那人に対し又朝鮮人を誘導せんこと、特に牛場君に希望する所なり。

〈文章二〉(前略)朝鮮の独立をして堅固ならしむるのみならず、尚進て支那の本国に及ぼし、其頑陋を解き其迷夢を醒《さま》し、周公孔子の子孫を征伐して其心事を一変せしめ、共に文明の賜《たまもの》を與《とも》にして東洋全面の面目を改めんこと、我輩の素志にして[……]。

〈文章三〉蓋し人の常談に国威を海外に耀かすと云へば、唯兵馬の遠略のみに解する者多しと雖も、国威の耀やく、単に兵力政略のみに依頼す可らず。学問上の力を以て人心の内を制すること亦甚だ大切なり。或は之を学問

の文権と云ふも可ならん。我輩の素志は文権を拡張して文威を海外に耀かすに在り。（五〇五―五〇六）

〈文章一〉の方略は清国蔑視と対清敵対を基礎とした彼のかつての持論にほかならない。しかしそのなかに、朝鮮「改造」論めいた文句が入っているのは、朴泳孝一行の件をふまえての修辞的表現かもしれない。しかしこれも、あくまで国権拡張論という目的のための一方略に過ぎない。なぜならばそれは、〈文章三〉において説明されるように、「文権を拡張して文威を海外に耀かす」ような拡張論の一政略だからである。彼の方略が「学問の文権」の拡張に限られる保証はない。また〈文章二〉には、清国征伐論、またそれによる東洋の「文明化」論が展開されている。両論は論理的には対立矛盾する面をもつが、しかし福沢にあっては、あたかもヤーヌスの両顔のようなものであった。文武両面の方略、その使い分けによる国権拡張、これこそが彼の持論なのだ。したがって「文権・文威の拡張」論も東洋の「文明化」論も、その内実はアジアへの国権拡張論と通底しているものであった。

ただ〈文章二〉のなかには、朴泳孝や金玉均らの急進開化派と意気投合しうる文句が含まれている。それは、清国からの「朝鮮の独立」であった。たしかにこの目的のために、日本と朝鮮の間に「連帯」が成り立つ可能性もなくはなかった。しかし朝鮮にとっては、それは、禍を転じて別の禍をなす危険を冒すことでもあったため、結果的に日朝連帯はついに成立しなかった。[9] だが例外的に、このときには福沢や一部の追従者と急進開化派との間に一種の連帯関係が成立したとはいえる。しかしそれだけで福沢における日朝連帯論を主張することは早計である。なぜならそれは、急進開化派の主導による小規模な提携であり、あまりに限定的な連帯だったからである。しかも福沢にとっては、あくまで朝鮮進出のための政略的な提携で、甲申政変の失敗とともにあっけなく冷める一時的な連帯であった。福沢において、この日朝連帯論が成り立つための必要条件は甲申政変の成功によって、急進開化派の政権が樹立されることだったといえる。しかし事態はそのようには展開しなかった。かりにそうなったとすれば、それでは福沢に日朝連帯論が成り立ったのだろうか。その可能性は薄い。なぜなら、たとえそうなったとしても、「成立」の十分条件、つまり、福沢自らが自身の持論を、朝鮮に対して修正するとの保証はないからである。後の一八九四年、甲午改革政府の成立は、まさに日朝連帯（論）の形成のための好機であった。しかし当時の福沢は彼自身の持論を修正するどころか、かえって激烈に朝鮮の「改造」論・保護国化論を唱えていた(10)。こうした事実を考えてみれば、彼の日朝連帯論もいわば虚構、虚偽意識に過ぎなかったと言わざるをえない。福沢の思惟構造・様式は一国主義、脱亜意識に取りつかれており、それはそう簡単に変わりえず、ついに変わらず終わるものとなった。

福沢は、急進開化派に対して、不純な動機や目的を隠しもっていた。その事実を克明に伝える記録がある。井上角五郎によれば、彼が朴泳孝一行とともに朝鮮に行く際、福沢は次のように述べたという（『井上角五郎先生伝』三五－三六）。

〈文一〉僕は朝鮮をして完全に独立させたいと思ふ。たとへ独立し得るとも或は然らずとも、兎も角も日本以外の国々をして断じて朝鮮に手を出さしめる訳には行かぬ。日本が独り之に当るのが日本の権利であつて亦その義務である。

〈文二〉世界の大勢は如何に動いているか（略）東西両洋が漸く接近すると共に次第に衝突の機会を増す［……］。近頃、支那は結局欧米の分割に帰するとの議論を聞くことが甚だ屢々《しばしば》である。たとへ土地が直ちに分割せられぬとしても、終には四分五裂して、その孰《いず》れも欧米の勢力範囲となるは当然の成り行きなり［……］。

〈文三〉我々はこの場合に於いて猶《なお》退いて一小孤島を守つて我慢が出来るであらうか。若し進んで足を大陸に掛け、欧米各国の勢力を駆逐するの考を持たなかつたなら、一小孤島すらその独立を脅かされるかも知れぬ。

〈文四〉支那も朝鮮も共に協力一致して西力東漸の勢ひを防ぐべきである。しかし少くとも朝鮮を我が勢力範囲の下に置いて緊密に提携し、万一にも支那と同一の運命に陥《おちい》らしめるやうなことがあってはならぬ。これが為に武力は最も必要である。しかし武力の事は之をその当局に任せるとして、文力もまた大いに必要である。

ここで福沢は、「独立」や「提携」などの語の真の意味を井上の前であからさまに語っている。〈文一〉の趣旨は「日本以外の国々からの、朝鮮の完全な独立」であるが、それは、独立後の朝鮮の日本への従属化を意味する。[11]〈文二〉は清国の分割・分裂論であり、〈文三〉は日本の（清国分割への参加を含む）大陸進出論である。最後に〈文四〉には、これらの前の文とは違う〈日、清、朝鮮の三国協力や日朝提携〉と、福沢の持論である文武両面の方略に基づく国権拡張論とが混在する。ここで福沢は、持論と状況的表現、別の言い方をすれば、本音と建前を同時に展開しているといえる。そうしているのみだからこそ、この間の不一致は、彼にとっては何ら問題にならなかった。あるいは、彼はそれ自体の矛盾を意識していなかったかもしれない。

朝鮮への出国を祝う送別会で、井上角五郎は、「朝鮮は日本と同じく開化に進み日本流となり日本化し支那より今日の如く干渉を受けず謂《いわ》ゆる独立の一国たらしめる、若し彼に独立の資力なしとせば寧ろ日本の善政を布き日本の徳教を行ふ是が我々結局の目的で有る」（「渡韓の目的」『故紙羊存』第一、一―二）と語った。つまり彼は「福沢先生を始め同窓の先輩が多く列席」（二）していたこの場で、「朝鮮の改造、開化・独立＝日本化」、および傍点部分の「朝鮮従属化＝植民地化」こそが、「是が我々結局の目的」だと述べているのである。[12]

（三）　脱亜論の実像

今永は、福沢のアジア観を次のように捉えている。「〈文章A〉福沢思想にはアジアを蔑視し否定する思想が当初から内在していたと推定されるが、しかし、少なくとも明治一四年の政変以前においては、彼は中国・朝鮮の近代化をも期待し、西洋列強のアジア侵略に対して三国の大義＝協同を説いた。〈文章B〉そのような福沢のアジア観は、やがてより明瞭な中国・朝鮮に対する蔑視観へと転位し、明治一八年（一八八五）、「脱亜論」が公表されるにいたったが、彼のアジア観には、文明論的アジア論提示の段階において、すでに蔑視思想は萌芽しており、東洋を停滞社会として認識する理念が内在した」（今永清二　一九七九、一九三―一九四）。この〈文章A〉には、以下のような理由から同意できない。第一に、福沢には当初からアジアを蔑視し否定する思想が内在していた。それはもはや「推定」の問題ではない。第二に、現存する史料によれば、福沢は「三国の大義＝協同」を説いたことがない。しかも明治一四年以前というなら、今後そうした史料が発見される可能性はなおのこと薄い。第三に、明治一四年以前においては、彼が清国・朝鮮の近代化を期待したことはなく、そこには清国・朝鮮蔑視観や脱亜意識などがあるのみであった。明治一四年以後には朝鮮の近代化を期待したことがあるのではないかという意見もあろうが、それは前述したように、一時的かつ限定的な期待であり、さらに不純な動機と目的に基づく政略的な期待だった。また福沢は明治一四年以後にも、清国の近代化を期待したことはない[13]。

このような誤った把握は、〈文章B〉の「転位」が象徴するように〈アジア連帯論から脱亜論への転換〉のような図式的捉え方に起因する。今永は「丸山眞男氏によれば福沢のアジア観は、アジア連帯→アジア改造→アジア分割の三段階に分けられる」（二〇七）と、丸山の線形の図式を無批判に採用してしまっている。図式的転換説や、それにともなうアジア連帯論対脱亜論のような対立構図は、こうした誤った線型の図式的前提に基づいているため、必然的にその結論にも重大な誤りが生じている。そもそも福沢にはアジア連帯論それ自体が存在していないため、そうした転換や対立は最初から存在しえなかった。転換や対立がないのだから、彼のアジア蔑視観や、脱亜意識は一貫して存在し続けた。これらは当初から単に「内在していた」と述べるだけで十分である。彼の持論と状況的表現とを区別せずに扱うために、「転位」という誤った理解が生まれてしまうのである。

さて、今永の先の文章は、直後に「坂野潤治氏は〔同氏一九七四の論文のなかで〕アジア改造を朝鮮の改造＝日本化、すなわち日本の朝鮮進出と規定し、これをアジア侵略論の第一歩とされる」（同）と記している。その通りだが、しかし、坂野説を丸山の図式的捉え方と同列に論ずることはできない。坂野説は、前述したように、そうした図式的捉え方そのものへの批判だからである。

ただし坂野説にも、転換説に基づくかのような表現がある。坂野は、同著一九七四のなかで、「八四年九月四日の『輔車脣歯の古諺恃むに足らず』という社説において福沢は東洋盟主論の放棄、脱亜論への転換をはっきりと示している」（四六）と主張している。これは、もはや『時事新報』の論説「脱亜論」をもって〈脱亜論への転換〉を主張してはいけないということを示唆しようとしたものである。しかし、そうした主張をしようとすると、今度は東洋盟主論（の放棄）という別のきっかけをもって脱亜論への転換があったということになってしまう。これも一種の転換説のようだが、しかしその内実は、ほかの図式的転換説とは異なっている。とくに連帯論からではなく、盟主論から脱亜論への転換というところに注目してほしい。

坂野によれば、日本のアジア進出を正当化する論理を〝東洋盟主論〟と呼ぶ（同右、四一）。彼は「福沢はいかにして東洋盟主論と日中決戦論とを両立させえたのであろうか。この疑問に答えるためには、イデオロギーとしての対外論と具体的な対外政策との相互関係を（略）検討しなければならない」（同）と述べる。つまり、イデオロギーとしての対外論＝福沢の持論（の無変化）と具体的な対外政策＝状況的思考（の変化）とを区別したうえで、両方の相互関係を検討すべきだというのである。このように区別して検討すると、東洋盟主論と日中決戦論とは両立することがわかる。というのも、両論は実は福沢の持論に内包されている論、つまり国権拡張論＝アジア進出論の構成要素だからである。ゆえに、たとえ「東洋盟主論から日中決戦論へ」を転換と呼んでも、実は、論自体の転換ではないのである。この両論の間には、具体的な対外政策レベルでの転換が存するのみであった。これは東洋盟主論と脱亜論との両論にもあてはまる。つまり、坂野のいう「東洋盟主論→脱亜論への転換」とは、論自体の転換を意味するのではなく、両論の間の具体的な対外政策の転換を指しているのである。

かくして福沢は東洋盟主論と日中決戦論とを両立させた。ところが壬午軍乱を経る過程で、彼は清国の力を侮れず、それが「朝鮮の日本化」への脅威となると意識しはじめた。坂野によれば、福沢の東洋盟主論にとって第一の危機は、中国の軍事力が強化され、朝鮮問題に関して日本の東洋の盟主としての資格が脅かされたときであった。その第二の危機は、〝文明〟という点においても日本の中国に対する優越は永遠のものではないことを福沢が意識するにいたったときであった（同右、四四）。「この時点で福沢の東洋盟主論は朝鮮盟主論に後退するか、あるいは他に何らかの日本の役割を発見するか、どちらかを迫られ」ることになった（四五）。そこで福沢が発見したものが脱亜論であり、それを示すものが「輔車脣歯の古諺恃むに足らず」との論説であったということである。とはいえ、坂野によれば、この両論の間には何の〈転換〉もなく、具体的な対外政策の転換（＝新政策の発見）や、状況的な思考や表現の変化があったのみだとされている。

そもそも「脱亜論への転換」以前から、それを暗示するようなかたちで脱亜意識や脱亜論を示している福沢の論説や著作は数多い（その一部は既に紹介した）。福沢にとって、脱亜意識も脱亜論もあえて区別する必要もなく、幕末以来一貫した彼の自意識、持論の一部だったのである。坂野や他の論者の説にしたがえば、[14]「脱亜論」との題名が付いているからといって、それに取りつくこと自体がそもそも誤りであり、この論説をもって〈脱亜論への転換〉を主張することは論外なのである。ただし「脱亜論＝幕末以来一貫した福沢の持論」という筆者の主張からいえば、坂野の「東洋盟主論の放棄、脱亜論への転換」は、一般の誤解を避けるために、たとえば「東洋盟主論の変質、脱亜論＝アジア進出論への回帰」というようにその言葉の表現を修正する必要があろう。これまでに述べてきた主張は、第一に論説「脱亜論」をもって福沢の脱亜論を論じてはならないこと、第二に福沢の思惟は「旋回、転換」せず、それ以前からアジア蔑視観や脱亜意識の点で一貫していたという二点に要約できよう。

二　王道と覇権

福沢の持論は国権拡張論であり、そのなかには一貫して覇権追求意識があった。それは基本的には変わらず、それに関する彼の状況的認識や表現が変わっていっただけであった。別の言い方をすれば、対外思惟空間での王道と覇権の間で、彼は常に後者を選択していた。これに対して鄭と兪の二人は、東西をこえる「普遍」の道義を求めていた。しかしながら、二人が覇権に全く無頓着だったわけではない。二人も、現実にあわせて状況的認識や表現をかえているため、ときおりあたかも覇権や力を肯定するような、国権拡張論めいた言説もあらわれる。以下、その実際を明らかにしていこう。そのためには、やはり、コンテクストに照らして前後の文脈をともに考察することが必要となる。とくに兪については、適宜、福沢の類似した言説と比較してみたい。

国権拡張論めいた言説

一八八三年一月に日本から帰国し、同年七月に渡米し留学するまでの半年間に、兪は「苧社輯訳」の論説や論文、また『世界大勢論』を著わした。同年一月、統署の主事となった彼は、弱冠二七歳の青年であった。改革政策の一翼を担っただけに情熱に燃え、また慶應義塾留学から帰国したばかりであり福沢の影響を強く反映していただろう。『世界大勢論』はまさにその時期の著作である。そこには福沢の後期著作からの影響があったかのような国権拡張論めいた言説が表れる。一つは「競争論」の結論部の最後の文章、もう一つは『世界大勢論』所収論文の一篇である「自由大略」のなかの文章（三ヵ所）である。

（一）「競争論」

まず「競争論」の結論部を引用してみよう。

これ［朝鮮の開国］は我兄弟の競争区域を拡張し文明富強の編緒を開くものである。したがってその気力を旺盛にして競争の眼目を遠大にし、上下同心して競争の精神を活潑せしめ、その異なる者を異とするに止らず、進んでその得失を察し、その奇なる者を奇とするに止らず、進んでその便否を審らかにする。また自国の事物を執取して彼国の事物と比較し、彼の事物に畢然我が事物より優るものあれば、取って我が短を補い、我が事物に果然《かぜん》彼の事物より長《た》ける［もの］あれば、永久保存してその長を益《ますます》長けさせる。これによって一国の文明を進めて一国の富強を成し、国威をして万邦に震轟させ、国光をして四海に照曜させることを余等《われら》は希願する。（『全書Ⅳ』五九―六〇）

このなかの傍点部分には国権拡張論めいた表現が見られる。この文章には福沢の著作『概略』、『通俗国権論』などの主張の一部が投影されている。なかでも『概略』一章、十章の影響は大きく、またこの傍点部分には『通俗国権論』四章の趣旨が反映されていると考えられる。それではこの傍点部分は、兪における国権拡張論もしくは「大国主義」の認識を表すような表現だと解釈すべきなのだろうか。

　この引用文に限れば、兪は福沢の『概略』一章の趣旨、つまり価値判断の相対性、両眼主義、採長補短論などを引き入れたと考えられる。しかし両者の表現は類似しているにもかかわらず、両方の内実は異なっている。たとえば『概略』十章にあるような「外国交際＝病、痼疾」(15)というような表現は、「競争論」には見当たらない。とくにこの引用文と、福沢の『通俗国権論』四章「内外の事情を詳にする事」の最後の文章は、表現も論調もかなり似ている。これらを比べてみよう。

内外を比較して利害を詳にすることあらば、或は今後尚変化を要するものもあらん、或は已に既に変化に過ぎたるものも多からん、其取捨最も難くして之を断ずるの明ある者は天下に稀なる可し。（略）既に固有の文明あり、何ぞ故さらに之を棄ることを為《なさ》んや。固有の智力を以て固有の事を行ひ、兼て西洋の事物を採て以て我固有のものと為し、棄るは極て少なからんを欲し、採るは極て多からんと欲す。事物益《ますます》繁多を致して智力益活動を逞うし、小は人生一身の本分を達し大は独立一国の権を興張せんこと、余輩《よはい》の常に願ふ所なり。（『全集四』六二四）

『通俗国権論』四章は、同著の趣旨たる「国権確立による国権拡張」論のなかでも主に国権確立について説明されている章であるため、引用文には、国権拡張論を克明に説く七章の表現と対比すれば、傍点部分のような比較的に穏やかな表現が用いられている。この傍点部分は、その言葉の表現通り、あるいはその前の文脈を読んでみる限り、必ずしも福沢の国権拡張論を表すものではなく、むしろ西洋諸国の国権拡張への対抗心や日本の国権確立への意志に力点が置かれたものだと解釈することも可能である。この文章を、兪は正論だと感じ、先の引用文のように、自分流に表現したのではなかろうか。

　こうしたものである以上、両者の傍点部分には、「国威をして……照曜させる」と「独立一国の権を興張せん」という表現の差はあるものの、論調がある程度類似していてもおかしくはない。表現の差異からいえば、一見、兪の方が福沢以上に国権拡張論の方に傾いているようにみえる。兪の表現のなかには、国権拡張論が説かれた福沢の『通俗国権論』七章以下の影響が及んでいる可能性があるからである。しかしこれらの文章を見る限り、両者はともに国権拡張への対抗心や国権確立への意志を示すにとどまっており、兪の心理や意志が、この後、福沢のように国権拡張論へと発展するか、それとも国権確立論の範囲内にとどまるかはこの傍点部分からだけでは判断しきれない。なぜなら傍点部分は両方の論理のどちらにも発展し展開しうる可能性をもっているからである。その意味で、傍点部分は国権拡張論めいた言説ではあっても、国権拡張論そのものだとは言えない。より的確な判断のためには、文言の細部にとらわれず両者の文脈や、両者の持論の全体的な流れを考慮する必要がある。

前述したように、『通俗国権論』七章では福沢の持論＝国権拡張論が展開されている。その特徴的な部分として、「最後に訴ふ可き道は必死の獣力に在るのみ。語に云く、道二つ、殺すと殺さるゝのみと」(六三六)、「大砲弾薬は(略)無き道理を造るの器械なり。(略)各国交際の道二つ、滅ぼすと滅ぼさるゝのみ」(六三七)、「外国は必ずしも韓に限らず、英佛も外国なり魯西亜も外国なり、之を征伐して可なり」(六四一)などの好戦的な表現が挙げられるだろう。両者の表現を丁寧に比較してみれば、福沢の説く競争の論理、外国交際の原理と、兪のそれとの間にはかなりの違いがあることが明らかになる。兪は福沢のこれらの表現に対して、同調どころか、むしろ反発をもっていた可能性が高い。これは明らかに師の表現を黙殺することによる師の持論への〈不作為の批判〉だからである。

福沢のいう「独立一国の権を興張せんこと」は、西洋諸国の国権拡張への対抗心を表すことから始まるが、その対抗心はしだいに変質して同調心と化し、最終的には欧米列強への同調論理としての国権拡張論にたどり着く。これに対して兪の「国威をして……照曜させること」は、国権拡張論めいた表現であっても、対抗心はあくまで対抗心として保持され、福沢のようにこれが同調心に変質していく様子がない。したがってこの言説のみをもって、兪が国権拡張論者だったとは言えない。表現は一見福沢の言説を「模写」したかのようにみえるにせよ、その内容には大きい違いがあるからである。

それぞれの異種交配の過程や、その結果として導き出された論理・原理には、両者の思惟構造・様式、ひいては両国の文化伝統の差異が大きく影響を与える。そこで兪の言説を朝鮮の文化伝統に照らしてみれば、また別の解釈も成り立つ。彼の用いる「国威」「国光」という言葉は、実は欧米近代的な自国中心的ナショナリズムを指すものではなく、欧米と朝鮮の両文明のもつ〈正〉を異種交配させ、より普遍的に高揚させた自文明の権威、またその光として理想化されたものである。そうした意味での「国威」「国光」を「万邦に震轟させ、四海に照曜させる」ということは、自国のみの国権拡張ではなく世界の普遍文明化を含意する。そこには彼の ── 朝鮮伝統の ── 儒教的な文化大国意識や東道の拡張＝拡散の意志が反映されているのではなかろうか。こうした側面は、近代の国際政治においては十分に理解されず、それゆえこれは〈未発の契機〉に終わることになったのである。

次に「競争論」の文脈にみる競争の論理を考察してみたい。その冒頭には、「人生の万事には競争に依持せざるものがない。大に天下国家の事から小に一身一家の事まで悉《ことごと》く皆、競争に由りはじめて進歩できるのである。万一人生に競争することがなければ、何物をもってその智徳と幸福を崇進することができるだろうか、国家に競争することがなければ、何物をもってその光威と富強を増進することができるだろうか。大概競争とは、およそ研智修徳する事から文学技芸や農工商の百般事業に至るまで人々がその高卑優劣を互相比較し、他人より超越するのを欲するものである」（四七－四八）との記述がある。ここにも『概略』『通俗国権論』などと共通する表現が用いられている。たとえば、智徳論を扱った『概略』の三～七章には「文明とは結局、人の智徳の進歩」（三章、四一）、「文明は人の智徳の進歩」（四章、五一）などの表現がある。また『通俗国権論』のとくに六～七章では「争ふ、競争」という言葉がしばしば用いられている。

しかしここでも、表現は似ていても両概念の示している内容にはかなりの違いがある。兪の競争は、それこそ人々・国家の進歩を促すもの、つまり、人々の「智徳と幸福を崇進」や国家の「光威と富強を増進」のためのものを指す普遍的な概念である。一方、『通俗国権論』における福沢の競争は、戦争を想定したものばかりである。「内に勢を得て以て外に権を争ふ可きなり」（六三四）、「欧洲各国の交際は恰も禽獣の餌食を争ふもの」（六三七）、「我日本の外国交際法は、最後に訴る所を戦争と定め（略）競ふの一法あるのみ」（六三八）、「一国の人心を興起して全体を感動せしむるの方便は外戦に若くものなし」（六四一）、「兵器既に改まり兵士既に熟し、人民又戦争に慣れたり。此時に当り外国と兵を交るに於て何の恐るゝ所あらんや」（六四二）など、これらの表現にみる競争は、「弱肉強食」の世界における勇ましくも陰惨な戦いのイメージに基づいている。こうした競争観、あるいは競争の論理は、兪には全く見当たらない。

競争の論理の相違について、兪の側のそれをもう一つ確認しよう。

天下の国家に有益なるものは（略）此の競争する精神が甚だ強大かつ高遠なることである。（略）則ち一国人民の智徳が日々増進する所以《ゆえん》然は、競争する気力に富むことにある。（略）余等は一国人民のためにこの気力が益強益盛し、且高且遠することを希望する。昔し仲尼［孔子］曰く、射するに揖譲して昇り、下りて飲む、其の争が君子なりと。それは、［君子は］大概競争の気力をもっているが、しかしその争う所においては賤陋《せんろう》な所がない［との意味である］。（四九－五〇）

傍点部分の原文は、「君子は争ふ所無し。必ずや射か。揖譲《ゆうじょう》して升《のぼ》り、下りて飲む。其の争や君子なり」（『論語』八佾《はちいつ》）である。読者の理解を深めるために、『論語』の該当箇所の現代語訳を参照すると、「君子は人と得失を争い、勝負を争うということがない。もしかりに争うことありとすれば、それは必ず射礼の場合であろうか。しかしその場合においても、極めて礼儀正しい。互に鄭重に挨拶を交わして堂に上って弓を射、射終えると、又鄭重に挨拶を交わして堂を下りて来る。そしていよいよ勝負の決した後に、又互に挨拶を交わして酒を飲み合う。このように互に礼譲を失うことがないから、これも争いといえば争いではあるが、その争いたる、まことに君子人の美しい争いというべきである」（諸橋轍次　一九九五、四四）ということである。これこそが兪の競争の論理である。しかし、これに対して趙は兪の真意を曲解するような解釈を導き出している。

こうした競争精神の無条件的称揚は、現実の弱肉強食的世界状況の中で朝鮮は勝者にならなければならず、力が正義であって人道は正義に非ず、従って力なき者は悪であるという命題を導き出す。（略）すなわち兪吉濬は、勝者の立場＝欧米列強の立場に立つことをやむを得ざる選択として是認しているのであり、そのことから彼の論理は自ずと欧米列強の現実の侵略行為を合理化する結果を招き、更には朝鮮も欧米列強のようにすべきだという結論を下すに至ったのである。（趙景達　一九八五年三月、六七―六八）

かくして趙は、「競争論」における兪の主張を「朝鮮大国化の方向を模索したもの」（六八）だと解釈する。しかしこれは、一部の言辞に拘りすぎた見当違いである。

たしかに兪は競争精神を称揚するが、それはあくまで条件付きの称揚であった。また彼は、現実を不可避的に弱肉強食になる世界だとは考えておらず、それゆえそこから「力が正義、力なき者は悪」というような命題を導き出すこともない。もちろん、彼は現実に近代のもつ正負の両側面を見つめており、そこに弱肉強食的世界状況の面があることは十分に承知している。しかし、そうであってもあくまで現実は道義ある世界であるべきだという彼の信念は揺らがない。ゆえに道義から弱肉強食へと乗り換えるという発想は生まれず、道義が固守される。彼の構想した〈未発の契機〉は、趙のいう「朝鮮における大国主義」（八五）すなわち「朝鮮の大国化」などではなく、むしろ「世界の道義化」だったといえるのではなかろうか。(16)

最後に兪の『西遊見聞』の「人世の競励」に少し触れておきたい。ここで彼は、競争の代わりに競励という造語を用いている。彼によれば、「競励と謂うのは、論議し争い詰める紛競ではなく、善を進める勉励を指す。競励する道を善用すれば則ち人世の大福を成し、競励する道を誤用すれば則ち人世の大禍を醸す」(『全書Ⅰ』一五四)ものである。これは〈他者〉への配慮を前提とした「善、道」に基づく競い励みであり、〈他者〉と〈自己=他者の他者〉を顧みずに、自分の利益や主張のみを「争い詰める紛競」は否定される。この「競励」論は先の「競争論」のさらに高尚に発展した形態であり、師福沢のみならず、当代思潮の負の側面に対する峻烈な批判、強力な抵抗となりうるものであった。[17]

（二）「自由大略」

「自由大略」のなかに国権拡張論めいた言説あるいは〈拡張〉という言葉が含まれている文章は三つである(それぞれを文一、文二、文三と表記する)。文一は「世界の一部が開化域中に進入するにこれより文明歩驟《ほしゅう》[進歩]に随い、人民各自一身の権利[元の文には権理]および一国の権利を拡張する風が盛んに行われる」(『全書Ⅲ』八九)である。[18]

この文章の趣旨を、兪自身は次のように説明する。

一身の権利は(略)国家の政法を紊犯《ぶんぱん》せず、他人の事物に害を貽《のこ》さぬ限り、無論どのような事をするにも随意行ったり止めたり自由にし得るものである。したがってそれを、政府は、人民の行う事が憲法、律則を背き戻《そむ》らぬ限り、国家の威力で空然と譴罰《けんばつ》することができない。一方、国内政治の一切を自ら行い、他国人といっても国内に来往する時は本国の法律で管轄し、秋毫も仮借することがない。これを一国主裁権という。また、およそ国は各自独立し(略)国中の政事を大小なく秋毫も他国の干渉と侵略を受けることがない。これを一国独立[権]という。また、各国は皆同等である。大体国には大小があり、兵士の強弱があるが、しかし我が礼を以て彼に答え相兄互弟して、秋毫も尊卑の分別を設けて行うことがない。これを一国同等権という。この三大権を合体したものが、即ち一国の権利である。（九〇－九一）

この主張が、人権、国権の確立論であることは一読すれば明らかである。文一で彼のいう人権、国権の〈拡張〉とは、その確立あるいは自己主張を意味しているのである。また彼は人権と国権との関係について、「文明国の人民は、内に則ち一身の権利を主張し外に則ち一国の権利を主張する。（略）今日の世上を称して人権国権の世界というに、大体人権は一身の権利、国権は一国の権利である」（九一）と両者の並立を主張する。

文二は、「人権を拡張せんとすれば則ち漸次に政治を修良し行実を整齊することにある。国権を拡張せんとすれば則ち兵力を養わねばならない」（九一）という文章である。この文章の趣旨は、それに続く次のような文章をみれば明らかになる。

我が国の人は外国に居れば、外国法律に従わざるをえないが、しかし外国人の我が国に在る者は我が法律で罰することができない。これが、所謂治外法権である。他国にはその海関税額を任意に高低する権があるが、我国には［……その権がない］。我が公使は率兵して外国へ往けないが、外国公使は率兵して我国へ来ることができる。これらは、実状、一国の三大権を損失し、その光栄が保有できなくなる事である。その理由を詳細に推察すれば（略）我国に兵力のない然故《ゆえん》である。（九一－九三）

この引用文から、兪は、朝鮮における不平等条約の存在に不満を持っており、その条約改正を考えていたということが読み取れる。ともあれ彼が養兵を主張する目的は、双務的な治外法権や関税自主権の獲得、また「三大権」の確立や自己主張にあった。文二でいう〈拡張〉も、あくまで国家主権の確立や自己主張の範囲を超えるものではなかった。

文三は、「平時には兵力を以て国威を揚耀し、一朝有時の時節に当たれば則ち兵力を以て勝敗を決断する」（九九）という文章である。この続きの文章には「兵力がこのごとくならざれば、一国の権利を護衛することができない」（同）とある。したがって「兵力による国威の揚耀」とは、「一国の権利を護衛する」という目的を超えるような別の意図をもっていない。そしてこの後の文章では、「今日は昔時のごとく無名な軍事を起してはいけない」、むしろ「公法に準拠し、事機を推察し」（同）なければならないという。つまり、文三の趣旨は養兵目的＝国権護衛であるが、そのなかに無名な軍拡・戦争に対する批判意識が含まれているのである。[19]

これと関連して、兪と福沢の養兵論にあたる著作からそれぞれの趣旨の相違を確認したい。まずは兪の『西遊見聞』の「養兵の制度」の冒頭を引いてみよう。

> 軍士は民と国を護衛する防衛である。外国の侵伐と内地の乱暴があれば、その時、これに藉《かり》て保守する方策と鎮圧する道理を行う。（略）養兵の事は政府の当然な職分であるが、しかしその強に自ら恃んで弱い者を蔑視し、その大を自ら矜して小さい者を薄待するのは、軍士を設ける本意ではない。これは貪《むさぼ》り戻《もど》る野蛮の行実である。
>
> （『全書Ⅰ』二六一－二六二）

養兵の目的はあくまで「自国の保守＝自衛、内乱の鎮圧」に限るものであり、しかもそこには道理が必要である。傍点部分は、社会進化論や国権拡張論など当時の時代思潮に対する辛辣な批判となりうるものであった。次に福沢の『兵論』の冒頭と比べてみよう。

立国に兵備の缺《か》く可らざるは今更特に喋々《ちょうちょう》の弁を俟《ま》たず。外国交際の事実に就ては、今世は尚未だ道理の世界に非ずして武力の世界なり。或は語を少しく文飾すれば、口によく道理を言ふて実際に武力を用るの世の中と云《い》て可ならん。（二九七）

両引用文からわかるように兪と福沢の主張には、非常に大きい違いがある。

『兵論』のなかで福沢は、「現行は武力侵略の活劇場と云ふ可し。数千万言の万国公法は硝鉄《しょうてつ》一声の煙を以て抹殺す可し」（三〇四）、「強き者は勝て弱き者は敗す可し」（三〇七）と主張する。これは、兪のいう「野蛮の行実」にほかならない。そして福沢は、「我も亦奮起して共に中原［清国］に鹿を逐はんのみ。（略）我日本の兵力は消極の防禦を離れて積極の遠略に忙しきことならん」（三一三）、「西洋諸国に対し、又近く隣国たる支那朝鮮に接しても、兵力の缺く可らざるは誠に明白ならん」（三一五）と述べている。後に彼は「日清の戦争は文野の戦争なり」（一八九四年七月二九日付の論説）と記しているが、ときに文明が最も野蛮となることは歴史が教えるとおりである。

「王」と「覇」の間

日清戦争の敗戦を経て一八九五年四月の下関条約調印の約半年後、鄭は『盛』五を大幅に増補した『盛』十四を刊行した。この著作には、『易言』にはない多数の論文が新たに増補されている（これはその後も増補を重ねて一九〇〇年刊の『盛』八となる）。増補されたものは、たとえば「道器」、「学校上中下」、「女教」、「議院上下」、「公挙」、「原君」、「自強論」、「条約」、「商戦上下」、「海防上中下」、「辺防一〜九」、「弭兵《じへい》」などである。『盛』十四では、いくつかの論文において、彼の思惟様式のなかに近代主義的かつ状況主義的な主張が増えたかのような印象を与えるものがある。[20] もっとも「道器」、「原君」、「弭兵」など明らかにそうではない ── すなわち、反近代的あるいは中体西用論的な世界像や思惟様式を示す――論文もあるため、ここでは著作全体についての検討は避け、「辺防」の数篇に焦点を絞って検討の対象にしたい。

鄭の一部の論文では、日清戦争の敗戦後から、権力政治を肯定するような言説が見られるようになった。これには、おそらく周辺地域・諸国の植民地化や、「瓜分《かぶん》中土」（中国分割）への危機意識が高まったことが反映されているのであろう。つまり、鄭の現状に対する〈憤激〉〈挫折〉を表現する方向への思惟作用や言説の変化であった。この当時、中国を取り巻く危機意識から、彼の思惟は、「王」と「覇」の狭間を揺れていたと言ってもよかろう。

そもそも「辺防」篇は、文字通り、中国の周辺地域・諸国の防衛に関する連作論文である。たとえば、その一は遼東＝東三省の防備の至急性を説く論文であり、その二は朝鮮と東三省の保全論であった。鄭は、その策として当初は「連横之策、勢均力敵」（七七八）による、欧米列強や日本との「聯盟［同盟］、密約、結［盟］」を主張していた。しかし後に、その策は次のように変わる。

今、ロシアとフランスは各々籌餉《ちゅうしょう》［兵糧］之所と屯兵之所を得、則ち力を併せ、一は北より南へ、一は南より北へ、合い挙げている。英人が強いと雖ども、恐らく相御し難いであろう。況《いわ》んや朝鮮と日本の輔車相依、唇亡歯寒をや。日本の為に計るに、また宜しく速やかに英国と立約し、同じく朝鮮、遼東の保つを各国に布告し、合同保護せねばならない。（略）中、英、日が合すれば、朝鮮および中国の辺省を固めることができる、のみならず、日本と英国の属土もまた固める。東方の太平之局を保つことも難しくない。（七八〇）

これは、日清戦争後に後から挿入された文章である。そこでは、朝鮮と東三省の「合同保護」すなわち中立化案が浮上している。清国は、日本と英国の「属土」＝植民地を既成事実として認め、日英の植民地主義への批判意識をいったん後退させた上で、現今の至急課題として朝鮮や辺省の保護を行うというものである。

鄭は続けて、「中国の為に計るに、また宜しく将に東三省を各国との通商に与《あずか》り、合同保護の地を作らねばならない。無論どの国にも我が内政を干したり、我が主権を損なったり、我が土地を割ることを軽く許してはいけない」（七八一）と主張する。日清戦争の後、周辺の防衛の緊急性とともに中国分裂に対する危機意識が高まり、これに対応して彼の状況主義も目立つようになっていった。たとえば、彼は、「択交之道を得れば仇敵も外援となり、択交之道を失えば隣援さえも皆仇敵となる。誠に宜しく審時度勢し、前の賢法を効《なら》うべきである」、「［日清戦争中］英国が遂に中国を棄て聯日［日本と提携］したのは前後の異轍である。がしかし、我は、この創巨痛深［戦後まだ日の浅いとき］に当たり、強隣が環［周辺］をうかがう時、変法自強しなければならず、また孤立無援してはいけない」のだから、「ロシア、ドイツ、美国と聯盟し、開鉱、借款、鉄路の利を許すべし」と述べている（七八一－七八二）。彼にとって、国際政治において友敵関係が常に変化するという事実は、もはや「非」でもなければ、「信」の立場からの批判対象でもなくなっている。彼によれば、逆にそれを利用し活用するような「審時度勢」の術や政略を作り出すことが必要であり、友邦を作るためなら、利権を許してもいいとまで主張する。これらの術や政略は、彼の〈憤激〉〈挫折〉を反映したものであり、またそれを契機にした〈発憤〉を呼びかけるものだったかもしれない[21]。

日清戦争中、鄭は、日本に「終始積極抵抗的態度」（夏東元　一九八五、六章）をとり続け、戦闘の要路となる地域の官僚とくに津海関道の盛宣懐には対日戦争の方策や建議を提出した（『鄭観応集』下冊の巻十）。敗戦後、彼の予想通り、清国には分割の危機が訪れ、周辺の防衛もますます深刻な課題となった。「辺防六甲午後続」の冒頭にあるように、列強が「先後して中国に向い、皆租界を索有し、侵占の先機を為す」（八〇一）状態、すなわち「瓜分中土」が始まった。ここでどうすれば、清国の独立の保持が可能になるのであろうか。鄭は、「変法しなければ富強することができず、富強しなければ合縦、連衡することができない。所謂勢均力敵［勢力均衡］をしてこそ、和約に恃むべく、私約を訂すべく、公法を言うべきである」（八〇一）と論じ、すぐ後で、「公法も恃むべきではない。当今の世、智に取り［ついて］術を馭《ぎょ》するので［他者や他国の］甘言に凭《もた》れてはいけない」（八〇二）と主張する。これは、鄭も、あたかも福沢の後を追うように、徳から智・力へ、公法から外交術へと思考を変化させたかのように見える。しかし以下の分析から明らかになるように、鄭の思想の内実は、福沢のそれとは大きく異なっていた。

鄭は、「辺防七甲午後続」のなかで、「中日は唇歯之邦である。（略）当に開城布公し、中国と共に密約を訂し、両国の屏藩を連ねるべきである。（略）それを各国に布告し、欧洲のスイスの如く、その各大国の間に自立することを准じれば（略）亜洲の旧国を保つことができる」（八一一）と、「保亜」の一策として、日中「連帯」による周辺諸国の中立化を呼びかけた。たとえ彼の思考が智・力や外交術を重視する方向へ傾いたとはいっても、その傾向は、あくまで「保亜」の域を超えていなかったのである。

ところで、おそらくこの中立化を日本にだけ呼びかけるのは無理だと判断したのだろう、後の『盛』八では、各大国の参加への呼びかけに変わっている。つまり、そこには、「各大国と会盟し、およそ亜洲の屏藩、我が国の海口および欧洲各国の属土、畔連《はんれん》の埠《はとば》［開港場］を公同保護して、欧洲のスイス、ベルギーなどの国の如く、各国に通商を任せ、内政に干預しその土地の貪ることを防ぐことによって、永く太平の局を保つべきである」（八一一）という文章が挿入されているのである。なお、同論文には、剣華堂（姓名不明）の《続罪言・天下大勢通論》との付録が補足してある。次はその結論部である。

［清国が］一旦袂《たもと》を投げて起ち、奮発をして、刑政を明かし、朝綱を粛し、商民を阜《ゆたか》にし、国の本を植えるならば、内に基は既に立ち、外に勢は自ら張るだろう。のち将を選び練兵し（略）その使令を善くして遠交近攻する。日本を取り、高麗を衛して東藩を固め、大将を遣わして南洋に鎮し、安南やタイと結んで南服を綏んじ［……］。あ

> あ！　物極まれば則ち変ず、衰極まれば必ず興する。固より中国の自強之期に患《わずら》いなどはないはずである。余の生にこれを親見《しんけん》するに及ばぬことを惜しむのみ。悲しいかな！（八一五）

ここには、剣華堂の〈発憤〉そして〈挫折〉の跡が見られる。発憤の際の言葉は、ときおり国権拡張論的にも響く。「王」と「覇」との狭間で悩みながらも、鄭は、剣華堂の心意気に同調して、この論文を付録としたのであろう。

中国人の〈発憤〉にもかかわらず、清国の内外情勢はますます悪化していった。ロシア、ドイツ、フランスの三国干渉（一八九五年四月）により遼東半島の日本への割譲は免れたものの、それを機に清国分割競争が開始された[22]。一八九八年以後、ドイツの膠州湾租借、ロシアの旅順・大連租借、フランスの広州湾租借、英国の九龍半島および威海衛の租借、また各種利権の売り渡しが起き、中国人の怒りは広まった。

康有為らの「清議」改革派は戊戌政変（一八九八年六〜九月）を起こすが、失敗に終わった。義和団事件（一九〇〇年）と、その代償も現状の悪化をさらに加速させた[23]。この間は中国人にとって発憤につぐ発憤、挫折につぐ挫折の連続であった。鄭は「辺防八甲午後続」のなかで、「太平の経は、この兵数を制することにある。そして将領は又皆武備学堂から出て、便《たちま》ち無敵之勢を成す」（八二四）と述べる。彼が本当に「太平の経」は武力にあると信じていたはずはない。これは、〈発憤、挫折、憤激〉が混じりあった彼の「嘆き」の表現と解釈すべきではなかろうか。

> 近聞によれば、英国とロシアは密約を聯ねる。大旨は［万里］長城以北に英国はロシアに干預せず、長城以南にロシアは英国に干預しないことに外ならない。併せて聞くに、ロシアと日本もまた将に聯盟の挙がある。（略）中国は独り立って与にせず、誠に岌岌《きゅうきゅう》［大変危険］になり、終日之勢［衰亡之勢］になってはいけない。秉国鈞者［国政をになう大臣］は、それ［密約や聯盟への対策］を亟《すみ》やかに図れ！（八三一）

当時、一八九八年に英独協定、一八九九年に英露協定など、清国本土・東三省（や朝鮮）での利権を求める列強の秘密協商が次々と結ばれていた。傍点部分の「密約」とは、一八九九年の英露協定を指す。また朝鮮をめぐって、一連の日露（秘密）協定が結ばれようとしていた。傍点部分の「聯盟」とは、これらの一連の日露協定を指す。しかし一八九六年の小村（寿太郎）・ウェーバー協定、山県（有朋）・ロバノフ協定、一八九八年の西（徳二郎）・ローゼン協定は、いずれもまだ暫定的なものであった。そこで鄭は、清国政府が、これらの秘密協商・協定への対策を早く図るべきであると〈発憤〉する。

一方、「辺防九甲午後続」には、「聞くに八国の兵が京津〔北京・天津〕に入り、官紳を殺害しなかったのは日本と美国である。その紀律の厳を見ることができる。彼〔日本〕は、なお同種、同文の誼を顧み惜しむことを知る」（八二八）という記述がある。義和団事件に際して八ヵ国連合軍が北京に侵入し、各国公使館の囲みを解いたときの出来事である。連合軍の総兵力は約二万であり、その半分は日本軍であった。このとき日本軍は規律厳守、公法遵守をし、いわば「文明国の軍隊」としての仲間入りを果たそうとしたとされている。それを、鄭は称賛している。彼は日本や日本軍への〈憤激〉は〈憤激〉だが、その「正」は「正」、「礼」は「礼」だというのである。そして彼は、「大修政令、百度維新すべし」（同）と〈発憤〉する。おそらくそれは、明治日本に倣うべきであるとの意味を含んでいるのであろう。

しかし、義和団事件以降にも、中国分割（や朝鮮支配）をめぐる列強の勢力競争はエスカレートしていった。こうした危機状況のなかで、鄭の危機意識も増し、一刻も早くこうした状況変化に対応しなければとの焦りが生じたはずである。もっとも、それでもなお彼は、「王」を捨て、「覇」を選ぶどころか、「王道」「大同」の理想を諦めていないのである。儒教的色彩が強い「道器」を著作の冒頭に置いたことはその一つの決意表明であろう。そのなかには「強必以覇服、覇必以王服」「由強企覇、由覇図王、四海帰仁、万物得所」（一四三、本書の第一章の「変法と東道」で前述）との表現がある。

『盛世危言』の最後の章は「弭兵」と題されており、文字通り、それは「軍縮、戦争否定」論であった。そこで彼は、「夫《そ》れ天下は、生れて久しく、一治一乱する。古今、諸国の弱肉強食、虎視鯨呑がなかったのではない。（略）蓋《けだ》し天地の殺機、今日に至り尤《もっと》も酷く尤も烈しい」（九二三）、「各国は和を失い、釁《すきま》さえ開かれれば、大抵外に信義を托して、陰に併呑を肆《ほしいまま》にする。（略）何ぞ不仁不義の甚だしからんや！」（九二四）、「夫れ保民と殃民の孰《いず》れか善からん？　守土と辟土の孰れか公ならん？　その強弱を百年に争うよりは、何ぞ千載［年］に太平を享ける如からん？」（同）と、さまざまな表現で戦争を嘆いている。

孟子かつて之を言う『孟子』梁恵王上」、〝天下は何に定まるや？〟と。曰く、〝一に定まる〟と。曰く、〝孰れ能く之を一とせんや？〟と。〝殺人を嗜《この》まざる者は能く之を一とす〟と。夫れこの殺人を嗜まざる心は即ち天心である。異日、大乱が極まり経人は出、地球を総じて之を渾一する。（略）その時におよび経人は生まれ（略）独り臈然《ろうぜん》として仁民愛物の意を以て斯世を大同に返す。（略）その時、船はその堅を失い、砲はその利を失い、智力はその巧を施す所なく、器機はその長を擅にする所ない。是に六合の外と八荒の内は、礼を斉《ととの》い徳を道《い》い、武を偃《ゆる》め文を修め、天下万国は含生負気の倫を合し、一物もその所を得ざるはない『書経』武成」。しかる後、天の心は始めて大に安んじ、経人の心は始めて大に慰《なぐさ》む。上は天道を揆《はか》り、下は民情を察し、古を酌し今を准じ、微を見て著を知り、四夷が賓服し、来享し来王し、五百年の名世その期が生れるのも亦遠からざるのみ！（九二四－九二五）

この文章には、近代の〈負〉にたいする峻烈な批判、一種の「反、超、脱」近代主義がこめられているといえる。

三　「保国」と「亡国」

〈発憤〉から〈挫折〉へ

一八九四年五月初め、「甲午農民戦争」（第一次）が勃発した。東学のもつ革命思想の実現をめざした農民軍が〈発憤〉し、社会・政治改革を要求したのである。その鎮圧のために朝鮮政府は清国軍の出兵を求めた。六月五日に清国軍は仁川《インチョン》から牙山《アサン》に向かい、六月九日には居留民保護を名目に派遣された日本軍も仁川に到着した。同月一一日、朝鮮政府が農民軍の「弊政改革」要求を受け入れ、農民軍は朝鮮政府軍との和議を結び、全州から退いた。[24] 農民戦争が鎮静化した後も、日清両国軍は朝鮮から撤退せず、日本軍はその後も兵力を強化した。袁世凱と駐朝鮮日本公使大鳥圭介《けいすけ》（一八三三―一九一一）との共同撤兵交渉は、日本の外相陸奥宗光《むつむねみつ》（一八四四―九七）の指示で中止され、日本側は朝鮮内政改革を清国に提案した。これが日本側の予期どおり、六月二一日に清国に拒否されると、日本は単独介入を決意、大鳥公使は六月二六日に改革案を国王高宗に提出した。ここから甲午改革の第一段階が始まった。[25] その間の六月二三日、兪吉濬は統署の主事に復職した。[26]

同九四年の七月二三日、日本軍は朝鮮王宮を制圧、大院君を擁立し、政府の摂政に任命することに成功した。いわゆる甲午政変である。これを契機にして七月二五日、日清両国は交戦状態に入った（日本側の宣戦布告は八月一日）。この間、日本公使館書記官の杉村濬《ふかし》（一八四九―一九〇六）は大院君の様子を、「劇務に当りして以て恰も狂《きょう》せん計《ばか》りの有様」（『在韓苦心録』六二、原文はカタカナ）と評している。大院君もまた当時の改革勢力の「新進」開化派とともに〈発憤〉していたであろう。ともあれ、七月二四日には「同君［大院君］の煩労に堪へず且其命令処分は区々に渉るを恐れ」（同）ていた杉村ら日本側は、大院君の改革路線に驚かされることになった。とくに大院君の

「反日」性向を恐れた日本側は常に新たな策略を考え、また次々と変えざるを得なかったであろう。こうして大院君と日本側の協調の名において甲午改革が始まった。この経緯を、杉山は、「［七月二六日に］大院君に謁［見］し群議を統一する為めに評議会を興すの必要を説きしに、大院君敢て異義［議］を云はざるに付、集合所に引取りて再び内議を定め、議員に充つべき人名等をも取調べ、翌二十七日午前十一時参内して大院君に申出でたる処、同君之を採用し、其会をば軍国機務所［処］と称する」（六二）と説明している。これが軍国機務処（略称、軍機処）の発足の模様であり、この時に総裁金弘集、副総裁朴定陽および一六人の議員（計一八人）が任命された。このなかには「大院君派」、「閔妃派」と呼ばれる勢力が完全に排除されていたわけではないが、主導勢力はあくまで総裁と副総裁をはじめとする新進開化派、とくに兪吉濬と彼の同志たる金鶴羽《キムハグ》（一八六二－九四）、金嘉鎮《キムガジン》（一八四六－一九二二）、趙義淵《チョヒヨン》（一八五六－一九一五）、安駉寿《アンキョンス》（一八五三－一九〇〇）らの新進気鋭の開化派であった。

日清戦争の勃発と戦場の拡大や、朝鮮をめぐる不安かつ不穏な内外情勢のなかで、(27) 軍機処は同年一〇月二九日まで存続し、まず「対外（清国からの）独立、自主外交」を標榜する議案一号、二号をはじめとする約二一〇件の制度改革案ないし政策建議案を議決した。(28) その一方で、軍機処は八月一日に「日本政府、出力保認我国固有自主」との議案二二号を議決し、日本側の宣戦布告や出兵を暗に弁護した。しかし日本政府は朝鮮の「実質的保護国化政策」を採択し、(29) これに基づき、陸奥は大鳥に訓令を行い、「日韓暫定合同条款」（八月二〇日）および「日韓盟約」（八月二六日）を締結させ、次いで朝鮮政府内の党派対立を抑えるよう命じた。(30) それは、府内を「親日」一色にする意思を意味していたが、しかし大鳥では、もはや朝鮮政府を統御できなかった。そこで陸奥は公使を更迭し、一〇月二五日、内務大臣井上馨《かおる》（一八三五－一九一五）が新任公使として朝鮮に赴任することになる。

(一)「用日」と「親日」

甲午改革政府の改革推進者たちは、朝鮮保護国化という日本側の「不純、偽善」を「純、善」には変えられないにしても、何とかその逆手をとり、奮発して「用日」改革から「保国」というプランを達成しようとした。しかし「反日」性向の強い勢力からみれば、甲午改革政権は日本出先機関の支援をうけた「親日」政権にほかならない。おそらくこうした勢力は、甲午改革政権による「用日」改革が、やがて「親日」改革に傾き、その結果、「亡国」の危険を導くものだと考えたであろう。

もっとも、当時の「反日」性向は、大院君のみならず高宗や閔氏勢力を含む朝野の開化勢力にも、東学教徒の民衆改革勢力にも、すなわち朝鮮全国にはびこるものだったといえる。当時、朝鮮の王宮を占領して内政改革を強要し、日清戦争へと突進する日本に対して、反感をもたなかった朝鮮人はいなかったはずである。しかしそれも致方なく、勢不利の現実状況において「親日」を装ってでも、日本側の唱える改革に対応し対抗して「純、善」の改革を進めようとする勢力があったのみである。したがって大院君をはじめ、甲午改革に参加した新進開化派を、日本を活用しようとした「用日」派とはいえ、「親日」派とは言えまい。たとえ「親日」といってもそれは、日本側の「純、善」を期待し醸し出すための、そのかぎりにおいての「親」であったといえる。当然、「用日」は、日本の出方によっては、「親日」にも「反日」にも転じうる。

一方、朝鮮の朝廷や政府また新進開化派と、後に加わった開化派の間にも、当然ながら、改革の路線・政策をめぐる葛藤や意見対立は存在していた。それを利用しかつ助長しながら、日本は自国の意図(=朝鮮の保護国化)を貫徹しようとした。そうはさせまいと警戒し牽制しつつ、朝鮮の開化派勢力は「用日」しようとした。両方の政略の駆け引きのなかで、改革政策の対立、折衝などが複雑に飛びかう過程で、甲午改革は始まり進んだのだった。それは、とくに朝鮮側にとっては、急進的かつ外勢依存的な改革で、前途が予測できない危険千万な改革だった。しかし甲午改革政府の主導者たちに、他の選択肢はなかった。

甲午改革が始まった当初の朝鮮政府内の不穏な情勢について、森山は、高宗と閔妃は「時には改革を遅らせるべく新開化派に働きかけ、時には新開化派の分裂を図った」、また大院君も改革推進者たちの「内部分裂を画策させた」（森山茂徳 一九八七、二七）と述べている。しかし、「改革を遅らせる」とは、高宗と閔妃の立場からみれば、「親日改革を阻止し牽制する」とも理解できるため、彼らが「新開化派の分裂を図った」との叙述は額面通りに受け入れられない。また大院君の「内部分裂を画策させた」との叙述も、その解釈を加減せねばならない。当然のことながら、朝鮮の「親日」改革と保護国化との思惑や目標を実現するために、朝鮮側のどの勢力よりも強力に甲午改革政権の分裂を企んだのは日本側以外の何者でもない。日本側の保護国化政策や「親日」改革の要求に対しては、改革推進者たちも強い不満と懐疑を抱いていたことは容易に推察できる。(31)

さて、森山は、「この結果、彼らのうち兪吉濬、金弘集、金允植、魚允中らが大院君派に、安駉寿、金嘉鎮、朴定陽らは高宗・閔妃派に、それぞれ分裂した」（同上）と述べている。「この結果」とは、大院君や高宗・閔妃が、改革推進者たちの「分裂を図った」結果を意味する。しかしこの引用文の見解は、杉村濬の記録による叙述に基づいているため、そのなかには日本側の思惑と視点が入っており、無条件には同意できない。軍機処議員の「派閥性向」について、杉村濬は次のように分類する。

大院君は本来議員を以て自家嚢中の物と為し、旧制を維持し自ら世道と為りて政権を専にせんとする是に於て議員は大別して両派となれり、兪吉濬、朴準陽、李泰容、李源兢等は陰に大院君側に立ち、李允用、安駉寿、金嘉鎮、金鶴羽、権在衡の徒は之に反対し、而して金宏［弘］集、金允植、魚允中の三名は本来大院君に傾き、朴定陽は王妃に傾きし方なるも姑く老人株を守り中立の姿なりし、然るに議事の習として正論は常に勝を制すれば、大院君は窃に之を憤怒し、事に寄せて反対の議員を恐嚇せられたるに因り、反対派は偏に我公使館の後援を恃んで之に当らんと試み、又機を観るに鋭き王妃は早くも其形勢を察し、安駒寿、李允用の徒を使嗾《しそく》して院君の勢力を殺《そ》がんと企てたり。(『在韓苦心録』六六)

まず傍点部分に問題がある。そもそも大院君が「旧制維持、世道政権」を望んでいたとは考えにくい。それは、日本側の都合にあわせて描き出された大院君像にほかならない。大院君は、周知のように、かねて旧制や戚族世道を果敢にも打破した改革政治家であり、後に閔氏世道を誰よりも嫌い牽制した人物だった。しかも現に閔氏政権を倒し、それこそ「旧制維持、世道政権」を打破し、新進開化派とともに甲午改革に取り組んでいる、大院君なのだ。[32]

また杉村による「派閥性向」の分類も、額面通りには受け取れない。議員の間には、議事や議案により、ときに異議対立も動議可決もあったであろう。大院君と閔妃との確執が議員の間に影響したことも事実であろう。しかし兪吉濬が大院君側に立ち、しかも安駒寿、金嘉鎮、金鶴羽らと対立したとは考えにくい。また金弘集、金允植、魚允中の三人が「本来大院君」派だとも言いがたい。もっとも杉村の分類を、まったく根拠のないものとみなすこともできない。たとえば、のち朴準陽《パクジュンヤン》(一八六八–九五)は大院君の「抗日陰謀」に加担し、金弘集・朴泳孝連立内閣(一八九四年一二月一七日〜翌九五年五月末)のときに処刑された。他方、金鶴羽は大院君の下手人《げしゅにん》により暗殺された(一八九四年一〇月三一日)。この朴準陽を大院君派、その犠牲者となった金鶴羽を反大院君派と呼べるかもしれない。ここで大院君の「抗日陰謀」とは「親日」官僚の暗殺計画を指す。その暗殺対象者のなかには金鶴羽、安駒寿、金嘉鎮、李允用《イユンヨン》(一八五四–?)のみならず趙羲淵、朴泳孝、徐光範、そして兪吉濬、金弘集ら九人が含まれていた。[33]とすれば、兪吉濬も金弘集もいわば反大院君派だったということになる。

なお杉村濬は、「兪吉濬は表面正議を装ふも陰に[大]院君派に傾き(略)金鶴羽は厳正に中立して[大院君と閔妃の]

孰へも左袒せざりき」（八〇）と当時の様子を証言している。兪が大院君派だったとは考えられないが、かりに彼が大院君派に傾いたとすれば、それは日本側からみれば、彼が「反日」性向を表したということを意味する。杉村にとっての「正議」とはあくまで親日的立場からの議論である。したがって「正議を装ふ」ように見えたにしても、当時の兪の「用日」の立場を考えれば、表面的に「親日」を装いながら、あくまで日本側の無理な要求には反対し抵抗するといった意味で、陰では「反日」を志していたことが十分に考えられる。それでは金鶴羽の「厳正中立」とは何を意味するのだろうか。それは、おそらく金の剛直な品性に、杉村さえも感銘を受けたことの表れだったのであろう。彼には「性廉貞而剛毅、不屑栄禄、不畏強禦」（「金公鶴羽墓碣銘」一九一〇年『全書Ｖ』二九二）との評判があったという。兪の記録によれば、高宗も、金を「廉直、可持天下平」と評価しており、彼はその期待に応え、甲午改革政府の法部協弁に任じられた際には「克慎克公」に任務を全うしたともいう（同、二九三）。そして、金と兪はともに軍機処議員だったが、政府が都察院（監察機関）[34]の都憲を任命する時に「余〔兪吉濬〕推公〔金鶴羽〕、公推余」（二九五）というほど、両人は親密な信頼関係にあった。[35]要は、彼らの一人が大院君派、一人が反大院君派だったとは考え難い。こうした状況のなか、後に大院君は甲午改革政府に背き、同九四年八月一六日に、五人の密使を「在平壌の清将〔衛《ウェイ》汝《ル》貴《クィ》〕に」派遣し、また「英領事に親交を求め、或は東学党の再燃を促した」（『在韓苦心録』八〇）のであった。[36]

（二）訪日中の問答

兪は、九月三日の軍機処議案一一一号の決議に基づき、一〇月一〇日に報聘大使義和君《ウィファグン》（のち義親王、本名は李堈《イカン》、一八七七―一九五五）の首席随員として日本を訪れた。広島の大本営に立ち寄った際に、彼は伊藤博文に会う機会を得たが、伊藤は「速やかに帰り、井上公使と相議せよ」（「総理大臣伊藤博文問答」『全書Ⅳ』三五四）という冷たい反応を返したのみであった。それでも兪は総理大臣金弘集の訓令（内容は顧問招聘、士官招聘、国債募集の三件）を伝え、また協議しようとした。伊藤は、これに対して「子は官の何品なのか」、「子は下官之道の知る」はずだと詰問し、兪に早く帰れと命じた（三五四—三五五）。さらに伊藤はこのとき、朝鮮の内政腐敗や混乱を責めながら、清国とロシアの侵略野慾を知らぬ朝鮮は「何ぞ亡びざらんや」（三五六—三五七）と訓戒している。その上、伊藤は、「我政府は友邦の急を坐視するを忍ばず、力を出して相救い、勧めて政治を改める。これは誠に隣比の厚意から出る」（三五七）ものだと主張した。

東京に着いた兪は、陸奥を訪れ、外務大臣金允植の訓令を伝えたが、ここでも相談の相手とされず、同じく陸奥にも「速やかに帰り、井上公使と相議せよ」と言われてしまう（「外務大臣陸奥宗光問答」『全書Ⅳ』三六四—三六五）。さらに陸奥は、朝鮮政府の党派分裂の情況などについて、兪を質問攻めにした。これに対して兪は、「天下豈に無党の国あらん。但し党には公私の分がある。もし国に私党があるならば、これは不美な事である。党は皆公であるべきだが、しかし［今の朝鮮には］その［公］党派は多くない」（三六五）、「それは、まだ方向が定まっていないからだ。国是が一つに成り立つ時、皆、将に趨向し、合して一党になる」と答えている。「それを相合する道あるか」との陸奥の質問に対して、兪は、「豈に道なからんや。政府が大権を［収］攬して、諸人に命を聴かせて、異論を与に易える」（三六六）と答えている。兪は、その公・私党論や「求同存異」思想に基づいて、党派統合による公党結成への希望を抱いていた。彼は将来の国是統一、一公党の結成を目指していたのである。

また陸奥は軍機処の内情を兪に尋ねた。これに対して兪は、「改革の意を同じくして、僕は恒《つね》に中間調停の意を抱える。［政府の内部では］立論に異を唱える時もあろうが、しかしこれは、公の為、私に非ず」（三六九）と答えた。そこで兪は、「機務処の少年［新進開化派］は皆吾の同志だ」（三七〇）ともいう。これにはやや誇張もあろう。しかしこれは、兪ら新進開化派の意識を代弁する言説であり、日本人の党派分裂論への抵抗であった。これを聞いた陸奥は、「今相晤《かた》るに及び、前非を大覚した」（三七一）という。しかし、これは多分に社交辞令的返答であったのだろう。現に彼の『蹇蹇録』をみれば、朝鮮蔑視観に満ちており、彼が本当に「前非を大覚した」というほどの確たる証拠はない。そもそも日本政府の八月一七日の閣議において、朝鮮の「実質的保護国化政策」を建議し採択させたのは陸奥外相こそがその張本人だった。

さらに陸奥は、「貴国の君権には全く限制がない。王室の費用には全く定制がない」（三七二）とし、その改新の必要性を説いた。これに対して兪は、「わが国の君権は本より定域があった。大権は皆政府にあった。［朝鮮王朝］中葉以後、費用の一節においては王室にやや帰すことになったが、しかしそれを、尤も厳切にした。したがって、君主さえも一疋《いちひき》の布、一葉《いちよう》の銭を私用することができなかった」（同）と反駁している。これには彼自身の改革構想も入っているのだろうが、君権は伝統的に制限されてきたのであって、大権はあくまで政府にある、つまり、朝鮮の王政は一種の制限君主制だと説明したのである。しかし陸奥はこれに同意せず、「皆無定限。ゆえに初め善美だったと雖ども、末流の弊にして今日に至る」（同）と再反駁している。

そのほか、陸奥は朴泳孝、徐光範、徐載弼ら亡命者（朴は日本、両徐は米国にいた）について、「貴政府より大鳥公使に托したこともあり、朴を已に送還させたが、なお入京せずにいる。徐光範は日本政府より出費し召還したが、中途日本に在り、未だ［朝鮮に］帰れずにいる」（三七四）との処遇問題をとりあげた。しかし兪は、朝鮮政府は「大鳥公使に召還の事を托したことはない」（同）と答え、陸奥は、それならば「大院君独断の事」だろう、ゆえに「不可中止」と答弁した（三七五）。これに対して兪は、「もし貴政府がこれを強いれば、それは抑勒《おくろく》であり、公法の許す所ではない」（同）と抗弁する。亡命中の国事犯の処遇は朝鮮政府が自ら決める内政問題だから、それに、日本政府は干渉しないでほしいということである。この正論に答弁しようとする林董《ただす》（一八五〇－一九一三）外務次官を阻止し、おそらく議論上の勢不利を挽回するために、陸奥は前述の、大院君の密使事件をもらした（三七五－三七六)。「未だ何事も知らぬ」という兪に対して、機先を制した陸奥は「[大院君は]暫く器機を為すのみ」と釘を刺した。この「暫く器機を為す」とは、もはや大院君の利用価値はなくなったとの意味であろう。この時、おそらく兪は大院君に対する〈憤激〉と〈挫折〉を覚えたであろう。彼は以下のように苦心と念願を吐いている。

今こそ、朝鮮の改革を行うべきである。しかし私は、朝鮮人としての三恥を有《も》つ。吾《われ》の所謂三恥とは、自ら改革を行うことができず、貴国の勧迫を受けていることである。それゆえ、第一に、本国の人民に対して恥じる。第二に、世界万国に対して恥じる。第三に、天下、後世に対して恥じる。今、これら三恥を冒して世に立ち、面[目]もない。ただ改革を善行して[成功させて]、自己の独立を保つことあればこそ、人に屈[辱]を見せたくないのである。開進の実効、保国安民があればこそ、なお贖《あがな》うことができるのだろう。(三七六—三七七)

これは自主改革を行いたい、日本側の支援は必要であっても「勧迫」は御免だとの嘆願でもあった。「三恥の説に、子[兪]の苦心を見る。国家存亡を機にして(略)因循することなかれ」という陸奥に対して、兪は、「どうして因循するだろうか。貴国は、わが邦の独立のため、このように力を出している。[がしかし]およそわが邦の独立の体面を傷つける者がある。[それが]井上公使であっても(略)将に許さぬ」(三七七)と告げた。

東京滞在中、兪は榎本武揚《えのもとたけあき》(一八三六—一九〇八)、黒田清隆《きよたか》(一八四〇—一九〇〇)を訪れる。[37] だがそこでも、彼らの質問攻めに遭ったり、訓戒や警告を聞いたりしたのみで、兪は自国政府の訓令を日本政府と具体的に協議し得ず、東京を後にした。帰途、再び広島(の大本営)に立ち寄った際、ここで伊藤から金鶴羽暗殺の報を知らされることになる[38](三五八)。兪は悲しみと憤りを覚えたであろう。伊藤は、「死者、復生を望まざるに論ずる必要ないが、生存者、豈に危うからざらんや」(三五九—三六〇)と忠告したが、兪は「国の為に生を損すること、何《なん》ぞ危うしと説く可《べ》けんや」（三六〇）と悲壮な覚悟、悲痛な心情を吐いている。これを受けて伊藤は「貴国、今日の勢は危急にして存亡の秋というべし」と続け、「我政府が一国の兵を動かし、一国の財を傾けるのは、全て貴邦の独立と改革のために力を用いる」、「もし小小の事に因循しまた前轍を踏み、自立して改革を行うことができないならば、誠に言うに忍びざる者がある」（三六〇―三六一）と警告した。そして伊藤は、兪に占領地の日本軍からの電報を見せた。「言うに忍びざる者」とは朝鮮の〈占領〉であり、これは明らかに一種の脅迫であった。

おそらく忍びざるを忍ぶ心情だったであろう、兪は「わが邦は本来独立である。不幸にして病んだことがあったが、今は［回］復している。将に天下万国に向い、［独立を］守って失わないように力《はげ》んでいる。唯閣下［伊藤］はこの意を知るはずである」（三六二）と述べた。これに対して、伊藤は「それは、わが政府が相勧める意と同じである。唯少年はその意に勉め、空地にて躯《むくろ》を捐《す》てるに至ることなかれ」（三六二―三六三）と戒めた。その翌日、兪が伊藤を再訪したときは、陸奥も同席中であり、三人は次のような会話を交している。

［陸奥］曰く、この時は決して朝鮮が苟も且つ姑息すべき日ではない。清国を憂えることなく、亟やかに改革を行うべきである。国に独立の栄をもたせ、日本と互いに掎角［『左伝』襄一四、前後両面から敵を攻めること］の勢をなして東洋の大局を保つこと、これを深く望む。君を煩わすが、帰ると総理大臣以下の諸公に語れ。明哲保身［『詩経』蒸民］の計を思うことなく、ただ殺身成仁の心を存すべきだと。

［兪］吉曰く、謹んで奉り敬うのみ。

伊藤曰く、金鶴羽が殺されたことは、決して［そうした］勢いが力を無くしたということではない。君もまた用意し防護せよ。井上公使もまた、必ずその暗殺の源を探索する。

吉曰く、方今の朝鮮の［やるべき］事は、これ［改革と独立］にほかならない。どうして暗殺を顧みて畏れるか。

（略）かりに［私が］殺されたとしても、同志の人はその後を取ってくれるだろう。固より憂える必要がない。一身の命、惜しむに足らず、しかし、一国の命は豈に惜しむ可からんや。（三六三―三六四）

兪はこのように必死の覚悟を表明したが、陸奥は、「もし朝鮮国、金［弘集］、魚［允中］ら諸公が殺されるなら、これで［朝鮮は］自ら亡びる。日本も、将にこれ［朝鮮の亡国］に左袒［加担］する」（三六四）と述べた。これも一種の脅迫であった。兪は「必ずしもこれ如くならない。金魚諸公、豈に禍を取る理あらん」（同）と反論した。そこで伊藤は金弘集総理への答書を出し、兪に読ませたうえ、封書し渡した。この後の情景を兪は以下のように記している。「吉濬、遂に別れを告げ、起きて曰く、一言を、二公［伊藤と陸奥］のために誦《となえ》たい。両大臣曰く、何言や。吉濬、立って高く鮮やかにこれを語り曰く、朝鮮国独立万歳と」（同）。伊藤と陸奥を前にしての「朝鮮国独立万歳」には、兪の発憤、決意、警戒、嘆願など複雑な思いが込められていただろう。一一月一七日に報聘使節の一行は復命し（『高宗実録』同日条）、そして一一月二〇日、高宗と諸大臣が井上公使を接見したときに井上は改革綱領二〇条を提出した（『高宗実録』同日条）。そのなかには「顧問招聘、士官招聘、国債募集」の三件が含まれており、甲午改革政府はこれを受け入れる形で、改革を推し進めていった。

（三）　兪吉濬と福沢の間

東京滞在中のある日、兪は福沢の邸を訪れた。福沢は喜びに堪えず、「生きて来たか。尽《ことごと》く苦しめられても、況んや足らず、またこの一大苦に逢うや。況んや地位が漸く高まり、責任も重くなるにおいてや。努力して報国し、中興の功臣になれ」と語ったという（「福沢諭吉問答」『全書Ⅳ』三八四―三八五）。両人は、酒を飲みながら、積年の数多くのつもる話を交わしたはずだが、なかでも兪は次のような福沢の言葉を記録している。福沢は「子［兪吉濬］

の国に経済人がない。今日本国の紙幣、朝鮮に通行する者が三百万円、一年の利は少なくとも二十万円を下らない。これは、日本政府が一指も労せず、利益を坐り享けることになる。（略）子は帰り、度支［大臣］魚［允中］公に速く紙幣の法を行なえと語るべきだ」（三八五）と忠告した。後述するが、この有り難い忠告が出た背景には別の問題、すなわち福沢の朝鮮人への貸金の清算問題もあったと推測される。当日のことだったかは定かでないが、福沢は兪に貸金の返済を求めたのである。

翌々日、兪は福沢を再訪した。「子は子の国がいかに危ういかを知っているのか」と問う福沢に、「なぜこれ［朝鮮］が危ういと徒《いたずら》に云《い》うのか。今なお、存亡は判らない」と兪は抗弁した（三八七―三八八）。そこで福沢は、大院君による密使事件と他国公使館との密議に触れ、それは日本政府を大怒せしめた愚行だ（三八八）と述べた。そして福沢は、「日本は既に朝鮮の独立と改革のために国を傾けて従事し、それを中途で止めるはずがないのは明らかである」と語り、また「日兵の入宮［朝鮮王宮の占領］の事は一時の兵練の挙に過ぎない」と述べた（三八九）。さらに福沢は「もし力を着けて前進せず、一新して改革しなければ、おそらくその後に来る事は、入宮とは比べものにならないだろう。朝鮮人として開進を謀ろうという者は自ら日本人と親信するほかはない。しかしそれを、貴国の老成の輩は悪《にく》み、日本の党と目して売国の賊と視る。（略）［日本が］苟《いやしく》も朝鮮を取ろうと欲するならば、どうしてこの輩の親信を待つ［必要がある］だろうか」（三九〇）という。それは、裏を返せば、日本政府には「欲取朝鮮」いわば朝鮮保護国化の固い意志があり、もしその意志の推進に障るような「反日」工作がなされるならば、朝鮮王宮の占領以上の措置が取られるだろうということを意味する。またそれは、親日改革（＝朝鮮保護国化への協力）こそが保国の道であり、親日改革しなければ日本は朝鮮を取るという一種の脅迫でもあった。

なお、福沢は井上馨公使の急派について次のように説明している。

日本政府の執権者は、薩〔摩〕州ではなく、長州である。しかし今の出戦者は、薩州人が多い。もし成功〔戦勝〕して帰れば、長州人は必ず〔薩州人に〕権を譲ることになる。それゆえ〔長州人の政府は〕、朝鮮の改革に着いて、功を為して上下の計に相与しようとするのである。故に井上〔馨〕の手は、必ず烈しい〔はずだ〕。しかしながら、これは皆朝鮮の事のためなので朝鮮は決して辞めさせてはいけない。朝鮮政府は（略）井上の意表に出ることができれば、そのことによって井上の気を折るべきである。がしかし、もし専ら因循に事《つか》えるならば、この人は大鳥〔圭介〕の比にはならない。（三九一）

福沢は、薩長対立を引き合いに出し、長州派政権である日本政府の朝鮮「改革」政策＝実質的保護国化政策を合理化しているのである。もしこの政策に追随しなければ、井上公使は、大鳥公使の弱気と違って強気の出方をあらわすであろうという表現も一種の脅迫である。

帰国して約一ヵ月半後の一二月二八日、兪は福沢に漢文の書翰を送った[39]（『全集十八』六四四―六四六所収）。福沢を安心させる目的もあっただろう、その内容は非常に「親日的」であった。

門生〔兪吉濬〕は、帰国後、大院君に見え、天下の大勢や、日本の朝鮮に対する実心義気を言った。また清将〔衛汝貴〕および東学の処と相通ずる関係の有無を問い、国家の大政に干渉しないようにした。一は国家の計であり、二は自家保身の策であると。そして日本の政府や人民の厚誼を、総理大臣及び各大臣に告げ、疑慮を少し排除した。また〔改革を〕なせば国存し、なさなければ国亡びると。亡国の大夫になるか、あるいは興国の元勲になるかと。各大臣もまた皆改革を決意した。（六四四）

兪は伊藤、陸奥らの大臣や福沢の忠告をほぼそのまま受け入れ、かつ実践したといえる。また兪は朴泳孝、徐光範の入閣（同年一二月一七日）を歓迎し期待していた（後述）。彼は、「恨むべきは、この公輩［総理大臣及び各大臣］には新式学問がないということである。百倍の勇力を持たなければ、前進できない」と考えており、「**今こそ幸なれ、朴徐二君が入閣し、少し有望である**」（同）と記している。兪は、「門生は老と少との調和をし、純一に内閣を合成すべきである。（略）そのことを、諸公もまた已《すで》に開眼した」（同）との表現に示されているように、自ら「諸公」を説得し開眼せしめて老少・新旧の連立内閣を構成しようとしたのである。

兪の井上公使に対する評価も、福沢への書簡を見る限り、高かった。それは、「果たして井上伯は政治大家である。（略）真に朝鮮の事に熱心であり、利己の心は毫末もなく、純と公と謂うべきである」（六四四）、朝鮮の各大臣も皆井上公使を「欽嘆して已まず、およそ勧告する所を虚心に聴き受けている」（同）という記述に表されている。同書簡における兪の改革構想には教育、断髪、地方制度、養兵、税制、法律、留学生派遣などが含まれている（六四五）。一方、大院君や閔妃に対しては、「国王の父であっても、罪があればこれを罰する」、「［閔妃は］最も大患である」（同）といった熾烈な反感も表明されている。

とはいえ「大患」は閔妃に限らず、国王も朝廷の「反日、守旧」勢力も、改革政府内の不満勢力も、東学農民軍・教徒も、地方の「反日、反政府」勢力も、日本政府の朝鮮保護国化政策も、日本人にはびこる朝鮮進出論も、それぞれ潜在的な大患の一因であった。当時の朝鮮は、日本という現実の威力を前に、改革・保国という至上命題の達成方法を探りつつ、多種多様な国内外集団が複雑に対立し葛藤し離合集散し、さらには欧米諸国（の在朝鮮公使館）とそれに連動した国内勢力がこれに加わるという状態であった。そのなかで改革政府は一応政権を担っていたが、その基盤は日本の支援と同志の団結を除けばきわめて弱かった。いわば「四面楚歌」の状態のなかで、改革政府は、早く改革の成果をあげるために「親日、あるいは親日を装う、用日」しか選択肢がなかったともいえる。それゆえ、改革の成否は日本側の出方に大きく依存していた。

> 改革は金がなければ成し遂げられない。しかし、現今の国庫は尽きている。かつ、地方税は東学の擾によって収入できない。借款もなければ、それを行うこともできない。井上伯は、〔日本〕国会の許可さえあれば、〔借款が〕得られるという。先生〔福沢〕もこの議を持ち、これに賛成してくださることを願う。[40] 少年〔吉濬〕は、**欲取朝鮮之論**を、已に先月より、門生が日本に在る時に先生から聞いた。唯先生には、これを力排してくださることを望む。（六四五）

これは日本の借款供与を願うが、ただし「欲取朝鮮之論」は御免をこうむるという意見である。彼における「用日」は、日本に対する警戒意識を伴うものであり、したがって日本側の出方によっては「親日」にも「反日」にも変わりうるものであったといえるだろう。

さて、例の貸金の返済問題は以下のようなものであった。[41] 同書翰の「追陣」によれば、「返金一事を伏して奉る。下問されて愧じるに勝《た》えない。吉濬、豈に敢えて一日も諸懐を忘れんや。所以を謀って近い内に奉返する」とし、さしあたり徐光範の「留〔福沢〕邸之費」として一五〇元を福沢に送っている。「金玉均所借之金」については、朴泳孝、徐光範と「同為用力」し「朝鮮政府が少し裕衍《ゆうえん》〔ゆたか〕になる日に議する」と約束する（六四五）。翌九五年一〇月頃、この約束は守られた。この問題と関連した『全集十八』所収の福沢の手紙を引いてみよう。同年一〇月一五日付飯田三治宛の手紙には「朝鮮の貸金一条（略）遂に取れる事に相成（略）元金のみなれども、朝鮮国人を相手としては能く出来申候《もうしそうろう》。（略）右請取《うけとり》金の内千円丈《だ》け差上度《さしあげたく》存じ除き置候《おきそうろう》」（六九一）、また三日後の一八日付高見亀宛の手紙には「故金玉均氏に係《かかわ》る貸金の一条も（略）元金丈け請取申候。（略）此思はぬ金を得て無上の好都合に御座候《ござそうろう》。就ては右御礼の印《しるし》、金三百円進上致度」云々（六九一―六九二）と記されている。このように、福沢は元金を受け取った。飯田と高見はその功労者だった。(42)

兪は、当初、「金玉均所借之金」については後日に「議する」とのみ約束し、明確な回答を留保した。そこには次のような理由があったと考えられる。まずはその返済義務について、当時の朝鮮政府が負うべきか否か、また道徳上の問題なのかについて判断が難しく、また同時に国際法・法律上の債務契約条項を解決せねばならなかった。次に、貸借の真相を知る者は今はなき金玉均の他にいないが、ただ金玉均の生前、彼と身近に活動した人物はその真相をある程度知っているはずである。朴泳孝、徐光範と「同為用力」とあるのは、その真相を確かめたいとの彼の意志を示している。最後に、兪が手紙を書いた時には、福沢はその借金の証拠、証書を持っていなかった。ところが後日、福沢は意外なところから証書を得たという。つまり、「朝鮮人へ貸金云々は（略）其金高さへも精細を知らず、昨年兪吉濬氏渡来のとき其話は致候得共《いたしそうらえども》、是れと申書付《もうすかきつけ》もなし。（略）飯田［三治］は顔色を改め、夫れは都《すべ》て拙者の担任したる事にして（略）現に証書は云々にて今正に手許に保存せりとて即刻持参」（「高見亀宛」明治二八年四月一三日、『全集十八』六六〇）したというのである。この証書の信憑性にはやや問題もあるが、これをもとに福沢が作成したという同年四月一二日の「記臆［憶］書」（『全集二十』所収）の内訳をみよう。

前年朝鮮の学生何十名が慶應義塾に入学中、一切の事皆金玉均氏の知る所にして、其学資の如き（略）明治十七年の初に至りて計算すれば延滞の数七千六百四十七円六十銭と為りたり。金氏の去りて一寸本国へ帰ると云ふとき、其証として飯田三治へ渡したるもの第一号の如し。（略）右の如く金氏が証書を認めたれども、尚ほ念の為めにとて公式様のものを作りて之を確めたるは第二号なり。（略）［甲申政変後］此方にて証書案を作り之を朝鮮文に訳して調印せしめたるもの第三号なり。（下略）

第四号八千円の証書に開拓費とあれども（略）其事跡に現はれたるものは朝鮮文字の活字を注文し［……］。（略）其時に当り金氏は朝夕福沢に出入して、所有金円又は金塊馬蹄銀等大切なる品の置処に困るとて**預けたる**こともあり［……］。其間に知らず識らず此方より貸越《かしこし》したるもの凡八千円と為りたるを、金氏が帰国のときに返済に困り、証書に認めて飯田三治に渡したるもの、即ち此第四号なり。（三九二―三九三）

この内訳によれば、第一号、第四号は金玉均が作成し飯田に渡した（第二号、第三号は飯田または福沢が作成した）証書だとされている。後に朝鮮政府が福沢に支払ったのは「一万五千何百円」であった。これは金玉均の滞日中に支払った分や、例の「朝鮮文字の活字」の代金約二千円（「井上角五郎宛」一八八三年一一月二一日付、『全集十七』六〇三―六〇四所収）などを差し引いた金高なのか明らかではないが、真相や真偽を知る者は、福沢も述べているように故金玉均しかいなかった。この金銭関係をめぐっては、金玉均の「預けた」金がどこに行ったのかという点に疑問は残る。また「朝鮮文字の活字」の行方と代金の返済については、その行方は漢城の博文局（『漢城周報』の発行所）であり、代金は朝鮮政府の統署により支払が済んでいた、と判断される。[43]

福沢は、「何故に斯る大金を一個の朝鮮人に対して手放したるや」とし、「金玉均には右［横浜正金銀行への貯金］五万円の金あるのみならず、本国より来るか何れよりするか、時としては文鎮の如き**黄金の棒を五本も十本も提来りて福沢に保護を頼み**たることさへある次第にて、三五千円の金を渡して貸越になるも憂るに足らずとは、当時福沢の方寸中に信ずるのみならず、事実金玉均に於ても福沢に対して不義理を働くの意なきは明々白々にして（略）**貸借の関係**を生じたることなり」（三九三―三九四）と解明している。まず福沢と金玉均の間に貸借の関係が成立していたとしても、この引用文をみる限りでは、金玉均への貸金の額は「三、五千円」程度だとされている。また金玉均の預り金＝黄金の棒の行方についてはなんら言及がなく、それを、後に金玉均に返したという証言もない。とすれば黄金の棒を、金玉均は貸金返済の名目で福沢に与えたということになろう。かりにそれでも足りなかったとすれば銀行の残金の一部を、金玉均は貸金返済に充てた可能性もある。さもなければ、金玉均は「福沢に対して不義理を働く」ことになったであろう。しかし、真相を知るのは故金玉均のみである。

> 以上は証書を披見して老生の記憶に存する丈《だ》けを記したるものなり。**十余年の間全く忘却したるも同様**にして（略）**記事中或は間違もあらん**。固より之を法律に訴へて返金を促すなどは思寄らざる所にして、還らぬ金なれば夫れにても宜し、亦是人間世界の常なれども、今や故金氏は無罪の人にして、其人の生前、朝鮮政府を代表して行ふたることなれば、**仮りに**当時金氏が**同政府の名を以て**人に貸し又預けたることありとせば、今日その人は法律上にも徳義上にも其金を朝鮮政府へ返済することならん。（略）同政府は此一万五千何百円の元金に約束の如く十余年間の利子を計算して返済するの実意あるやなきや。（三九四）

福沢は、正確に貸借関係を追及されることを恐れて、しつこいほどの予防線を張りながら（引用文のなかの太字）、それでもなお、ともかく朝鮮政府には「金玉均所借之金」の元金と利子の返済義務があると主張しているのである。その是非を問わず、問えず、朝鮮政府（兪吉濬）は、元金だけの返済義務を行った。前述したとおり、これに対して福沢は「此思はぬ金を得て無上の好都合」と大満足し、飯田、高見らに褒美の大金を与えたのである。(44)

（四）　兪吉濬と朴泳孝、両徐

前述したように、朴泳孝、徐光範、徐載弼ら亡命者の送還について、兪吉濬は陸奥に反対の意思を表明していた。しかし福沢への書翰でみたように、兪は朴泳孝と徐光範の入閣を歓迎し、自ら「諸公」を説得して彼らを入閣させたのであった。では、陸奥に反対の意思を表明した理由や、その背景にある彼の真意や憂慮は何だったであろうか。そもそも彼は日本政府主導の送還に反対したのであって、朴と両徐の帰国・登用それ自体に反対したのではなかった。朝鮮政府が自ら彼らの帰国と登用を主導し決めると主張した裏には、日本の内政干渉への警戒も心配もあったはずである。ことに日本政府が朴泳孝と徐光範の送還を主導した場合には、これが日本側の内政干渉を誘発したり、その口実を与えたりする可能性もある。また朴徐両人は一〇年前の甲申政変の首謀者であり、今度の改革においても「急進化」すれば、朝鮮政界の反発や葛藤を引き起こしかつ対抗勢力や派閥を生み出し、朝鮮の政局不安を加重させかねないという憂慮も兪は抱いていたであろう。そのため兪は、さしあたりその帰国を見合わせ、改革進展の具合に歩調を合わせるかたちで彼らを適所に用いようと判断していたと考えられる。もっとも彼の憂慮は、その通りに実現したわけではないが、朴泳孝については、あながち的はずれではなかった。

朴泳孝は、帰国して約四ヵ月後の一八九四年一二月一三日に高宗と閔妃に謁見し、同月一七日には内部大臣となった。金弘集・朴泳孝連立内閣（略称金・朴連立内閣）の成立に伴い、徐光範は法部大臣となった。組閣当時、兪吉濬は、総理大臣の金弘集に次ぐ、内閣総書だった。つまり、朴と徐の入閣は高宗や閔妃の意向、また井上公使の要請もあってのことだったとはいえ、それを裁可したのは金弘集と兪吉濬にほかならない。この内閣に対して、「最初より和協の色なく、金総理、魚度支、金外務、愈〔兪〕総書等の旧派は自ら一団と為りて朴内務、徐法務等の新派を疎外し」云々（『在韓苦心録』一二〇）という評もあるが、これは金や兪などの「旧派」が、朴と徐などの「新派」の推進力に期待しつつ、同時にそれが日本の政略に翻弄されないように牽制した程度のことであろう。約五ヵ月間存続した同内閣は、兪の表現を借りれば、それ以前の「紙上改革」を「実地改革」の軌道に乗せる役割を担うものであった。それは、新旧両派のもつ推進力と指導力の結合による成果だったのである。

同内閣の具体的な成果は、「洪範一四条」の立案、自主独立の宣揚、内閣中心の立憲君主制の樹立、地方行政制度の改革、警察制度の樹立、常備軍の組織などにまで及んだ。[45]「洪範一四条」は対外独立の宣言、改革全般の指針となる憲章だが、その起草者は兪吉濬であった。一八九五年一月七日、高宗は大院君・王世子らの宗親と元老大臣・閣僚を引率し宗廟を拝謁して「洪範一四条」と「誓告文」（『全書Ⅳ』二〇五―二〇八所収。兪が起草したものと判断される）を奉告し、翌日には同趣旨の「綸音」を宣布した。当時、東学農民軍の再起は朝・日連合軍とくに日本軍の殲滅作戦により鎮圧されていた。日清戦争では、日本の勝利がほぼ確実になっていた。また一八九四年一二月より翌九五年一月までに、四十余名の日本人顧問官が採用された。[46]その主要人物は、内部顧問の斎藤修一郎（元農商務次官）、法部顧問の星亨《とおる》（一八五〇―一九〇一）、軍部のち宮内部顧問の岡本柳之助（一八五二―一九一二）などである。さらに日本政府は朝鮮政府に借款三百万円を貸与（一八九五年二月二三日に衆議院を通過、成立）した。これらも金・朴連立内閣の改革推進力となった。しかしこれは同時に日本人顧問官の内政関与、朝鮮の対日経済従属などの禍根、また改革政府内の波乱要因も招くものであった。

一方、金・朴連立内閣は大院君の「抗日陰謀」を摘発し、朴準陽らの加担者を処刑、その勢力をおさえた（前述）。そのさい、大院君の愛孫、李埈鎔《イジュンヨン》（一八七〇―一九一七）の処分をめぐり、極刑を主張する朴泳孝とこれに反対する井上公使との間に確執が表面化したという（『在韓苦心録』一三〇）。一八九五年五月の三国干渉を機に朴は、井上公使（日本側）の内政干渉を排除しようとする一方、他方で、内閣の実権を握り改革を主導しようとしたのである。それは、朝鮮政界や在野の反日気運と自主改革の願望を反映してのことだったであろう。朴は内閣を改造し、また宮中の統御を試みた。同五月一七日、朴は軍部大臣、趙義淵を更迭（大臣署理の李周会《イジュフェ》→六月二日申箕善《シンギソン》の任命）し、かつ総理大臣、金弘集を辞任（総理大臣署理の朴泳孝→六月二日朴定陽の任命）させた。このとき朴泳孝は、腹心の申応煕《シンウンヒ》と李圭完《イキュワン》をそれぞれ訓練隊第一大隊長と警務官に任命した。また訓練隊第二大隊長の禹範善《ウボムソン》（のち閔妃殺害事件に加担し日本に亡命、一九〇一年暗殺される）と警務使の李允用は朴泳孝の支持者だった。これで内閣改造の試みは一応成功し、いわゆる「朴泳孝内閣」が成立することになった（兪吉濬は内部協弁）。この内閣改造は井上公使の反対を無視して行われたが、杉村は「是《これ》に於て［井上］公使は慮を易《か》へ説を屈して新派内閣を助くること」となったと証言している（一三六）。また杉村は「内閣に新旧両派の葛藤興り」「韓廷［宮廷］をして我［日本］を侮り我に叛《そむい》て米俄等諸強国に依る心を興さしめ」（一五五）たとも述べている。この間、日本側は対朝鮮政策の推進上の差支えを感じたであろう、井上公使は新たな打開策を練るために同年六月初旬に一時帰国した。

内閣改造を終えた朴泳孝は日本（と欧米諸国）からの自立をはかり、「新旧両派」の協力・調和による改革をめざした。同九五年六月七日、朴泳孝は「徐法務、李警務使、魚度支」らを自宅に招き「胸襟《きょうきん》を打開き隔意なく談話」したが、その要点は、「日本より政務を改良し事業を起すに付誘掖《ゆうえき》せらるゝは素より願ふ処なるも官員の進退にまで容喙《ようかい》［干渉］を受くるは甚だ好まざる所なり」ということであった（『在韓苦心録』一三八）。また杉村の記録によれば、このとき朴泳孝は、「今日の急務は日本の世話を受けずに早く自立の計を為さゞるべからず」、「然るに前総理［金弘集］は無骨にして外国公使（暗に井上伯を指す）に低頭するを何とも思はざる小人なれば同人にては到底自立の計画を為す能はず、故に之を除かざる可らざる勢に迫れり」（一三九）と語ったという。つまり、これは金弘集が――日清戦争中、清国の将軍衛汝貴に手紙を送り発覚されたこともあり――日本側に低姿勢をとりつづけたので、彼を排除せざるをえなかったという説明であり、「魚氏にして私心を去り我々と一致協和して事を執ることならば我々は決して之を疎外せざる」（同）と、朴泳孝は「旧派」の一首領たる魚允中に一致協和を呼びかけたのである。

これにより、内閣内部の新旧葛藤は和らぎ、「今日の処にては内閣一致して閔氏を予防し居れば前日に比すれば幾分か王妃と相離したる気味あり」（『在韓苦心録』一三九―一四〇、傍点原文）という状況が生まれた。これは内閣中心の立憲君主制の樹立であり、いいかえれば、国王と宮中の権力制限とくに閔妃勢力の牽制を意味していた。このこと自体は理にかなった選択であったが、問題は牽制の方法にあった。まず武力による宮中統御の試みが行われた。

六月二五日、朴泳孝は高宗に王宮守備隊の交替（侍衛隊→訓練隊）を求めたが、これを高宗は拒否した。これを機に朴泳孝と宮中との関係は一挙に冷え込んだ。その後、「不軌嫌疑」（『在韓苦心録』後編第十）が発生した。王宮側は七月六日に、朴泳孝が日本人顧問官と連携して、国王の廃位と閔妃の除去を密謀したとの情報を入手した。この情報を密告したのは当時の内部協弁兪吉濬との説など諸説がある。[47] だがその顛末や真相は今なお明らかではない。朴泳孝（一派）は七月七日に再度日本に亡命した。

「朴泳孝内閣」の崩壊後、井上公使は同九五年七月二一日に再帰任した。その間、朝鮮政府の新内閣は日本勢力を敬遠し、また「宮中〔の閔妃〕と俄使〔ロシア公使のK. Weber〕の間漸く接近」することで「日本を制する秘訣を発見した」と考えた（『在韓苦心録』一五八）。新内閣とは、朴泳孝の亡命後の「朴定陽・兪吉濬内閣」、および八月二四日に組閣し一〇月八日の閔妃殺害事件まで存続した「金弘集・朴定陽内閣」を指す。後者の内閣が成立したとき、前の「朴泳孝内閣」の閣僚、軍人らは宮中勢力により免官・左遷され、兪も義州府の観察使へと一時左遷された。[48] またこのとき、訓練隊の解散説が流布したため、のち訓練隊の一部が閔妃殺害事件に加担することとなる。

日本政府は、勢力挽回を図るべく、対朝鮮政策を練りなおした。再帰任した井上公使は「宮中の歓心を買はん事を勉め」たという（『在韓苦心録』一五七）。しかし他方で、日本政府は重大な謀略すなわち閔妃除去計画を用意していた。同九五年九月一日、新任公使三浦梧楼（一八四六–一九二六）は、その指揮者として朝鮮に赴任した。そしてついに一〇月八日、閔妃殺害事件が起きた。[49] 事件当日に、三浦は、大院君を担ぎ出して宮中に入り、高宗をして内閣を改造させた。これにより甲午改革政府の最後の内閣、「金弘集・兪吉濬内閣」が成立したが、閔妃殺害事件はこの内閣、いや、改革政府の正統性そのものを根底から揺さぶった。宮中と内閣の間には不信が生まれ、これが「乙未義兵」運動の拡散など在野の知識人、民衆の反発を引き起こした。新たに対抗勢力や派閥が生まれ、そうした政局不安の渦のなかで「金・兪内閣」は延命に苦心するような状況に置かれた。

法務大臣の徐光範は、閔妃殺害事件後の政局不安を避けるかのように、駐米公使を自ら申し出て、一八九五年一二月一六日にワシントンに向かった。一方、徐載弼は、亡命地の日本からワシントンに現れた朴泳孝の要請により、帰国を決心し、同年一二月二六日に漢城に着いた。兪吉濬は徐載弼に中枢院顧問の職と新聞発刊の補助金を与えた。[50]だが翌九六年二月一一日、高宗がロシア公使館に避難するという「俄館播遷」により(一年後の翌九七年二月二〇日に還宮)甲午改革政府は完全に崩壊した。総理大臣金弘集、度支部大臣魚允中、農商工部大臣鄭秉夏《チョンビョンハ》(一八四九―九六)は殺され、兪らの多数の官僚や軍人は避難したのち日本に亡命した(外部大臣金允植は、一九〇七年まで、済州島に流刑された)。そして新内閣が成立したのだが、そこには「親露・親米的」な官僚が多く登用された。[51]これを機に、日露両国は朝鮮の分割や利権などをめぐる協商、密約を重ね、欧米列強や日本は朝鮮の各利権の獲得を争うことになる。駐米公使徐光範は失意のうち九七年に任地で死亡した。一方、徐載弼は九六年四月七日に『独立新聞』を創刊し、また同年七月には独立協会を結成(解散九八年一二月二五日)して開化・改革思想の普及運動、民権思想の啓蒙運動、国権回復運動などに携わる。[52]だがこれを嫌った政府内の反対派の弾劾により、九八年五月、徐載弼は米国に追放された。

〈挫折〉から〈発憤〉へ、〈変節〉へ

甲午改革の経過と結果をみて、それが失敗だったか成功だったか、自主改革だったか親日改革だったか、簡単には言えない。ただその改革に参加しかつ主導した兪吉濬と彼の同志たちにとっては、これは「用日」改革を試みたが失敗したという一連の経緯であり、大きい〈挫折〉感をもたらすものだったであろう。しかしこのことによって朝鮮の将来は危ういとの危機意識は増し、一部の人々だけではなく朝野、官民ひいては老若男女を問わず、当時の全朝鮮人に、ある種の〈挫折〉や危機意識が共有されていった。「保国」か「亡国」かという緊急の現実問題がせ

まってきたのである。一方、甲午改革政府は各種の制度改革を果敢に推進し、その経験は遺産となった。これは、改革せずんば「保国」なしという自明な事実を全国に広めることになった。しかし同時に、問題は改革の方法にあるという事実も自覚させるものであった。甲午改革の経過と結果をみれば、もっとも大きな損失は改革主導力のもつ人材喪失だったといえよう。

甲午改革後の新政府はおおむね君権強化による「穏健」な改革を進めていった。高宗は、ロシア公使館から慶運宮《キョンウンクン》（のちの徳寿宮《トクス》）へ還った後、一八九七年一〇月一二日に「称帝建元」し国号を大韓帝国と改めるとともに、[53]「旧本新参」論に基づくいわば「光武改革」を進めた。この光武改革については、「開化政策の後退」との評もある。[54]もっとも、光武改革は、甲午改革の「失敗」を鑑み、その弊害を除き、また改革の方法を調節し、その中庸をとることで、内外情勢変化に適応しようとした苦肉の策だったのである。しかもこれは、朝鮮を舞台に、列強の利権獲得競争とくに日露両国の勢力争いが激しさを増すなかで、それを乗り越えようとして進められた改革だった。そこで高宗と光武改革政府は、対外的に、列強の勢力均衡利用策や中立化政策を試みていた。[55]

当時、朝鮮の将来を危ぶむ国内外の一部勢力は、政府改造を求めたり、あるいは反政府運動やクーデターを計画したりしていた。とくに独立協会は、各種運動の一環として、一八九八年春から万民共同会（民衆会議）を数回にわたって開催し議会設立運動を展開した。これを受けて同年一一月四日、高宗と政府は「中枢院新官制」（中枢院に議会機能を付与）を公布した。しかし当日、政府内の「守旧派」は、独立協会が体制転覆（＝大統領制・共和制の設立）をめざしているとの風説を流布させたため、これを機に独立協会と万民共同会は政府の弾圧を受け、結局、解散に追い込まれた。このように高宗も光武改革政府も、国内外の諸勢力との間で「四面楚歌」のような状況に見舞われていたのである。

兪吉濬も、亡命地の日本で朝鮮の現状打開を考えていたであろう。「保国之策」（九項目、年月不明だが、日本に亡命して間もなく書いたと思われる）のなかで彼は、「一、朝鮮の命運は日露両国にある。二、もし日露両国が朝鮮の事によって開戦することになれば、朝鮮は亡びる」と言い、また「保国上策」として、日露両国の「調和」（＝調停）と開戦防止と朝鮮の「改革」などを勧めている（『全書Ⅳ』二六〇）。しかしその一方で、「日露が開戦に至るならば、朝鮮は、この戦争を満州方面に移すために、日本と連合し助力しその怒りに遭うことなかれ」（同）と述べている。「親日的」とも「用日的」ともみなせる策だが、おそらくこれは、日本の朝鮮侵略欲を警戒すればこそ練られた苦肉の策だったであろう。この「保国之策」は高宗への上疏文として用意されたものと思われる。

兪の活動は論文だけにとどまらず、彼は現実に光武改革政府転覆のクーデターを試みている。彼の亡命当時、東京には旧甲午改革政府そして現光武改革政府の派遣した多数の留学生が滞在していたが、なかには日本の陸軍士官学校を一八九九年に卒業した二一名の将校も含まれていた。彼らは一九〇〇年六月に研修士官の任期を終えたため、日本の軍籍を外された。その翌七月、二一名のなかの一九名は韓国政府から参尉（少尉）に任官するとの指令をもらい、まずは同年一〇月に盧伯麟《ノベックリン》（一八七四―一九二五）と魚潭《オダム》ら六名が帰国した。[56] しかし帰国した彼らに対して光武改革政府の待遇は冷淡なものだった。そこで残りの一五人は「革命一心会」を名乗り、高宗の廃位と義和君の擁立によるクーデターを決意した。翌一九〇一年二月に金亨燮《キムヒョンソップ》、張仁根《チャンインクン》ら五人が帰国すると、彼らは会計局総長の閔泳煥《ミンヨンファン》（一八六一―一九〇五）[57]の斡旋により、盧伯麟、魚潭らとともに武官学校の教官に任命された。残りの一〇人は京都滞在中の兪吉濬に「革命一心会」のクーデター計画を知らせて彼の参加を求めた。兪は、高宗の廃位には同意しなかったが、政府転覆計画には同調し、本国の同志と連絡を取りながら、クーデター工作を進めた。『全書Ⅳ』のなかには、「政府改造に関する文献」とし、四通の書簡（光武五［一九〇一］年八、一〇、一一月と光武六年一月）と一通の「［日本人］雇書条件の請」が収録されている。「仁川来書」と題する書簡の宛先は、匿名だが、元仁川監理・軍機処議員の徐相集《ソサンジップ》だったと思われる。[58]

しかし徐相集は兪を裏切り、国内同志からも密告者が出た。そのため一九〇二年四月までに、日本に亡命した一部を除き、国内の士官同志はもちろん、他の関連者は逮捕された。後に日露戦争が勃発したさい、彼らは裁判にかけられ、死刑や流刑に処された。無謀なクーデター計画とその失敗によって、兪にも逮捕状がくだった。この事件が日韓両国の外交問題に発展するや、駐韓公使林権助《こんすけ》（一八六〇―一九三九）は、同年四月二九日、外務大臣小村寿太郎（一八五五―一九一一）に事件の経緯を電信した。兪は、日本政府により、同年六月五日に小笠原諸島の母島、翌一九〇三年夏以降には八丈島《はちじょうじま》へ流された。彼の八丈島流配は一九〇六年まで続き、ようやく同年三月一日に、日本政府によって「内地」居住を許可された。[59] 彼の流配中、日露戦争、一連の日韓間強制条約の締結など、かつて彼が心配していた事態は現実となった。[60] その頃、おそらく八丈島で兪は、「晋代清談誓百世、宋儒真学貫三才、胡来畢竟無長策、交輿神州拱手回」（『全書Ｖ』二〇九）と詠んでいる。これは、中国歴史上、晋代（二六五―四二〇）の清議も宋代（九六〇―一二七九）の儒学も「胡」＝他国の侵略を防げなかったという、現実批判とも儒学批判とも聞こえる内容である。しかしこれは、兪の〈自己批判〉であっても、決して〈他者批判〉ではなかった。のちこの〈自己批判〉は〈他者の正当化〉にもつながることになる。

八丈島から東京へ戻った兪はキリスト教に帰依している。この背景には、祖国の現実や日本の行為に対する〈挫折〉〈発憤〉に満ちた心境の安息処を求めてという意味もあったであろう。もっとも甲午改革の「失敗」以後とくに一九〇〇年代に入り、韓国国内ではキリスト教への帰依者が急増していた。[61] この傾向は、同じ頃、滞日中の韓国人の間でも変わらなかった。一九〇六年頃、兪は「査経会趣旨書」（『全書Ⅱ』所収）を書いている。これは、「天は人を生み、霊魂を賦與し、愛で撫育し、善で誘導する。そこで天と人が相與する際、霊魂は、その交通の虹橋《にじばし》、感応の電線になる。（略）我が救い主耶蘇《イエス》が降誕してからこそ、前万世の黒闇も破られて後万世の光明も啓《ひら》かれた。そして洋々たる福音は宇宙に充溢し、人世の罪苦を贖除し、天国の栄慶を示す」（三九三―三九四）という文章で始まる。彼の信仰告白、福音主義には、「天人相與、感応」との（新）儒学の観念もみえる。彼は「支那の孔子、印度の仏祖、阿拉比《アラブ》の麻氏《マホメット》はなぜ皆聖人なのか。その立教する主旨が皆善勧悪戒の大道に出《い》づる」からである（三九五－三九六）と説明する。彼は福音根本主義に立たず、「孔子は政治道徳の聖、我が救い主は宗教道徳の神」（三九七）、「孔子教は、現時人事の道徳、人事教であるが宗教ではない。我が救い主の教は、神人通ずる万世の道徳（略）大一統の宗教である」（三九七－三九八）という見方に立ち、両教は互いに「疾［嫉］視」「非議」してはならず、「我が同胞は、人事教では孔子を誦読しても、宗教上では天神の下へ帰依して救い主耶蘇を信仰すべし」（三九九）と述べる。彼の〈挫折、発憤〉は、キリスト教にやすらぎを得たように思われる。彼の儒教離れとキリスト教入信は、彼が両教の統合も目指しているとはいえ、これを彼の伝統から近代へのさらなる傾斜と考えてよかろう。

我が救い主の宗教を信奉する者として、独立できずにいる国民がどこにあるか、自由できずにいる国民がどこにあるか。この我が救い主の万世尊冠たる大化の道徳は、天から授けた人の霊魂を啓発し振励し、人々に、人の人たる権利、義務、光栄、福禄そして価値を自ら知らせ、その意志を高尚不羈とし、その気概を雄健不屈とする。（四〇〇）

ここには、彼の「（天理自然権→）天賦自然権」の思想や、国民・国家の固有の自由と独立を呼びかける「天賦国権」の観念がうかがえる。おそらく彼は、〈人事（の儒教）窮すれども、窮すれば、天神・天人（のキリスト教）通ず〉との祈願を持っていただろう。そしてキリスト教は、彼の国権回復運動＝愛国啓蒙運動への意志の基盤となる原理の探し求めた果ての答えでもあっただろう。またキリスト教は、日本帝国主義に対して〈人罰できずんばせめて天罰を下す〉〈天神は天罰を下す、時も来よう〉と彼が溜飲《りゅういん》を下げることにもつながっただろう。もう一つの国権回復運動、つまり自らの手で日本帝国主義に罰を下そうとする武力抗争運動も盛んだったが、これを兪は選ばなかった。形勢が不利な状況で、それは、さらなる侮辱と凌逼《りょうひつ》を引き寄せるのみだと判断したからであろう。兪はキリスト教を信じることで、不正と欺瞞に満ちた日本帝国主義に最後の審判が下ることを待望したのかもしれない。

（一）　愛国啓蒙運動 ──「親日」と「用日」の間 ──

国権回復をめざす高宗は、一九〇七年六月、ハーグの万国平和会議に密使を遣わし、一九〇五年一一月に強制的に締結された「第二次日韓協約」（韓国では乙巳保護条約または乙巳《ウルサ》勒約《ヌグヤク》）などの一連の条約が、朝鮮に強要されている状況を西欧列強に知らせてその「不法・無効」を訴えた。そこで韓国統監伊藤博文は、同年七月、高宗の皇位を純宗に譲位させ、「第三次日韓協約」（丁未七条約）を結んで内政権を奪い、また韓国軍隊を解散させた。

兪吉濬は同年八月に一二年間の亡命生活を終えて帰国した。[62] 一〇月には特進官に任じられたが、彼はこれを固辞した。だが再三の勧誘があったらしく、そのため彼は「再辞職納品疏」、「三辞職納品疏」を書いている。「再辞職納品疏」では、「臣［兪吉濬］去るといえども、高く飛び遠く走るのではない。民間に当在し、憂愛の微衷を効《つく》す」（『全書Ⅳ』七五）と、彼が職に就かない理由が明かされている。それは、統監統治下の韓国政府には仕えたくないので、代わりに、愛国啓蒙運動に携わりたいとの意志の表明だったといえる。[63]

兪は、「平和克服策」（丁未［一九〇七］年作）の冒頭で、「我が国家は、国土と人民からいえば、貧弱とか小さいとは思わない。しかし、歴世［朝鮮王朝］は文を驕り、武を賤しみ、その結果、古代の［高句麗が］隋を破り、唐を斥けたような雄気を全て失った。さらに門戸を閉ざして交易を絶ち、倹約を崇《あが》めて工業を抑えた。それゆえ、人は幽蟄《ゆうちつ》の生活をし、俗は漸く卑しくなり、物は優美の観がなくなり、したがって貨は索《なく》なった。［これに対して］万国の風潮は滔々放蕩して進取し、競争は日に劇しくなり、啓発の知識は日に新しくなった。すなわち我は、優遊の長夜の中で古代の泰平を謳歌し、宋の餘たる糟粕［＝朱子学］を啜《すす》り、明の後の衣冠を襲《おそ》って独り天下に賢いと万世に自高し、外交とは何事なのか、自主とは何名［どの名、意味］なのかを知らなかった」（『全書Ⅳ』二六七―二六八）と述べている。彼の厳しい自国批判に基づく情勢・歴史観を、一概に見当違い、間違いだと言うことはできない。だがこの「観」のなかには、朝鮮を「伝統（文明）・歴史＝負・後退」と規定するような近代文明主義が深く浸透していることを否めない。[64] これは、亡命中、兪の心境のなかに重大な変化＝〈変節〉が起きたことを示している。つまり、祖国の惨憺たる現実を前に、彼の〈憤激〉〈挫折〉はおさえられず、近代の文明と歴史のもつ負の側面や、日本など〈他者〉の非道な行為を批判する余裕もなく、もっぱら自国の伝統・歴史を責めるとともに〈自己〉の責任を問うような傾向が強まったのだ。これはまた、彼が、抗日武力闘争ではなく愛国啓蒙運動に携わる論理になった。

　これに対して、「日本は同族、輔歯の近隣である。昔の我の後進であったが、今は自ら先覚となっている」（二六八）と兪は日本を高く評価する。さらに朝鮮の独立を、日本は日朝修好条規で「認めた」、甲申政変の時には「激《はげ》ました」、日清戦争の際には「扶《たす》けた」わけだが、しかし朝鮮の無策、離反、背反などによってその実を結ぶことができず、やがて日露戦争に至って「その対朝鮮政略を遂に変えた」（二六八）と彼は主張する。一言でいえば、日本が「善玉」、朝鮮が「悪玉」ということである。しかも日清戦争も日露戦争もその種をまいたのは朝鮮であったという。もし朝鮮が、壬午軍乱後に「一意に刷新し、富強に努めて、内治を改める美観を有《も》ち、外交の侮りを招くような失策をなくし」たならば日清戦争もなく、一八九六年（の俄館播遷）以降に「日本に親信しつつ、民間の業を振興し国防の費を講修し」たならば日露戦争もなかったはずだ（二六九）と彼は主張する。これに対して、日本の「禍心、異心」すなわち朝鮮侵略の意図は、一朝一夕ではなく、以前から出来たもので、「近者に至って竟《つい》にその真面を露《あらわ》にした」（二七〇）といった反論もあったようである。しかし、日本の意図はあくまで「自衛の道」、朝鮮の「完全独立」にあるのみだった（同）と兪は日本を弁護し、その対外政策を正当化する。さらには先の反論に答えて、かりに日本が「異心」をもっていたとしても、それを「因勢利用、随機善用」できずにいた責任は朝鮮にあるともいう。それは、たとえ日本を「悪」といっても、それを利用──「用日」──できなかった朝鮮こそもっと「悪」との論理であり、彼の愛国啓蒙運動の基本となる論理ともいえる。

　さらに乙巳勒約と丁未七条約については、「国必ず自ら伐《やぶ》りて、而る後人之を伐り、人必ず自ら侮りて、而《しか》る後人之を侮る」（『孟子』離婁章句上）を引用しつつ、「苟も我に、我が祖国を自ら守る力や、我が外交と内治を自ら行う知」さえあったならば、果たして日本はこれらの条約を締結することができただろうか（二七二）、と兪は〈発憤〉の感情を吐露している。ここでも〈発憤〉の感情はもっぱら朝鮮側に向いている。朝鮮は二つの条約を「約言一定」した以上は、とりあえず「誠心で守って始めて彼［日本］の誠心を望むことができる」という意見であり、日本に「富強の道」を望み、朝鮮の「富強の日」を待ち、そして二つの条約を「複《かえ》る」（＝改正する）と彼は「親日的かつ楽観的」な希望を述べる。その理由は、この「策」を書いた時の彼は、日本の「仁義」に期待し、朝鮮の「独立」への希望を諦めていなかったからだと考えられる。またそこには別の理由として、愛国忠君の殉国烈士や抗日義兵の犠牲を惜しむ、切ない心中もあったのだろう。

　臣［兪吉濬］、窃《ひそ》かに挙国の人心を観る。皆不満を抱き、閔泳換の烈殉のような、一己《いっこ》の名節［名誉と節操］を守ろうとする。その忠義は日霜［烈日秋霜。潔白なさま］にして保国家安宗社［宗廟社稷の略、王室と国土］の大計になる。（二七三）

　このように兪は殉国の忠義を讃えるが、彼にとっては、殉国は惜しい人材の喪失を意味していただろう。しかもこれが、かえって日本の「怒りを集める」（同）ことになるという。

不利な状況下での抗日・反日は韓国民に日本の弾圧をもたらすのみであった。今の時局大勢は、兪によれば、「在彼［日本］為義、在我［朝鮮］為利」である（二七七）。にもかかわらず、今度もまた日本の義を利用することが「為さざる、能わざる」なら、日本は、「その保護の力を変えて［朝鮮の］破滅に用い、輔成の心を転じて［朝鮮の］廃奪の機とする」（同）はずであると兪は論じる。したがって「勃奮、挙国、決死」の抗日闘争は、「富強の計」になりえない。「彼の真意は平和に在る」、ならば「我も亦平和を以て之に応じる」べく、日本をして我が外交を代弁せしめ、我が内治を指導せしめる、と同時に「後に我勢之長を来たすべく、文明之隣に伍する」ために励むことこそが、朝鮮の「光復、富強の道」である（二七七―二七八）と兪は主張する。つまり、彼の「平和克服策」は、「自ら富強を遂げ、自ら我が権を復《もど》すことによって、東洋の永遠平和を保つ」（二七九）ということであった。これは、形勢が不利な状況を追認する思考に基づく対日協調策であった。しかしこうした策をもっていたからといって、彼が単に「親日」的、あるいは日本帝国主義と「妥協」的だったとはいえない。兪からすれば、それは、あくまで日本の「善、義」を期待し希望する、その限りで日本を「親信」するという苦肉の策、あるいは、一種の「用日」の策だったのではなかろうか[65]。

最後に、一九〇七年九月一一日付の論説「新協約に対する談」（『漢陽報』一巻一号）をみよう。その冒頭に、「日韓新協約［丁未七条約］に対しては別に意見がない。余［兪吉濬］の境遇には自然の勢に随う外に他道がない」（『全書Ⅳ』三四四）と記されている。そこには彼の現実の状況追認がある一方で、「［日本］人は韓国民を目して無気無力で国家心もないというが、決してそうではない。国民は忠義に富む。暴徒と指目される彼ら［抗日義兵］こそが実に忠義の国民である。それは、国家への忠義の点では、日本国民と異ならない。がしかし、唯頑迷で事理に暗い、ゆえに日本を誤解する国民の忠義は、［彼らを］暴徒とし、蜂起が止まないようにした」（三四五―三四六）、という発言もある。はたして抗日義兵は「忠義の国民」なのか「暴徒」なのか。それを決めかねる彼の心中に愛国啓蒙運動の論理矛盾、ジレンマが投影されていた。それでも日本は「此れを小事で鎮静できる」、つまり、抗日義兵をさほど苦労もなく鎮圧できる、とすれば、これを機に「最後段落〔＝韓国の植民地化〕を告げる」（三四六）かもしれないことを彼は憂慮する。そして「根幹を既に断たれば、枝葉に何事有らんや」（同）という彼の主張を、「親日」的と把握するべきか否か。これは、愛国啓蒙運動の論理のもつ限界を問う際にもあてはまる難問である。

（二）　現実と理想の間

晩年に近づくにつれ、兪の思惟様式のなかには近代主義や現実主義が増していった。まず、彼の論説「時代思想」（『大東学会月報』一号、一九〇八年二月二五日付）を参照してみよう。その全体構図は、「道徳政治→法令政治→技術政治」（『全書Ⅳ』二八四）といった時代区分、進歩史観に基づくものであった。そこで中国の歴史は、やや杜撰に批判される。「唐虞三代、周の道徳政治時代から秦、漢以来今までの法令政治時代」でその進化は止まり、「儒」は「時代の進化、政治の制宜、処法令の世に昧《うと》く、道徳で分《かざ》ることで（略）衰弱の境に臻《いた》らしめた」、中国における「更張は一時の王朝易姓に過ぎず（略）道徳は社会を相治める倫にして範囲も閾《いき》もなく、法令は国家の政をする具にして圏も套《かさ》なり限りもある」ものだった（同）と兪は述べる。そのなかには、一種の停滞史観、儒教批判、道徳と法令の未分離への批判など、いわば欧米中心的近代主義やオリエンタリズムが浸透している。

一方、兪は「人事の端を起すのは思想に由り、思想の源は時代の需要に出づる」とし、三聖（孔子、釈迦、キリスト）の思想は「時代人の思想」であり、道徳政治も法令政治も「時代の需要」だという（二八四）。また道徳と政治の分離を「一級の進歩」（二八五）だと主張している。[66] さらに彼は、「文明国」は「また進んで技術の治に入り富強の業を図る」、これが「時代の需要、思想」なのだ（二八五）と述べる。しかしそれでもなお彼は、道徳と理想を捨てたわけではない。「二千万兄弟に願う。一心協和し並力奮発し、日夜孜孜《しし》と挙げてこれを習えよ。道徳の心で出治之本とし、法令の権で張治之具とし、そして技術の才芸、これを用いて行治之事業とする」（同）と、彼は道徳・法令・技術の三者総合を祈願する。

俞は『万国戦史』（東京：博文館、明治二八〜二九年、全二四冊）のなかの四冊を朝漢混用文で翻訳している（『全書Ⅲ』所収）[67]。そのなかで『英法露土諸国哥利米亜戦史』と『普魯士国厚礼斗益大王七年戦史』の二つの訳書には彼自身の「序」が付いている。前者の訳書の「序」は、クリミア戦争（一八五四―五六）の原因となったトルコ＝オスマン帝国（一二九九―一九二二）の歴史を概観し、帝国最後の二〇〇年に「萎靡《いび》不振の域」に入り、この戦争を招いたトルコは、戦後も「苟安の習尚、姑息の政法」を守り「頑陋を悟らず、衰頽を振るわず」（一二九―一三〇）という状態であったと評している。その後、トルコは「君臣上下が政に宜しく奮発淬励《さいれい》［礪］して薪胆［臥薪嘗胆］の志で国政を更革し、民心を振起して旧代の勇武を尚び、前途の富強に努めて国家万世の大計を立て、強隣の後患を備禦せねばならなかったのに、また因循し恬嬉《てんき》［熙、文恬武熙すなわち世の中が太平なこと］し、幾百年来の旧観に復帰した」（一三一）との見方は、朝鮮の歴史と現状への評に通じるものである。

一方、英仏両国は、「その戦勝の餘威を藉《よ》り、かつ土人《トルコ》の歓心の感情が未だ冷えないでいる間に、完美なる改革方法で土廷［トルコ政府］に勧告し、国内の庶務を刷新せしめて富強の実を挙げ、自衛の道を修めて他に依る念を断たせる」（一三二）べきであった。しかし、「その計が此《これ》に出でず、一時の勝に自足し」たことは、「英法二国の失策」（同）だったと述べる。この評は日本の対韓政策への戒めを意味するものである。また「土人よ。自守の防備もなく、どうして他人の力を恃頼するか」（同）との表現は、朝鮮人に対する戒めを意味している。

陸砲海艦が政略の上乗、交道の後援である。今日に各其の利害関係で我を助けて彼を攻めた者が、明日にまたその利害関係で彼と協同して我を分裂させることがあっても、それを質して言うのは難しい。利害の機は預《あらかじ》め度《はか》ることができない。今この武暴時代に、公法の正理を坐談する者になりたくなければ、すなわち国家の独立を固守して他邦の侵索を排したい者は土耳基《トルコ》人に鑑みるべきことがあるだろう。（一三二―一三三）

これはこの武力と暴力の時代における彼の現実主義的な国際政治観であった。次に、後者の訳書『普魯士厚礼斗益大王七年戦史』の「序」をみよう。

国と国との交際においては剛力が正義であるといえる。権能を実徳とするが故に、和好条約は平時の閑話に止まり、万国公法は紙上の空文に過ぎない。そこで各国の外交政略を覘《うかが》えば、それは、仮装の慣れ手段を巧みに弄び、別様の真面目を潜隠し、ただその利害在る所に左右取捨の趨向を定めるのである。小者を威嚇して、弱者を圧伏する。勢適力均［勢力均衡］する者に当たれば、相互に上下せず（略）釁《ちぬ》る隙《すき》を互にうかがう。近世達観の士が云う。公法千言は大砲一門に如かずと。またこれを慨嘆するのである。（四八三―四八四）

この発言は、福沢（＝「近世達観の士」）のそれを連想させる。もはや兪は、師への〈不作為の批判〉を諦めたかのようにもみえる。しかし彼はその現実を「慨嘆」し、激しい批判を浴びせる。昔の「殷の湯王、周の文王」は「仁義を以て暴虐を代える」、これが「王道の自然」だったのに、のちに「非理の貪想と不法の利慾」が「その根拠を播いて以来、優存劣滅の理を争奪場辺に誤用し、強勝弱敗の力を殺伐叢中に転向し」、「一大錯乱」を「化成」してしまったのだ（四八三）、と彼は主張する。この主張は、彼の現実主義的な時代認識を示すものであるが、しかし、そのなかには当時の現状に対する批判、もしくは抵抗も含まれているように思われる。「優存劣滅の理」や「強勝弱敗の力」を「誤用」し「転向」したとの表現からは、社会進化論を受容していながらも、かつ批判しようとする彼の意志が読み取れる。彼自身、現実への追認と批判との矛盾のなかに置かれていたともいえるかもしれない。それは、場合によっては、「親日」や「日本帝国主義との妥協」へと転化する危険をもつ。とはいえ、彼は現実主義的に愛国啓蒙運動の論理を貫くことを選択したのであった。

一方で、それは、彼のさらなる〈発憤〉を思わせる主張でもある。後者の訳書の「序」の冒頭は「国が小さいといっても自ら縮まってはならず、兵が寡いといっても自ら弱まってはならない」（四八三）という文章で始まるが、彼はその教訓を、フレデリック大王（在位一七四〇―八六）の、七年戦争（一七五六―六三）での偉業から求めている。彼によれば、大王は、「雄勇の神変、沈毅の智略」を兼ね備えたがゆえに「国小兵寡」のプロシアを「振作奮起」させた偉人（四八四）であり、大王には「条約の違破、公法の背棄、欺侮、奪領」などを平気で行ったとの「悪評、醜説」が付きまとうが、にもかかわらず、いや、だからこそ大王は「臨応する才略」をもつ「天生の英雄」だ（四八五―四八六）と評価するのである。大王は、戦勝することで、「大局の風雲を収め、列国の旧交を復し、奪領した土地の保有権を確定して国威を宣揚し、国権を伸暢し」（四八七）たのである。しかし彼はその一方で、「大王をその外交上の政略で評すれば、また一狂暴なる黠人《かつじん》［わるがしこいやつ］である。それゆえ七年戦［争］は実に大王の激成し自取した禍である。（略）その戦争を倡起した罪は、また大王に帰すべきである」（同）との批評もしている。おそらく彼は、理想と現実の間、王道と覇道の間を揺れていたのであろう。

大王の内治は至誠で偽《いつわ》りがない。これは、その外交の狡詐《こうさ》なる手段に比べて判然たる［差があり、したがって大王は］両截人である。宮廷の経費を節減して剰《あま》りの額を必ず儲《たくわ》えるのは大王の倹である。国庫の財用を管理して些かの毫［の浪費］も犯さないのは大王の廉である。貧窮を撫恤《ぶじゅつ》して（略）租税を免れるのは大王の仁である。産業を奨励して（略）工商を殖するのは大王の勤である。（略）そのことによって、国が小さいとはいえ能《よ》く諸大邦と対峙し、兵が寡《すくな》いとはいえ能く諸強隣に抗敵し、国家累乱の危を救い、万世不抜な大業を建てて後代の子孫に富強の洪緒［広い端緒］を遺《のこ》す。（四八八）

「両截人」との表現には、フレデリック大王に対する批判意識がやや投影されている。しかし大王は、当時の兪にとっては、国家的な「英雄」にほかならない。朝鮮にも大王のような「英雄」が出現することを、彼は待望していたであろう。(68)

兪は、一九一四年九月三〇日に世を去るまで、各種団体を組織したり、各種運動に参加したり、著作活動をすることで、愛国啓蒙運動に携わった。(69) その間、興士団（一九〇七年一一月設立）の副団長、大東学会の講師（一九〇七年一二月任命）、漢城府民会（一九〇八年八月設立、一九一一年九月解散）の会長など、数多くの役職も務めた。一方、彼は漢城府民会の会長の名義で総理大臣の西園寺公望宛に「一進会の合併建議に対する反駁文」（一九〇九年一二月一五日付『大韓毎日申報』の雑報、『全書Ⅳ』三四九）を送っている。だが一九一〇年八月、彼の期待も空しく、日本は「仁義」を守らず、朝鮮はその植民地となった。同年一〇月に日本政府は、朝鮮貴族令を出し、兪にも男爵を授与するが、それを彼は拒否し返還する。こうした彼の抗日愛国精神を歴史のなかでどのように位置づけるか、その効果はどれほどのものであったのか、そこから何を学ぶべきか。

註

（1）「圧制も亦愉快なる哉」それ自体が、「肉づけ」の一例にほかならない。また同八二年の論説「東洋の政略果して如何せん」（一二月七－九、一一、一二日）もその一例である。なかでも一一日付論説には、「我より他を圧制するは甚だ愉快なり」、「何れの時か一度は日本の国威を燿かして、印度支那の土人等を御すること英［国］人に倣ふのみならず、其英人をも窘《たしな》めて東洋の権柄《けんぺい》を我一手に握らんものをと、壮年血気の時節、竊《ひそか》に心に約して今尚忘るゝこと能はず」（『全集八』四三六－四三七）との表現がある。

この圧制や愉快も、国権や拡張（皇張）と同じく、福沢の著作にしばしば登場する彼好みの言葉である。

（2）ただし先達の業績といっても、なかには玉もあれば石もある。今はまさに「雀の千声より鶴の一声」こそが、必要な時かもしれない。

（3）『家庭叢談』は、一八七六年九月二三日（第一号）より翌七七年三月六日（第五八号、同年四月五日の号外以後廃刊）までの間、慶應義塾出版社から発行された月刊雑誌である。

（4）安川寿之輔 二〇〇〇、六。

（5）『学問のすすめ』や『概略』などの前期著作は、その多くの部分、なかでも自然法観念との関連部分が、英米の著作の翻訳ということを想起してもらいたい。前述のように、福沢は自然法観念を啓蒙しつつ、同じ著作のなかですでに、あるいは後の著作を通して、それ自体を批判しかつ自ら否定している。

（6）もちろん福沢の《国権論》にみる正の側面までを全否定するつもりはなく、当時の時勢に適応するために、そのなかに一定の意義も含まれていることは筆者も認めるところである。しかし今は、それ以上にむしろ彼の負の側面や限界に注目せねばならない。このことこそが「負の遺産」を後世に残さず、彼の思想を正しく評価すること、発展的に継承することにつながるからである。個別の例証は省くが、しかし今なお、近代は「力＝正義」の時代だったとの状況主義的、片眼的な視点に基づいて、だから彼も仕様がなかったのだという開き直り論（＝福沢びいき論）が根強く残っている。

（7）伊東昭雄編 一九九〇の関連資料と解説を参照。そのなかに、興亜会は「一八八一年三月九日に東京で結成」（二〇）とあるが、この「一八八一年」は「一八八〇年」の誤植である。

（8）それらの論説の題名だけを紹介すると、「朝鮮の変事」（七月三一日、八月一日）、「朝鮮政略」（八月二－四日）、「朝鮮事変続報余論」（八月八－一〇日）、「朝鮮政略備考」（八月五、一一、一二、一四日）、「大院君の政略」（八月一五、一六日）、「出兵の要」（八月一八日）、「日支韓三国の関係」（八月二一、二三－二五日）、「支那国論に質問す」（八月二九－三一日、九月一日）、「朝鮮事件談判の結果」（九月四日）等。

（9）日朝連帯が成立しなかったのは、日朝両国における連帯と自主との相克に起因する（これは、三国連帯の不成立にもあてはまる）。その相克とは、いいかえれば、近代日本における〈アジア主義〉の内在的矛盾を意味する。近代日本の〈アジア主義〉は、「侵略主義と連帯意識の微妙な分離と結合の状態」（竹内好編集・解説 一九六三、一二）を示すような矛盾を内在していたのである。

（10）甲午改革政府は、日清戦争中の一八九四年七月に成立し、一八九六年二月まで約一年半存続した。その期間中、福沢が書いた朝鮮（と清国）関連の論説を――その検討・分析は省くが――参照されたい。なお、安川寿之輔 二〇〇〇の第三章を参照。

（11）このことを、はっきり指摘したのが金允植である。彼は、もし甲申政変が成功したならば、朝鮮は「陽《いつわり》に自主の国と尊ばれようが、実は日本の属国となった」であろうと述べる（『追補陰晴史』下、五七七）。それでは、この「属国」化の危険性を、急進開化派はまったく予知していなかったのだろうか。逆説的に聞こえるかもしれないが、それを予知していたからこそ彼らは、その危険（日本の毒手）を避けるため、別の危険（日本との協力）を冒して政変に踏み切ったように思われる。なぜなら彼らは、他の朝鮮人より日本をよく知り、多数の日本人と打ち解けた間柄にある──と考えていた──だけに「知日的」であり、また日本の企み、狙いを上手く見ぬいている──はずだった──だけに「克日的」でもあったからである。彼らの「親日行為」は、本心から親日のための行為とは限らず、むしろ「克日」のための親日行為、つまり、日本の企みに抵抗し、その狙いを打ち壊すための「親日」あるいは「用日」の行為でもありえた。

(12) 詳細は金鳳珍 二〇〇〇年一二月、四六四－四六六を参照。なお、同論文の註4は『故紙羊存』という史料についての解説である。

(13) 清国の近代化は、福沢にとっては関心の対象外であり、強いて言えばそれは期待どころかむしろ脅威の対象であった。坂野潤治一九七七は、『時事小言』や『朝鮮の交際を論ず』において福沢が関心をもっていたのは朝鮮の改造であり、中国が併記されているのは、単なる言葉の綾か、あるいは問題をぼやかすために過ぎない」（三四）と指摘している。

(14) 青木功一 一九七九、初瀬龍平 一九八四などの諸論文も、図式的転換説への批判、とりわけ「脱亜論」をもって福沢の〈転換〉を論ずるような通論を破る研究である。青木は「理想主義と現実主義」、初瀬は「構造的認識と状況的認識」などの分析視角、また坂野も別の論文一九八二のなかで「長期的観点と短期的観点」を提起し、福沢のアジア観を統一的に捉えようとしている。また吉野も、福沢の「アジア蔑視と侵略の要素は、『脱亜論』に至ってはじめて生まれるわけでなく、連帯論や改造論とされる段階においてもその底流に伏在しつづけていた」（吉野誠 一九八九年三月、四四）と把握している。つまり「脱亜論」は、彼の一貫したアジア観＝アジア蔑視観と脱亜意識・論を状況変化にあわせて、状況的思考に基づいて表現した一論説にすぎない。そのほかにも、同様の表現や言説が含まれている類似の論説や著作は数多い。論説「脱亜論」は、たまたまその題名を付けたために知られているものに過ぎない。

(15) たとえば、福沢は「識者は此病を指して何と名《なづけ》るや。余輩は之を外国交際と名るなり」（『全集四』一九三）、「我日本に於ける外国交際の性質は、理財上に論ずるも権義上に論ずるも至困至難の大事件にして、国命貴要の部分を犯したる痼疾と云ふ可し」（二〇三）と記している。

(16) 趙論文の問題点は「穏健開化派＝小国主義」対「急進開化派＝大国主義」との図式的把握に起因する。はたして両派の間には、それほど違いがあったのだろうか。そもそも小国主義に対立する概念は大国主義しかないのだろうか。また小国主義や大国主義のなかにも、その間にも、さまざまな「主義」が混在し錯綜した可能性があったのではないか。

(17) 「競励」という用語を新造したのは、実は福沢であった。福沢はチェンバーズの『経済読本』の Chapter 6 Society a Competitive System を訳述したさい、『西洋事情外編』の「世人相励み相競ふ事」と訳しあてたのである（伊藤正雄 一九六九、一四三）。

ただ『福翁自伝』によれば、幕府役人の命でこの『経済読本』の目次を「早速翻訳する中に、コンペチション［competition］と云ふ原語に出遭ひ、色々考へた末、競争と云ふ訳字を造り出して之に当嵌《あては》め」(『全集七』一四八)たのだが、役人は訳字を不穏として忌《い》んだので「競争の文字を真黒に消して目録書を渡した」(一四九)という記述がある。この「世人相励み相競ふ事」を参考にして、兪吉濬は「人世の競励」を著したように思われる。結果的に、福沢は「競争」を、兪吉濬は「競励」を好んだということになる。

(18) この文章には福沢の『時事大勢論』(一八八二年四月刊)の影響がみられる。その冒頭に「財産生命栄誉を全ふするは人の権理なり。道理なくしては一毫も相害するを許さず。之を人権と云ふ。人権とは人々の身に附たる権理の義なり」(『全集五』一三七)とある。この箇所の権理という言葉に注目してほしい。これは human or national rights の rights にあてた訳語であろう。この訳語を、同じく兪吉濬も一度は用いたが、なぜか、後に権利と改めている(筆者はこの権理の方が、自然法観念に基づく、名訳だったと考えている)。ちなみに福沢の『時事大勢論』は「人民の参政の権理」、「国会開設、官民調和」などを説く国内政治論である。これは国権拡張論とは無縁の著作であったため、この論には兪吉濬も同意するところが多かったであろう。「自由大略」をはじめとする一四篇の論文からなる兪の初著作の題名は『世界大勢論』とされた。

(19) この文三の前には「兵備の盛大なる諸国［英国、フランス、ドイツ、ロシア、オランダ、日本］の人口および兵数」との統計が引いてある(九三―九八)。この統計は、福沢の『時事小言』と『兵論』(一八八二年一一月刊)のなかにもみられるもので(『全集五』一七二―一七五、二九八―三〇一)、兪はそれを引用したと考えられる。しかし、兪は、福沢の両著作の論旨を全く反映していない。これも、師の国権拡張論への〈不作為の批判〉だったといえるのではなかろうか。

(20) たとえば「教養」には、「弋猟→耕牧→格致」、すなわち狩猟→農耕・牧畜→科学との遷移は、「天地自然之理」だという歴史の発展段階論、一種の進歩史観がみられる(四八一)。この解釈については、佐藤慎一 一九八五年六月(四の一)に譲ることにしよう。そのなかで鄭観応は、「今日の計は、宜しく八股の科挙を廃し、格致の学を興し、学校を多く設け、人材を広く植え、誠に開き公を布いて民と与に更始する」ことによって「三代の盛を徐々に復還できる」と主張している(同)。彼の発展・進歩は「三代の盛」＝徳治、王道政治の回復を意味するものであった。また「商戦上下」には商「戦」、あるいは競争の重視がみえる。そこに社会進化論の影響があるといえるが、この「戦」は、常にゼロ・サム・ゲーム的闘争を意味するのでなく、共存可能な競争を含む概念であった。つまり鄭の場合、近代主義といっても、それが欧米中心的近代主義でもなければ、現実主義や状況主義といっても、それが理想ぬきの、負の現実や状況を単に追随する主義ではなかったといえる。

(21) 鄭の憤激は熾烈な批判意識に基づくものであった。その矛先は、まずは「外」の対象、次に「内」の対象に向かう。しかし、ときに憤激は、冷静な批判意識を失わせ、批判対象を見限ったり、見過ごしたり、見間違えさせることすらあった。また、その矛先が「内」の対象に転じた際には、「外」の対象への批判を見落とす場合もあった。この類の現象は、鄭だけでなく、兪も見せている（後述）。

さて、問題はその先にある。憤激の結果、その批判対象を見返す、見返してやろうと発憤してしまうことがある。その場合、意識的に、あるいは無意識的に、対象それ自体に見入られ、この発憤が元の憤激を裏返してしまうことになる。そのため憤りや批判の対象も転覆してしまう。元の批判対象は見上げられるものに変わり、むしろそれをわがものと「内化、正当化」したり、礼賛したりする心理が働く。こうした一連の思惟作用は、倒錯心理（＝コンプレックス症候群）に基づく代償行為をともなうものであり、そこに論理の顚倒や矛盾撞着が生まれる。その過程のなかで、〈負〉の近代主義との妥協・結託＝〈共犯関係〉や、また自国型のオリエンタリズムの形成といった現象が生じるのであろう。

(22) 話は変わるが、一八九五年、日清戦争の勝利を前に福沢は、「戦争の大利益」（一月九日付論説、以下日付のみ）に陶酔していた。講和会談の際、「償金は何十億にても苦しからず」（三月一二日）と述べていた。「休戦と平和とは関係なし」（四月四日）には、「台湾は勿論、盛京省の地方をも割譲せしめて償金は則ち億を以て」、「『要務《ビジネス》は要務なり』との金言を悟ら」せるべきだ（『全集十五』一二二）と記されている。彼の強硬的な意見に対しては日本政府も警戒するほどだった。しかし彼の国権拡張欲は、「日本人の覚悟」（五月五日）や「他日を待つ可し」（五月七日）などに表現されているように、止まるところを知らなかった。下関条約は一八九五年四月一七日に締結し、五月八日に清国の芝罘《チィプ》（煙台《イエンタイ》）で批准されたが、この間に三国干渉が加えられた。これを受けて彼は、「平和条約の発表」（五月一四日）のなかで、「人間世界に不平の一念こそ奮発勉強の原動力なれば（略）一段の勉強力を加へ、**堪へ難きに堪え、忍ぶ可らざるを忍び**、唯国力の増進を謀る可きのみ」（同、一五五）と述べた。

(23) 戊戌政変と義和団事件、およびその後の現実状況の変化については坂野正高 一九八二の一二、一三章。同時期の鄭観応の活動については夏東元 一九八五の七、八章。なお、彼の最期までの活動については、夏東元 一九八五の九～一二章と「付録二」を参照。

(24) 「東学農民戦争」については慎鏞廈 一九九六、趙景達 一九九八などを参照。

(25) 森山茂徳 一九八七（の一部一章）は、甲午改革を、一八九四年七月二七日（軍国機務処の設置）～一〇月二四日（大鳥公使の更迭）の第一次改革と、一〇月二五日（井上馨公使の赴任）～一八九五年七月一二日（国王高宗の詔勅頒布）の第二次改革とに区分している。そこで森山は、「日本の陸奥外相にとっては、甲午改革は日清開戦のための布石にすぎなかった。陸奥には元来改革を積極的に行う意図はなく、また改革が容易に実現されるという見通しももっていなかった。陸奥の真意は改革については、『わが国の利益を主眼とするの程度に止め、これがためあえてわが利益を犠牲とするの必要なし』「『蹇蹇録』萩原延寿編 一九七三、八三」というものであった」（一三）と述べている。そこに甲午改革に臨む日本政府の姿勢や、その「不純」な動機、目的などがうかがえる。これについての考察は、田保橋潔 一九四一、下の二四～二八章を参照せよ。

(26) 柳永益 一九九〇、一一六。なお、田保橋潔 一九四一の下、三五六－三五九を参照。

(27) 日清戦争期の朝鮮をめぐる内外情勢を考察した参考文献は数多いが、ここでは古典的名著として田保橋潔 一九五一、比較的最近の文献として高橋秀直 一九九五、東アジア近代史学会編 一九九七、白井久也 一九九七、藤村道生 一九九八などを挙げておきたい。なお、日清戦争のみならず東学農民戦争、甲午改革を網羅し概観するためには田保橋潔 一九四一の下、李瑄根 一九七八を参照。

(28) 詳細は柳永益 一九九七、四章を参照。

(29) 日本政府はあらためて対朝鮮政策の基調を決定し、その上で改革を日本の利益に沿うように誘導すべく試みた。陸奥外相は同九四年八月一七日の閣議に将来の対朝鮮政策として、(甲)不干渉政策、(乙)実質的保護国化政策、(丙)日清共同保護国化政策、(丁)中立化政策という四つの選択肢を提示し、閣議は乙案を採択した(明治二七年八月一七日付「陸奥提出閣議案」『日本外交文書』二七巻の一、六四六)。ただしこの政策には、陸奥も指摘するように、欧米列国の干渉可能性やこれを打破するに足る日本の軍事力の不備などの制約要因があった(『蹇蹇録』一四三―一四四)。その意味で、朝鮮の実質的保護国化は、当面の目標というより、陸奥のいう「最後の大目的」(同、一四二)だったのである。

(30) 明治二七(一八九四)年一〇月七日付「大鳥宛陸奥訓令」『日本外交文書』二七巻の一、六五七。

(31) 甲午改革は成果も収めたが、結局、否応なく〈挫折〉に帰結した。改革推進者たちにとって、それは未完の改革だったと総括できる。だがその原因を主導者たちに、その離合集散や外勢依存などに単純に求めることはできない。最たる原因は、自国の意図を貫徹しようとした日本側の「不純、偽善」に求めるべきであろう。

(32) 大院君にかぎらず、日本人――また欧米人――の記録にみる朝鮮人の人物評を、額面通り受け取ってはいけない。さらに、日本人や欧米人の朝鮮関連記録を批判的に理解・解釈し、その誤解・誤謬を明らかにしなければならない。むろんこれは、一定の程度、朝鮮人自らの記録にもあてはまる。

(33) この事件の顚末については柳永益 一九九八、二章の五を参照。

(34) 甲午改革政府の官制とその変遷については李瑄根 一九七八の一編二章二節Ⅱ、Ⅲを参照。

(35) 両人の親密な信頼関係については兪東濬 一九八七、一八九―一九四を参照せよ。

(36) 大院君の密使は、高宗や金弘集の手紙も衛汝貴に伝達した。彼らは朝鮮政府内の「反日」を代弁し、一方、清国軍の勝利を予想し期待していた。とくに大院君は清国軍と東学農民軍との連携による日本軍攻撃を試みていたのである。ここに農民軍が再起し、第二次農民戦争は始まる(慎鏞廈 一九九六の八章、趙景達 一九九八の八、九章を参照)。しかし日本軍は平壌戦闘で勝利するとともに彼らの密書・手紙を獲得した。それは九月二三日、平壌に入城した第一軍司令官山県有朋の手中に収められた。後に日本側(井上新任公使)は、この密書や手紙を証拠に朝鮮側を袋小路に追いつめ、甲午改革政府(第一次金弘集内閣)をして東学農民軍の鎮圧のための日本軍の動員を承認させ(一一月八日)、また大院君の摂政権を廃止させた(一一月二二日)。さらに金弘集・朴泳孝連立内閣（第二次金弘集内閣）は、金鶴羽暗殺事件との関連で、主犯格の朴準陽ら六人を裁判にかけ、梟首《きょうしゅ》刑に処した（一八九五年五月一三日）。これら事件の顚末については柳永益 一九九八の二章を参照。

(37) 「陸軍大臣榎本武揚問答」、「逓信大臣黒田清隆問答」『全書Ⅳ』三七七－三八四。これらは陸奥問答と大きな差がないので、分析を省く。

(38) 彼が暗殺された翌日（一一月一日）、井上公使はその消息を陸奥に打電した（「金鶴羽暗殺セラル」『秘書類纂朝鮮交渉資料』下巻所収）。ちなみに、金鶴羽の政界活動については李光麟 一九八六、一六八－二〇一を参照せよ。

(39) 同書翰は『全書Ⅴ』（二七八－二八〇）に転載されている。ただ日付に一八九五年とあるが、本当は一八九四年である。そのほか、本文の文字には誤植もある。

(40) この願いに応えてか、福沢は「朝鮮の公債は我政府之を貸附す可し」（一八九五年一月一五日付論説）を書いた。そのなかには「同時に官吏を貸与へて、中央政府より地方官庁に至るまで暫く日本人に預らしめ、彼の腐敗せる種族をして」云々（『全集十五』一九）と記されている。

(41) この詳細な顚末については『福沢諭吉伝』三巻三五編一一－一二章を参照せよ。

(42) 『全集十八』所収の手紙についた註記によれば、飯田三治は慶應義塾出身で当時静岡米商会所の役員（六五四）、高見亀は「時事新報社の特派員として京城に赴き、後ち朝鮮政府の学務衙門に嘱託として招聘された」（六四四）人物である。

(43) 一八八五年夏、博文局員の井上角五郎は、統署から得た代金の洋銀一千円を携えて訪日し、「朝鮮文字の活字」を購入してきた。この洋銀一千円は、当時の時価では、活字の代金を上回る金額だったと判断してもよかろう。詳細は金鳳珍 一九九六年三月、五四－五六を参照。

(44) 高見亀宛（一八九五年四月一三日付）の手紙のなかで、福沢は「其実は今日福沢に於て元金を取返すさへ望外の事なるゆゑ、唯元金を取るのみにして、其利子の分は別にして銀行に預け置、今度渡来する［朝鮮人］学生の為め［に使う］」（六六〇－六六一）と朝鮮人への「善意」を示している。だが別の高見亀宛（同年一月二八日付）の手紙には、「朝鮮へ五百万円の金を貸す云々は固より老生［福沢］等の大賛成なり。（略）老生は一歩を進め、彼れに貸すものは現金に止まらず、船にても器械類にても、目下我国に不用の品は颯ゝ《さっさっ》と売渡し、代金は即納に及ばず、貸金の証文にして徐々に元利を償還せしむれば可なり。兎に角に朝鮮政府の如何に拘らず、朝鮮と名《なづ》くる国土人民を抵当にして貸すことなり。（略）朝鮮国へ貸金の証文多ければ多きほど我日本国の勢力を強くするものなり。俗に云ふ首丈けの借金を脊負せて彼の政府を制し、併せて諸外国の物論を防ぎ度事に候」（六四二）とある。こうした不純な動機を隠蔽していた彼の「善意」は、偽善であった。

(45) 柳永益 一九九八の三章、柳永益 一九九七の五章を参照。

(46) 森山茂徳 一九八七、三九－四三を参照。

(47) 李瑄根 一九七八、五四五－五四八を参照。
(48) 同右、五七六－五七七。
(49) この事件の顛末については『在韓苦心録』外編、そして李瑄根 一九七八の二編一章二節、角田房子 一九八八、崔文衡他著 一九九二などを参照。
(50) この経緯については李光麟 一九八一、一五三－一六七を参照。ついでに中枢院は、金・朴連立内閣が成立した際に、軍機処を廃止するかわりに設けられた（李瑄根 一九七八、三二八－三三〇）。ただ初代の議長金炳始《キムビョンシ》（一八三二－九八）、左議長趙秉世《チョビョンセ》（一八二七－一九〇五）、右議長鄭範朝《チョンボムジョ》（一八三三－九八）とあるように、元老大臣を中心とする実権のない政策諮問機関だった。
(51)「親露・親米的」な性向の官僚のなかでも所謂「親米開化派」については韓哲昊 一九九八を参照。
(52)『独立新聞』を創刊して二年後、徐載弼は米国に帰ることとなり、その編集発刊は、当時独立協会の会長だった尹致昊に引きつがれた。一八九九年一月、尹致昊が徳源監理（元山港の税関長）に赴任することになると、『独立新聞』の発刊人は英国人エンバーリ（H. Emberley）に代わった。その後これは一八九九年一二月には廃刊された。『独立新聞』については膨大な論著がある（その文献解題として鄭鎮碩編著 一九九六を参照）が、ここでは愼鏞廈 一九七六のI、崔埈 一九九三の四章を挙げておく。なお独立協会については姜在彦 一九七三の二部二章、愼鏞廈 一九七六、李瑄根 一九七八の二編二章三節、柳永烈 一九九七の一篇などを参照。
(53) この「大韓帝国」を、日本側は一九一〇年八月の「日韓強制併合」の際に朝鮮に改めた。以下、本書では、韓国、韓国人は朝鮮、朝鮮人と同義語として用いられる。
(54) 李瑄根 一九七八、八四八。こうした評は、高宗に対する低評価を含意するものである。たしかに高宗は朝鮮の国権喪失を招いた君主ということもあり、彼への低評価は、ある程度は仕方がないといえるかもしれない。しかし近代の大転換期、朝鮮王朝の大激変期に、それを乗り越えるため彼は開化改革、国権守護に努力した。その苦心をみるなら、高宗を単に低く評価するわけにもいかない。高宗やその時代を評価するためには、少なくとも、近代主義やオリエンタリズムによる偏見と誤謬などは批判的に止揚しなければならない。これとの関連で、高宗の時代に新たな光を当てた参考文献として李泰鎮 二〇〇〇を挙げておきたい。
(55) これについては、森山茂徳 一九八七の一部一、二章を参照。
(56) 盧伯麟と魚潭の二人は、日本に留学する前に、独立協会の幹部として活躍した同志であった。のちの植民地時代に、盧は抗日独立軍に加わり上海の大韓民国臨時政府（一九一九年四月樹立）の国務総理となるが、一方、魚は日本軍の中将を歴任した。朝鮮近代の「不幸な歴史」に翻弄された、朝鮮人の悲劇的な運命の一例である。
(57) 閔泳煥（閔妃の甥）は、一八七八年に科挙に合格して以後、内外の要職を歴任、一九〇五年に殉国した愛国忠臣である。彼は、一八九六年に特命全権公使としてロシアを訪問、ニコライ二世の戴冠式に参列するとともに、一八九七年には英国、ドイツ、フランス、ロシア、イタリア、オーストリアなど六ヵ国の特命全権公使となり、ビクトリア女王の即位六〇周年祝賀式にも参席した。二度の外遊で見聞を広めた彼は、独立協会運動に対しても好意的で、その議会設立運動を支援するなど、閔氏戚族のなかでもっとも開明的な改革派だった。一九〇五年一一月に「第二次日韓協約」（＝乙巳保護条約）が締結されると、彼は、その破約を上疏し逮捕された趙秉世に代わって疏首となり、二度にわたって上疏した（上疏とは在野の知識人が国政に関する建議、嘆願などを書いて、国王宛に出した書簡ないし文書を指す。これが多数人によって共同で行われた際に、その代表者を疏首と呼ぶ）。しかし破約できるはずもなく、彼は殉国を決意し、同胞と各国公使に遺書を残し、喉を切って自決した（同じく趙秉世も毒を仰いで自決した）。

(58)　兪東濬 一九八七、一三七と一四一を参照。

(59)　詳細は同右、二四四―二五六、また李光麟 一九八九の「日本亡命時節의 兪吉濬」を参照せよ。

(60)　一九〇四年から一九一〇年まで日韓両国間に結ばれた一連の強制条約の締結経緯や内容などについては実に膨大な文献がある。ここでは、その条約強制や条約文の形式などに注目して、これらの条約は「不法・無効」か「合法・有効」かを問う日韓間の「対話」（『世界』誌上の論争）を収録した李泰鎮編著 二〇〇一を紹介しておく（金鳳珍「『韓国併合有効・不當論』を問う」も在中）。

(61)　詳細は白楽濬 一九七三の五、六章を参照。

(62)　帰国直後、総理大臣西園寺公望《きんもち》（一八四九―一九四〇）に、彼は「建白書」（『全書Ⅳ』三四七―三四八、『皇城新聞』一九〇七年八月二一日付に掲載）を送っている。これはハーグ密使事件を起こした高宗を弁護する一種の嘆願書だが、そのため非常に「親日的」な内容となっている。その要点は、密使派遣は高宗の本心ではなく宮中の私人、雑輩の所行であるとの主張であった。もちろんそれは事実に反していた。その結論部には、高宗は日本を「親信」しており、また韓国民も「将に日本の恩沢に心服し、永く忘れざるを矢《ちか》う」、さらに「もし実ならざれば累人〔兪吉濬〕は一死を以て之に報いる」（三四八）と記されている。日本側を刺激せず協調すれば、日本も韓国側に相応しい〈善意〉を示すかもしれないと考え、彼は「親日的」な言説を用いたのであろう。

(63)　朝鮮の愛国啓蒙運動に関する参考文献としては姜在彦 一九七三の二部三章、朴賛勝 一九九二の一章、趙恒来編著 一九九三、金度亨 一九九四、柳永烈 一九九七、金淑子 一九九八などがある。研究論文としては康成銀 一九八七年三月、月脚達彦 一九八九年三月などがある。

(64)　これは、いわば朝鮮・韓国型オリエンタリズムや、近代主義の形成、浸透を示す一例であると考えられる。これは、兪吉濬の例にみられるように、朝鮮の近代化過程における〈挫折〉に伴うものであった。そのため〈挫折〉の状況が深刻なほど、この事象は膨らんでいく。日本型のオリエンタリズムや近代主義がおおむね〈自発〉の産物だったのに対し、朝鮮・韓国型のそれの大部分は〈挫折〉の産物であった。これらは、植民地時代になると日本の朝鮮統治・教育政策により肥大していく。つまり、朝鮮・韓国型オリエンタリズムは、そこに日本型のそれが加わり、さらに日本の植民地政策によって育てられてしまったのである。もちろんこうした歴史の展開において、朝鮮・韓国人の間には ── 日本人の間にも ── こうした事態に対する反発や抵抗が生じた。がしかし、その影響は今なお根深い。

(65)　これとの関連で筆者は、近代朝鮮における「親日、親日派」という――価値含蓄的かつ一方的な――概念をいたずらに用いるべきではないと考えている。その理由を端的に言うならば、われわれは、ある概念を用いる際に、その概念による思考（思惟作用）の停止ないし断絶を警戒せねばならないからである。実際、「親日」という概念は、むしろ親日的な事象や行為を捉え難くするのみならず、事実を歪曲ないし隠蔽する役割を果たす場合もある。しかも、場合によっては、「抗日と親日」とは必ずしも対概念ではない。というのは、日本側の〈負〉には抵抗しながらも、その〈正〉には親しむという事象や行為は充分にありうる。そこで日本側の〈正負〉――あるいはその出方――を問う契機が与えられる。さらに「抵抗としての親日」という範疇も成り立つ。

とはいえ、筆者は、「親日」という概念が要らないと言いたいのではない。ただしこの概念を用いる際に、われわれは、自己の先入見を自覚し停止することや、現象学でいうところの「判断中止《エポケー》」の状態を一度経験することが必要ではなかろうか。また、筆者は、明白かつ不当な「親日」行為を犯し、いわゆる「親日派」と規定されるほかはない人々（の行為）が「免罪」されるべきだと言いたいのでもない。むしろ峻厳に「処罰」すべきだと言いたいが、問題はその方法にあると考える。「親日派」は、とうぜん自分の行為により発生する結果責任と説明責任を負わねばならない。ただしその責任の一部は、責任を問う――権利をもつ――人々も負わねばならないのではなかろうか。

(66)　兪は『政治学』（年月不明、『全書Ⅳ』三九三―七六七）を残している。これは、朝鮮に初めて「近代政治学」の書物を紹介したものであった。この書は、ラートゲン講述、李家隆介・山崎哲藏訳『政治学　一名国家学』（東京：明法堂、明治二五［一八九二］年初版、再版は明治二七年、上中下の三巻）を底本とし、その上巻を草稿の形で訳したものである。その底本は、ドイツ人の政治学者ラートゲン（Karl Rathegen; 1855-?）が、東京帝国大学在任中（一八八二―九二）、講義した記録であった。ラートゲンについては『大人名事典』（外国篇、平凡社、一九五八）の該当欄、また蠟山政道 一九六八の七九―八一などを参照。

(67)　兪が著した四冊とは『普魯士《プロシア》国厚礼斗益《フレデリック》大王七年戦史』（日韓印刷株式会社、一九〇八年五月刊）、『英法露土諸国哥利米亜《クリミア》戦史』（大韓皇城広学書舗、徽文館、一九〇八年六月刊）、『波 蘭《ポーランド》衰亡戦史』、『伊太利《イタリア》独立戦史』（後者の二冊は未刊草稿）であった。これらの底本は各々、『万国戦史』シリーズのなかの『フレデリック大王七年戦史』（澁江保著、明治二九年五月）、『クリミヤ戦史』（松井広吉著、明治二八年八月）、『波蘭衰亡戦史』（澁江保著、明治二八年七月）、『伊太利独立戦史』（松井広吉著、明治二八年一一月）であった。

(68)　この時期、国家的な英雄を待望する意識が、すでに朝鮮の知識人と民衆の間に広がっていた。乙巳保護条約の締結前後に、大韓帝国が主権喪失の危機に瀕したときである。兪吉濬のような開化派知識人はもちろん、「改新儒教派」の知識人までもが、儒教の「文治」だけを固執しては自国を危機から救い出せないという考えのもとに、一つの原理として「救国、自強」のための「武」の必要性を自覚し、その啓蒙に努めるようになった。これが尚武精神の鼓吹であり、その一つの方法が、愛国的な英雄崇拝の意識の普及であった。朴殷植《パクウンシック》（一八五九－一九二五）、張志淵《チャンジヨン》（一八六四－一九二一）、申采浩《シンチェホ》（一八八〇－一九三六）らによる民族史学や英雄史観の登場は、英雄待望・崇拝意識を高めた。この三人の論著や訳述書の一部（題名だけ）をあげると、朴殷植の「乙支文徳伝」、「金庾信伝」、『夢拝金太祖』、『泉蓋蘇文伝』、『李舜臣伝』、『韓国痛史』、『韓国独立運動之血史』（『朴殷植全書』上中下、所収）、張志淵の『大韓疆域考』、『大韓新地志』、『新訂東国歴史』、『埃及近世史』、『愛国婦人伝』、『中国魂』（『張志淵全書』全九巻の一－四巻所収）、申采浩の『伊太利建国三傑伝』、『李舜臣伝』、『東国巨傑崔都統伝』、『朝鮮上古史』、『朝鮮上古文化史』、『朝鮮史研究草』（『丹斎申采浩全集』上中下、所収）などがある（三人それぞれの思想については膨大な研究文献があるが、ここでは Schmid (2002)、慎鏞廈 一九八二・一九八四、具滋赫 一九九三、千寛宇他著 一九九三、申一澈 一九八一を挙げておく）。これらは「内の、外の」英雄を、歴史と民族の主体と見なし、愛国心と民族精神——たとえば、朴殷植の「神、魂」、張志淵の「祖国精神、魂」、申采浩の「郎家精神」など——を高揚させるために英雄崇拝を唱えた。いわゆる「愛国的英雄礼賛の時代」（田口容三 一九八八年三月）の到来である。

ほぼ同時期、清国（中国）にも朝鮮と類似した現象が広まった。英雄待望・崇拝意識が中国人の間にも高まったのである。その発端は梁啓超によって与えられた。彼は、戊戌政変後の一八九八年秋に日本に亡命し、辛亥革命後の一九一二年に帰国するまで、雑誌発行や論著・訳述などの言論活動に携わった。そのなかには西洋の「史伝」群（日本人の著作）の訳述が含まれている（狭間直樹編 一九九九のなかの松尾洋二の論文を参照）。たとえば、『佳人之奇遇』（東海散士、一八八五－九七刊）、徳富蘇峰の『将来之日本』、『吉田松陰』、マリオット（J.Marriot）『三傑伝』と平田久『伊太利建国三傑』等がその例である。また雑誌の『清議報』（一八九八年一二月創刊、一九〇一年一二月停刊）、『新民叢報』（一九〇二年二月創刊）の論著や、著作集の『飲氷室文集』（一九〇二年一一月作、一九〇三年三月刊）を通じて彼の論著・訳述は朝鮮の知識人にも莫大な影響を及ぼした。ちなみに、申采浩『伊太利建国三傑伝』（張志淵校閲）や張志淵『中国魂』などは梁啓超の訳述・論著の朝鮮語訳である。

（69）兪東濬 一九八七のⅦ、尹炳喜 一九九八の第二編などを参照。

第四章　近代国家観
——対内思惟空間——

彼ら三人に共通した課題は、伝統国家（秩序）の改編による近代国家（秩序）の形成とそのための制度改革であった。その意味で、彼らはそれぞれの国における「変法派」であった。しかし、その改編や制度改革を、いかなる観念や思惟様式に基づいて進めようとしたかについては、三人の間に違いがあった。そこで本章は、いくつかのテーマに沿って三人それぞれの近代国家観・構想を考察し、その比較分析を行うことにしよう。

国民統合のイデオロギー、民族主義

近代国家とは、歴史的に共通した政治・社会・伝統・文化・宗教・言語などをもつ複数の民族が、一つの領土的まとまり（国境）と政治的統一（政治権力・主権）をもって結合した政治的共同体であり、国民国家《ネーション・ステート》と定義される。それは、言葉通り近代という時代の産物として、普遍ではなくある特殊な国家、政体《ポリティー》である。(1) その形成のためには一つの権力（権威）、一つの法体系による国民統合が必要条件となる。また国民統合には、そのためのイデオロギーも必要である。その代表的なものは民族主義である。(2) そのため近代国家は、国民・民族国家と呼ばれるのである。しかし近代国家は、常に一つの国民・民族から構成されるわけではない。また国民統合のイデオロギーのなかには、近代以前の伝統の理念や観念も含まれることがある。

近代国家として、鄭は多民族国家を、福沢と兪は単一民族国家を想定していた。また鄭は、国民統合のイデオロギーとして、民族主義を打ちだしていない。しかし鄭も清国の多数民族を一つの中華民族として統合しようとしていた限りにおいて、彼は中華民族主義に立っていたと言ってもよかろう。鄭は、そのためのイデオロギーとして東道を固守しようとしたのである。もっとも鄭自身が、中華民族という言葉を用いていたわけではない。彼が中国人、華人などの表現を使うとき、それは（現代中国語用法の）海外居住の華僑、華人を意味していた。彼自身の常套語はあくまで「（天下の、万）人、民」であった。また東道をして中華民族主義と同置させることにも無理があるかもしれない。東道自体は普遍的で、他国も共有できる現に共有している観念だからである。「旧中国は、対等な対立者を持った国家ではなく、自己完結した一つの世界であり、天下であった[3]」、それが中国固有のトポスであった。

そもそも清朝は「帝国」であって（略）満州族の民族国家などではなかった。（略）「民族国家」の概念など存在しない時代に帝国建設に成功し、長期間の帝国統治の終焉にあたって、欧米資本主義列強のアジア進出による全地球的国際関係の時代と「民族国家時代」とに際会したのである。（平野健一郎他編著 一九八八、四〇）

平野は「結局、帝国の遺産を継承し、帝国規模の『国民国家』を形成するという、語義矛盾にも等しい困難な事業が近代中国の課題となった」（四一）と述べている。こうしたトポスのなかに、鄭の位相空間、思惟作用は「拘束」されていたのである。中国では、一つの国民・民族の国家としての近代国家は考えられず、また漢族のみの民族主義などは危険なイデオロギーだったはずである。鄭は東道ならこの「語義矛盾」が避けられ、「天下、清朝帝国」

の多民族の統合イデオロギーとなると考えていたかもしれない。それは、一つの国民、民族に閉ざされた、近代的な民族主義とならず、その意味では「開かれた、脱近代的な」民族主義となる。あるいは、これは一種の「文化的ナショナリズム(4)」となるものであった。

兪も東道を固守しようとしたが、その統合イデオロギーとしての意義は鄭の場合より薄かった。彼は、多くの論著のなかで、「同胞、国民」に「愛国、報国」の心＝民族主義を呼びかけている。これは福沢の場合にもあてはまる（本書第一章で述べたように、福沢は「和魂の手段化」を行うわけだが、これは、その国民統合のイデオロギー性に注目したからであろう）。中国と比べ、日朝両国は一つの国民、民族の共同体と想定しやすく、清国よりは近代国家形成に有利だったのである。ただし「愛国、報国」といっても、福沢のそれと兪のそれとの間には概念が内包するものに違いがあった。まず二人の類似した言説を引用して、対比してみよう。

我国を守らんには自由独立の気風を全国に充満せしめ、国中の人々貴賤上下の別なく、其国を自分の身の上に引受け、智者も愚者も目くらも目あきも、各其国人たるの分を尽さゞる可らず。英人は英国を以て我本国と思ひ、日本人は日本国を以て我本国と思ひ、其本国の土地は他人の土地に非ず我国人の土地なれば、本国のためを思ふこと我家を思ふが如くし、国のためには財を失ふのみならず、一命をも抛《なげうっ》て惜むに足らず。是即ち報国の大義なり。（『学問のすすめ』三編、『全集三』四四）

我輩が共有する朝鮮人と称する公名の職責を守ろうとするならば、この名を父母の名の如く恭敬し、他人に屈せず、また羞辱を貽《のこ》さないように、正道を以て保ち、大権を以て護らねばならない。天下に敢えて此名を慢《みだり》に侮る者があれば、［我輩は］義気の勇を以て争い、［自分の］尊重すべき地位を失ってはならない。大概、この道は、我が朝鮮人の独然なるものではない。**天下の何国人を問わず、また皆これの如《ごと》し。**英吉利人は英吉利人と称するに、その国人の公名である。佛蘭西人は佛蘭西人と称するに、その国人の公名である。〔それは〕**万国の普同なる通義である。**（『西遊見聞』十二編「愛国する忠誠」、『全書Ⅰ』三二四）

二つの引用文の内容はよく似ているものの、その〈視線〉が、前者は自己へと傾いているが、後者は自己と他者の両方に気配りをしているといえる。このことをはっきりさせるため福沢の『概略』十章「自国の独立を論ず」の文章を引用してみよう。

其眼目は他国に対して自他の差別を作り、仮令《たと》ひ他を害するの意なきも、自から厚くして他を薄くし、自国は自国にて自から独立せんとすることなり。故に報国心は一人の身に私するには非ざれども、一国に私するの心なり。即ち（略）自から私する偏頗の心なり。故に報国心と偏頗心とは名を異にして実を同《おなじ》ふするものと云はざるを得ず。此一段に至て、一視同仁四海兄弟の大義と報国尽忠建国独立の大義とは、互に相戻《もとり》て相容れざるを覚るなり。（『全集四』一九一）

ここで福沢の報国心は、自己への傾斜を過ぎ、自他の差別を前提にするよう「私心、偏頗心」となる。彼の自己中心主義、偏狭な一国主義の表明である。

兪は愛国心を「天性の稟賦にて自然な職分」（『全書Ⅰ』三三一）と述べる。また福沢の『通俗国権論』七章「外戦止むを得ざる事」のなかにも「報国の心は殆ど人類の天性に存する」（『全集四』六四〇）という類似した言説がある。しかしこれに続く文章をみれば、二人の主張は、まったく異なることがわかる。繰り返しを恐れず、再度引用しておこう。

一国の人心を興起して全体を感動せしむるの方便は外戦に若くものなし。神功皇后の三韓征伐（略）豊太閤の出師（略）人民尚これを忘るゝこと能はず。（略）外国は必ずしも韓に限らず、英佛も外国なり魯西亜も外国なり、之を征伐して可なり。（略）我人民の報国心を振起せんとする術は、之と兵を交るに若くはなし。（同）

福沢の民族主義はもはや国民統合のイデオロギーの範囲を超え、明らかに国権拡張論のイデオロギーとなる。(5)

　これと対照的に兪は、「愛国誠のある者」は「外国人の接待」にもまた「極臻《きょくしん》に謹慎する」（『全書Ⅰ』三三二）と述べる。彼はたとえ「不幸な時に当り、此国と彼国との間に戦争が起」きたとしても、彼国人を妄りに殺害してはいけないのが「公法の大道」（三三三）であり、「讐国の人民であっても、乗時〔戦時に乗じ〕殺害するのは不仁なる野〔蛮〕人の風俗である」（三三三―三三四）と主張する。彼にとって、これも「愛国人の明心する〔肝に銘ずる〕条目」（三三四）なのである。これらの言説は、自己中心主義、偏狭な一国主義などの発想とまったく無縁である、むしろそれにたいする厳しい批判となる。

　朝鮮の愛国啓蒙運動は、愛国心の啓蒙、高揚を目的としていた。その運動家たちは民族主義、民族精神の啓蒙拡散に情熱を燃やし、彼らは朝鮮民族の「精神、魂、心」を高揚させようと、多様な言説を生みだした。張志淵の「祖国精神、魂」、朴殷植の「神、魂」、申采浩の「郎家精神」などはその典型である。同時期、兪の著作のなかにも「同胞、国民」といった言葉が頻出する。たとえば、「査経会趣旨書」（前出）、「漢城府民会刱〔創〕立理由書」（『全書Ⅳ』）、「興士団趣旨書」（『全書Ⅱ』）などがその例であり、なかでも「興士団趣旨書」には、「国民の皆を士にする功果を収めて**四千年神聖なる歴史**を光らせ、二千万〔同胞〕の無限なる幸福を増して国家の万世大計を立てる」（三六七）という表現がある。また朝鮮語の文法書『大韓文典』（同文館、一九〇九年二月刊）の「自序」は、「大韓同胞よ、わが民族は檀君の霊秀なる後裔《こうえい》」云々（『全書Ⅱ』一〇七）という言葉で始まる。兪は民族精神、民族主義を啓蒙しようとしたのである。二十世紀初頭当時、民族意識が高揚するにつれて、檀君《ダングン》（朝鮮神話の始祖神の号、名は王倹《ワンゴム》）が、朝鮮民族の祖神として信仰されるようになる。

もう一つの例として、兪の『労動夜学読本』（『全書Ⅱ』所収）では、「君と父母、国家に向かっては我が身を献ずる」（九課「我身」二七九）、「千百番を死んでも世々に生まれるたびに大韓人として生まれ、わが君と父のよき百姓になれ、よき子になれ」（十一課「吾君」二八二）と記されている。熱烈な忠君愛国精神である。また「我々がこの国に生まれた以上、この国はわが国である。わが国は我々が守る。故にわが国の事も、わが国の独立も、わが国の自主も、我々がなすべきことである。孰《だれ》に依るか、孰に付托するか。（略）わが二千万同胞の一手の姓名は大韓人である。この尊重すべき姓名は、剛力をもって護衛し（略）**正道をもって揚げ光らせる**」（十二課「我国」二八三）という文章もあり、これもまた彼の熱烈な忠君愛国精神を示している。[6] 彼の民族主義には、たしかにある種の自己中心主義、偏狭な一国主義も含まれている。しかしそれは「正道」から外れず、あくまで自国保存、自民族生存をその目標としている。自己中心や偏狭といっても、その内実は決して他者蔑視や他国抹殺を意味していない。彼の民族主義は、むしろそれらへの批判と抵抗の礎《いしずえ》となるべきものだったのである。

立憲君主制論、議会制度論

三人は政治・軍事、経済・産業、社会・教育など国事のほぼ全領域における制度改革を求めている。ここで三人の立憲君主制論・議会制度導入論を比較考察するが、叙述の方式はそれぞれの論の特徴や相違をまとめる形をとる。この「論」は必然的に、後述する民権論、君権論というテーマと構造的な相関をもつ。

（一）　鄭観応の場合

鄭は、政体を「君主、民主、君民共主」の三つに分類する（『易言』「論公法」「公法」、『盛世危言』「公法」「議院上・下」）。これらは順に現代語でいえば、君主制、共和制、立憲君主制となろう。なお、「議院下」の付録〈今古泰西諸国設立議院源流〉では、ギリシア（のアリストテレス）の分類による「王政、至善者之政、民政」と、「独断独行者の代蘭得《タイラント》」との四つが紹介されている（三一九）。これらはすなわち君主政治、貴族政治、民主政治と暴君の圧政（tyranny）を指す。彼の議院論＝議会制度論では、議会制度は「三代の法度と相符する」がゆえに「中国は上に三代の遺風を効かせ、下に泰西の良法を倣うことによって、民情を体察し、衆議を博《ひろ》く采《と》らなければならない」（『易言』「論議政」一〇三）とされる。(7) その第一の特徴は、議会制度の種も根も中国伝統のなかにあるという主張すなわち附会論にある。しかしながら、この議会制度論自体、「伝統と近代」の異種交配の産物なのである。

『盛世危言』「自序」には「富強の本は、船堅炮利にのみ在らずして議院の上下同心、教養得法に在る」（一三三）という表現があり、さらに以下のような記述が続く。

張靖達公〔張樹声〕は云う。西人の立国には本末が具有する。礼楽教化は中華に遠く遜《へりくだ》るが、しかしその富強を致すのに、また体用が具有する。学堂で育才し議院で論政し、君民一体、上下同心、実を務めて虚を戒め、謀り定めてのち動く、これらはその体である。輪船火炮、洋槍水雷、鉄路電線、これらはその用である。（一三四）

これはいわば西体西用論であり、中体西用論への批判を意味している。またこれは東道西器の枠を超えた論のはずだが、彼は、「礼楽教化」のような東道の優位性や、それへの信念は譲らない。彼の富強論のなかで、議院（及び学校）はその「本、体、実」に位置づけられている。(8)「議院上」の冒頭では、「議院というのは、政事を公議する院である。衆思を集め、衆益を広め、用人と行政を一にして至公を秉《と》る。法は誠に良く、意は誠に美しい。議院がなければ、君民の間の勢が多く隔たり、すべての志は必ず乖違《かいい》する」(三一一)と論じられている。引き続き彼は、欧米諸国の議院制度や選挙制度、そして民権、民主について言及し、またそれと同時に「民本」を説く(後述)。この民本主義が議会主義論の第二の特徴であり、彼の議院論の理念的根拠となるものであった。その結論部には、以下のような記述がある。

公法を行いたければ、国勢を張るほか要はない。国勢を張りたければ、民心を得るほか要はない。民心を得たければ、下の情に通ずるほか要はない。下の情に通じたければ、議院を設けるほか要はない。中国は、自ら安んじて終に卑弱になり、富国強兵を欲せずして天下の望国[失意の国]になった。(略)苟も内を安んじて外を攘いたければ、君国子民は、公法を持て太平の局を永く保つべきである。それは、必ず議院を自ら設立してこそ始めてできることである。(三一四)

これは、富国強兵や内安外攘のための議院導入論であった。立憲君主制の採用については「議院下」の冒頭に以下のような説明がある。

君主という者[政体]は権が上に偏り、民主という者は権が下に偏る。しかし君民共主という者は権がその平を得る。凡その事は、上・下院に由って議定するが、仍《しきり》にその君に裁奪[決]を奏し、君が「然り」といえば簽名《サイン》して准じ行い、君が「否」といえば発下[取り下げ]して再議する。その立法の善、思慮の密、要は皆、上下を相権《はかり》し、軽重の平を得る。(三一六)

彼は、上下の平均する「君民共主」の採用を主張していた。

第三の特徴は議員民選の原則と一院制の採用にあった。「議院上」のなかで、彼は上院の特権議員の選任を排して民選議員のみを選ぶ方法、すなわち下院＝衆議院の一院制の採用を主張する。彼は、「議院は国人が設けるべき所である。即ち議員は国人が挙げるべき所である」（三一三）と主張する。(9) ここで「国人」の範囲は定かでないが、しかしある種の普通選挙制をめざしたのは明らかである。一方、被選挙権の資格については〈十年以上の国籍保持者、三十歳以上、ある程度の財産をもつ名望者〉との一例をとりあげながらも、それに「中国の郷挙里選の制を本、泰西の投匭《とうき》公挙の法を参［考］」として定める方式を提示している（三一三）。さらに議員民選の原則が不可欠な理由について、君から爵禄を戴《いただ》く者は私恩を顧みざるをえず、高門にある者は「民隠」（民の痛み、苦しみ）に悉《ことごと》く通ずることができぬ、またこの高位高官者は、「籍貫」（血縁や地縁など）を分かつこともできず、「素行」（正しいおこない）を考えることもできず、「智愚賢否」も一律ではないと論じる。彼らを議員に充てれば、私党を組んで名利を貪る弊害が生じやすい、だから「議院は官紳を均しくして、民間より普遍に挙げる」（三一四）べきだ、と説明される。官紳に対する彼の不信感が議員民選の原則に結びついたのである。

鄭の民選議員論も「伝統と近代」の異種交配の産物である。議員民選の原則や、その根拠は彼の議院論と同様、民本主義にあった。しかし実際のところは、原則それ自体が、もはや民本主義の「為民」（for the people）の範疇にとどまらず、「人民の、人民による of, and by the people」の範疇を内包していた。しかもこの原則は、観念上、理念上において、西洋や日本の「近代」をも超えていた。なぜなら当時の西洋や日本の議会は上院と下院または貴族院と衆議院の両院制で構成されており、また制限選挙制をとる制度だったからである。儒教伝統の民本主義が「近代」と異種交配した際に、国民主権や人民主権の原則がより強力な形で表れる可能性を示唆しているといえよう。ただしその分、異種交配の転換期においては、あたかも伝統の重荷を背負ったかのような苦労や苦難をともなう可能性も高くなり、現に中国はそうした近代史を歩んだといえるかもしれない。

第四の特徴は国会の即時開設論であった。ただし、鄭がこの論自体をはっきり表明したのは一九〇〇年夏の著作、すなわち「議院下」の付論、「答某〔盛宣懐〕当道設議院論」においてであった。[10] そこで彼は、議院の「即設は宜しくない」との反論もあるが、昔フランス革命の時、民智が未開であったにもかかわらず先ず議院を開設して「変通の制度」を行った事例がある、がしかしその弊害を聞いたことがない（三二三）、と述べている。また彼は「風気が未だ開かれていないので、議院を設けると聴聞すれば、人々は駭《おどろ》く」との論もあるが、そうではない。なぜなら、「議院は乃《すなわ》ち上古の遺意にして、固より西法でもなければ、また創《はじ》めて闢《ひら》くとの論でもない」（同）からであると説明している。その他、人材育成や選挙制度の不備などの反論に対しては、これから育成し、品性・学識兼備の士を議員に選出できるよう配慮すれば問題はない（三二三―三二四）と反駁する。彼の結論は「先ず議院を設け、併せて学校を開く」、これが「今時急矣！」なのであった（三二四）。当時、清国の官僚や国内外の知識人の間では国会開設と立憲をめぐる議論が盛んになり、清朝自らもその対策を検討していた。こうした状況変化が、彼の議論に反映されたのである。[11]

（二）　兪吉濬の場合

兪は政体を、①君主の擅断《せんだん》する政躰、②君主の命令する政躰（＝圧制政躰）、③貴族の主張する政躰、④君民の共治する政躰（＝立憲政躰）、⑤国人の共和する政躰（＝合衆政躰）の五つに分類する（『西遊見聞』「政府の種類」[12]）。現代語訳すれば、これらは、①専制、②君主制、あるいは――その堕落政体としての――暴君の圧政、③貴族政治、④立憲君主制、⑤共和制に相当しよう。しかし兪はこのうち、①と③は現存しない（一六五）という。すなわち専制と貴族政治の存在の否定だが、これは次のような意味をもつ。実は一八八三年作の『世界大勢論』「政治殊異」

にも政体の五分説がみえる。それらは、「少人政治」の「君主専制、君主専治、貴族政治」の三つと、「多人政治」の「君民同治（＝立憲政治）、共和政治」の二つである。そのなかで「君主専制」が「亜細亜諸国に多く有る」（四七）と彼は述べていた。この「アジア諸国＝専制」とは、いわば他者から与えられた見解あるいは他者によって表象された言説編制であったが、それを、彼は —— 一八八三年の段階では、無批判的に —— 導入したとのことを意味する。しかしそれを、のち彼は自ら修正しかつ否定しようと考えたであろう。この考えが、のちの論文「政府の種類」の①と③は現存しないとの見解に投影されたのである。(13) そして、アジアの朝鮮、中国、日本などは②の君主制に属しているという（一六五）。なぜ日本も②なのか。それは執筆当時、日本は国会開設（一八九〇年）の前だったからであろう。

彼は、立憲君主制を「最美なる規模」（一七一）と高く評価する。また「君主の代わりに大統領がその国の最上位に居り、最大権を執る」共和制は、「政令と法律」の面においては立憲君主制と「同じ者」だという（一六五）。この表現をみる限り、彼は共和制にも好感をもっていたといえる。しかし君主制については、人民に「進取の気象」と独立の精神が足りない」（一七〇）と酷評する。

その国に本来一定の規制がないわけではないが、しかし世代の変遷に或は不適の者があり、事勢の移り易《か》わりに或は改正すべき者もある。政府の官吏は公心を包含する者が多くないし、人民は愛国する精誠が足りない。（略）国家の典章が一定せず、明君と良臣が国政を行い、公道に務めても、その徳化と恩沢はその君臣が生まれた世の一時に止まる。（略）もし暴君と奸臣が国権を執《と》れば、悖乱《はいらん》の政令と残酷な法律によって、その私意を放縦しないはずがない。（一六九—一七〇）

この君主制への低い評価には、彼の、朝鮮の君主制の改革願望が打ち込められていたといえる。

このように彼はそれぞれの政治体制への評価を示しているが、しかし「凡そ政躰は、如何なるものであれ、その本意を細かく究めれば、人民の為を思う一条に脱せぬ」（一六八）と論じている。すなわち立憲君主制も共和制も君主制も「為民＝民本」の原理に基づく、とされているのである。そのうえ、「その種類の殊《こと》なり有る由縁は、時勢の湊成《そうせい》と人心の趨向《すうこう》に随《したが》って自然に浸潤する習慣を成す」からであり、欧米諸国とアジア諸国の間には「政府の制度と規模の異があってこそ、彼のごとく〔富強の〕差等が生じた」わけであるが、しかし、「もし人の才智に層級があると謂うならば、此れは決断して然らず。亜洲の黄色人が、欧美〔米〕両洲の白色人と較べて、その天質の及ばぬことはない」（同）と主張される。彼の政体論は漸進主義的であり、かつ文化相対主義、多元文化主義的な発想に基づくものであった。

立憲君主制においては、「その制度が公平で、些少《さしょう》も私情がなく、民の好む者を好み悪《い》む者を悪み、国中の政令と法律を輿衆の公論によって行う」（一六八）、「政府の一定した制度は人君と百姓が同じく守り（略）良法と美制を新しく定めれば、また君と民が共に遵《したが》う」がゆえに、人民は「進取の気像と独立の精神で政府と心を同じくして協力し、その国の富強の機会を図謀し、文明の規模を講究する」（一六九）とされる。彼の立憲君主制論の要は「私」に対する「公」の実現にある。つまり、「君と臣の私意、私情」を排除し、「君、臣、民の公論」を達成することによって、その結果、民心が政府へ結集する。そこで「為民」が実現され、人民各人も「一身の情慾＝私」を排して気性を活発にし、富強、文明を増進することができるようになるのである。そのため、彼の立憲君主論では、立憲そのものよりも、君臣とくに人民の修養に重きが置かれるという指摘もある。(14)

〔立憲君主制とは〕その国中に法律及び政事の一切大権を君主一人が独断せず、議政諸大臣が必ず先ず酌定し、君主の命令によって施行する者を指す。大概、議政諸大臣は人民が薦挙して政府の議員となる。ゆえに大臣［議員］はその薦主たる人民の代わりに、その事務を行う。かつ人君の権勢にも限定する界境があり、法外には一歩も出ることができない。君主より庶人に至るまで至公なる道に遵うに、少事と雖ども私情に任せて行わない。また司法諸大臣と行政諸大臣は、各其職事を君主の命令によって奉り、政事と法律ごとに議政諸大臣の酌定した者を施行する。（一六四―一六五）

ここには議政＝議会の立法権を優位に置いた上での、三権分立の原則がみられる。一方、君主は、「［議政、行政及び司法の］三大綱の元首」（一六五）だが、大権を独断するような権力者ではないとされる。

この引用文の傍点部分に注目したい。これは民選議員によって議会を構成することを意味する。そこで彼は、選挙制度と議員職務に関して、「**人民の数を乃定し**、仮令万人の一人、十万人の一人を以て、その中で、才局と徳器の最高なる者を薦挙する」（一六八―一六九）ことを主張している。もっともここでは人民の範囲や、選挙権者や被選挙権者の資格は、明らかではないが、人民主権の原則、一院制の採用、普通選挙の意図は明らかである。彼の議員民選論もまた、鄭のそれと同様、「人民の、人民による」の範疇を内包するものである。よって、鄭の議員民選論について述べたことは、ほぼそのまま、兪のそれにもあてはまる。

しかし彼は国会の即時開設論を唱えていなかった。当時、朝鮮においては「時勢の湊成と人心の趨向」との状況（変化）がまだ熟していないと、彼は判断していたであろう。また彼には「漸進と急進」との間の葛藤があった。立憲君主制は「最美なる規模」である、とすれば、「何れの国もその人民の風俗と国家の景況を問わず、即ち［すぐに］その政躰を取り行う」ことも「可」といえるのではないか（一七一）と自ら問い、「不可」と答えている。その理由を以下のように述べる。

凡そ国の政躰は、歴年の久長によって人民の習慣と成るものである。習慣を率然《そつぜん》と変改することができないのは、言語を変改することができないのと同じである。急遽な小見によって虚理を崇尚し、実情に蒙昧にして変改の議論を倡起する者は、小児の嬉戯である。君と国に益が有るのは姑舎して［＝おろか］、害を貽《のこ》すことが反って少なくない。（同）

兪は漸進的な変改論を主張した。そのなかには、数年前の甲申政変の失敗に鑑みる気持ちも投影されていたであろう。こうした主張から、彼は穏健開化派とみなされてきたのである。

「漸進と急進」との葛藤は、「欧洲各国の政躰もその本は君主の擅断或は命令する者だったが、累百年の考験をへて、その規模と制度を漸次変更して今日の君民共治の境にいたった。各国の中、英吉利の政躰が最佳、極備なるものであり、世界の第一だと称する」（一七一）という文章のなかにも現れる。そこには立憲政体を早く導入したいとの願望もうかがわれるが、やはり基本姿勢はその「漸次変更」にあった。その理由について、彼は、英国の立憲君主制自体は共和制、貴族政、専制、君主制の要素を含む「五種［の政体］の規制を合設して偏僻なる規模を廃し」（一七二）成立した政体であると論じる。つまり、各政体はそれぞれの長短をもつがゆえに、君主制であれ他の政体であれ漸進的に、他の政体の長所を取り入れて、自分の政体の短所を改善していけばよいとの主張である。

人民に知識が足りない国は、卒然とその人民に国政参渉する権を許してはならない。もし不学の人民が、学問を先に修めず、他国の善美なる政躰を効《なら》おうとすれば、国中に大乱の萌《め》を播く。ゆえに当路の君子はその人民を教育し、国政参与する知識があればこそ始めてこの［立憲］政躰を議論すべきである。（一七二）

これは「人民の先教育、立憲の後導入」論である。だが彼は同時に「この［立憲］政躰があればこそ、その国の開化を冀図《のぞみ》ることができる。それゆえこの政躰こそが保国の大道、愛君の精誠である」（同）とも述べている。これは、いわば「立憲の先導入のち開化、保国、愛君」論である。一見前後矛盾するようだが、それこそ彼の葛藤が示されたものだといえるだろう。両論の趣旨を整理すれば、「教育改革→立憲改革」による開化推進ということになろう。それでは、もはや両改革の先後など意味もないはずだが、それなのになぜ人民の「先教育」なのか。その理由を彼は、「国の政躰は常にその人民の学識階梯［段階］に随って制度の等級と成る故に、政躰の種類は如何なれども、その実は皆人民の自ら取るものである。泰西の旧日学者曰く、善民の上に悪政府なく、悪民の上に善政府なしと」（同）、と語っている。彼の立憲君主論の要は、この政体が人民の教育とくに道徳的修養と直結しているという点にある。(15)

（三）　福沢諭吉の場合

『西洋事情』初編巻一「政治」のなかで福沢は、「立君《モナルキ》、貴族合議《アリストカラシ》、共和政治《レポブリック》」の三つ、またこの立君をさらに「立君独裁《デスポット》、立　君　定　律《コンスチチューショナル・モナルキ》」の二つに分け、計四種に政体を分類する。「立君独裁」＝専制にはロシアや支那等（のアジア諸国）、「立君定律」＝立憲君主制には西欧諸国が属する。しかし福沢も「英国の政治は三様［立君、貴族合議、共和］の政治を混同せる一種無類の制度なり」（二八九）と論じている。これは、兪が、英国の立憲君主制を「五種［の政体］の規制」の合成体とみなすのと照応する。注目すべきは、兪と異なり、福沢が支那等のアジア諸国を専制（despotism）とみなしている点である。また彼は、立憲君主制に対して「最美なる規模」などというような高い評価を与えていない。

福沢は、共和制を「有名無実なるもの」と「純粋」なものとの二つに分ける。前者は「其法律の苛酷なる」（一八四八年成立の）フランス型、後者は「人民の名代人《なだいひと》なる者相会して国政を議し、毫も私なき」米国型を指す（二八九）。これは共和制に対する福沢の〈愛憎〉、あるいは「醒めた認識」を示すものといえよう。

『西洋事情』外編巻二「政治の種類」のなかで彼は、同じく政体を「立君、貴族合議、共和政治」と三分し、さらに前論を補足している。ここで目立つ特徴は、福沢が共和制の弊害を強調し、急激な変革＝革命を酷評することである。つまり、フランスやドイツにおける市民革命、共和制の実験などについて、彼は、「之を由て考れば、立君独裁の政を俄《にわか》に共和政治に変《へん》ぜんとするとも、必ず其功を遂ること能はずして国の不幸となる」（四二一）と。革命や改革は、一歩まちがえば「悪事に陥り、騒乱中に又一場の騒乱を生ず」、「所謂自由を求て自由を失ふものなり」（四二二）と評している。「世に盛善と称する政府の事情は学者の未だ知らざる所にて」（同）という彼が求めるのは、三政体それぞれの長所を生かしたような英国型の立憲君主制である。

譬《たと》へば英国政府の如き、制度整齊にして内外安寧なること殆《ほと》んど海内《かいだい》に比類なしと雖ども、議論を以て其実際を名状《めいじょう》す可らず。（略）上院は下院より上席なれば、自から一種の権威ある可き筈《はず》なれども、下席の下院にて衆議既に定れば、上院にて長く之を拒むことなし。下院の内は尊卑の別なく、全く共和政治の体裁なる可き筈なれども、其議事官多くは名家の人にて、自から貴族合議の風あり。（四二二―四二三）

もっとも「海内に比類なしと雖ども」と評する彼自身、その立憲君主制を導入すべきだとは明言していない。彼は、あくまで「各国各人にて政［体］の是非得失を論じ、各々其説を異にする所以の理をも了解す可し」（四二三）という慎重な政体論を主張している。これも、彼の「醒めた認識」を示すものといえよう。また彼は、「国中の人は、一般公平の便利を謀るの趣旨を先づ自から了解して、然る後に其趣旨を施行す可き人物を撰挙し、之を衆人の名代《なだい》として議政の職に任ぜざる可らず」（同）と議員民選の原則を説いているが、それ以上の具体的なことは示していない。

とはいえ福沢は、英国型の立憲君主制を導入したいとの願望を抱いており、だからこそ、後に彼は『英国議事院談』（一八六九年刊）を訳述したのであろう。その理由を、彼は「例言」のなかで、「方今欧羅巴洲に於て、事実議政の大会を設け、上下同議の政治を立て、名実相協《かな》ふものは、独り英国を以て然りとす」（『全集二』四九一）と記している。そこでは、「英国の政体は此三者［上下議院と君主専権］を兼有して鼎立の勢を成し、齊整調剤の方、其中を得、以て万国に卓越して太平を歌ふもの」（四九二）と評価されている。ただしそこでも、立憲君主制を導入せよ、上下議院を設けよとは、彼は明言せず、下院も上院も君主専権もそれぞれの長短をもつと「醒めた認識」で述べるのみであった。

一八七四年一月、明治維新後の初期改革のなかで、いわゆる征韓論争（一八七一―七三）を機に薩長藩閥参議に負けた下野参議の後藤象二郎、板垣退助、副島種臣《たねおみ》（一八二八―一九〇五）、江藤新平（一八三四―七四）らを中心にして、「民撰議院設立建白書」が建議された。これは自由民権運動、国会開設運動の契機となり、明治一〇年代になると、この運動は地方の反政府運動・勢力と連合するかたちで全国的に盛り上がった。[16]明治政府は、下野参議の懐柔工作を行う一方、他方で、国会開設を含む立憲構想に取り組み始めた。この構想をめぐって、政府内部で漸進対急進との構図も生じ、一八八一年一〇月、伊藤博文ら「有司専制派」は参議大隈重信ら「民権派」を駆逐することに成功する（明治一四年政変）。この政変後に詔勅が出され、国会開設と憲法制定の予定がきまると、翌八二年、伊藤博文はヨーロッパ各国の憲法調査に出発し、また国内では井上毅《こわし》が御雇《おやとい》外国人の助力で憲法制定準備にあたった。[17]こうして一八八九年二月に大日本帝国憲法が発布され、翌九〇年に帝国議会が開設された。[18]

一八七九年八月、福沢は『民情一新』『国会論』をほぼ同時に出版した（『全集五』所収）。前著の最後の文章には、

「我日本は開国二十年の間に二百年の事を成したるに非ずや。（略）此長足進歩の時に当ては国勢更に復《ま》た一変して早晩国会を開くの日ある可き萬々《ばんばん》疑を容れず」（六〇―六一）との表現がある。これは日本の「長足進歩」への自信、また「早晩国会を開くの日ある」という楽観の表明である。しかし福沢は、国会の即時開設論を主張してはいなかった。「之を急にせざるが如きは実に老練したる考按にして、余も亦これに同意なり」（六〇）と、漸進的な国会開設論を示している。そして『国会論』の「緒言」には、「唯我国に於て〔国会開設は〕尚早し」という記述がある（六五）。

国会開設の尚早論、この根拠を福沢は「第一、我人民智徳の度を察するに、概して未だ高尚の域に至らずして自主自治の気風に乏しく」云々（六七）、「第二、日本の人民必《かならず》しも木石のみにあらず、往々独行活溌の人物に乏しからず」（六八）ということに求める。著作当時、国会開設運動の全国的な盛り上がりを目の当たりにし、その急進性を彼は嫌ったのであろう。彼は、「今若し強て之〔国会〕を開くも、其会は唯社会の事物を破却するの一方に止りて、而《しこう》して之を経営するを知らず、傲慢過激を事として温良従順の風を紊《みだ》り、遂に以て粗暴の府となる」（六八）との不信と警戒を示す。しかし『国会論』の最後の文章には、「蓋し政府当路者の為めに謀り、又其公務の為めに謀り、又人民の為めに謀り、又天下公共の利益の為めに謀りて、一も其故障なきものは即ち国会設立の一事ならん」（九二）というくだりがあることからわかるように、彼は国会開設そのものには賛成していた。

民権論、人権論

近代国家は主権国家である。「主権」は対外の国家主権（＝国権）と対内の国民主権（＝民権）に分けられる（英語の national sovereignty は両概念を含む）[19]。しかし同時にそれは、国権と民権の融合概念でもある。事実上、国権（＝国家の権力）と民権（＝国民の権利）とは拮抗関係に立つ場合があり、またこの国権は君権に対応する場合もある。その際に、民権は「反国権、反君権」を意味する。他方、民権も、西洋近代において、ネーション主権（市民権、ブルジョア権利）とピープル主権（人民権、プロレタリア権利）との相互対抗的な二義性をもつ概念であった。[20] これらの概念を止揚するところに人権、すなわち人々の普遍的な権利という概念が存する。

（一）　鄭観応の場合

『救時掲要』「擬設義院収無頼丐人《かいじん》〔乞食〕使自食其力論」の冒頭に「国以民為本、民以食為天〔『三国志』魏志、華歆《きん》伝〕」（二一三）という語句がみえる。この民本主義を表す類似の言葉は、鄭の著作に数多くみられるが、しかし民権論といえるほどの著作や言説は非常に少ない。たとえば、「議院上」のなかで彼は、「美国の議院は民権の過重、因ってその本は民主である」（三一一）と、民主政体では民権が重過ぎると批評する。また彼は、「天は民を生んでから、之に君を立てる。君は猶《なお》舟であり、民は猶水である」（同）という表現で、[21]「君民共治」すなわち議院制度の導入を主張している。前述したが、そこには、彼の民本と民権との異種交配がみられる。民選議員の原則はその好例である。また「議院下」で彼は、「民惟邦本、本固邦寧〔『書経』五子之歌〕」（三一三、三一七）という語句を繰り返し用いる。あえて言えば、彼の民権思想は、欧米近代のそれと儒教伝統の民本思想（加えて天理自然権、公天下＝「人人の天下」などの観念）との異種交配の産物であるということになる。[22]

『盛世危言』の「原君」の付録（著作年不明[23]）のなかには、「民は天に愛されて生まれる。天は之〔民〕に能力を賦し、之を博《ひろく》碩《おおきく》豊大にしてその生を遂げさせる。ここに民権は有る」（三三四）との記述がある。天賦民権といえるが、これは、あたかも「魚に水、鳥獣に養気、草木に土壌」のようなものであり、いわば「天理自然の人権」（＝「天理自然権[24]」）、あるいは天賦人権を指す。ゆえに、人々は「斯《この》権を保って失わず、これで天を全うする」、国家は「斯権を重んじて侵さず、これで天に順《したが》う」（同）のである。また、「民と権とは倶《とも》に起こるので、その源は政府の以前に在る。彼の憲法・律令と云うのは、特に之〔民権〕を維持し、失墜《しっつい》のないようにするものである。憲法・律令があってから、民権があるのではない」（同）とされる。民権は法律（＝国家制度）に先んずる、それを超える。そして、社会契約説のような議論を紹介した上、「故に君と［宰］相の権は、固より之を万民から借りたのであり、自らその権が有るのではない」（同）と彼は主張する。民権は国権や官権の上に立つ。そこで彼は、民の参政による民権伸張を主張し、前述したように、議院導入論を展開したのである。(25)

（二）　福沢諭吉の場合

近代思想と儒教思想の異種交配による天賦人権観念の理解といった事象は福沢の前期著作にもみられる。『西洋事情』外編巻一「人生の通義及び其職分」のなかには、「人々自から其身体を自由にするは天道の法則なり。即ち人は其人の人にして猶天下は天下の天下なりと云ふが如し。其生《そのうま》るゝや束縛せらるゝことなく、天より付与せられたる自主自由の通義は、売る可らず亦買ふ可らず」（三九二）という表現がある。ここで「通義」という言葉は英語の rights の訳語である。(26)『西洋事情』外編はチェンバーズの『経済読本』の前半を訳述したものだが、その際に rights を、通義と訳したのである。彼の自由権の理解は、「天道、公天下」の概念を通してなされている。

先の文章は、「人として其行ひを正《ただし》ふし他の妨を為すに非ざれば、国法に於ても其身の自由を奪取ること能わず」（三九二）と続くが、そこで福沢は、「自由の趣意は、**国の制度に於て許す所**にて、これを人民普通の自由と名《なづ》く」（同）という意見を記す。彼自身の理解では、この自由権は、たとえ「人民普通の自由」であっても、あくまで「国の制度」の下に立つものとされる。これは、民権は法律（＝国家制度）を超えるという鄭の理解とは、隔たりがあるものである。

さて、福沢は、「人各々其通義を逞《たくまし》ふして天性を束縛することなければ、又従て其職分を勤《つ》とめざる可らず」（三九三）と、通義が職分（＝義務、duty）を伴うと論じる。これは、鄭同様、「天理自然権」の観念に基づく理解であるように思われる。この天理自然権は、本章の註24で述べたように、権利だけでなく義務を内包する、いわば「義務含みの権利」を意味する。もっともその自然権は、天理に基づく自然の権利であって、国家の制度や法律のような作為によって規制される権利を意味しない。そこで福沢の職分の理解は、「世に法律ありて、我身体を保ち我通義を達することを得るが故に（略）其法律を尊敬せざる可らず。是亦人たる者の職分なり」（三九三）というものであり、遵法は職分だとされる。また「人々交際の道を存せんと欲せば、各々其徳行を修め法令を守らざる可らず」、「徳を修め法を畏《おそれ》て世の文明開化を助けざる可《べけ》んや」（三九四）という文章からは、道徳修養や遵法は「交際の道」であり、「文明開化」の手段であるという彼の考えがうかがえる。

この論文の最後の文章で彼は、「文明の眼を以て之［国法］を観れば、諸法の内、或は人に不便なるものあるに似たれども、国の制度を以て施行するの間は之を守らざる可らず」（三九四）と主張する。まずは法律と制度を遵守せよという彼の職分重視である。その後に「不便の法あらば、国議に由て穏に之を改正し、其弊を除て妨なきことなり」（同）と彼の漸進主義的な改革精神が示される。注目したいのは、彼の論旨の重点が通義より職分へ、それらを保守するための制度や国法へと、徐々に推移している点である。それは、天賦人権もしくは天理自然権の観念を一面では説きながらも、そこから徐々に離れていく、あるいは〈作為〉を重視していくような様子を示している。『西洋事情』二編巻一「人間の通義[27]」の冒頭には、国法は「正理を勧め邪悪を禁ずるもの」だとした上で、「此正理とは何ぞや。曰く人の通義なり。（略）一身の通義は、天下の衆人各々皆これを達す可きの理なり。概して之を人間当務の職分と称す」（四九三）と論じられている。通義＝正理との彼の理解も天理自然権の観念に基づくものであろう。その際、天理自然権は義務含みの権利であるとすれば、権利と義務との並存あるいは相互連関が成り立つ。このことから、福沢が「一身の通義＝理」と説きながらも、同時にまた「当務の職分」（＝当然の義務）とも説く理由が明らかになる。

この一身の通義は「無係の通義」と「有係の通義」との二つに分けられる。前者は「只一人の身に属し他に関係なきもの」、「人の天賦に属したるもの」(四九四)、すなわち個人の天賦人権を指す。後者は「世人の交りて互に関係する所の通義」(同)、いわば社会人としての権利を指す。福沢の主眼は後者の「有係の通義」にあり、彼はそれを自由権論として展開した。このことを次のような文章を通して確認しよう。

人生無係の通義とは(略)即ち人生天賦の自由なり。自由とは何ぞや。我心に可なりと思ふ所に従て事を為すを云ふ。其事を為すや、只天地の定理に従て取捨するのみにして、其他何等の事故あるも、分毫も敢て束縛せらるゝこと無く、分毫も敢て屈撓《くつどう》すること無し。(略)然りと雖ども、人として既に世俗人間の交際に加はるときは、此交際上よりして我に得る所の恵沢裨益も亦大なれば、之を償ふが為めに天の賦与せる一身の自由をも聊《いささ》かは棄却する所なかる可らず。(四九五)

一身(個人)の自由が天賦の自由、あるいは「天地の定理」との天理自然権に基づくものであることは認めるが、しかし個々人は世俗人間の交際＝社会から離れられないため、その限りにおいて、個人の自由はやや制限せざるを得ない。これは、社会契約説を含意する言説であり、いいかえれば、社会人は「国法に従順」すべきだということになる。彼は、「国法に従順するは、我自由を棄《すて》るに似たりと雖ども、其実に棄る所は野蛮人民の自由なれば、所得所失を償て万々餘りあり」(同)と述べ、「天賦の自由に人為の法を加へて(略)以て天下一般の利益を謀りたる」、「処世の自由」は「野蛮人民の自由」(＝天賦・自然の自由)にまさると主張する。これは、国法の下での「処世の自由」(＝社会人としての自由、有係の通義)の重視論である。

もっともこの段階においては、彼の「論」が国法の優先重視論となるか、人権の優先重視論となるか、まだ定かではなかった。国法と人権保障とは必ずしも両立せず、時に国法は人権抑圧に転じる。そのさい、福沢はどちらを選ぶのだろうか。彼は、「法律に由り一人の進退を処すれば随て天下一般の利を生ずべき確実の着見あらば、人も亦私心を去り些少の意見を屈して更に天下の要事たる一般の自由を存ぜざる可らず。即ち一国独立の風俗を助けるの所由《しょゆう》なり」（四九六）と、「一般、一国」の権と利の優先、そのための法律の重視を主張する。他方で、彼は、「国法を設くるに慎思小心を加るときは、決して人の自由を妨《さまたげ》るにあらず、却《かえっ》て人を自由に導くの端これより生ず可し」（同）とも述べている。これは人権伸張のための法律制定論の主張である。では、これら二つの議論の関係はいかなるものなのであろうか。

『学問のすすめ』は天賦人権論から始まる。初編の冒頭では「天は人の上に人を造らず人の下に人を造らずと云へり」、「天より人を生ずるには、万人は万人皆同じ位にして、生れながら貴賤上下の差別なく（略）自由自在、互に人の妨をなさずして各安楽に此世《このよ》を渡らしめ給《たま》ふの趣意なり」（二九）と論じられる。この「論」も、儒教的思考（天理）と欧米近代的思考（天賦）の異種交配の産物である。他の例を引いてみよう。「一身も一国も、天の道理に基て不羈独立なるものなれば、若し此一国の自由を妨げんとする者あらば世界万国を敵とするも恐るゝに足らず、此一身の自由を妨げんとする者あらば政府の官吏も憚るに足らず。（略）唯天理に従て存分に事を為すべし」（三二―三三）、と天理（自然権）観念に基づく自由の権利が高らかに謳われる。二編の「人は同等なる事」、三編の「国は同等なる事」の議論もその例である。

しかし『学問のすすめ』の後編になると、論旨は変わっていく。たとえば、六編「国法の貴きを論ず」の冒頭では「国民は**必ず政府の法に従はざる可らず**。是亦国民と政府の約束なり」（六三）と、〈国法遵奉論〉が主張されている。それが、七編「国民の職分を論ず」においては、次のように展開する。

師［軍隊］を起すも外国と条約を結ぶも政府の権にある事にて、この権はもと約束にて人民より政府へ与へたるものなれば、政府の政に関係なき者は決して其事を評議す可らず。（略）故に国法は不正不便なりと雖ども、其不正不便を口実に設てこれを破る理なし。若し事実に於て不正不便の箇条あらば、一国の支配人たる政府に説き勧めて静に其法を改めしむ可し。政府若し我説に従《したが》はずんば、且力を尽し且堪忍して時節を待つ可きなり。（六九—七〇）

彼の〈国法遵奉論〉は、政府の権（＝官権）の不可侵すなわち国民の評議権（＝参政権）の部分否定や、国法の不正不便に対する国民の抵抗権の部分猶予をともなうものであった。この〈論〉のなかには、「一国独立」を優先させるべく、彼の危機意識が投影されているとも理解できる。しかしこれは同時に、民権や天賦人権の足場を掬《すく》い、この〈論〉のなかに陥没させてしまうものでもあった。

それ以後、彼の議論は「官民調和」論と「国権のための民権」論との二つの方向に進んでいく。この両論は同時に進行していった。『通俗民権論』は前論、『通俗国権論』は後論の代表作といえる（二冊は一八七九年九月に同時に出版された）。この時期にはまだ「民権伸張→官民調和→国権拡張」論が同時に展開されていたが、二年後、一八八一年九月刊の『時事小言』では、議論は国権拡張論に収斂している。その「緒言」では「国会［開設］の一挙以て民権の伸《しん》暢《ちょう》を企望し、果して之を伸暢し得るに至て、其《その》これを伸暢する国柄《くにがら》は如何なるものにして満足す可きや。民権伸暢するを得たり、甚だ愉快にして安堵《あんど》したらんと雖ども、外面より国権を圧制するものあり、甚だ愉快ならず」（『全集五』九八）と「外」からの危機が訴えられ、一編「内安外競之事」の冒頭では「天然の自由民権論は正道にして人為の国権論は権道なり」（一〇三）、「愚なり暴なり又権謀術数なり、力を尽して之を行ひ、復た正論を顧るに遑《いとま》あらず。（略）我輩は権道に従ふ者なり」（一〇九）と権道の国権（拡張）論が主張されているのである。

（三）　兪吉濬の場合

『西遊見聞』四編「人民の権利」は、大きく分けて、二つの部分で構成されている。一つは、福沢の「人生の通義及び其職分」と「人間の通義」との二論文の一部を訳述した前半部分である。訳述箇所に関しては、福沢との関係を明らかにするため、そのなかの改訳部分に注目する必要がある。もう一つは、その他の兪の創作部分である。ここで「人民の権利」の論を、福沢のそれとの比較を念頭に置きながら、考察してみよう。その冒頭には、自由、通義の権利論が置かれている。

　人民の権利とは、その自由と通義を謂う。（略）自由とは、その心の好む所に従って、何事においても窮屈拘碍する思慮なきことを謂う。が、決して任意放蕩する趣旨でもなければ、非法縦恣する挙措でもない。また他人の事体を顧みず、自己の利慾を自ら逞しゅうする意思でもない。乃《すなわ》ち国家の法律を敬奉して正直なる道理を自ら持ち、自己の当《まさ》に行うべき人世の職分で、他人を妨害することもなければ、他人からの妨害を受けることもなく、ただその欲する所を為すということである。これが自由の権利である。通義は（略）当然の正理である。（略）千事万物がその当然の道に遵って、固有の常経を失わず、相称する職分を自ら守るのは、乃ち通義の権利である。今此《この》自由と通義の権利は、普天率土、億兆人民の同有共享するものである。（一二九－一三〇）

兪も、この箇所で天理自然権の観念に基づいて「自由と通義」との基本的人権すなわち天賦人権を説明している。その意味では、福沢の〈論〉との共通点がある。しかし両者の自由権論には違いもある。[28] 一つは他者認識であり、それが兪の議論では強調されている。もう一つの違いは、両者ともに遵法を説いているが、兪は「自由の権利」を、国の制度や法の下に置こうとはしないという点である。

無係の通義は人の天賦に属する。ゆえに天下の人に何人を論ぜず、世俗内に交わり交際を行う者も、世俗外に処して独立伴わざる者も、達すべき正理である。然るに有係の通義は、その旨がやや異なるが、**人為の法律を以て迫り責め、人をして必ず守らせる可らず**。但し法律の本旨は人の行為動止を糾正《きゅうせい》する者ならば、［その法律は］各人一身の職分には関係なしと雖ども［関与、干渉できないが］、世俗交道の職分には干渉することができる。（一三〇）

これも福沢の「無係、有係の通義」論と似ているようだが、そこには注目すべき違いがある。というのは、兪は、有係の通義であっても、その自然権性は人為の法律によってでも侵されないものだ、と前提を付けているのである（太字部分）。有係の通義が制限されるのは、「人の行為動止を糾正する」という法律の本旨によってのみである。彼も〈法律敬奉論〉を述べるが、しかしいかなる法律も遵奉せよとは言っていないのである。

さらに彼は、「人生の通義［自体に］は、一人無係の身を以て言うも、世俗交際の有係の身を以て喩えるも、公私の別がない。通義は必ずその人に属し、外物の動かされざるものである」（一三二）と述べ、その無係、有係を問わぬ、通義の不可侵性を説いている。有係の通義の制限については、「各人の当務の職分がそれ［通義］を破毀《はき》［制限］する［場合もあるが、その際］にも公私の分域があり、法律を施し及ぼす界限が立てられる」（同）と論じ、たとえ通義を、当務の職分によって制限するにしても、そこには「公私の分域」もあり、法律によって制限するにしても、その法律施行には限界もあると主張する。これは明らかに人権の優先重視論である。これを前提としたうえ、兪は、前に引いた福沢の「有係の通義」を説く文章を次のように改訳している。

人が既然《きぜん》と世に処して人間の交際がある時は、この交際の道によって受ける所の恵沢と裨益も亦大きければ、これを償うためにその天賦の一身の自由を若干は譲り棄てることがなくてはならない。一身自由の一部を譲り棄てて人世の規矩《きく》に従順し、その恩益をこうむり彼此の交易を行うのと同じ者である。（略）したがって、天賦の自由に人為の法を加えて（略）天下の普同なる利益を謀る。（一二二）

これは、福沢もいう国法の下での「処世の自由」の重視論である。しかし、この前提すなわち通義それ自体の不可侵性は、兪にあっては堅固なものである。これを示す表現が「規矩に従順」である。規矩とは、さしがね、のりの意であり、それは「国法」をも超えた、あるいは、自然の法と人為の法とを内包する「天理、天道」を意味する。[29]ここには両者の大きい差異がある。二人とも同じく〈法律重視論〉を述べているが、兪の場合、その〈論〉のなかに天賦の自由を陥没させるような、別の言い方をすれば、人為の法が天賦人権、天理自然権の上に立つような発想はないのである。[30]

兪の法律重視論も、福沢同様、人権伸張のための法律制定論といった側面をもつ。しかしそれは、決して天賦人権論の放棄を意味しない。[31]兪の議論では、あくまでそれと天賦人権論との双方が並び立っている。[32]しかも、彼の言説においては、後者の天賦人権論がもっとも重視されるのである。これこそが福沢の国法遵奉論と兪の法律重視論との相違である。ここで兪の創作部分をみよう。

自由と通義は人生の不可奪不可撓不可屈の権利である。しかし法律を恪遵《かくじゅん》し、正直な道理でその躬《み》を飭《ただ》し、その後に天授の権利を保有し、人世の楽しみを享受すべきである。自己の権利を愛し惜しむ者は、他人の権利を顧みて護り、敢えて侵犯しない。万が一他人の権利を侵犯すれば、法律の公平なる道は、必ず是を許さず、またその侵犯した分数の如く［同じ程度の］犯者の権利を剝奪するだろう。これは、自己の手で自己の権利を損傷することになる。法律の威令は、その自ら招いた損傷を行う〔罰する〕のみである。それゆえ人の権利は、自己が自ら毀《こわ》す前には、万乗〔天子、皇帝の地位〕の威や万夫の勇によってでも、撓《たわ》まれ奪われない。（一三三）

まずは天賦＝天理自然権が強調される。法律も重要だとはいえ、しかしそれが決して「正直な道理、天授の権利」や「法律の公平なる道」の上に立つことはないのである。兪には他者への視線、自己と他者の権利の同等な尊重意識、〈自己＝他者の他者〉との認識がある。すなわち、兪は、こうした考え方に基づいた上で他者の権利や人権を護ることこそが法律の役割、存在理由なのだというのである。以下の文章も同様の内容を表している。

人の強弱は是非によって判《わか》り、禽獣の強弱は勢力によって定まる。（略）禽獣は、その自由を用いるに通義の羈《き》鞫《きく》〔拘束、規律〕がなく、法律の駕御《がぎょ》もまたなく、弱肉強食するにその勢力をほしいままにして、その相生の道を作る。人は、その相与する際に法律の綱紀を立て、通義の界域を定めてその自由を宰制し操縦して人間の齊《ひとし》からざる景況を調平する。（一三五－一三六）

人々の権利を等しく護ることこそが法律の綱紀である。しかし現実には、人間（社会）には「強弱」のような「不齊」＝不平等が存する。したがってその「調平」＝均分もまた法律の役割である。それを果たすために、法律が自己と他者の通義・自由の権利を制限することは許される、と主張される。これは、儒教伝統の均分主義に基づく――天理自然の――人権論であり、また社会進化論の弱肉強食に対する厳しい批判ともなりうるものである。

さらに彼は、「禽獣の自由、蛮夷の自由、有識人の自由」の三分論を打ち立てている。有識人の自由とは、「人慾を遏《とど》め、天理を存し、正直な道でその権利を持ち守る」（一三六）との自由である。これは、禽獣、蛮夷の自由とは違って、「不自由の中に在る」（同）ものである。[33] そして彼は「身命、財産、営業、集会、宗教、言詞、名誉」などの自由と通義をとりあげ、これらを項目別に詳論する（一三六－一四七）。その間に、「各人一身の無係［の通義］によってその天然を恣に」すれば「禽獣の自由」となり、「有係の通義を酌斟《しゃくしん》し、その過用する弊を限制」せざれば「蛮夷の自由」となる、と説明する。これは、自由主義（なかでも自由放任主義）の思潮に対する辛辣な批判となるものである。「故に法律の規度を立てて生世人の自由を潤色する。そして処世の権利を保たんとする者は、法律を敬奉し、大衆の相生の公道を守る」（一三八）のである。これは、法律の下での「処世の権利」の重視論である。ここに〈法律敬奉論〉と〈相生公道論〉とは並立し、彼の権利論の両輪をなす。彼の法律重視論は、あくまでその両輪の上に成り立っているのである。

法律の本意は、人の権利を慎み重んじることによってこれを保護する［ことにある］。（略）権利が天下人人の自有する至宝だとはいえ、その実は法律に附依して［こそ］その現像［状］を保つ。ゆえに人の権利は法律の賜う所と謂うも謬評ではない。（一三八－一三九）

彼は、「法律は師、権利は卒徒」（一三九）という喩えをも用いている。しかし「師がもし苛酷な紀律と暴虐な規例をもって卒徒の本分を抑え遏《とど》めれば、また良師だと謂えない」（同）との留保条件が付けられていることからわかるように、これは、あくまで法律の無条件の優先重視論ではないのである。「法律と権利の相済《すく》う関係」（同）こそ、重要であると彼は述べている。

蓋し自由には良悪の分別がある。天理の正直に遵えば則ち良自由、人欲の邪僻に任せれば則ち悪自由と謂う。通義には真仮の区画が存する。真通義は天然の良自由を守るが、仮通義は人為の悪自由を恣にする。故に法律は、その良悪真仮の弁を立てて、人生権利の大病を医治する金丹［重要な手段］である。（一四八）

天理に基づき、天然の「良自由、真通義」（＝天賦自然権）を護る、その意味で法律は「金丹」である。要は、兪は法律、天理、権利の三位一体を説いているのである。

君権論――民権論との関係――

絶対主義の王政とは、初期近代の欧州における君主の絶対権力を確立しようとする風潮・理念を指す。この絶対主義は近代国家建設に大いに貢献した面がある。欧州各国の君主は、国軍の育成、法・秩序の確立、徴税の集権化、政敵の粛清・追放、そして海外の植民地獲得などを推進していった。そのために容赦のない独裁が敷かれることもごく普通のことであった。これこそが専制である。これに反発し抵抗するかたちで、市民革命が起こり、市民社会も成長していった。いわば逆説的に絶対王政があったからこそ、近代国家機構の拡大もあれば、民権や自由主義思想も開花したのである。欧州における民権は、「絶対的」な君権に反発し抵抗するなかで成長した。その意味で、民権は反君権と同義であった。

しかし中国、朝鮮、日本など三国における民権は必ずしも反君権ではなかった。近代以来、欧米の民権思想が流入し、近代的な民権意識が成長し高潮する過程においてさえ、三国の民権は、反政府ではあっても、反君権ではなかった。もっとも中国や朝鮮の場合は後に例外の事象も生じており、また日本では倒幕のようなある種の反君権の事象がなかったわけではない。しかしながら総じて民権＝反君権という観念は、三国では受け入れがたかったのである。そこには様々な理由があったであろう。とりわけ近代以降、欧米列強の進出による保国の危機という状況が生じたとき、それを克服するための国権確立の際には、君権は正しき確立の対象とはなっても、悪しき除去の対象とはならなかった。またもう一つの理由として、儒教の政治思想では民権と君権が対立するものではなく、共存・扶助の関係にあったことも見逃せない。三国の儒教の政治思想における君権をもつ君主は、それぞれの差こそあれ、理念的にも現実的にも民やその権利の保護をめざしていたのである。もちろん理念と現実との間には、常にギャップが付きまとうものである。

「徳治、民本」の理念に基づく民権保護の使命や義務を果たさなければ、儒教国家の君主は「賊、残、一夫」とみなされ「放伐」されることもある。[34] 儒教の民本・民権思想は、民の革命権、抵抗権というかたちで、一種の反君権思想を内蔵している。ゆえに君権は、民権との対立、緊張を避けるべく、その間の共存、扶助を目指さねばならない。この目標は、儒教国家体制のなかにも組み込まれていた。君権は、儒教理念のみならず、各種の法律や制度によって制限されていたのである。そのなかで、君と臣は、協調と牽制の両面をもつような一種の契約関係に立つ。また君だけでなく臣（官僚）も、さらにその予備軍としての儒教知識人も、同じく民権保護の使命、義務をもつ。こうした体制は、専制とは異なるものであり、一種の立憲君主制と呼べるものであった。以下では、三人の君権論の違いについて考察してみよう。

（一）　鄭観応の場合

まず鄭の主張を ── 一部は前述の民権論と重複するが ── 検討してみよう。彼の「議院」上下のなかの「君猶舟也、民猶水也」という表現は、「水能載舟、亦能覆舟」（三一二）と対句になっている。民の革命権があるがゆえに君主は、民本と畏民の二重観念をもつ。しかし「君民一体、上下同心」こそが「富強の本、体」（『盛世危言』自序）でもある。そこで彼は「君民共治」の立憲君主制の導入を主張する。が同時に、「美国の議院は民権の過重、因ってその本は民主である。〔共和政の際の〕法国《フランス》の議院は叫囂《きょうごう》〔革命、混乱〕の風を免れなかった」（三一二）というように、民権や民主の行き過ぎは警戒される。また「君主という者は権が上に偏り、民主という者は権が下に偏る。しかし君民共主という者は権がその平を得る」（三一六）と、鄭は君権と民権との「平均」を目指す。

君は独りその労に任じてはならない。民は逸《わがまま》に偏って居てはならない。君と民は相洽《こう》し、情誼を交わり孚《やし》なわなければならない。天下に公があってこそ是非があり、また公があってこそ賞罰もある。そして四海の大、万民の衆は同甘共苦し、先憂後楽しなければならない。もし理を一人にして上下一心、君民一体すれば、どうしてなお敵国外患があり、敢えて相凌ぎ侮ることがあろうか？（三一三－三一四）

敵国外患の制御（＝国権確立）や公天下の確立のために、君民の一心・一体が必要とされる。国権と公天下の確立は、彼の君権論・民権論の基本目標であった。

「原君」の冒頭には「『淮南子』〔修務篇〕に曰く、古の帝王を立てる者は、其欲を以て奉り養うに非ず、其身を以て逸に楽しむに非ず」、「神農、尭、舜、禹」は民のために勤め尽くしたと記されている（三三一）。また彼ら聖人君主は、私より公を重んじ、王座を禅譲した。この「伝賢之局」は、後に世襲にかわり、君は公を私《わたくし》し、私利を擅《ほしいまま》にし、民の利を害してきた。しかし鄭によれば、君民は一体であるがゆえに「民に不利な者は、終に亦君にも不利」となる（同）のである。欧州諸国の君主は、民の圧制・民乱（＝市民革命）を繰り返したのち、遂に「君民平権の政」にかわった。これに対して、「中国の権は上に操られ、冠履の弁〔上下・尊卑の区別〕が最も厳しい」（同）状況になってしまった。これは儒教理念にたがう、「大謬」（同）である。

太公《タイコン》［名は望《マン》、本名は呂尚《ロウサン》：周の武王を助けて殷の紂《ちゅう》王を誅《ちゅう》し天下を平定した賢臣］の言に曰く、天下は一人の天下に非ず、乃ち天下の天下なり、天下の利を同じくする者は天下を得、天下の利を擅にする者は天下を失う、と。孔子曰く、舜・禹の天下を有《ゆう》せるや、而して与《あず》からず［『論語』泰伯］と。又曰く、君為《な》るは難《かた》く、臣為るは易《やす》からず［『論語』子路］と。又曰く、之に先んじて之を労すと。(35)（三三二）

鄭は、民への不関与の重要性や、君臣の責務の重さを強調し、また「民を貴《とうとし》と為し、社稷之に次ぎ、君を軽《かるし》となす［『孟子』尽心章句下］」を引用して、君権に対する民権の優位を説く。君権は儒教理念によって制限されるのである。

語に云う。(36)風行けば則ち草偃《ふ》す、霜《しも》落ちて鐘鳴る、と。かくして感応の機は捷《はや》く影響する。それゆえ、遽《にわ》かに民を責めることなく、君を責めるのである。君は、天下万民の利を竭《つ》くし、一人を養ってはならない。（略）勤勤《きんきん》懇懇《こんこん》、日に餐《さん》に及ばず、夜に寝《ね》に及ばず、天下万民の事を皆己《おのれ》の事と視、天下万民の身を皆己の身と視るべし。（三三三）

したがって君主は「愛民者、利民者」であり、また「自ら能く上に天心に合わせ、下に民心に合わせる」ような「天下の人主」でなければならない（三三四）。

この「原君」の付録には、「君と相の権は、固より之を万民から借りたのであり、自らその権が有るのではない」、「中国の古の経［典］をみれば、賢［者］が創業した垂訓《すいくん》は具に泰西の民権の宗旨に合する。蓋し公理は東も西もなく、大道は古も今もない。（略）尭と舜が天下を官《つかさど》り、賢を求めて禅譲したのは、美利堅《アメリカ》合衆国の公挙総統制［大統民権は君権にまさり、「禅譲」は共和制に、「独夫の放伐」は市民革命に優るとも劣らないのである。欧洲列国の民がその政府を迫って政治を更革したことに類するのではなかろうか」(三三四―三三五)と記されている。湯と武が天に順って人に応じ、独夫を放伐して大位を代膺《だいよう》したのは、領制」の類だったのではなかろうか。

(二) 兪吉濬の場合

兪は君主制について以下のような議論を展開している。まず君主は「三大綱の元首」である。この「最上位」の君主に、人民は「服事し、その政府に承順し、一国の躰貌《たいぼう》〔形体と容貌、または礼容〕を保守し万姓の安定を維持する」(「邦国の権利」一〇五)。したがって「帝王政府の人民は、彼のように愚忘なる者の庸議〔つまらない議論、ここでは共和制の主唱〕を弁駁《べんばく》し、その政府の世伝する規模を固守し、国中の賢能な者を挙げて政府の官吏に任用し、国人の生命と産業を安保して一に定める法律を以て泰平な楽を享受し、先王の創業した功徳を万世に奉り守らねばならない」(「政府の始初」一六〇)と彼は主張する。また彼は、「国家の規模には千万年を経過しても不変たるものがあり、また時勢に随って改変するものもある。その不変たるものは、人君が人民の上に立ってその政府を設置する制度と、またその泰平を図成する大権である。そして人民は人君のためにその忠誠を尽くし、またその政府の命令に服従することである。これらは人生の大紀である」(一六一)と論じる。彼にとっては、君主制や君権は「不変」、いわばアプリオリなものであった。

政府の事務は、大小を論ぜず、時に随って変易するものである。およそ法が久しければ弊が生じ、時が移れば事が変わるのは世間の自然な道である。それゆえ、機を投じてその勢に応じ、また国家を保守すべきである。(略)これは、先王の制度を固守することと同じである。旧規に率由するとし、変通の大道を知らず、国家の危急を救

わない境に至れば、それは、先王の罪人である。（一六二）

彼のいう君主制、君権の「不変」とは、換言すれば、先王の制度（＝朝鮮朝廷）、国権の「保守、固守」を意味している。この危機的な時勢に対応する開化・改革を施す際には、既存の君主制を開化・改革の求心力としたい。そのためこの求心力の喪失を招くような君主制の「変更」には賛成できない。なぜなら、それは情勢を悪化させ、国権の保守を危うくするからである。もっとも彼のいう「先王の制度の固守」は君主制それ自体の固守を意味しない。彼は立憲君主制、議会の導入を主張していた。彼は、君主制を「変更」しなくても、それに立憲制度、議会制度を加えることは十分に可能であると考えていた。

君権が「不変」だといっても、その絶対権力を擁護するような君権主義が肯定されるわけではない。「三大綱の元首」とは、「人君の権勢も限定された界境があり、法外には一歩も出ることができず」、「一切の大権を君主一人が独断することなく、議政大臣が必ず先ず酌定して君主の命令によって施行する」（一六四）という君権の制限を前提とした制度である。つまりこれは立憲・法律によって制度化された君権のことを意味する。

君権の制限はこの制度化に止まらない。兪は「人民の権利」に戻ってみれば、そのなかには「人たる権利は賢愚、貴賤、貧富、強弱の分別がなければ、これは世間の大公至正たる原理である。（略）人の世に生まれた後に占有する地位は人作の区別であり、享存する権利は天授の公道である。人の人たる理は天子から匹夫に達するまで毫釐《ごうり》の差殊が本《もと》よりない、がゆえに（略）人が天地間に生まれて各其人たる理で視れば、人の上に人もなく人の下に人もない。天子も人であり、匹夫もまた人である」（一三四）と論じる。彼は徹底した自然権論に基づき、「人たる権利、理」すなわち天賦人権、天理自然権をもつ点においては、**君主も一般人もまったく同等**だと主張しているのである。この論は、たしかに彼が近代の天賦人権を理解し解釈する過程で生まれたものだが、その徹底した自然権性は「大公至正たる原理、天授の公道、理、天理」など伝統的観念の基盤の強固さ、強靭さに起因するものであろう。つまり、この徹底した自然権論それ自体は、むしろ天理自然権または伝統的な「人権、民権」観念の変形にほかならない。彼の思惟作用のなかにみる「近代と伝統」の異種交配現象の特性が、彼の議論に一種の「先進性、爆発力」を与えているのである。

先の引用文の含意を解釈してみよう。君主も一般人も「有係、無係の通義」、いいかえれば、公私両面の権利をもつ。この公私両面の権利は、「二つながら一つ」として同時にあるものである。「公道、天理」からいえば、もちろん君主のもつ「無係の通義＝自然権＝私的権利」は、一般人のそれと同等である。しかし君主の公的権利は、「人作」によって「最大化、最高化」されたものである。つまり、その公的権利が最大最高権である。がゆえに、君主は自分の私的権利もまた最善に抑制せねばならない。これが君主の私的権利の制限である。さらに君主はその公的権利やその行使を、「公道、天理」に基づき制御せねばならない。これが公天下の原理および天理自然権による君主の公的権利の制限である。このように君権は、立憲や法律による制度化だけでなく、「公道、天理」などの観念により強力に制限されることになる。君権は最大最高権だが、しかし、だからこそ、「公私」両面から最大最高の制限をも受けるとともに最大最高の義務をも背負わねばならないとされるのである。これも均分主義の観念である。

(二) 福沢諭吉の場合

最後に福沢の『西洋事情』のなかの君権論、『概略』のなかの尊王論と国体論、『帝室論』の皇室論を検討したい。その際には、「論」のなかの実用的――あるいは状況的――思考や「論」の間の変化に注目しよう。

まず彼はその君権論として、『西洋事情』のなかで、英国型の立憲君主制の下での君権を説いている。これは兪の主張と似ているが、いくつかの点で差異もある。外編巻二「国法及び風俗」のなかには、「政府の号令を施行するには、其処置神速を貴び、須《すべか》らく一人の手より出《い》づ可し。下院の如き衆人会合の大局にて之を行ふは甚だ不便なり。故に英国にて号令を施行するの全権は、国王と執政とに任して、其処置の速なること立君独裁の政治に異なることなし」（四三二―四三三）と記されている。これは、英国の立憲政体における「立君独裁」の要素の有効性を認める主張だといえる。そもそも彼にとって「立君独裁」は否定や批判の対象であったが、しかし、その有効性もあると彼が判断すれば、否定は肯定にかわり、批判は撤回される。もちろん肯定・否定に関しては逆のケースもあり得る。それは、福沢の「両眼を開て利害得失、便不便」を計る実用的思考の表れにほかならない。

　次に『概略』九章「日本文明の由来」のなかで彼は、「権力偏重なれば治乱共に文明は進む可らず」（一七一）と、権力偏重を批判している。しかし、彼はそれを単に批判しているだけではない。彼においては、「王代の政治も将家の政治も、北条《ほうじょう》足利《あしかが》〔鎌倉幕府と室町幕府〕の策も徳川の策も、決して元素を異にするものに非ず。只彼を此より善しとし、此を彼より悪しと云ふものは、此偏重を用るの巧なると拙なるとを見て其得失を判断するのみ。巧に偏重の術を施して最上の権力を執権者の家に帰するを得れば、百事既に成りて他に又望む可きものなし」（一六八）とされる。ここには前代の「政治、術」や「権力偏重」への皮肉も含まれているが、その一方で、もし権力偏重を可能にする巧みな術策さえあれば、その得失は変わりうるとも評価される。これも彼の実用的思考の一例である。

　立君の国に於て君主を奉尊し、行政の権を此君に附するは、固より事理の当然にして、政治上に於ても最も緊要なることなれば、尊王の説決して駁す可らずと雖ども、彼の皇学者流は尚一歩を進めて、君主を奉尊するに、其奉尊する由縁を政治上の得失に求めずして、之を人民懐古の至情に帰し、其誤るの甚しきに至ては、君主をして

虚位を擁せしむるも之を厭《いと》はず、実を忘れて虚を悦ぶの弊なきを得ず。（『概略』十章、一八七）

彼は皇学者流の尊王論を「政治上の得失に求めず」、「実を忘れて虚を悦ぶ」ものと批判する。しかし逆にそうした実用的な立場からの批判の理由さえなければ、尊王論それ自体は「事理の当然にして、政治上に於ても最も緊要なる」ものであり、そのメリットは実利をもつものと把握される。これは、実際には「尊王論批判[37]」ではない。むしろ「醒めた」尊王論の主張なのである。

また彼は、「皇学者流の国体論は、今の人心を維持して其品行を高尚の域に導くの具と為すに足らざるなり」（一八八）という観点から、皇学者流の国体論も批判する。しかし後には、こうした批判も「国体論の頑固なるは民権のために大に不便なるが如しと雖ども、今の政治の中心を定めて行政の順序を維持するがためには亦大に便利なり。（略）即ち文明の方便なれば、概して之を擯斥するの理なし」（二一一－二一二）と、皇学者流の国体論でも「便利」を用いればよいという実用的思考に取って代わる。彼は国体論を批判するのではなく、「醒めた」国体論を主張している。

実は、福沢のこの「醒めた」尊王論、「醒めた」国体論の原型は、すでに『概略』二章「西洋の文明を目的とする事」のなかに描かれていた。彼は、「我国の皇統は国体と共に連綿として今日に至るは、外国にも其比例なくして珍らしきこと」、「其万国に絶するとは唯皇統の連綿たるを自負するもの」（三一－三二）、「日本人の義務は唯この国体を保つの一箇条のみ。（略）皇統連綿を保護せんと欲せば、其連綿に光を増して保護す可し。国体堅固ならざれば血統に光ある可らず」（三二）、と天皇主義の萌芽ともいうべきことを主張していた。彼の天皇主義は「醒めた」国体論、尊王論と結合し、のち『帝室論』（一八八二）と『尊王論』（一八八八）の刊行となる（この二論の趣旨はほぼ同じ。したがってここでは『帝室論』のみを分析する）。

『帝室論』の冒頭には、「帝室は政治社外のものなり。（略）政治を談じ政治に関する者は、其主義に於て帝室の尊厳と其神聖とを濫用す可らず」（『全集五』二六一）と記されている。「政治社外」と「尊厳神聖」の二つは、彼の皇室論（＝尊王論＋国体論）における両輪の原理だといえる。帝室は天皇家であり、その制度ではなく存在自体が、福沢にとっては、アプリオリなものである。その点では、福沢の天皇主義も皇学者流のそれと差はない。もっとも彼は皇学者について、「世に皇学者流なるものありて、常に帝室を尊崇して其主義を守り（略）其守る所を改めざるの節操は、我輩の深く感心する所なれども」、それが「却て家君の体面を失はしむるに異ならず」（二六三）と彼ら流の天皇主義には感心しながらも反対していた。彼の「帝室は萬機を統《すべ》るものなり、萬機に当るものに非ず」（二六三）という言葉は、「王は君臨すれども統治せず The king reigns, but does not rule」という英国の諺を連想させる。また「我帝室は日本人民の精神を収攬するの中心なり」（二六五）という言葉は、天皇が「政治社外」の存在であるという考え方を反映したものである。

しかし、これらの主張の内容をその後、福沢は自ら次々と変えていく。たとえば「政治社外」論について、彼は、「我帝室の政治社外に在るを見て虚器を擁するものなりと疑ふ者」（二六八）もあるが、それは誤解だという。なぜなら、政府は「形態の秩序を維持するのみ」だが、帝室は「精神の集点」だから、つまり、「精神は形態の帥なり。帝室は其帥を制する者にして、兼《かね》て又其形態をも統べ給ふものなれば、焉《いづくん》ぞ之を虚位と云ふ可けんや」と論じる（二六六―二六七）。ここでは「政治社外」論は、帝室の「虚器、虚位」論ではなく、その「実器、実位」論と理解されている。

今日の政体に於ては、官吏は天皇陛下の命じ給ふ所のものにして、其これを命ずるの間に天下人心の向ふ所を斟酌し給ふに非ず（略）投票の多数に由て進退するにも非ざれば、官吏は純然たる帝室の隷属にして、帝室と政府との間に殆ど分界なしと云ふも可なり。（略）官権と云へば、其権は帝室の威光の中に在るものにして、或は之を帝室の大権の一部分と云ふも大なる不可なかる可し。（二七五）

やはり帝室は「虚器、虚位」ではなく、「萬機に当る実器、実位」に相当するものである。もう一例を引用してみよう。

今日の政体に於ては直に帝室に接したる政府の権力にして、毫も人民の意見を交《まじ》ゆ可き者に非ざれば、今の法律に従ひ今の慣行に由り、名も実も帝室の旨を奉じて政を施す可きは無論、内閣の大臣参議以下真実に帝室の隷属にして、其施政の際に一毫も私意を交ふ可らず。（略）今の官権は下の人民より集めたるものに非ずして、上の帝室に出たるものなればなり。（二七七－二七八）

ここでは政府の権力はもっぱら帝室に由来するものだと考えられている。これは論理的には「政治社外」論の自己否定となるものである。

「政治社外」、「尊厳神聖」の二つの概念は、結局のところ彼にとって両立不可能な原理だった。いわば両輪の大きさが合わなかったのだ。その結果、残ったのは帝室の「尊厳神聖」であった。それは次のような主張にまで至る。

我帝室は萬世無欠の全璧《ぜんぺき》にして、人心収攬の一大中心なり。我日本の人民は此玉璧の明光に照らされて此中心に輻輳《ふくそう》し、内に社会の秩序を維持して外に国権を皇張す可きものなり。其宝玉に触る可らず、其中心を動揺す可らず。官権民権の如きは唯是れ小児の戯のみ。（二七九）

後に彼は、甲申政変の後始末の際に「御親征」を主張した（一八八五年一月八日付『時事新報』の論説「御親征の準備如何」）。これは、天皇の陸海軍統帥権を、大日本帝国憲法の発布（一八八九年二月一一日）に先んじて認定し、その実行を促すものであった。こうして福沢は、天皇大権の主唱者、あるいは天皇主義の先駆者となったのである。

註

（1）田中浩 一九九〇、一—二を参照。

（2）民族主義については膨大な研究文献があるため、ここでは一つひとつを挙げることは省く。しかし近年、「国民（主義）、民族（主義）」概念の混乱のなかで、この概念に対する批判的検討がなされている。その代表的な一例としてAnderson（1991）を取り上げよう。この著書でアンダーソンは「国民、民族」を「想像の共同体」ととらえ、それが人々の心の中にいかにして生まれ、また世界に普及するに至ったのか、その世界史的過程を、「聖なる共同体」と「王朝」、「メシア的時間」と「空虚で均質な時間」、新しい「巡礼」の旅、「言語学・辞書編纂革命」、「海賊版の作成」などの概念を鍵として解き明かしている。なお、Chatterjee（1993）は、とくに自著の第二章で、植民地世界における民族主義の言説がヨーロッパ起源の「派生的言説」であるという仮説から出発して、植民地からの離脱を求める民族主義が抱えもつ矛盾を分析している。

（3）近藤邦康 一九八一、一一四、傍点原文。

（4）この用語については、佐藤慎一 一九八九年六月を参照。

（5）このことに関連して、金栄作「福沢諭吉・ナショナリスト」山脇直司他編 二〇〇一所収を参照。

（6）参考のために十三課「愛国歌」の一部を引いてみよう。「愛すれば［するほど］愛《あい》らしい、ああよし、わが国。鏡のごとく清い水と、絵のごとく高い山。檀君以来四千年に、富国強兵神々《こうごう》しい。乙支公［名は文徳、高句麗の六世紀末～七世紀初の武将、生没年未詳］の智略には隋煬帝［隋第二代皇帝：在位六〇四—六一八］が泣いていった。楊万春《ヤンマンチュン》［高句麗の七世紀中葉、泉蓋蘇文《チョンゲソムン》（？—六六五）政権時の武将］の勇猛には唐太宗［唐第二代皇帝：在位六二六—六四九］の魂が飛んだ。［朝鮮の］自主独立はこれ［乙支公、楊万春、泉蓋蘇文ら民族英雄の愛国心］のごとく、誰も［それを］欠いてはならない。（略）子として孝道、君には忠誠、この国の百姓であることは嬉しい慶事なのだ。賦税を納めて［国家を］治め、軍士となり守ろう」（一八四—一八六）。これは熱烈な忠君愛国、民族英雄崇拝、主権回復を呼びかける歌であった。そのなかには、彼の愛国啓蒙運動の基盤精神、基底論理が込められていたといえる。またそこには、峻厳な「反日、抗日」の精神・論理があったともいえる。その意味でも、彼の対日本協調策は苦肉の策だったのではなかろうか。

(7)「議院下」の末尾には、「これ［議院］は三代以上の遺風である」（三一八）という一節がある。この附会論すなわち議会制度を「三代の制、法度、遺風」に準えるとする論は、清末に知識人の間に流行っていた。鄭観応、王韜、何啓らの「沿海地方の改革家」や馮桂芬、郭嵩燾、薛福成らの「内陸の先駆改革家」はそのほんの一例である（本書第一章）。この附会論に基づき、彼らは制度改革の一環として議会制度論を展開したのである。最も早い例は馮桂芬『校邠廬抗議』（一八六〇年代初作）だが、その前、魏源『海国図志』をはじめ多くの知識人の著作がその先駆となったといえる（小野川秀美 一九六九の一章）。とくに光緒一〇（一八八四）年代、議会制度論は改革論の的となり、これらの改革家の著作とともに湯震《タンツォン》『危言』、陳虬《ツォンチウ》『治平通議』、陳熾《ツォンツ》『庸書』等も出現した（小野川秀美 一九六九の二章）。

さて、この議会制度論の起源は、中国伝統の「郡県―封建」制論にある。なかでも郡県制のもつ様々な弊害を批判する「封建制の擁護論」、つまり、中国上古の「三代の治」と呼ばれる聖人君主による統治、わけても周代初期の封建体制こそ、理想の秩序・制度とみなす考え方である。これに基づく郡県制批判は、遠く魏・晋南北朝時代にまで遡ることができるが、思想史上最も著名であり、かつ以後の郡県制批判の原型となったのは、明末・清初に現れた顧炎武《クイェンウ》（一六一三―八二）の議論（『亭林文集』「郡県論」）である。顧炎武の「郡県論」は、清末に、知識人の間に復活し、馮桂芬の「論」をはじめとする多数の制度改革論、議会制度論に影響を及ぼした。これについては、佐藤慎一 一九八八年二月とくにその一を参照。

(8) 横山英 一九七五年一二月の二を参照。

(9)「議院下」のなかには「国家の議員もまた民間から公挙する」（三一七）とある。このように議員民選の原則を主張したうえで、彼は西欧諸国の様々な選挙制度の形態を説明している。これをさらに詳しく説明したのは、その付録の〈今古泰西諸国設立議院源流〉である。

(10) この原文は「致盛［宣懐］京卿論変法宜設上、下議院書」（一九〇〇年夏作、『後編』三巻の二九一―二九二）。これを補充改作し、また題名をかえて「議院下」に載せたのである。

(11) 当時の清国の状況や国内外の立憲運動などについては膨大な研究文献があるが、ここでは荊知仁 一九八九（とくに三章）を挙げるにとどめる。

(12) 加藤弘之（一八三六―一九一六）は政体を「君政、民政」に二分し、さらに前者を「君主擅制《せんせい》、君主専治、君民共治（＝上下同治）」の三つ、後者を「貴顕専治、万民共治」の二つ、あわせて五つに分類している（『立憲政治略』一八六八年刊）。これを、兪吉濬も参照したようだ。

(13)「専制」は十七世紀後半のフランスにおける造語である。語源になったのは、アリストテレスが家において奴隷を支配する主人の権力を表すのに用いたデスポテイアである。この語は、のちに中国などアジアの諸帝国を批判する際にも用いられたが、それを本格的な政治概念として定着させたのはモンテスキュー（一六八九―一七五五）の『法の精神』（一七四八年初刊）であった。専制は、法律に依拠せず、恐怖を原動力とする政体と規定され、君主制や共和制と並ぶ独立したカテゴリーとなる。モンテスキューにとって、専制の本質は権力の集中と一元化であり、それを防ぐためには権力分立の制度が不可欠であった。こういった主張に対し、政治権力の国家への集中を評価する論者は、あえて「合法的専制」の語を用いて、専制批判の論議に対抗する。米国の独立革命やフランス革命に際しては、専制は君主制と同一視され、共和国の建設が目指された。それ以降、盛んに使われる専制という概念は、主に自国の体制が政治的自由を喪失しかねない事態に警鐘を鳴らすための用語だった。しかしそれは同時に、非欧米諸国の政治や社会に対する偏見を助長し、「東洋的専制」(ヴィットフォーゲルの著作用語、ヘーゲルやマルクスの観念にもみえる)という画一的なイメージを固定させる結果をも招く。気候風土や国民性からみてアジア諸国には専制が最も合理的な統治形態だという議論や、欧米社会が指導・支配すべきだといった議論がそれである。そこに欧米中心的近代主義やオリエンタリズムがはびこる。

兪吉濬は、当初、「アジア諸国＝専制」という見解に同意しなかった。甲午改革の時も、訪日中の彼は陸奥に「我国の君権は本より定域があった」と、つまり、朝鮮は専制ではなかったと反論している(前述)。ところが十二年間の日本亡命後、「伝統中国＝一種の専制」との見解を表すようになる(一九〇八年作「時代思想」、前述)。しかも一九〇七年の「平和克服策」のなかで、彼は「我国の俗は専制と成り習う。官の威が重く、官の権が高い」(『全書Ⅳ』二七四)と述べている。これは、彼の著作のなかで、「朝鮮＝専制」とする唯一の例だが、とにかく彼も、「アジア諸国＝専制」という見解に同意するようになったことを示している。これも、朝鮮における自国型オリエンタリズムの誕生の一つの物語である。

なお、清末民国期の中国においては、主に日本での専制論を吸収する過程で、「中国＝専制」という見解が広まった。その契機を作ったのは、梁啓超である。「貴族制をいち早く除去した中国において、『君主専制政体』は『西洋』のそれに比べ相対的に温和であった。梁啓超の言葉を借りれば、前者は『無形の専制』・『間接の専制』であり、後者は『有形の専制』・『直接の専制』であった。(略)中国の民衆は、『専制政体』から受ける苦痛の代償を、『専制政体』を打倒することではなく、科挙をパスして自ら支配層の一員となり、他人に苦痛を与えることに求めた。それは、あたかも奴隷が奴隷主になることに問題の解決を求めるのと同様で、それゆえ『無形の専制』のもと、中国人の内面に『奴隷根性』(奴性)が蓄積されてしまった。この『奴隷根性』こそが、中国の『君主専制政体』を永続させてしまったのである ── 梁啓超はこのように考えた」(佐藤慎一　一九八八年二月、二八五–二八六)。このように梁啓超は、一定の程度、抵抗感を示しつつも、基本的に「中国＝専制」という見解を受け入れたのである。そこに中国型の近代主義やオリエンタリズムを養成する一契機があったように思われる。

(14)　月脚達彦　一九九六年四月、一三〇。
(15)　同右、一三二。
(16)　これについては膨大な研究文献があるが、ここでは内藤正中　一九八七を挙げておく。
(17)　詳細はジョージ・アキタ著、荒井孝太郎・坂野潤治訳　一九七一を参照。

(18) 帝国議会は貴族院と衆議院の両院から成り、天皇に協賛して立法権を行使し、政府提出の予算案の審議、議決にあたるとされた。しかしその権限はいろいろ制約されていた。たとえば、宣戦、講和、条約締結、軍隊統帥などの権利については議会の権限外であった。また予算審議権についても、「憲法上ノ大権ニ基ツケル既定ノ歳出」は政府の同意なしには削減できず、予算不成立の場合、政府は前年度予算を施行するなどの制限があった（大日本帝国憲法の六七条、七一条）。一方、皇族・華族・勅任議員から成る貴族院は、衆議院とほぼ同等の権限をもって、衆議院を拘束した。なお、衆議院の選挙制度だが、一八九〇年七月一日に行われた第一回衆議院選挙の当時、選挙権を持つのは二十五歳以上の男子で直接国税一五円以上を納めている者に限られた。有権者数は約四五万人で全人口の一・一パーセントにすぎなかった。被選挙権は同じ納税条件を備えた三十歳以上の男子であった。

以後、一八九八年の第六回選挙までが小選挙区制で、一九〇二年の第七回から一七年の第一三回までは大選挙区制、二〇年の第一四回と二四年の第一五回に再び小選挙区制に戻り、二八年の第一六回から四二年の第二一回までは、いわば中選挙区制が採用された。この間に選挙権と被選挙権の年齢が不変だったが、納税条件は徐々に緩和され、中選挙区制となった二八年総選挙からは男子だけの普通選挙、つまり原則的に年齢以外の制限はない制度となった。そして第二次大戦後は、四六年の第二二回から女性にも選挙権が与えられ、選挙権・被選挙権とも年齢がそれぞれ五歳ずつ引き下げられた。

(19) 詳細は杉原泰雄 一九八九を参照。

(20) 両概念の歴史的な展開については、樋口陽一 一九七七を参照。

(21) この出典の『荀子』王制篇のなかには「君者舟也、庶人者水也。水則載舟、水則覆舟」という表現がある。また同じ言葉が『荀子』哀公篇にもみられる。

(22) これは、ほかの清末知識人のそれにもあてはまる。その詳細については溝口雄三 一九九五所収の「中国の民権思想」を参照せよ。

(23) この冒頭には「日本名士深山虎次郎所著《民権》《共治》《君権》三論」を参酌したとある（三三四）。この日本人が誰であるかは不明である。

(24) 朱子学における「天理自然」は天の理＝自然の法則であり、またこれに準えた人間の理＝本然の性＋気質の性であると解釈される。人間一般は、この「天理自然」に基づく当然の権利をもつ。これが筆者のいう――考える――「天理自然権」である。それは、理念的に観念的に、国家の制度や法律などを超える自然権であり、欧米の天賦自然権と相通ずるものである。この天理は、万物や人間の「存在理由、理性」ともいえる。人間の理が現実の社会における理として具現されると礼となる。いいかえれば人間社会はその理＝礼によって礼的、道徳的秩序を保つ。そこで礼や道徳によって規律されてこそ人間社会の秩序は成り立ち、維持される。礼の規律は、現実的に、国家・社会の制度や法律などの規範となる。その際には、礼はもはや「天理自然」ではなく、理の「作為」となる。

さて、人間社会の理＝礼とは、権利と義務との両方を同時に内包する概念である。人間は社会における権利と義務を兼有する。もっともそれが現実である場合もあり、理想でもある場合もある。その現実と理想を、理＝礼は包摂してしまうのである。つまり人間は、天理自然としての権利＝「天理自然権」はもちろん、社会に具現されるべき礼としての権利をもつ。同時に、天理自然の適所を占める「分」としての義務や社会に生きる人の守るべき「礼」としての義務をもつ。その意味で、「天理自然権」は、礼同様、それ自体に権利と義務とを内包し包摂したいわば「義務含みの権利」なのである。その際に、権利か義務かのどちらを強調するか、自然の天理か社会の理＝礼かのどちらに重点をおくかなどの問題は、それこそ人々の主義主張に、それぞれの儒教国家の社会的具現にかかっているといえよう。

(25)　鄭観応の「民権」論を、佐藤慎一　一九八二の論文は「初期」のものと規定する。この論文は、一八九〇年代、清末知識人の民権論の一端をみる際に参考となる。なお、清末と中華民国初の民権論については、熊月之著、依田憙家訳　一九九二を参照。

(26)　「通義」という言葉の出典は『孟子』藤文公章句上の「治於人者食人、治人者食於人、天下之通義也」すなわち「人に治められる者は人を食《やしな》い、人を治める者は人に食われるは、天下の通義なり」にあると思われる。このなかで天下の通義とは、「天下にあまねく通用する道理」とされている。

(27)　この論文自体は「ブラッキストーン氏の英律」（「例言」四八五）の抄訳、すなわち William Blackstone (1723-80), *Commentaries on the Laws of England* (1765-69) の一部を訳述したものである。

(28)　話はやや変わるが、兪吉濬の自由権論は中村敬宇（正直、一八三二―九一）のそれに類似している、いや、類似性はこの論に限らず、両人の思想全般にわたっているように思われる。とくに東西文明の共通性、普遍性を求める点において、兪は中村の思想に共感を覚えていたのではなかろうか。日本留学中の一八八二年、兪は漢詩「雪中戯題、寄中村敬宇」を詠んでいる。それは「人民、歓喜して三端［三つのもと、端緒］を占う。宇宙、平成して一功に混ざる。四海、九州は瓊玉《けいぎょく》［瓊枝玉葉、格の高潔なたとえ］の界なり。千門、万戸は水晶の宮なり。更に貴賤もなく、貧富もなし。安《いずく》んぞ均しく施しを得、化翁［造化の神］に如《し》かんや。通《とお》りはなくても遐《はる》かならざる西と東。漫々絶えざる地、天通る」云々というものであった（『全書V』八五―八六）。この漢詩には、『易経』の思想をはじめ四海同胞・大同や東西融合の理念などが、投影されているように思われる。中村敬宇の自由権思想など思想一般については、荻原隆　一九八四と一九九〇の関連論文と石田雄　一九七六の序章を参照。また中村と福沢との比較思想研究も多いが、ここでは石田雄　一九八三の一章を挙げておく。

(29)　有名な孔子の言葉、「七十にして心の欲する所に従えども、矩を踰《こ》えず」（『論語』為政）を連想すればよかろう。この矩とは、膨大な含意をもつ概念だが、第一には「天の運行、法則」、「天道」などを意味している。

(30)　これが何を意味するかについて、二点を取り上げて考えてみたい。まずは兪吉濬の「天理自然権」の観念は、福沢のそれより鞏固な、強靭なものであり、その分、天賦人権の観念と、より強力な異種交配現象を起こしている。そのため彼の天賦人権思想も強固なものとなる。次に「自然と作為との間」の問題について、前述したように、福沢の場合、次第に自然から作為への傾向が強くなっていった。福沢は自然より作為を重視したともいえる。それでは兪の場合、自然から作為への傾向が弱い、あるいは作為より自然を重視したというべきであろうか。そうとは限らないであろう。彼は自然も作為も重視していた。兪にとって、自然から作為への傾向を強めるときも、それが必ずしも重心の移動を意味するのではなかった。別の言い方をすれば、作為の範囲は広まっても、それが自然の範囲を狭めることを意味しておらず、彼にとって自然と作為は同時進行するものであった。

(31) 韓国の法制史学者である田は、兪の人権保障・伸張のための法律制定論を、「人権を法律の留保下に置く法賦人権論」と表現した上、さらにその「法賦人権論」は「論理的に天賦人権説の放棄を意味する」（田鳳徳 一九八一、二二〇）と述べている。

(32) このような天賦人権と法賦人権との同時重視論に対して、兪吉濬の「人権思想は天賦人権としての人間の尊厳性を認めながらも具体的擁護においては一貫性がなく、充分ではない」（田鳳徳 一九八一、二二一）といった意見や、あるいは彼の「論」は「二律背反的な思考」（金鳳烈 一九八六、一五五）という批評もあるが、本文中に記した筆者の論理からすれば両論には同意しがたい。

(33) 『概略』九章「日本文明の由来」のなかには、「文明の自由は他の自由を費して買ふ可きものに非ず。諸《もろ》の権義を許し諸の利益を得せしめ、諸の意見を容れ諸の力を逞ふせしめ、彼我平均の間に存するのみ。或は自由は不自由の際に生ずと云ふも可なり」（一四五―一四六）という表現がある。このくだりを兪吉濬は読んだためか、「不自由の中に在る」のを有識人の自由という。しかしそれを文明の自由とはいわない。

(34) この典拠は『孟子』梁恵王章句下である。そのなかに「仁を賊《そこな》う者之を賊《ぞく》と謂い、義を賊う者之を残と謂う、残賊の人は、之を一夫と謂う、一夫紂［殷王朝最後の天子、暴君の代表とされる］を誅《ちゅう》せるを聞けるも、未だ［その］君を弑《しい》せるを聞かざるなり」という一節がある。

(35) この文章は、『論語』尭曰《ぎょうえつ》篇のなかの「子曰く、民の利する所に因って之を利す。斯《こ》れ亦恵《めぐみ》にして費《ついや》さざるにあらずや。労す可きを択《えら》んで之を労す」を縮約したものだと判断される。

(36) 『論語』顔淵のなかには、「孔子対《こた》えて曰く、子、政を為すに焉《いづく》んぞ殺を用いん。子、善を欲して民善なり。君子の徳は風、小人の徳は草。草、之に風を上《くわ》えれば、必ず偃《ふ》す」という箇所がある。

(37) 丸山眞男 一九八六の下、二二三。

終章　伝統と近代の間、そして現代と将来

以上、三人の「観」とその変容における「伝統」と「近代」とくにその間の異種交配現象を比較分析した。その過程のなかで、抽象的にいえば、「反近代の近代」や「超」近代などの要素を窺うことができた。それは、「構造相関」的分析の方法や、「アジアから考える」という視点および文明論的視点のような新しい視点によって可能になったといえる。そのことによって、序章で提起した二つの問題意識の意義を、一定の程度、認知することができたともいえる。それら二つの意義とは、繰り返し言えば、三国それぞれの伝統と近代のもつ普遍と特殊、〈正〉と〈負〉に関する歴史的、思想的考察が疎かにされてきたことに対する真摯な反省を促すことや、また新たな国内外秩序の転換期にある今日の世界、とりわけ東アジア地域・諸国に有意義な観点を、近代の歴史の狭間に捨てられた「観」における「反近代の近代」や「超」近代などの要素の中からつむぎ出すことを意味する。

しかし、本書の本文で試みた比較分析は、近代三国の比較政治思想史という膨大な研究分野からいえば、その一端の解明・解釈に挑んだ一試論にすぎない。したがってこれは、序章での問題提起や問題意識の意義のごく一部しか知見することができなかったという限界をもつのである。それゆえ、序章で提示した分析方法や二つの視点の枠

組みや機能、またそれが目指す――現代と将来における――思想課題とその克服の必要性を十分に認知させることができなかったという不満が残る。この不満を、せめて少しでも晴らすために、序章での問題提起や問題意識を補足する形で以下の項目について思いを巡らした上で、本書の結論を導きたい。

伝統と近代の批判的省察

視野を広げてみるならば、三人が生きた時期を含む三国の「近代」という時代は、繰り返し言うが、「伝統から近代への転換期」であった。この転換期に、三国間には「不幸な歴史」が記録され、また「感情の記憶」も三国の国民の深層心理に刻まれかつ伝承された。そして、三国は近代とくにその〈負〉に呪縛されていった。(1) 同時に、それぞれの伝統は、近代の〈負〉への批判力、抵抗力を喪失していった。とはいえ、三国における「近代の呪縛」の正体をいかに明らかにするかというのは難問である。それは、近代そのものの複数性や重層性、正負の両側面などと複雑に絡み合っているものである。しかし、にもかかわらず、近代に呪縛されているという範疇を設定して論じていく必要がある。(2) その過程で、近代の呪縛を超克する道――ひいては「真正な近代の超克」への道――が開かれるはずである。

三国における近代の呪縛は、そもそも〈他者〉によって負荷されたものである。ここでいう〈他者〉とは、日本にあっては主に欧米諸国を指すが、中韓両国にあっては主に日本を指す。とはいえ、三国における近代の呪縛のなかには、ただ負荷されただけではなく、自ら生み育てたものも混在している。この自ら生み育てた近代の呪縛は、〈他者〉が――抵抗・批判の対象だけではなく――模倣の対象であったことに起因する。それは、いいかえれば、〈他者〉の模倣の過程で近代の〈負〉も導入したということである。のみならず、そのなかには、同じく模倣の過程で導入された近代の〈正〉――と思われたもの――が、時代が変化するにつれて、〈負〉に変わってしまったものも含まれる。これは、三国における近代の呪縛の複雑性を物語っている。

この近代の呪縛を超克することも、「不幸な歴史」の克服と同じく、三国の現在と未来に投企されている共通の思想課題である。[3] それは、他者――の近代や伝統――を批判して自己――の近代や伝統――を正当化することでもなければ、自己を批判して他者を正当化することでもない。またそれは、自己の伝統へ回帰して他者の近代の呪縛を批判することでもなければ、近代そのものを否定することでもない。それは、次のような条件を要する。

第一の条件は、自己の近代の呪縛を批判的に省察しなければならない。それは、近代(の〈負〉)によって「表象」された伝統を見直し、伝統のなかの正の遺産を発展的に継承するための知的実践すなわち伝統の批判的省察を伴う。第二に、この自己の知的実践によって得られた成果を他者と共有しなければならない。それは、他者自らの批判的省察を呼びかける一方、他方では、その他者に応答することになる。第三に、自己の近代の呪縛と他者のそれとの相違が確認されねばならない。そのことによって、近代の呪縛の超克という思想課題を他者と共有するのみならず、それをめぐる真の対話を成立させるのである。最後に、自己と他者の近代/近代性の「非同時的同時性 Gleichzeitigkeit des Ungleichzeitigen」[4] を認知することが必要である。この「非同時的同時性」とは、ハリー・ハルートニアンの表現を借りるならば、日常性の現在(=「近代的生活 "modern life"」)のなかに不均等な関係にある過去(=伝統)と現在(=近代)が不調和的に共存している状態を意味する。[5] それを認知することによって、三国における近代の呪縛の生成の仕方を解析するための端緒が得られるだろう。またそれは、現在も三国――内と外――に徘徊している近代の呪縛の仕組みを認知することにも役立つだろう。

さて、近代の呪縛をいかに超克するかという課題は、とうぜん、近代そのものをどのように超克するかという課題と相互連関する。そして、この近代の呪縛は、近代以降我々を規律し飼育してきた欧米中心的近代主義やオリエンタリズムの呪縛と言い換えられる。そこで、我々は欧米中心的近代主義とオリエンタリズムの呪縛の強靭さを認知し自覚しなければならない。これらの呪縛を超克するための条件は、前述したような、近代の呪縛を超克するための条件と軌を一にする。ここでは、その第一の条件を前述した際に提起した「伝統の批判的省察」について、少し補足しよう。その「正の遺産を発展的に継承するための知的実践」とは、三国の思想課題に限定するならば、漢字文明およびそれが基底となって形成された多様な伝統思想のなかの「正の公共知的遺産」を発掘し、さらにこの「ローカルな公共知」と欧米の近現代思想のそれとの異種交配を試みることを指す。それは、山脇直司の言葉を借りて言えば、「文化的な差異と共通性に満ちたトランスナショナルな公共空間」としての東アジア地域のローカリティ(地域性、現場性)を基に、過去の知的遺産を解釈学的に見直し、グローカル公共哲学の観点から、グローバルなレベルでの欧米中心主義的な公共知の偏りを是正していくということになるだろう。(6) 要は、東洋と西洋の知的対決と融合の道への「グローカルな公共知」を生成していくことである。(7)

近年、東アジア地域においても、「伝統の批判的省察」を呼びかける声はさまざまなところから徐々に聞こえるようになってきた。またそれと同時に「近代の批判的省察」を求める声もますます高くなりつつある。しかし、その声は今なお十分とはいえない。これからが本番の始まりなのだ。我々の眼前には、「伝統」(の批判的省察)を手掛かりにして「近代」を批判的に省察するという途方もない大仕事が待ちうけている。その手掛かりとして、ここでは近代的思考の特徴と近代思想における道徳性との二つの問題点に言及しておきたい。

まず、近代的思考の特徴は二分法や二元論に立脚しているということである。この近代的思考の基盤を解体する作業に取りかかるためには、我々はたとえ二分法や二元論を用いたとしても、それにとらわれずそれを超えねばならない。二分法や二元論の思考を超えるとは、「二つながら一つ、一つながら二つ」、あるいは「二つのなかに一つ、一つのなかに二つ」といった思考を許すことでもある。bi を考える際には、mono も uni も、さらに同時に demi, hemi, semi の可能性を考えてみる。また uni を考える際には、それを multi, poly として把握することに思いをめぐらしてみる。こうした思考法は、常に「三次元化 thirding」を伴うものである。あれかこれかではなく、あれやこれが結びつくことができるような開かれた可能性において、現出したそれぞれが、それぞれの価値体系を生み出す状況を思い描くことが必要である。

ただし、その際に「悪しき」相対主義に陥ってはならない。たとえ〈あるもの〉が何を「象徴、表象」するにしても、それが何であるかを問わず、それ自体として価値あるものなのだから、そもそもそれらの価値判断はできない、というような結論に達してはならない。これは単なる無規準論、不可知論である。不毛な相対主義で満足してはならない。価値をもつことと価値判断ができないこととは別である。三次元化は「より普遍的かつ公共的」な価値や規準、公共知を求める。(8) その際に、これは〈自他〉の間断なき相互省察・批判の思考を我々に要求する。またそのために我々には、可能な限り過去から将来までを視野に入れた、地球的かつ地方的すなわちグローカルな思考が必要とされる。これら二つの思考を、知的システムの基本としよう。その上で、伝統と近代ひいては現代の東西思想を読みなおし、それぞれを批判的に省察していくことこそが、我々の共通の思想課題なのである。

次に、近代思想における道徳性の問題点を解明するための手掛かりとして、マッキンタイアの問題提起を取り上げよう。彼は、近代の啓蒙主義思想のもつ問題点を「三組のテーゼ」として要約している。(9) それぞれの要点は、以下のように整理できる。第一のテーゼは、理性万能による哲学問題と道徳問題との不一致であり、そのために「どんな種類の道徳的コンセンサスにも到達できない」というものである。第二のテーゼは、近代以前の道徳枠組みの拒絶と断片化であり、それが生じて以来、「私たちは美徳なき時代に生きている」というものである。第三のテーゼは、諸徳の卓越性と実践性の拒絶である。もっとも彼の言う「美徳なき時代」が、必ずしも「徳なき時代」を意味するわけではないだろう。近代においても、徳とその観念がなかったわけではないからである。しかし、三つのテーゼに示されている「不一致、断片化、拒絶」により、徳はもはや無条件の「美徳」とはいえず、それは、今や

「偽徳、偏徳」としてしか把握できない。徳が偽者として把握されるのと同様に、善もまた無条件の「至善」でなく「偽善、独善」として現れるということになる。

それでは、この「三組のテーゼ」は、日本人にとっていかなる意義（significance）をもっているのだろうか。その意義を考える際に、マッキンタイアは二つの種類の問題を指摘している。一つは日本語の翻訳上の問題である。そこで彼は、近代日本の翻訳者たちによってつくられた「用語と表現は、啓蒙主義の時代にそのヨーロッパ的な意味を帯びることになった」と言い、「もし啓蒙主義に特徴的な近代性が（略）道徳の断片化と不毛な衝突との源であるならば、日本の近代性もまた、断片化と衝突という同じ可能性に対して傷つきやすいものである」と述べている。[10]これは、近代日本における翻訳・概念とその近代性も、近代啓蒙主義思想の問題点――いわば「美徳」喪失――を共有しているという重大な問題提起である。またこの問題提起は、それらの翻訳・概念を無批判的に導入し用いた、近代中国や近代朝鮮にも当てはまるものである。こうした問題点は、現在なお続いており、それを批判的に省察していくことは、現代の日本人、ならびに中国人、韓国人に残された思想課題である。東アジア近代における諸々の訳語の適否を検討する意味を含めて、主要な概念の歴史を説いていくべく、東アジアにおける「概念史 Begriffs-geschichte」研究の課題が残っているのである。

もう一つは日本人のもつ諸徳の伝統の再生という問題である。マッキンタイアは、「西洋ではそうした古い伝統はアリストテレスの著作によってその哲学的な表現が与えられたが、日本でそれに対応するもっとも近いものと言えば、明らかに新儒学思想を日本で適応させた著述家たちであり、また彼らの新儒学の先人たち、特におそらく程《チォン》頤《イ》〔一〇三三―一一〇七、号は伊川《イチュァン》〕と朱子《ツウズ》〔一一三〇―一二〇〇、名は熹《シ》〕であったろう」とし、アリストテレス主義と新儒学思想との両者を分かつ問題点はどのように定式化されるべきか、そして両者の間の論争はどのように追究されるべきか、これらは、文化横断的な対話にとって、哲学的にも道徳的にも重要になってくる主要な問いであると述べている。[11] これもまた重要な問題提起である。[12] この問いに応答し、これによって文化横断的な公共知を探っていくこともまた、日本人のみならず東アジア人ひいては欧米人に残された共通の思想課題である。

このマッキンタイアの問題提起に応答を試み、一連の論文を書いた小林正弥は、ある論文のなかで、「〔マッキンタイアの〕道徳的枠組の三要素は、アリストテレスを参照して抽出されたものであるが、東洋思想の中で特に（新）儒学が極めてこれに近い枠組を持っていることは明らかであり、特に朱子学は、おそらくアリストテレス以上に明確にこの枠組を概念化している。マッキンタイアの挙げる三要素の内、「現実態としての人間性」（①）と「可能態＝本来態としての人間本質」（③）は、中国思想の人性論に、また道徳的教示（②）は修養論・教育論に対応しており、これらの緻密な展開と歴史的蓄積は、中国思想が――西洋思想に比して――誇り得る最大の特色ないし長所の一つであろう」と述べている。[13] また小林は、マッキンタイアの美徳理論も、儒学の徳論と極めて共通性が高いと論じ、両論の精髄を照応させている。さらに小林は、マッキンタイアの呼びかけへの応答を試みているのみならず、（新）儒学の問題点や盲点に対する痛烈かつ真摯な批判や省察をも行っている。[14] 小林の指摘は傾聴に値するが、彼の議論に「日本の儒学」思想に対する批判的省察がやや足りない点は惜しまれる。

もう一つの近代（性）

西洋の近代（性）は一つではなく複数性をもち、その間には――西洋の近代以前の伝統や近代西洋における伝統を含む――各要素の重層性や、要素相互の異種交配性といった特徴があった。またそのなかには正と負、文明と野蛮の両側面が混在していた。こうした視点は、本書の序章の註13で述べたことを踏まえて言うならば、東洋（＝東アジア）の伝統（性）にもあてはまる。

そこで「西洋近代対東洋伝統」の単純な二分法的発想を超えて、東洋の伝統を再照明してみれば、次のような事象が浮かび上がる。つまり、いわゆる近代性の要素は、本書の前章までの考察を通してもうかがうことができたように、実は西洋の独占物ではなく、東洋の伝統のなかにも存在していたのである。それは、西洋の衝撃により東洋の近代が始まったというようなことではない。また「西洋にあるのは東洋にもある」という一種の強迫観念による「附会、托古、古已有之」説でもない。これは、西洋の近代性とは――異質性と類似性の両性をもつ――別種の近代性が東洋の伝統のなかにあり、その一部が、後の近代につながった、あるいは、つながる可能性を内包していたということを意味する。いわば別の形態の近代を歴史上に出現させた、あるいは、出現させることができたかもしれないもう一つの近代性である。これを〈近代〉と呼ぶことにしよう。この〈近代〉は、西洋近代に対して「反近代の近代」や「超」近代の要素をも内包しており、その意味では、西洋に根ざした近代（以下、単に近代と呼ぶ）とは、大きく異なるものでもあった[15]。むろん〈近代〉の内容は、各国家・地域の伝統を反映していたため、それぞれ様々な形態で現れた。また各国家・地域間における〈近代〉から近代への転換プロセス＝近代化にも、さらにはそうした近代の結果として現れた実際の近代にも大きい違いが生じることになった。

こうした〈近代〉という視点を打ち立てるための手がかりになりうる先駆的な業績として、内藤湖南（一八六六―一九三四）の「近世」論を挙げることができる（『支那論』一九一四年刊）。これは、中国の北宋代以来を近世（early modern）と考えるという論である。もっとも湖南の「近世」論は、筆者のいう〈近代〉論とは指し示すものにやや相違はあるが、にもかかわらず、両論は相通ずる発想に基づいている。湖南は、近世の規準を、平民の擡頭や当代の文化に置いていた。後にこの説は多くの学者によって引き継がれた。ただし、そのなかには改悪もあれば改善もあった。

湖南の「近世」論では、フォーゲルの理解によれば、平民の擡頭＝郷村集団の成長、世襲貴族層・制度の消滅＝実力本位の官僚層・制度の確立、そのなかでの士大夫階層の登場などが、近世中国の特徴となる現象や要素であったとみなされている。[16] そこでフォーゲルは、湖南について「湖南は宋代の中国をルネサンス期のヨーロッパと明確に比較したことはなかった。しかし京都大学の宮崎市定教授と島田虔次教授は、この問題を正面から論じている」[17]と指摘する。しかし、島田の次のような議論には大きな問題点があるように思われる。

　近世士大夫の生活は必然的に、分析理論的な意識態度を発展せしめた。合理主義は先鋭をきわめた。（略）「啓蒙」の情熱は、決して中国に無縁ではなかったのである。然《しか》もその運命は遂に極めて悲惨であった。中国における合理主義思潮は強力によって弾圧せられ、そののち運動としては再び歴史に現れることが無い。啓蒙は実を結ばずして萎んだのである。（略）中国の近世は遂に**市民社会**に到達しなかった。（島田虔次　一九七〇、四）

まずは太字部分について考えてみよう。島田のいう市民社会が欧米のそれを指しており、また市民社会の規準が欧米に基づくとした場合、なぜ中国の近世が遂に欧米の市民社会に到達せねばならないのであろうか。かりに近世中国が独自の〈市民社会〉を形成・発展したとしたら、島田はこれをどう評価するのであろうか。[18] この独自の〈市民社会〉は、もちろん欧米の市民社会ではない。しかしだからといって、これが「市民社会に到達しなかった」と言うことはできないだろう。たしかに中国の近世のなかに欧米の近代をみようとする試みに全く意義がないというわけではない。しかし、一方の尺度で他方を測り、その結果、測られたものが近代でない、あるいは「特殊、負、遅れ」だと判断してはならない。なぜ近世や〈近代〉が、近代でなかったのかという設問は、それ自体が愚問にほかならない。問うべきことは、近世や〈近代〉が何であり、どのような性格をもっていたかである。

　次に傍点部分について考察してみよう。中国近世の啓蒙・合理主義を、欧米のそれと比べたときに、その運命や結果が異なっていたのは当然である。しかし、それを一方的に「悲惨、弾圧、萎縮」と規定するまなざしの片目は閉じている。両眼を開き、欧米近代の啓蒙・合理主義の運命や結果も、同時に批判的に考察しなければならないのである。そうした観点に立てば、中国近世の啓蒙・合理主義はまた異なるものとして解釈されるだろう。後に島田は同著の「あとがき」のなかで、「当時の私は、いわゆる近代主義者、否、ヨーロッパ主義者ですらあった」（三三一）と自省している。[19] 我々に残された課題は、第一に欧米中心的近代主義から脱して、中国、朝鮮、日本の近世あるいは〈近代〉それぞれの展開様相を解明すること、第二にその間の「異同」を比較分析すること、さらに第三に、ヨーロッパの近代との対比考察、文化横断的な対話を試みることである。

日本と中国ひいては東アジアの近代は、溝口によれば、ヨーロッパ回路の眼によって、ヨーロッパ的と非ヨーロッパ的、つきつめていえば「非」をめぐって、位相上の先後・優劣が表裏一体の関係でとりざたされてきたのである。しかし必要なことは、東アジアの「異」ヨーロッパ的実体を、それぞれの前近代の独自的構造と不可分であるという、歴史的・風土的な相互的独自性に即して、正確にみることである。[20] つまり、東アジアにおける前近代と近代の独自性を解明する必要がある。もっともこの「異、独自」を把握するためには、ヨーロッパから東アジア地域へ眼を転じて、域内諸国それぞれの〈近代〉や近代の類似点や相違点を明らかにし、比較考察してゆかねばならない。そして東アジアとヨーロッパの「異、独自」だけに限らず、さらに一歩先の作業としては、それぞれの「同、普遍」をも解明する必要がある。これも、残された思想課題である。

〈近代〉の比較、その方法

東アジアの近代を「自生的近代と外来的近代の二つにわけて考える」（溝口雄三 一九九〇年六月、一三）との視点を、溝口は提示している。そして溝口は、「中国で宋以降、朝鮮では李朝、日本で江戸期以降が（略）いわゆる近世である」（一一）と言う。[21] これが溝口の宋、朝鮮、江戸時代「近世」説である。この近世は、中国では十世紀、朝鮮では十四世紀、日本では十七世紀といった時間差をともなって、中国からみれば周辺に波及していったものであった。溝口によれば、近世の起点は朱子学のはじまりにある。つまり、朱子学の特質が「民衆の儒教」を興起させたのであり、したがって「この近世を東アジアにおける儒教的ルネッサンスの時代と呼ぶことができる」（二二）と主張される。問題は、三国の近世における朱子学（＝新儒学）の展開様相の「異同」にある。それらを解明しかつ相互に比較考察し、またその「異同」の意味を解釈していくことも、残された思想課題である。[22]

この件の比較考察の一指針として、渡辺浩　一九九七所収の論文のⅡ－三（元の論文は『思想』七九二号所収）は検討に値する。渡辺は、日中の新儒学の異質性について、「中国では一旦朱子学が確固たる支配的地位を占め、そういうものとしての朱子学への対抗が企てられたのに対し、日本では徳川時代前半に朱子学が本格的に学ばれ始めると同時に、極めて異質な新たな儒学思想が次々と登場した」、また「中国では朱子学批判者の多くも、その内包を再解釈することによって『理』概念自体は活かし続けようとしたのに対し、**日本では『理』なるものそれ自体に往々不信が表明された**」（七一）と述べている。この太字部分を、渡辺は「『理』への態度の懸隔」（七二）と表現している。それは、筆者の解釈によれば、日本儒学における「理」概念の変容の特徴として、そこに〈屈折〉〈挫折〉の事象がみえることや、また「極めて異質な儒学思想」の登場のなかには〈日本への回帰〉の現象も起きたことを意味するものであろう。

渡辺によれば、中国では儒学は、「理、天理、原理」の擁立、「理学」的枠組みの支え＝縛りのもとでの「天理人欲」、「情理」関係の追究といった歴史的展開・変容をみせたとされる。一方、日本では儒学は、「理」への態度の懸隔にともなう「情」（伊藤仁斎、一六二七－一七〇五：伊藤東涯、一六七〇－一七三六）、「治者による操作」（荻生徂徠《おぎゅうそらい》、一六六六－一七二八）、そして「真心」（本居宣長《もとおりのりなが》、一七三〇－一八〇一）の提示といった歴史的展開・変容をみせたとされる（一〇二－一〇三）。渡辺の主眼は、それぞれの社会的な「場」に注目して比較する方法にあり、この方法によって日中儒学史の相違を比較した彼の論文の二、三章は有意義な考察である。しかし渡辺は、日中両国における儒学の展開・変容の意味については、それを問い、答え、比較考察しようとはしていないため、その点にはやや不満も残る。さらにこれに加え、渡辺が、それぞれの「場」(の存在拘束性)に注目し過ぎているのではないかという疑問も生じる。

そこで渡辺は、まず分析のためにこれを「文化接触の一事例として解釈する方法」(七二)を採らず、「思想発展の段階論の方法」(七三)を避けると主張している(それぞれを方法①と方法②と略称する)。まずは方法①の理由として、渡辺はいくつかの難点を指摘する(七二―七三)。たとえば方法①では、日本儒学における「理」への態度の懸隔は日中両文化あるいは両国人の「思考様式、精神構造、心性、民族性」等の隔たりの発現と理解されることになろう。がしかし、そうした場合には、第一に「それぞれの文化的特徴を、当の儒学史自体を重要な材料とせずに抽出しなければならない」、第二に「この方法では、歴史を貫く特質に着目する結果、変化発展の説明が苦しくなる」(七三)という二つの難点があるという。もっとも、いかなる方法にも様々な難点は付きまとうのである。

次に方法②について、渡辺は、日中の「儒学史の共通性と相違とを、並走する発展の遅速によって解釈することができるかもしれない」、また「日本にも同様の『思潮』を見出し、共通の枠組の中で比較論を展開していくことができるかもしれない。しかし、そのような『はず』の想定はなかなか難しい」(七三―七四)との問題点を指摘している。そして彼は、「『理』重視から『気』重視へと変移していくはずだと決めてかかるわけにもいくまい」、あるいは「個人の欲望追求のそのままの擁護がより『進んだ』立場であるとは言えない」(七四)と主張している。[23] また彼は、「各地域では、それぞれの条件に応じ、それぞれの問題解決のために、それぞれの思想史が織り成されていたのであろう。(略)[ゾウ、サル、イルカは]それぞれなりに進化していたのである。同様の条件に対応した様々な相似・相同はありうる。その比較研究は重要である。しかし、イルカの発達の仕方を基準としたゾウやサルの測定は易しいことではない」（七五）とも主張している。これらの主張には筆者もほぼ同意する。ただし、こうしたスタンスはしばしば「悪しき」相対主義に陥る可能性があることは指摘しておきたい。さらにいえば「思想発展の段階論」が、単線「進歩」を意味せず、多線「展開」を意味する限り、方法②の有効性を完全に否定することはできない。

つまり、「難点、問題点」を克服するための「視点、方法論」を整えようという試みを前提とすれば、方法①を採ってもかまわず、方法②を避ける必要もないのである。思想「展開」の段階論や文化触変論は、「論」そのものに陥らない限り、それ自体が一定の有用性をもつのみならず、さらに思想や文化の「異同」の比較研究においても、〈正当な〉規準さえ設けるならば、相当な有用性を発揮するであろう。そのことによって、それぞれの思想の展開・変容の**意味**を問い、答え、相互比較するための新たな地平が開かれるであろう。そして、それぞれの「場」や歴史性とそれに伴う先入見を超えたところで、自己認識のみならず他者認識も深まり、自己と他者への批判的省察も一層可能になるであろう。

周辺文明論の視点

渡辺も述べるように、徳川儒学史において、「理」への態度の懸隔は顕著だったのである。このことは裏を返せば、近世日本の儒教は「その本質的な核ともいうべき理念と制度を欠いていた」、ゆえに「恣意性を得（略）多方面に広がることができた」（黒住真 二〇〇三、二六）ことにもなる。そこで黒住は、「［近世日本の］儒者たちには、いま・ここへの particularism、退行、自我否定等を自虐的にまでおこなう傾向が流れていた。徳川儒教における本体的な理の否定は、このような意味での認識の放棄と随順の論理にまで至っている」と述べた上、「だが、そもそもどうしてそんなことが在りえたのだろうか」（五六―五七）という問いを提示している。この問いに対して、黒住は

「そうした行為の背後ないし根柢に、行為を包み位置づけ賦活してくれる何らかの依存すべく発動されるべき実体を感じているからであろう。そして儒教思想史にかかわって見逃せないのは、そこに日本神話の問題が横たわっている」(五七)と答えている。さらに黒住は、「彼らの背後にはこの神話的幻想の構造が実体として横たわっていた。こうして日本という〈形〉は、徳川人が随順し、儒教が習合する、当時浮かび上がって来ていた最も大きな形成物だった」(五八)と論じている。それは、いいかえれば、〈日本への回帰〉現象は「理の否定」に(も)起因するということになるだろう。それが――そういう傾向が――何を意味するのであろうか。この問いも、答えは簡単ではないが、重大な思想課題を孕んでいるように思われる。

そもそも「理」は原理、天理(自然、その権)などを意味し、礼、道・公道＝天道・人道、公天下などの観念を意味するものであった。それは、いいかえれば、超越性、普遍性、公共性などを象徴するものであり、つまりは〈自他〉を超える理念、観念、価値、規範などの「普遍的なもの」を示していた。もちろんこの「理」概念のほかにも「普遍的なもの」はあるため、近世日本の儒学史における「理の否定」をもって、日本(人)には「普遍的なもの」がないとはいえない。しかし、この理の否定が「普遍的なもの」との非親和性を示唆するものである、という事実は否定できない。そのためこの事実は、日本の儒教文明の展開・変容の特徴として、その段階論や文化触変論による分析や比較の対象となりうる。これとの関連で、ここでは周辺文明論の視点に言及しておきたい。それは、文明の形成、伝播における時空間差に着目し、文明の中心と周辺とを分けたうえ、それぞれの、相互の展開・触変を比較考察するという視点である。

バグビー(Philip Bagby; 1918-58)は、中国、インド、バビロニア、近東、エジプト、古代ギリシア・ローマ、西欧、中米、ペルーの九つの大文明などのほかに、大文明の「本質的な核ともいうべき理念と制度」を欠く文明として「周辺文明(二次的文明)」が存在してきたと主張し、朝鮮と日本の文明を中国文明の周辺文明として分類している（フィリップ・バグビー、山本新他訳　一九七六、一七六）[24]。この周辺文明の特徴として、バグビーは「持続性の短さ、独創性の欠落」（同）などを取り上げている。だが、この主張には次のような弱点がある。まず「持続性」について、日本文明や朝鮮文明の場合、誕生自体が中国文明よりずっと遅いため、もちろん持続性は中国文明より短い。しかしながらバグビーの〈文明図表〉（二三〇）によれば、バビロニア、エジプト、古代ギリシア・ローマ、中米やペルーなどの大文明は途中で切れているため、これらと比較した場合には日朝の両文明はその誕生こそ遅いが、その持続性が短いとはいえない。また「独創性」の問題についても、日朝の両文明にも独創性は存在している。さらに朝鮮文明は、必ずしも、大文明の本質的な核としての「理念と制度」を欠く文明だったとはいえない。

これらの弱点を意識してか、バグビーは、日本文明を大文明として類別することが可能か否かとの問題を提起しつつ、この問題については、「大文明の発展のさまざまな過程について、もっとずっと多くのことを知るまでは、決着がつけられない」（一七九）と述べている。だが同時に、バグビーは、「日本文明はいくつかの点で、二次的文明というよりはむしろ大文明に似ているようにおもわれる。たとえば、その社会制度は、はじめは封建制を含み、のちには商人階級の勃興を含む独立的な発展を経験した」とし、だから「日本文明を大文明として類別することは可能」（同）だとも述べている。とはいえ、このバグビーの叙述は次のような問題を孕んでいる。一つは、日本文明のなかに大文明との類似性が存することを認めたとしても、その準拠を「封建制のち商人階級の勃興」といった発展に求めるなら、類似性それ自体は〈不当に〉限定されてしまうという問題である。もう一つは、日本文明と西欧文明との類似性だけを根拠として、日本文明も大文明だというような論理は、明らかに西欧中心主義に基づいている。最後に、バグビーの周辺文明の定義を踏まえて、かつ中国の儒教文明を準拠として言うならば、黒住が述べるように、近世日本の儒教は「その本質的な核ともいうべき理念と制度を欠いていた」、ゆえに日本文明は中国文明の周辺文明であるということになる。

ここで見方を変えて、次のような問いを出してみよう。はたして近代以前の西欧文明は大文明だったといえるだろうか。これを、周辺文明とみなすことはできないだろうか。そこで「封建制のち商人階級の勃興」は、周辺文明の準拠とみなすことはできないだろうか。いや「準拠」というより、むしろそれは、西欧や日本が、周辺文明から中心文明へ転移しかつ参入する過程のなかで類似的に現出した一事象だったのではなかろうか。[25] これらの問いは、既存の周辺文明論を批判的に省察すべく、西欧や日本の文明自らの相対化、西欧中心主義の捨象などを視野にいれた、新たな周辺文明論の視点を提示し構築していくための問題提起にほかならない。

さて、シュペングラー（Oswald Spengler; 1880-1936）は、日本もロシアも、「高度文化」＝（大）文明とは認めていない。そこで彼は「月光文明」の概念も提起し、その例として「中国化された」日本を挙げている（シュペングラー著、村松正俊訳 一九八九、九〇）。また彼は、「仮晶 pseudomorphosis」という鉱物学の概念を、歴史や文化に適用しようとし、次のように説明している。「歴史の仮晶と名づけるものは、外国の古い文化が土地の上にきわめて強くおおいかぶさっているために、この土地に生まれた若い文化がじゅうぶんに大きくならず、そうして自己の真の表現形態を形成することができないのはもちろん、その自己意識を完全に発展させることもできない場合をいう」（一五五）と。この仮晶の例として、彼は、アラビア文化とともにロシア文化を挙げている（同、三章のI）。こうした例示には同意し難い面もある。そして、月光文明や仮晶という概念は、シュペングラーにあっては、短所としての、軽蔑的な意味をもっていたように思われる。しかし、これら二つの概念の提示は意義をもつ。おそらく月光文明は周辺文明と言い換えられるだろう。また「仮晶」も周辺文明の性格を表す概念になるだろう。

山本新 一九七九は、周辺文明を「亜流の文明」、「独創性にとぼしい、折衷的な、外来と土着との二重構造を克服していない文明」（一五）と称する一方、他方では、「身軽」さ（一七）や「旺盛な消化、再生産」（一三）などを周辺文明の性格として取り上げている。こうした周辺文明の性格は、おそらく次のような長短両面をもつといえるかもしれない。長所といえば、周辺文明は大文明の「辺境 frontier」に存在することから、外や他者を強く認識しかつ憧憬するはずであり、少なくとも論理上には、内や自己を相対化する能力に長けているだろう。そのため自己や内の旧きものにさほど拘らず、他者や外の新しきものを進取する傾向をもち、また辺境から中心へ転移しようとする意識も強いといえるだろう。しかし短所といえば、憧憬から底知れぬ劣等感や憎しみへ、進取から貪欲な対外進出へと転移する潜在性や、また中心への対抗意識から偏狭な自己中心主義、近視眼が生まれる可能性も高いといえるだろう。また「身軽」さは、深奥な熟慮や慎重さの欠如につながることになるかもしれない。

ここで話を、前述した「新たな周辺文明論の視点」に戻そう。筆者は、「中心－周辺」との枠組みによって文明論を語ることには、それなりの意義があると考えている。しかしそこには、次のような事項を考慮する必要がある。一つは、二分法的図式化の誤謬に陥らないこと。また一つは、諸文明の「中心から周辺、周辺から中心」への転移可能性あるいは流動可能性を視野に入れることである。第三に諸文明は、それらが大＝中心文明であれ、周辺文明であれ、複数の文明と交流しかつ変化しつつあるものである。その意味では、「文明交流圏」（伊東俊太郎　一九九〇、I－3）という概念は有効性をもつ。最後に諸文明は、重層性をもつ。そこで中心のなかに周辺もあれば、周辺のなかに中心もある。象徴的にいえば、中心と周辺は「二つながら一つ」なのである。ちなみに、諸文明はときに互いに「衝突」する場合もあるが、それはあくまで例外的で一時的な現象にすぎない。通常、諸文明は互いに交流し「対話」をする。人類史上、それこそがはるかに一般的な現象なのだ。

比較文明論の視点

東アジア文明とヨーロッパ文明との接触・交流の歴史は長い。ヨーロッパを西欧に言い換えても、東アジア文明と西欧文明との交流の歴史は、十六世紀頃から本格的に始まり、現在までに数世紀に及ぶ。両文明の交流は、十九世紀後半の東アジア近代に至るまで、その間に文化摩擦が生じるにせよ、文明衝突に繋がることはなかった。後の出来事を両文明の衝突と言うなら、あくまでそれは「長い歴史」での例外現象であった。しかもこの衝突は必ずしも自然に起きたものとはいえず、これを、西欧側が(日本側も)意図的に起こしたという側面もある。なぜ起きたか、これを起こしたか。その理由、原因を探っていくことも残された課題だといえる。この課題は、自文明の性格への批判的省察、他文明との比較、そして新たな文明の構想・構築などの思想課題を含む。

これらの課題と関連して、今田の提起する文明の区分、つまり文明を「構造、機能、意味およびアモルファス[amorphous 無定形の、組織のないとの意]」(今田高俊 二〇〇一、一章の2)という視点から分析することは——その類型化の誤謬に陥らない限り——示唆に富んでいる。今田によれば、「古代、中世、近代、ポストモダン」は順番に「アモルファス、構造、機能、意味」の文明として類型化される。なかでも近代の「機能の文明」の性格について、今田は、「機能的な成果主義」のもつ問題点を批判的に省察している。その上、今田は、来るべきポストモダンの「意味の文明」を提唱している。[26] しかし今田の類型化や時代区分も主に西欧文明の展開を基準としている。

それでは非西欧の前近代の文明はどのように類型化されるであろうか。たとえば、儒教、仏教、イスラームの文明は「構造、機能、意味およびアモルファス」のどれに分類されるか。そこで今田は、「意味の文明」について、「その特徴は、機能の発想を超え、いまだ構造化していない領域での営みを重視することにある。そこは制御による成果の確保が中心となるのではなく、また規則によるパターン維持が中心になるのでもない。差異の分節による意味創発が既存の伝統を揺るがし、文化としての意味の追求が中心となる領域である」(同右、一八)と述べている。この特徴を、儒教、仏教、イスラームの文明のなかに探ることはできないのだろうか。今田の提唱する「意味の文明」は多種多様な非西欧文明の遺産や知恵からも、その特徴を探ることができるのではなかろうか。

伊東は、「今や一つの時代が終りを告げている。一つの時代——それは西欧が『世界』であった時代である。たしかに今世紀の二つの大戦を経ることによって西洋中心の世界が音をたてて崩れ去り、その西欧中心主義とかたく結びついていたいわゆる『近代』が、まさしく終焉しようとしている」と言い、これから来るものは「非西欧の復権」である（伊東俊太郎　一九八五、二一）と主張している。この伊東の主張は、「西欧中心主義の偏見、西ヨーロッパ的な近視眼」（二九）に警鐘を鳴らすことにある。また伊東は、「世界のそれぞれの文化圏の独自性や価値を平等に認めつつ、それらの相互交渉を通じて、それらがそれぞれの仕方で人類文化の醸成に貢献していった客観的事実を認識すること」、これが「今日の比較文明論の課題」なのだ（三三）と主張している。[27]

それでは伊東にとって日本文明はどのように認識されているのか。その一端を窺うため同著の一〇「比較文明学の建設」での彼と梅棹忠夫との対談の一部を引用してみよう。

伊東　日本人はいろいろな諸文明を受けて、そのなかで自分というものをつくりだしてきたということを、歴史的に骨の髄まで体験している民族です。したがって、どれかひとつの文明だけを絶対視するということはなくて、相対的に見ることをはやく身につけて、いろいろな文明に対して比較的公平に、平等な立場で、等距離に立って考察していけるし、そして相互影響や統合の問題についても、歴史的経験をもっているわけです。（略）
梅棹　いまや、比較文明論ということは、日本の国民的科学になりつつあると思っています。さっきのお話ですけど、とくに日本人は自己中心性が全然ない。これ、非常にだいじなことなんです。
伊東　だいじなことですよね。それは、比較文明論をやる第一ヵ条だと思います。日本人はその考え方が自然に身についていて、あたりまえのように思うけれども、ヨーロッパに行くと、そうじゃないですよ。（二一五―二一六）

この対談の内容には問題点が含まれている。そもそも日本近代における西欧文明の受容過程や文化触変＝異種交配には、西欧文明の「絶対視」もあれば、非西欧文明に対する「公平、平等」でない立場もあった。そうした立場の選択そのものが、まさに日本人の「自己中心性」を示すものなのである。したがって、それは〈日本への回帰〉という「中心主義、近視眼」にも容易につながるものとなる。またヨーロッパ一般に自己中心的な傾向があるとはいえ、その一部は、自己を批判的に省察し、その内省を他者に呼びかける作業を行ってきた。

同じく「対談」のなかで、伊東は、「いままでは、日本はいろいろな文明を受けるばっかりだったんだから、負い目がありますが、これからは無私な精神で、地球全体のことを考えるということを、日本人が始めなきゃならない」（二二六）と論じている。今後、日本人も一緒にぜひともこうした仕事をしていくべきであろう。しかしその前に、日本人自身のもつ「中心主義、近視眼」を着実に打ち破っていくことがまず前提とされる。日本人も、真剣に自己を批判的に省察し、かつその内省を他者に示していかねばならないのである。[28] こうした自覚の上に立ってはじめて比較文明論の視点は〈正当に〉定立し、役立つことになろう。

グローカルな世界秩序と東アジア地域秩序[29]

デイヴィド・ハーヴェイは、「一九七二年頃から政治的-経済的実践に加えて、文化的実践において著しい変化が見られるようになった」といい、その変化と、「ポストモダニズム的な文化諸形態の台頭と（略）資本主義の構造面での『時間-空間の圧縮』という新たな局面との間に何らかの必然的な関係が存在する」と主張する。[30] そこでハーヴェイが、その新たな局面を「時間-空間の圧縮」と呼ぶのは、それによってもたらされる空間の崩壊や時間地平の崩壊（同時性）の感覚を含意している。また、ハーヴェイのいう新たな局面が、まさに地球化する現在の局面（＝新自由主義的地球化）を形容していることを考えれば、「時間-空間の圧縮」という概念を地球化のモデルとして位置づけることもできるであろう。のちハーヴェイは、この時間と空間の圧縮による故郷や根の喪失といった問題を、「現代世界のなかの深刻な危機」とみなす。[31] そしてハーヴェイは、故郷や根が回復するように、危機を乗りこえるために、「地理学的想像力」を外挿し、相補対立的なグローバル／ローカル関係の調停を試みる。[32]

この地理学的想像力の役割は、地理的空間を認知し、諸空間を関係づけることができる主体をつくりだすことにある、と捉えることができる。その役割は、ローカルな感覚をつくりだすことに限定されるものではない。地球化の時代において、グローバルな感覚をつむぎ出すことも、その役割の一つである。それがハーヴェイの試み、つまりグローバル／ローカル関係の調停の試みであろう。それは、一言でいえば、グローカルな感覚をつくりだすということになる。ところが、そのことによって、ローカル／グローバル関係を媒介する次元すなわちリージョナルな次元が見逃されることになってはいけないだろう。地球化のなかでリージョナルな感覚をつむぎ出すことも、地理学的想像力の一つに加える必要がある。地域化は、それぞれの地域に及ぼす新自由主義的地球化の〈負〉を和らげ、牽制しかつ克服するための枠組み、または装置として働く可能性がある。[33]

グローカルとは、文字通り、グローバルとローカルの合成語だが、その間に、橋渡しとしてリージョナルを入れて考えてみたい。地球・世界とともに地域、地方の視点を導入することにより、グローカルな世界秩序とは、国家間システム＝国際秩序のみならず、地域秩序と地域間システム、地方秩序と地方間システムなどとして把握されることが可能になる。別の言い方をすれば、これは諸国、諸地域、諸地方における同一性と差異（差異性、差異化）を考慮する概念である。そこではグローバリズムと非グローバリズムのような二項対立は排斥され、また同時に東洋対西洋、地域対地域、地方対地方のような二分法は止揚される。優劣を尺度とする階層・位階・階序的な秩序観念は、公正に根ざした均分・平等・順序的な秩序観念に取って代わられる。差異の作用を、二元論的対立の底にある未分節・未分化の生成の動きに合致させていけば、諸国、諸地域、諸地方の自生的秩序の成立を促進することができる。こうした構想に基づけば、それぞれがその秩序作りの方向を熟慮し、それぞれが「調和、共存」し合う秩序を構想してグローカルな世界秩序を構築していくことができるであろう。

近年、東アジアの知識社会では、東アジアの近代から現代、将来までの時空間を視野に入れた多様な形態の東アジア論が展開されている。たとえば、韓国では、一九九〇年代以降、過去の「東アジア論の欠落」を補おうとしているのか、東アジアの在り方と発展様式に関する活発な知的省察が行われてきており、その熱気はいまだ冷めないでいる。[34] 韓国でいち早く「省察的東アジア論」を提起した一人である白永瑞《ペクヨンソ》は、東アジアという概念を、文明・文化の共通性や地域的隣接性によって定義するのではなく、「知的実験の場」として未来に投企すべきだと主張している。[35] もっとも、東アジアという問題空間を「知的実践の場」としても、現在にも、未来にも投企すべきである。そのことによって、東アジアを考えるとき、私たちの空間認識とそれにかかわる言説空間は、よりフレキシブルな地平を拓《ひら》くことができるだろう。がしかし、私たちはいまだに、東アジアという言説空間のなかの閉塞を感じずにはいられない。おそらくその閉塞感からであろう、孫歌《スングォ》は、日中間に知の共同空間を求めるなかで、「アジアを語ることのジレンマ」を吐露している。[36] 筆者は、そのようなジレンマが、東アジアを徘徊している近代の呪縛とともに「不幸な歴史」の呪縛に起因していると考えざるをえない。これらの呪縛の克服は、繰り返し言うが、東アジア共通の思想課題である。

こうした東アジア論の新たな展開は、それぞれの一国主義や一国史の限界を批判すべく、「地域」としての東アジアへの関心の高まりを示すものである。それは、脱冷戦に伴う脱政治化、地球化の領土浸透性（国家横断性）が国民国家のあり方の変容を誘発していることに起因する。またそれは、東アジア地域において、政府間交流はもちろん、域内の国民／市民の間の多面的かつ多角的な交流が急速に増えていることにも起因する。もっとも、「地域」としての東アジアの復活は、東アジア地域の経済成長と経済大国中国の出現、世界経済の地域主義的傾向などの経済的な動因により進められたものである。それが、経済空間としての東アジアへの関心を促し、この「地域」に対する地理学的想像力とリージョナルな感覚をつむぎ出している、そうした段階まで来ているといえるだろう。がしかし、地域的アイデンティティとしての東アジアの地域主義は、まだ形成されていない。地域主義とは、初瀬龍平によれば、地域的アイデンティティの形成に向かう精神的志向と、それを支える物質的傾向である。この地域主義の根底にあるのは、地域的アイデンティティの形成によって、地域化（地域的まとまり・協力・統合）がいっそう進み、さらに、これにともなって、その地域の人々の平和と繁栄が促進されることになる、という信念である。[37]

ところで、東アジア地域への新しい視野は、次のような視座の出現によってすでに開かれていた。つまり、日本の経済史家たちは、華夷秩序（や中華世界秩序）について「階層的秩序」「不平等構造」「鎖国」などといった通念、通説にとらわれず、その多層的な枠組みと域内での貿易・交易システム（経済空間）とネットワーク（経済的実践）の諸相を新しい視座で分析してきた（本書の第二章の註1の文献を参照）。彼／彼女らは、十五、十六世紀から十八世紀までの東アジアの歴史像を再び照らし出し、十九世紀以降の東アジアとの連続性を強調しつつ、この地域の「国際」交流のダイナミックスの構造と歴史を明らかにした。また彼／彼女らの一部は、分析単位としての個人、集団、国家などアクターたちが相互作用する、この地域での政治的／経済的実践、文化的実践などの国家横断的な行為にも関心を傾けた。[38]要するに、この地域は、きわめて相互依存的な「文明」世界であったということや、そのなかで、国家横断的な「国際」交流の豊富な伝統があったということになる。[39]

さらに、筆者を含む一部の東アジア専門の歴史家は、中国型や朝鮮型そして日本型の華夷秩序の実像とそれぞれの理念や原理・規範について、それを「前近代的、封建的」と捉えるような通念、通説にとらわれず、その原典や原点を明らかにしつつ、その再解釈を試みた。[40]そこで華夷秩序の理念や原理・規範が見直されるべき契機が提示されたのである。[41]つまり、華夷秩序における天下主義や大同主義に基づく調和と共存の理念、儒教の道徳主義、相互主義、均分主義などは、二十一世紀における規範秩序を構想し築くに際して「温故知新」(『論語』為政)し、概念化・制度化できる公共的価値ではないかということである。むろんこの温故知新は、その対象が儒教に限定されるものでもなければ、自己の儒教伝統を賞賛し、他者のその〈負〉を批判することでもない。またそれは、儒教を含む仏教や老荘思想や固有思想など多様な伝統思想の正の遺産を発展的に継承するための知的実践を含意する。一方、温故知新の際に私たちは、華夷秩序の理念や原理・規範とそれぞれの現実や実践との間での乖離によって歪み、形骸化したという事実をも考慮しなければならない。

地球化する現在の局面において、世界の諸地域での地域化は同時進行しており、東アジアも例外ではない。だが、東アジアにおける地域化を論じるときに国際関係・政治学者の多くは、域内国家間の経済格差や文化の多様性、理念の不在などに触れて、それらを地域統合の障害と捉えるとともに、またそれらを理由に域内での地域主義の生成の難しさ(=後進性)も語ってきた。はたしてこの捉え方、語り方は〈真正な〉現実性あるいは歴史性をもっているのであろうか。地域「主義」は、また初瀬によれば、歴史的な実体概念であり、主張の言葉である。どの地域「主義」も、それ独自の歴史性をもっており、現実的な理念である。[42] それを、歴史的かつ現実的な価値・信念体系あるいは理念・規範と捉えることもできるだろう。そうした価値・信念体系や理念・規範など、東アジアにはそもそもなかったし、今もないとは言えまい。ただそれは、いまだ概念化・制度化されていないだけなのだ。私たちは東アジアを捉え、語るとき、この地域の経済的潜在力のみならず、文化の多様性のなかの共通性、理念作りのための共通遺産に目を向ける必要がある。「真の障害」は、東アジアの歴史と現実にあるのではなく、私たちの言説の時空間を支配している言説編制そして(新)現実主義や歴史主義の視線にあるのではないだろうか。

結論

本書は、開国により二つの秩序が接触した近代という大転換期のなかで、その時代の代表的な思想家である三国それぞれの「開明」知識人三人――鄭観応、福沢諭吉、兪吉濬――の「観」を比較検討するものであった。本書で筆者は、三人それぞれの思惟空間のなかで諸意識形態を表出していく様相の推移を把握し比較することで、彼らの思惟構造・様式における「伝統と近代」の異種交配現象を対比しつつ、彼らの「観」の類似点・相違点を考察した。最後に結論として、三人の「観」の意義と限界を総括したい。そのために、まずは本書の分析の中心的な論点を三点に整理しよう。その際に、論点の大前提として、三人の思惟構造・様式を二つの類型に分類する。それらは〈福沢型〉と鄭・兪二人の〈共通型〉である。こうした〈型〉の対比は、とくに彼らの対外観に顕著であり、国内政治観にも少なからずあてはまる。むろん彼ら相互間にはそれぞれの差異があり、二つの類型の複合型も、三人それぞれのなかに存在している。しかしそれらを大きく二つの類型に分類することは議論の整理に役立つであろう。

第一に、三人の国際秩序観を対比した際の顕著な差異として、鄭・兪二人にはそれぞれの新しい国際秩序や地域秩序の構想があったが、福沢にはなかったということが挙げられる。三人の「観」には、程度や量・質の差こそあれ、理想主義も現実主義もみえるため、この事実から、理想主義対現実主義という構図を示すことはできない。三人は、それぞれ理想主義的現実主義または現実主義的理想主義をもっていたのである。しかし現実の〈負〉に抵抗する理想をもつという面において、前二者は後者にまさる。そのため、そうした面を対比して「反近代の近代」あるいは「超」近代と近代との区別は可能であるし、かつ意味をもっている。そこに三人――ひいては三国――における「伝統と近代」とその異種交配の相違が見出せるのである。

第二に、三人の国際政治観も同じく「二つの類型」に分けられる。それは福沢には国権拡張論・好戦論とアジア蔑視観が目立つのだが、鄭・兪二人にはそれが全く見当たらないということである。これは福沢の思惟構造・様式の異質性を示すものであり、そのなかには近代や伝統の〈負〉としての差別・搾取の構造や、暴力的＝支配的な関係の条件が如実に含まれていた。これに対して鄭・兪二人は、国権の確立と拡張との間での一時的な葛藤はみせるものの決して拡張論を持論としてはいなかった。鄭は日清戦争の時に主戦論を展開する。しかしそれは、好戦論ではなく抗戦論であった。またアジア蔑視観は、鄭・兪二人とは全く無縁である。つまり、二人は（も）一種の脱亜意識を持っていたといえるが、しかしそれが、福沢のようなアジア蔑視観あるいは脱亜論につながることはなかったのである。なお、二人は、状況変化に対応して思惟様式や思惟作用を変化させていったが、その一方で伝統から引き継いだ思惟構造、また近代の〈正〉に基づく思惟様式を守り続け、「反近代の近代」あるいは「超」近代を追い求めたのである。しかしその結果、二人は〈挫折〉を味わうことになる。

第三に、三人の国内政治観における「伝統と近代」の異種交配現象に、儒教伝統の政治思想と欧米近代のそれとの触変現象が目立ったことである。とりわけ、両者の正の側面が融合現象を引き起こしたことが印象深い。三人の思惟作用は、「編入統合」を共に通過するかたちで進行していき、同時にそこでは「融合統合」も行われた[43]。そのさい、この「融合統合」を、鄭・兪二人の場合は積極的に行い、守っていこうとしたといえる。しかし福沢の場合は、前期著作段階では、一定の程度、積極的だったといえるものの、次第に消極性に転じ、後には、あたかも「融合統合」から「隔離統合」へと転向したかのような思惟様式をとった。

伝統と近代の「融合統合」を試みた鄭と兪は、さぞ深い〈挫折〉を味わったことであろう。二人の思惟様式は当時の時代状況には適合し難いものであった。当時は、近代文明の力の優位の下で、文化相対主義も多文化主義も「文明の対話」も成り立ちえず、近代主義や近代性への批判的省察も、文明論的な視点も唱えられることはなかった。そこで伝統と近代、東洋と西洋、野蛮と文明、そして自己と他者といった二分法を超えることもできなかった。二元論的な認識論は近代哲学、合理主義の根幹をなしていた。個人主義は自己中心主義を、自己の自由、平等は他者の不自由、不平等をともなった。近代国家は一国主義、自民族中心主義を育てた。個人、社会のレベルから国家間レベルまで、差別・搾取構造や暴力・支配関係がはびこった。理想と現実、理論と実践、道義と実行などの間には、さまざまな矛盾、二律背反が含まれていた。だが近代のヤーヌスは、東アジアにおける「反近代の近代」や「超」近代の存在を許さなかったといえるだろう。

福沢は、「融合統合」から「隔離統合」へと転向した。そこで彼は、鄭や兪のような〈挫折〉を味わうことなく、彼の思惟様式は、内外の状況変化に沿うかたちで〈屈折〉していったようにみえる。しかしその過程で、彼は近代のヤーヌスに屈伏せざるをえず、彼は内面的にいろいろな喪失感を味わったであろう。それを補うため、彼は拠り所を、近代のヤーヌスだけでなく、日本の神々に追い求め、それらを合理化し、自己を正当化していったといえるかもしれない。〈屈折〉は転向を意味しており、それは福沢思想の柔軟性ともいえると同時に、日本思想の「無構造の伝統」（丸山眞男　一九六一、Ⅰの一）の反映でもあった。もちろん彼を弁護することもできよう。近代はそのような時代だった。だからその時代の状況に適応しようと、現実的に対応しただけであった。仕方なかった。〈挫折〉を味わうよりは〈屈折〉をえらぶ方がましだった。そこに今の判断での〈負〉があったとしても、近代は、それを「正当化、有効合法化」していた。そのため当時の判断では、それも一種の〈正〉だったといえるのではないか、などさまざまな弁解は可能である。しかしこれには反論もできる。

福沢は現実的であったが、しかし盲目的な面をもっていた。そのため彼は、理想、道義、規範といった、現実の〈負〉を超えたところの〈正〉をも無視・軽視するようになっていった。現実主義は過去や将来への洞察なしに現実がどこに向かって動いているかを見失ったときに〈非現実的なもの〉を生み育てる。反対に、道義論、規範論のような理想主義は、現実や状況の推移を見つめると同時に過去や将来を洞察するため、それぞれの正負を問い詰めていく作業を通じて、本来の〈現実的なもの〉を生み育てる。現実の正負は容易に転変するものであるがゆえに、その推移を見つめて正負をただし、その方向を「拘束」する必要がある。その際に、過去を現在に、現在を過去に照らし、省察することによって、過去の〈正〉と〈負〉は弁別されるべく、判断されるべきものである。仕方なかった、仕方ないと開き直るような態度をとらない限り、現在と過去を超える普遍、将来のための普遍を追い求める思考も実践も可能である。

いかに「融合統合」を実現するか、それは難問ではあるが、だからこそ取り組むべき価値も必要性もある。その解答を発見していく過程とは、現実の存在被拘束性から脱皮し、現実を超えようとする発想をもつと同時に〈正〉と〈負〉を弁別し、その方向を拘束し、より普遍的な普遍性あるいは公共性を追い求めようとすることである。その過程で〈挫折〉を味わおうとも、それは将来に開かれた地平の発見の可能性への道を開いてくれるはずである。そうした実際の事例が、鄭観応や兪吉濬――部分的には福沢諭吉――の試みのなかから見出せるのである。

もっとも鄭・兪二人の「融合統合」は意義とともに限界をもっていた。限界とは、伝統と近代の相克を十分に克服できず、さまざまな未完成の問題・課題を残したということである。一言でいえば、それは当時の現実での〈挫折〉による「融合統合」の不十分さであり、その過程や結果においても、二人は一種の挫折を味わったということになる。二人の挫折は、拡大解釈すれば、伝統と近代それぞれの「公共的な普遍主義、普遍性」の挫折を含意する。また二人の限界は根本的には伝統と近代それぞれの限界でもあった。

現在は、「融合統合」という難問に比較的に取り組みやすい現実に変わりつつある。たとえその難解さに苦しむことはあっても、少なくとも現実の〈挫折〉に見舞われることは少ないだろう。三人の「観」を現代の新たな視点から評価してみれば、福沢のそれは、当時の状況に便乗し適応したがゆえに「近代」に埋没し、今は形骸化し時代錯誤的遺物になっている。これに対して、鄭と兪の二人のそれは、「反近代の近代」や「超」近代の要素を内包していたがゆえに、現代の状況に応用しうる斬新な意義をもっている。「伝統と近代」とその異種交配は、比較思想史における思想内面的な考察、批判的な省察の対象であり、その「融合統合」は我々にとって現在および将来に残された共通の思想課題である。

註

（1）東アジアにおける「不幸な歴史」と「感情の記憶」、そして近代の呪縛とそれらの克服・超克という思想課題を今日の日韓関係に照らして考察した論文としては、金鳳珍 二〇〇四年七月を参照されたい。ちなみに、この論文の中の一部叙述を、筆者は本書の終章で再度活用したことを断っておく。

（2）この近代の呪縛の範疇のなかには、とうぜん、「不幸な歴史」や「感情の記憶」が含まれる。そして、三国における一国史観や偏狭な民族主義は、近代に呪縛されている証拠例、典型例である。この場合、中韓両国側には被害者としての呪縛、日本側には加害者としての呪縛となる。だが、中韓両国側は、日本側も被害者としての呪縛を抱えているということを理解しなければならない。

（3）むろん、「不幸な歴史」、近代の呪縛などに起因する多様な問題は、各々の問題に対する適切な措置を取っていくべき、実践課題である。とはいえ、そもそも実践課題と思想課題とは不可分の関係にある。ここでは、とりあえずそれらを思想課題として取り扱うが、しかしその思想課題とは「知的実践」を含意する。

（4）この概念については、Bloch (trans. 1991), pp. 37-185を参照。訳書では "the simultaneity of the non-contemporaneous" と訳されている、この概念は、エルンスト・ブロッホ（一八八五－一九七七）が、一九三〇年代初めのナチ・ドイツでの生活体験を表現した際に用いられたものである。つまり、当時のドイツは、産業化された現在とナチ・イデオロギーの神話的過去が共存していたとし、それを「非同時的同時性」と表現したわけである。ちなみに、ブロッホの原書の初版は一九三五年にチューリッヒで出版された。

（5）Harootunian (2000), p. xvii. 同著作で、ハルートニアンは、ブロッホの「非同時的同時性」という概念を導入したうえで、「戦間期」の日本における「近代の超克」論を鳥瞰しつつ、その意義と限界を考察している。なお、これとの関連で、Kim Bongjin (September 2003) も参照せよ。

（6）佐々木毅・山脇直司・村田雄二郎編 二〇〇三、一二三七。

（7）「東洋と西洋の知的対決と融合」については、Dallmayr (1996) を参照。

（8）この過程のなかでは普遍性と個別性との調和、しかもその規範的な調和が必要となる。この調和は、当然、批判的省察の過程をともなうものである。個別性も普遍性もときには偏狭なイデオロギー性を帯びる。そのためそれを回避し、乗り越えるために筆者は「公共的普遍性または普遍的公共性 public universality or universal publicness」（金鳳珍 二〇〇一年一月、一三九）という概念を提唱したい。また公共知とは、実証に徹し自己満足するような専門知との対概念として、実証する専門知に加え、なお実行・実践をめざす知を指す。いいかえれば、世間の思潮を読み、呼びかけに応答しつつ、公共的に構築していく専門知兼実践知を意味する。これに関連した文献として、佐々木毅・金泰昌編 二〇〇一〜二〇〇二（全一〇巻）を挙げておきたい。

（9）アラスデア・マッキンタイア著、篠崎栄訳 一九九九の「日本語版への序文」、v－viページ、傍点原文。

（10）同右、vi－viiページ。

（11）同右、viページ。

（12）むろん、アリストテレスの哲学・主義や新儒学思想は「伝統の批判的省察」の対象になる。マッキンタイアを、現代のアリストテリアンと称することもあり、それに伴う限界もあるといえる。しかし彼の問題提起は貴重な意義をもつ。

（13）一連の論文とは小林正弥 二〇〇〇年一〇月、二〇〇一年二月、二〇〇一年三月を指す。ここで引用した文章は小林正弥 二〇〇〇年一〇月、一一にある。

（14）小林正弥 二〇〇〇年一〇月、一五以下を参照。

（15）ただし、〈近代〉と近代との間にはそれぞれの基層にある模範＝パラダイムの差があるため、その相違をどちらかのパラダイムを規準にして識別するのは避けるべきである。比較のためには何らかの規準は必要となるのだが、それはあくまで両方の批判的省察、もしくは止揚といった思惟作用によって生み出されるべきものである。たとえば、三国における伝統＝前近代のイメージといえば、そこにはしばしば負の側面が浮き彫りにされがちであるということは否めない。これが正当な根拠あるものなら、むろん徹底した批判的省察の対象になる。だがそのなかに、善し悪しを問わぬ近代主義、オリエンタリズムによって歪んだ不当な根拠に基づくもの、また根拠もないものがあるとすれば、それは、より徹底した批判、省察の対象になる。それこそ「脱構築」の対象なのだ。三国（東洋）を欧米（西洋）のみを規準にして語ってはならない。発想自体を転換し、伝統と近代を〈正当に〉読みなおしていかねばならない。

（16）J・A・フォーゲル著、井上裕正訳 一九八九、二二八－二二九を参照。

（17）同右、二二〇。

（18）実は、この設問をめぐる議論は近来、欧米をはじめ中国、日本、韓国の学者の間で繰り広げられている。その契機となったのは *Modern China: An International Quarterly of History and Social Science*, Volume 19, Number 2, April 1993 の諸論文であった。ここではその賛否両論の検討は省く。

（19）島田の「近代主義」についての緻密な批判は溝口雄三 一九八〇の序章を参照。また、本書の第一章の註12も参照。

（20）溝口雄三 一九八九、二九－三〇を参照。

(21) この引用文の後に、溝口は「わたくしはこの近世期を生産関係論的には封建時代と考えているので内藤［湖南］説の近世とは異なる」という文章を括弧に入れて注記している。この「中国近世＝生産関係論的には封建時代」との規定にはマルクス史観の影響が見られる。しかし筆者は、生産関係論的であれ、ほかの「論的」意味であれ、「封建」という言葉を東アジアの近世という時代に用いること自体に反対する。ただし江戸時代を日本独自の封建時代とよぶこと、つまり日本の近世に「封建」の語を用いることには異論がない。もっとも、溝口雄三　一九八九の三章「中国における『封建』と近代」をみればわかるように、中国の「封建」概念がヨーロッパや日本のそれとかなり異なることについて、溝口は、その概念史研究ともいうべき詳細な議論を展開している。

(22) 三国それぞれの新儒学の展開様相については膨大な研究があるが、しかし、立ち入った相互比較は手薄である。日中比較は渡辺、溝口らの論著によってそれなりの進展をみせているが、日朝比較や朝中比較になると、ほぼ未開拓分野といってもよい。日朝比較としては、朝鮮の一部の朱子学者とくに李退渓《イトェギェ》（一五〇一－七〇、本名は李滉《ファン》）の学説が江戸初期の朱子学に与えた影響に限られた研究ではあるが、阿部吉雄　一九六五が唯一の例である。また三国の比較といえば、前にも紹介した源了圓　一九八〇、李基東　一九八七が参考となるが、これらも立ち入った相互比較とは言い難い。

(23) この叙述と関連して次のような事項を述べておきたい。そもそも朱子学をはじめとする新儒学で言う理と気――また心と性、そして性と情――とは「二而一、一而二」の関係にあるということである。別の言い方をすれば、理と気とは、相克関係ではなく、相生関係にあるといえる。そこで理の重視は必ずしも気の軽視を意味するものでもなければ、気の重視は必ずしも理の軽視を意味するものでもない。また理と気を共に重視することも十分に可能である。いや、理の重視は気の重視を、気の重視は理の重視を前提とする、あるいは前提とせざるを得ないものであるともいえる。その意味では、『理』重視から『気』重視への変移」とは、新儒学の論理上、成立しないことである。その「変移」という事象は、ある時代の状況変化（コンテクスト）を反映し、そのなかから生まれた、新儒学者の一部の学説における強調点の「変化、変容」という新儒学の展開様相の一側面であった――当然それはさまざまな意味、意義をもつ――といえるのではなかろうか。とすればそのことは、一定の程度、新儒学者の一部の（気を重視する）学説における「欲望の肯定＝強調」にもあてはまるであろう。詳論は省くが、新儒学は個人の欲望追求を否定する学説ではない。それが天理を重視し強調する際に、天理と対比して「否定的に見る」欲望とは、個人の本性から生まれる欲望ではなく、「行き過ぎ」の欲望すなわち貪欲を意味する。

(24) 周辺文明について、バグビー（Philip Bagby, 1958）は自著のなかに、わずか数頁にわたって言及しているだけである。この周辺文明は、彼が、自分の師クローバーの著書（A.L. Kroeber, 1957　堤彪他訳　一九八三）のなかの「小文明」を範疇化した概念である。引用文の頁はフィリップ・バグビー著、山本新他訳　一九七六のそれである。日本での周辺文明論の研究文献としては、山本新　一九七九（とくに一章）、神川正彦　一九九五のⅠ－三などがある。

(25) 話はやや変わるが、前近代から近現代に至るまで、日本と西欧の両文明の類似性を示す事象は「封建制のち商人階級の勃興」のほかにもあったように思われる。もっとも、こうした類似性にのみ注目するのは、日本（文明）を西欧（文明）に同類化しようという願望・準拠として「悪用」できる。たとえば「文明の生態史観」（梅棹忠夫 一九七四所収）は、その一定の意義を認めるにしても、例の「悪用」になりかねない。この「観」をめぐる論争については吉沢五郎の論文「梅棹忠夫と生態史観」（伊東俊太郎編 一九九七所収）に譲るが、そのなかで吉沢は、梅棹説を「これまでの伝統的な西洋中心史観への知的挑戦」（八二）と評価する。しかしこの評価には同意し難い。なぜならこの「観」は、伝統的な西洋中心史観を裏返した〈別種の西洋中心史観〉であり、そこには〈アジア離れ→西欧追随〉の傾向が色濃く出ていると考えるからである。

梅棹説が、従来の東洋・西洋の区分を越えようとし、生態学を応用して比較文明論の新たな地平を拓いたという意義は認める。しかし、「第一地域（西欧・日本）＝封建制をもった：後の先進・高度文明地域」と「第二地域＝専制を維持した：後の後進・低度文明地域」との梅棹の提案には同調し難い。また、日本はアジアでないという梅棹の「発見」にも同調し難い。日本と西欧との生態学的な類似性をさしあたり認めるにしても、それをはるかに上回る、日本と東アジアの類似性を否認することは到底できない。この生態史観を批判的に省察し、新たな史観を提示したのは、川勝平太 一九九七、村上泰亮 一九九八である。ただし村上説はともかく、川勝説も〈アジア離れ→西欧追随〉の傾向や〈別種の西洋中心史観〉に陥る危険性を孕んでいるように思われる。

(26) この「意味の文明」のなかの「意味（作用）」を、今田は、「未然から現前、沈殿を経由して即事の意味に至る一連の過程」と捉え、「とくに、《未然の意味》と《即事の意味》は、新たな文明が形成される際の鍵となる重要な意味概念であり、ゆらぎや混沌のなかから、新たな秩序の可能性を兆しとして読み解くために不可欠な要因でもある。これまで、機能により《現前の意味》が、構造により《沈殿の意味》が考察されてきた。しかし、意味独自の論理は、《未然の意味》から《即事の意味》に至るダイナミックな過程として考察されるべきものである」（二四―二五）と主張している。また今田は、「意味作用の本質は差異が差異に立ち返る自己言及的な運動、すなわち差異のリフレクションにある」（二六）と言い、「近代において意味への問いが称揚されるのは、機能と親和的な場合に限られる。（略）しかし、いま必要なことは、その作業に挑戦することである。意味を機能によって問うのではなく、逆に機能を意味によって問うことで、機能汚染が進んだ社会の価値転換を試みることだ」（三一）とも主張している。詳細は同著を参照されたいが、今田の主張の要は、「意味（作用）」そのものを問うことによって、新たな文明や秩序を構想するための原理を求めることにあるように思われる。

(27) そのうえで伊東は、比較文明学の先駆者シュペングラー、トインビー（A. Toynbee; 1889-1975）、ダニレフスキ（N. Y. Danilevskii; 1822-85）らの業績を簡潔に批評している（三三―三八）。そのなかで、前二者に対しては「彼らが西欧的パロキアリズムを克服しようとしながら、その克服の手段がふたたび西欧的であった」と指摘し、とくにトインビーの場合は「中国やインドの歴史などがかなり強引に曲げられてしまっている」と批判している（三五）。これは妥当な批評であろう。ちなみに伊東の、先の三人をはじめ多数の比較文明学者に対する批評は伊東俊太郎 一九九〇のII―1を参照。なお、伊東俊太郎編 一九九七のI―3、

4、5では、I－3はシュペングラーとダニレフスキの比較文明学、I－4はトインビーや彼以後の比較文明学の推移について論じている。I－5は山本新、梅棹忠夫らの学説を扱うなど、「日本の比較文明学」の推移を紹介した論文である。

(28) そうした例がこれまでになかったというわけではない。本書で取り上げた日本人学者・知識人の論著のなかには、それこそ日本人の「中心主義、近視眼」を打ち破り、自己を批判し省察するもの、そのために格闘しているものが少なからず含まれている。ここではそうした例として、こうした立場に立つ代表的な論者の一人酒井の著作、Naoki Sakai (1991)、酒井直樹 一九九六、一九九七などを挙げておきたい。

(29) この節は金鳳珍 二〇〇四年七月、一六九－一七二の叙述と重複する部分がある。

(30) デイヴィド・ハーヴェイ著、吉原直樹監訳 一九九九、三。なお、この「時間と空間の圧縮」に関する議論としては、『思想』九三三号（岩波書店、二〇〇二年一月）の特集号の加藤政洋の論文を参照。

(31) デイヴィド・ハーヴェイ著、加藤茂生訳 一九九七、九一。

(32) 同右、九一－九四を参照。

(33) Morgan (winter 2003) のなかで、モーガンは、新自由主義と地球化の〈負〉に対する辛辣な批判を行う一方、それらの〈負〉が東アジア地域に及ぼした悪影響の構図を明らかにしている。そこで筆者は、新自由主義的地球化の〈負〉を「地域」に関連づけて、次の四つの影響を指摘しておきたい。一つ目は、地域の歴史性を軽視ないし無視する。二つ目は、域内の「非同時的同時性」（ブロッホの用語、本章の註4を参照）の乖離ないし矛盾を度外視する。三つ目は、域内の諸関係、諸連関システムの環を破壊する。そして四つ目は、地球規模で、域内の、あるいは地域間の諸連関のあらゆる階層秩序を温存しかつ作り出す。それゆえ、新自由主義的地球化は、ある特定地域での対抗言説の形成や空間的実践を嫌う。実際上、この地球化をリードする権威たちは、空間認識にかかわる言説編制を「独占」し、諸地域での空間認識の連鎖を切断している。それは、いいかえれば、過去の「帝国の心象地理」が、いまだに世界を飼育し支配し続けているということになる。

(34) この韓国での東アジア論の展開については、張寅性 二〇〇三年一二月を参照。張は、韓国の東アジア論を次の四つの類型に分けている（二八－二九）。一つは、東アジアの発展と危機を価値の観点から説明するアジア的価値論、儒教資本主義論、儒教民主主義論。第二は、世界経済の新自由主義的グローバリゼーション傾向と地域主義に対応する東アジア／北東アジア共同体論。第三は、国民国家の権力性に対抗し民間レベルでの協力を唱える連帯論。第四は、東アジア自体のあり方を問う省察的東アジア論。なかでも四つ目の省察的東アジア論は、韓国の有名雑誌『創作と批評』の知識人グループ（崔元植、白永瑞ら）が打ち立てる、「企画としての東アジア」「知的実験としての東アジア」を指向する東アジア論である。この雑誌の出版社すなわち創作と批評社は、二〇〇三年一〇月、注目すべき叢書である『東アジアの批判的知性』（全六巻）を発刊した。台湾の陳光興、中国の孫歌、崔之元、汪暉、日本の酒井直樹と山室信一の主要論文や著作を編集したものである。

(35) 白永瑞 二〇〇一年七月を参照。
(36) 孫歌 二〇〇二、Ⅲ部の「アジアを語ること――そのジレンマ」を参照。
(37) 菅英輝/G・フック/S・ウェストン編著 一九九九、五―六(初瀬龍平の論文は二―二一)。
(38) ただし、その政治的実践において、日本、中国、朝鮮三国間の「疎遠」関係にも注意を払う必要がある。これも一種の「不幸な歴史」の問題の構成要因であるといえるが、その背景には、十六世紀末から十七世紀前半に至るまでの東アジアの変動があった。この変動とは、とりあえず日朝間の「七年戦争(一五九二―九八)」すなわち「文禄・慶長の役」(韓国では「壬辰・丁酉倭乱」)と清国の朝鮮侵略(第一次は一六二七年の丁卯の乱、第二次は一六三六年の丙子の乱)を指す。そして、この変動は、日本の幕藩体制国家形成と中国の明清交替そして朝鮮の「鎖国」体制(貿易・交易の管理システム)の強化など三つの動向を主軸に、南方からのオランダ・イギリスの東アジアへの進出・定着と、北アジアへのロシアの進出・定着という二つの動向を副軸として展開した(この詳細は荒野泰典 一九八八、第一、二章を参照)。
(39) ところが、それは、十九世紀後半以来二十世紀後半に至るまでの約一世紀間、西欧・日本が台頭するにつれて、域内固有の秩序の枠組み・システムの解体を招く一方、その秩序とネットワークの「近代的」再編を迎えたわけであるが、その間、東アジアは、日欧の〈共犯関係〉による、一種の「分割統治・支配」の状態にあったといえる。
(40) とりあえず、本書の第二章の註1における茂木敏夫と筆者の一連の著作を参照されたい。ここで筆者の問題意識を付言するならば、それは、十九世紀後半以来、欧米国際秩序の世界化と称される過程で、華夷秩序の〈正〉までもが、欧米国際秩序の〈負〉によって無効に宣告されてしまったのではなかろうかということである。この過程で、華夷秩序は形態としては完全に形骸化させられてしまった。しかし「形骸化」といっても、その枠組みこそ崩壊したとはいえ、その秩序原理や理念が完全に死滅したわけではない。それは現代世界の秩序原理や理念のなかに融解し残存して今も生き続けていると考える。その〈正〉はいまなお〈正当な〉活用、復権を待っているかもしれない。
(41) ところが、この契機はいまだ――とくに日本で――十分に注目されていない。その理由の一つには、日本の儒教伝統の特殊性、たとえば「理」への態度の懸隔や、また日本のオオヤケにおける「天下の公」観念の捨象そして明治以降(戦前まで)行われた儒教の「国家道徳化」の経験などもあって、日本では、儒教理念や原理・規範に対する一種の〈拒否反応〉(の伝統)があるのではなかろうか。とすれば、それは、日本の「伝統の批判的省察」という思想課題の一つになるだろう。さらに視野を現代東アジアの学問風土に転じてみれば、次のような事柄が指摘されるだろう。
　東アジアの歴史・思想史学者についていえば、まず、彼/彼女らの多くは、いまだ東アジアの「伝統」に対する通念、通説(の先入見)にとらわれている。次に、一部の学者は、たとえ東アジアの「伝統」の〈正〉の意義を発見したとしても、それを、「専門知」領域から「公共知」領域へ転換しかつ展開するような努力を疎かにしている。第三に、彼/彼女らの多くは、歴史主義の幻想や実証主義の誤謬・限界という問題をそれほど真剣に考えようとしていない。歴史主義の幻想とは、自己・自国の歴史性を自覚せず、他者・他国のそれとの作用連関を忘却する、ゆえにそこから生じる「過去そのもの」という幻想を指す（本書の「はしがき」ⅶページを参照）。第四に、東アジアの国際関係・政治学者と関連して、彼／彼女らの多くは、東アジアの「伝統」やその歴史／歴史性に疎いか、あまり関心がない。なお、東アジアは、国際関係・政治論を含む社会科学一般において、おおむね欧米の理論や思想に多く依存している。なかでも古典的な現実主義や自由主義、あるいは新現実主義や新自由主義に基づいた理論を好む傾向が強い。それゆえ、これらの理論や思想は、しばしば東アジアの実態・実像を反映できず、言説空間とそれにかかわる言説編制の現場性・地域性をますます失って、実態を不透明にし、実像を歪曲する危険性をもたらす場合も少なくない。

（42）　菅英輝／G・フック／S・ウェストン編著　一九九九、六。

（43）　平野は、文化触変の結果を、エドワード・スパイサー（Edward H. Spicer; 1906-83）の類型化に依拠して「編入、同化、隔離、融合」統合という四つに分類している（平野健一郎　二〇〇〇、一一二）。これらの形態は文化触変の結果のみならずその過程にも、また異種交配の過程と結果にもあてはまると思われる。それぞれの類型については同著の解説（一一三－一一五）を参照。

文献目録

一　テクスト

夏東元編『鄭観応集』上海：人民出版社、一九八二（上冊）、一九八八（下冊）
『福沢諭吉全集』第一～二十一巻、岩波書店、一九六九～七一（再版）
『兪吉濬全書』Ⅰ～Ⅴ、一潮閣、一九七一（影印本）

二　関連史料（アルファベット順、ただし本文や注に記したものもある）

（一）中国関係

中国社会科学院近代史研究所翻訳室編　一九八一、『近代来華外国人人名辞典』北京：中国社会科学出版社
後藤基巳・山井湧編訳　一九八七（一一刷）、『明末清初政治評論集』東京：平凡社
『皇朝経世文編』台北：台聯国風出版社、一九八九（復印再版）
『皇朝経世文続編』台北：国風出版社、一九六四（復印）
『皇朝経世文三編』台北：国風出版社、一九六五（復印）
『皇朝経世文新編』台北：国風出版社、一九六五（復印）
王韜『弢園文録外編』上下、一八八三年刊

（二） 日本関係

萩原延寿編 一九七三、『日本の名著・陸奥宗光』（『蹇蹇録』）中央公論社
井上毅伝記編纂委員会編 一九六六、『井上毅伝記史料』史料編、東京大学出版会
石河幹明 一九三二、『福沢諭吉伝』第一〜四巻、岩波書店
石田雄編 一九七五、『福沢諭吉集』筑摩書房
伊藤正雄編 一九七〇、『資料集成 明治人の観た福沢諭吉』慶應通信株式会社
伊東昭雄編 一九九〇、『アジアと近代日本』社会評論社
大久保利謙編 『西周全集』第二巻（一九六二）、第四巻（一九八一）、宗高書店
芝原拓自他編 一九八八、『対外観』岩波書店
『内村鑑三全集』第十巻、岩波書店、一九八一

（三） 朝鮮関係

檀国大学校附設東洋学研究所刊 一九七五、『朴殷植全書』上中下、檀国大学校出版部
檀国大学校附設東洋学研究所刊 一九七九〜一九八九、『張志淵全書』九巻、檀国大学校出版部
Denny, O. N., 1888, *China and Korea*, Shanghai: Kelly and Walsh, Ltd., Printers（国史編纂委員会編 一九八一、『デニー文書』韓国史料叢書第二八、再収録、時事文化社）
井上角五郎著、山口四郎編 一九〇七、『故紙羊存』第一、弘文堂
井上角五郎先生伝記編纂会編 一九四三、『井上角五郎先生伝』凸版印刷株式会社
伊藤博文公編 『秘書類纂朝鮮交渉資料』上中下、復刻、《明治百年史叢書》原書房、一九七〇
国史編纂委員会編 一九五八a、『従政年表・陰晴史』ソウル：同編纂委員会刊
国史編纂委員会編 一九五八b、『修信使記録 日東記游・修信使日記・使和記略』ソウル：同編纂委員会刊
国史編纂委員会編 一九六四、『尹致昊日記』一〈韓国史料叢書第十九〉同編纂委員会刊
国史編纂委員会編 一九六〇、『続陰晴史』『追補陰晴史』〈韓国史料叢書第十一〉上下、同編纂委員会刊
Moellendorff, R. von, 1930, *P. G. von Moellendorff: Ein Lebensbild*, Leipzig: Otto Harrassowitz（申福龍・金雲卿訳注 一九九九、『묄렌도르프 自伝（外）』서울：集文堂）
Nish, Ian, ed., 1986, *British Documents on Foreign Affairs: Reports and Papers from the Foreign Office Confidential*

Print, Part I, Series E, Volume 2 (Korea, the Ryukyu Islands, and North-East Asia, 1875-1888), University Publications of America.

白巖朴殷植先生全集編纂委員会編 二〇〇二、『白巖朴殷植先生全集』（全六巻、別冊『総目次』）、東方미디어

杉村濬『明治廿七八年 在韓苦心録』、復刻、杉村陽太郎編、勇喜社、一九三二

Swartout, Jr., Robert R., ed. (1984), *An American Advisor in Late Yi Korea: The Letters of Owen Nickerson Denny*, The University of Alabama Press.

『丹斎申采浩全集』上中下、別冊、蛍雪出版社、一九七七（改定版）

（四） その他

Wheaton, Henry, Sixth Edition by Lawrence, W.B. (1855), *Elements of International Law*, Boston: Little, Brown and Company（『万国公法』の原著）

Woolsey, Theodore, D. (1874), *Introduction to the Study of International Law*, New York: Scribner, Armstrong & Co., Fourth Edition（『公法会通』の原著）

『詩経』『書経』『易経』『論語』『孟子』『中庸』『大学』『老子』『墨子』『荘子』『荀子』『三国志』『資治通鑑』『朱子語類』など。

三 参考文献（アルファベット順）

（一） 中国語

孫子和 一九七六、『清代同文館之研究』国立政治大学（台北）政治研究所

田涛 二〇〇一、『国際法輸入与晩清中国』済南出版社

王爾敏 一九八二（三刷）、『中国近代思想史論』台北：華世出版社

夏東元 一九八五、『鄭観応伝』上海：華東師範大学出版社

荊知仁 一九八九（四版）、『中国立憲史』台北：聯経出版事業公司

（二） 日本語

安西敏三 一九九五、『福沢諭吉と西欧思想―自然法・功利主義・進化論―』名古屋大学出版会

青木功一 一九七九、「福沢諭吉の朝鮮観」旗田巍先生古希記念会編『朝鮮歴史論集』下巻、龍渓書舎
坂野正高 一九八二（二刷）、『近代中国政治外交史』東京大学出版会
坂野潤治 一九七四、「『東洋盟主論』と『脱亜入欧論』―明治中期アジア進出論の二類型」佐藤誠三郎他編『近代日本の対外態度』東京大学出版会
坂野潤治 一九七七、『明治・思想の実像』創文社
坂野潤治 一九八二、「明治初期（1873-85）の『対外観』」日本国際政治学会編『日本外交の思想』有斐閣（同論文は坂野潤治 一九八五の一部一に再収録）
坂野潤治 一九八五、『近代日本の外交と政治』研文出版
朴宗根 一九八二、『日清戦争と朝鮮』青木書店
千種義人 一九九三、『福沢諭吉の社会思想』同文舘
趙景達 一九八五年三月、「朝鮮における大国主義と小国主義の相克―初期開化派の思想―」『朝鮮史研究会論文集』二二号
趙景達 一九九八、『異端の民衆反乱　東学と甲午農民戦争』岩波書店
藤村道生 一九七三、『日清戦争』岩波書店
藤村道生 一九九八、『日清戦争前後のアジア政策』岩波書店
藤原昭夫 一九九三、『フランシス・ウェーランドの社会経済思想―近代日本、福沢諭吉とウェーランド―』日本経済評論社
原田環 一九九七、『朝鮮の開国と近代化』溪水社
初瀬龍平 一九八四、「『脱亜論』再考」平野健一郎編『近代日本とアジア』東京大学出版会
東アジア近代史学会編 一九九七、『日清戦争と東アジア』ゆまに書房
ひろたまさき 一九七六、『福沢諭吉研究』東京大学出版会
彭沢周 一九六九、『明治初期日韓清関係の研究』塙書房
今永清二 一九七九、『福沢諭吉の思想形成』勁草書房
磯野直秀 一九八七、『モースその日その日　ある御雇教師と近代日本』有隣堂
伊藤正雄 一九六八、『「学問のすゝめ」講説―福沢諭吉の骨格を語る―』風間書房
伊藤正雄 一九六九、『福沢諭吉論考』吉川弘文館
姜在彦 一九七三、『近代朝鮮の変革思想』日本評論社
姜在彦 一九八〇、『朝鮮の開化思想』岩波書店（鄭昌烈訳 一九八一、『韓国의 開化思想』比峰出版社）

姜在彦 一九八二(新訂版)、『朝鮮近代史研究』日本評論社
康成銀 一九八七年三月、「二十世紀における天道教上層部の活動とその性格」『朝鮮史研究会論文集』二四号
金鳳珍 一九九三年一〇月、一九九四年三月、「朝鮮の万国公法の受容—開港前夜から甲申政変に至るまで—」(上)(下)『北九州大学外国語学部紀要』七八、八〇号
金鳳珍 一九九六年三月、「朝鮮の開化初期新聞に関する一考察」『北九州大学外国語学部紀要』八六号
金鳳珍 一九九六年一二月、「東アジア三国の『開国』再考」河合和男他編『論集 朝鮮近現代史』明石書店
金鳳珍 二〇〇〇年一二月、「朝鮮の開化と井上角五郎—日韓関係史の『脱構築』を促す問題提起—」『東洋文化研究所紀要』一四〇冊
金鳳珍 二〇〇一年九月、「『礼』と万国公法の間—朝鮮の初期開化派の公法観—」『北九州大学外国語学部紀要』一〇二号
金鳳珍 二〇〇四年三月、「E・S・モースの日本滞在と朝鮮人との出会い」『社会システム研究』第二号(北九州市立大学大学院社会システム研究科)
金栄作「福沢諭吉・ナショナリスト」、山脇直司他編 二〇〇一、『ネイションの軌跡 二十世紀を考える(I)』ライブラリ相関社会科学7、新世社
小泉仰 二〇〇二、『福沢諭吉の宗教観』慶應義塾大学出版会
琴秉洞 一九九一、『金玉均と日本—その滞日の軌跡』緑蔭書房
丸山眞男「解題」、福沢諭吉著作編纂会編 一九五二、『福沢諭吉選集』第四巻(旧版)岩波書店(のち『丸山眞男集』第五巻、所載)
丸山眞男 一九八六、『「文明論之概略」を読む』上中下、岩波書店(のち『丸山眞男集』第十三・十四巻、所載)
丸山眞男 一九八七(一五刷)、『戦中と戦後の間 1936-1957』みすず書房
丸山眞男 一九九八(初版一九九二年)、『忠誠と反逆』筑摩書房
守屋毅編 一九八八、『共同研究 モースと日本』小学館
森山茂徳 一九八七、『近代日韓関係史研究 朝鮮植民地化と国際関係』東京大学出版会
中塚明 一九九七、『歴史の偽造をただす—戦史から消された日本軍の「朝鮮王宮占領」』高文研
横山英 一九七五年一二月、「鄭観応の議院論」『史学研究』一二九号、広島史学研究会
大澤博明「明治外交と朝鮮永世中立化構想の展開 一八八二—八四年」『熊本法学』八三号、一九九五年
大澤博明 二〇〇一、『近代日本の東アジア政策と軍事 内閣制と軍事路線』成文堂

佐藤慎一　一九九六、『近代中国の知識人と文明』東京大学出版会
佐藤慎一「鄭観応について－『万国公法』と『商戦』－」（一）（二）（三）、東北大学法学会『法学』第四七巻四号（一九八三年一〇月）、第四八巻四号（一九八四年一〇月）、第四九巻二号（一九八五年六月）
白井久也　一九九七、『明治国家と日清戦争』社会評論社
白井尭子　一九九九、『福沢諭吉と宣教師たち－知られざる明治期の日英関係』未来社
田保橋潔　一九四一、『近代日鮮関係の研究』朝鮮総督府朝鮮史編修会
田保橋潔　一九五一、『日清戦役外交史の研究』刀江書院
田口容三　一九八八年三月、「愛国啓蒙運動期の時代認識」『朝鮮史研究会論文集』二五号
高橋秀直　一九九五、『日清戦争への道』東京創元社
富田正文　一九九二、『考証福沢諭吉』上下、岩波書店
月脚達彦　一九八九年三月、「愛国啓蒙運動の文明観・日本観」『朝鮮史研究会論文集』二六号
月脚達彦　一九九六年四月、「朝鮮開化思想の構造－兪吉濬『西遊見聞』の文明論的立憲君主制論－」『朝鮮学報』一五九輯
土橋俊一・丸山信編　一九八四、『福沢諭吉』河出書房新社
熊月之著、依田憙家訳　一九九二、『中国近代民主思想史』長野：信毎書籍出版センター
山口一夫　一九八〇、『福沢諭吉の西航巡歴』福沢諭吉協会
山口一夫　一九八六、『福沢諭吉の亜米利加体験』福沢諭吉協会
安川寿之輔　一九七九、『増補日本近代教育の思想構造　福沢諭吉の教育思想研究』新評論
安川寿之輔　二〇〇〇、『福沢諭吉のアジア認識　日本近代史像をとらえ返す』高文研
吉野誠　一九八九年三月、「福沢諭吉の朝鮮論」『朝鮮史研究会論文集』二六号

（三）　ハングル（出版地＝ソウルは省略）
趙恒来編著　一九九三、『一九〇〇年代의 愛国啓蒙運動研究』亜細亜文化社
崔埈　一九九三（新補版）、『韓国新聞史』一潮閣
千寛宇他著　一九九三、『韋庵張志淵의 思想과 活動』民音社
韓哲昊　一九九八、『親米開化派研究』国学資料院
田鳳徳　一九八一、『韓国近代法思想史』博英社

鄭鎮碩編著　一九九六、『独立新聞・徐載弼文献解題』나남出版

鄭容和　一九九八（未公刊）、『兪吉濬의 政治思想研究』서울大学大学院外交学科博士学位論文（これを改稿・出版した著書、鄭容和『文明의 政治思想：兪吉濬과 近代韓国』文学과 知性社、二〇〇四）

姜万吉　一九七九、『分断時代의 歴史認識』創作과 批評社（宮嶋博史訳　一九八四、『分断時代の歴史認識』学生社）

金鳳烈　一九八九（未公刊）、『兪吉濬의 開化思想研究』慶熙大学校博士学位論文（これを改稿・出版した著書、金鳳烈『兪吉濬 開化思想의 研究』慶南大学校出版部、一九九八）

金鳳烈　一九八六、「兪吉濬의 国権論」『慶熙史学』一二・一三合併号

金度亨　一九九四、『大韓帝国期의 政治思想研究』知識産業社

金漢植　一九七九、『実学의 政治思想』一志社

金淑子　一九九八、『大韓帝国期의 救国民権意識』国学資料院

金容九　一九九七、『世界観衝突의 国際政治学　東洋礼와 西洋公法』나남出版

具滋赫　一九九三、『張志淵　民族史学의 先駆』東亜日報社

琴章泰　一九八七、『韓国実学思想研究』集文堂

白樂濬　一九七三、『韓国改新教会史』延世大学校出版部（原本は Paik, L. George, *The History of Protestant Missions in Korea, 1832-1910*, Yonsei University Press, 1971. 1st Edition 1927）

朴賛勝　一九九二、『韓国近代政治思想史研究－民族右派의 実力養成運動論－』歴史批評社

朴忠錫　一九八二、『韓国政治思想史』三英社（原論文「李朝後期における政治思想の展開」『国家学会雑誌』第八八巻九・一〇号、一一・一二号、第八九巻一・二号、一九七五年九月～一九七六年二月）

申一澈　一九八一、『申采浩의 歴史思想研究』高麗大学校出版部

愼鏞廈　一九七六、『独立協会研究』一潮閣

愼鏞廈　一九八〇、『韓国近代史의 社会変動』文学과 知性社

愼鏞廈　一九八二、『朴殷植의 社会思想研究』서울大学校出版部

愼鏞廈　一九八四、『申采浩의 社会思想研究』한길社

愼鏞廈　一九九六（重版）、『東学과 甲午農民戦争研究』一潮閣

孫炯富　一九九七、『朴珪寿의 開化思想研究』一潮閣

李基東　一九八二、『悲劇의 軍人들』一潮閣

李光麟 一九七三、『開化党研究』一潮閣
李光麟 一九八一（重版）、『韓国開化思想研究』一潮閣
李光麟 一九八五（改訂版）、『韓国開化史研究』一潮閣
李光麟 一九八六、『韓国開化史의 諸問題』一潮閣
李光麟 一九八九、『開化派의 開化思想研究』一潮閣
李瑄根 一九七八（一五版）、『韓国史 現代篇』乙酉文化社
李完宰 一九八九、『初期開化思想研究』民族文化社
李完宰 一九九九、『朴珪寿研究』集文堂
李泰鎮 一九八九、『朝鮮儒教社会史論』知識産業社（六反田豊訳 二〇〇〇、『朝鮮王朝社会と儒教』法政大学出版局）
李泰鎮 二〇〇〇、『高宗時代의 再照明』太学社
李泰鎮編著 二〇〇一、『日韓併合、成立하지 않았다』太学社
兪東濬 一九八七、『兪吉濬伝』一潮閣
柳永益 一九九〇、『甲午更張研究』一潮閣
柳永益 一九九八、『東学農民蜂起의 甲午更張 清日戦争期（1894-1895）朝鮮人指導者들의 思想과 行動』一潮閣
柳永烈 一九九七、『大韓帝国期의 民族運動』一潮閣
尹炳喜 一九九八、『兪吉濬研究』国学資料院

四 関連文献（方法論・思想史一般・政治理論）

（一）和 文

阿部吉雄 一九六五、『日本朱子学と朝鮮』東京大学出版会
ジョージ・アキタ著、荒井孝太郎・坂野潤治訳 一九七一、『明治立憲政と伊藤博文』東京大学出版会
荒野泰典 一九八八、『近世日本と東アジア』東京大学出版会
フィリップ・バグビー著、山本新他訳 一九七六、『文化と歴史―文明の比較研究序説』創文社（Bagby, Philip, 1958, *Culture and History: Prolegomena to the Comparative Study of Civilizations*, University of California Press）
G・バラクラフ著、松村赳・金七紀男訳 一九八五、『歴史学の現在』岩波書店（Barraclough, Geoffrey, 1978, "Chapter Ⅲ

History," in *Main Trends of Research in the Social and Human Science*, Paris: UNESCO)

張寅性 一九九四（未公刊）、『十九世紀儒教知識人にみる開国と普遍主義—横井小楠と金允植』東京大学大学院総合文化研究科国際関係論専攻博士学位請求論文（これを改稿した韓国語版、張寅性『場所의 国際政治思想』서울大学校出版部、二〇〇二）

張寅性 二〇〇三年一二月、「韓国の東アジア論とアジア・アイデンティティー『東アジアへの新たな想像』と『国際社会としての東アジア』—」『グローバリゼーションとアジア』早稲田大学二一世紀COEプログラム国際公開シンポジウム（二〇〇三年一二月七日—八日）発表論文（二七—三九）

P・A・コーエン著、佐藤慎一訳 一九八八、『知の帝国主義—オリエンタリズムと中国像』平凡社（Cohen, Paul, 1984, *Discovering History in China: American Historical Writings on the Recent Chinese Past*, New York: Columbia University Press)

F・ダルマイヤー著、片岡幸彦監訳 二〇〇一、『オリエンタリズムを超えて 東洋と西洋の知的対決と融合への道』新評論 (Dallmayr, Fred, 1996, *Beyond Orientalism, essays on cross-cultural encounter*, New York: State University of New York Press)

J・A・フォーゲル、井上裕正訳 一九八九、『内藤湖南 ポリティックスとシノロジー』平凡社（Fogel, Joshua A., 1984, *Politics and Sinology: The Case of Naitō Konan (1866-1934)*, by the President and Fellow of Harvard College)

デイヴィド・ハーヴェイ著、吉原直樹監訳 一九九九、『ポストモダニティの条件』青木書店（Harvey, David, 1989, *The condition of postmodernity: an enquiry into the origins of cultural change*, Oxford: Blackwell)

デイヴィド・ハーヴェイ著、加藤茂生訳 一九九七、「空間から場所へ、そして場所から空間へ—ポストモダニティの条件についての考察」『10+1 Ten Plus One』11（八五—一〇四）(Harvey, David, 'From Space to Place and Back Again: Reflections on the Condition of Postmodernity,' in J. Bird, et al. eds., *Mapping the Futures*, London: Routledge, 1993)

古田和子 二〇〇〇、『上海ネットワークと近代東アジア』東京大学出版会

藤田省三 一九八七（二版一六刷）、『天皇制国家の支配原理』未来社

藤田雄二 一九九三年一〇月、「近世日本における自民族中心的思考—『選民』意識としての日本中心主義」『思想』八三二号

藤田雄二 二〇〇一、『アジアにおける文明の対抗 攘夷論と守旧論に関する日本、朝鮮、中国の比較研究』御茶の水書房

J・グリック著、大貫昌子訳 一九九二、『カオス—新しい科学をつくる』新潮社（Gleick, James, 1987, *Chaos: Making a New Science*, Penguin Books)

萩原隆　一九八四、『中村敬宇と明治啓蒙思想』早稲田大学出版部
萩原隆　一九九〇、『中村敬宇研究―明治啓蒙思想と理想主義―』早稲田大学出版部
濱口恵俊編著　一九九八、『日本社会とは何か』ＮＨＫブックス、日本放送出版協会
浜下武志　一九九〇、『近代中国の国際的契機―朝貢貿易システムと近代アジア』東京大学出版会
浜下武志・川勝平太編　一九九一、『アジア交易圏と日本工業化 1500-1900』リブロポート
浜下武志　一九九七、『朝貢システムと近代アジア』岩波書店
浜下武志他編　一九九七～一九九八、『地域の世界史』全一二巻、山川出版社
浜下武志　一九九九、『東アジア世界の地域ネットワーク』山川出版社
狭間直樹編　一九九九、『共同研究　梁啓超―西洋近代思想受容と明治日本』みすず書房
東アジア近代史学会編　一九九七、『日清戦争と東アジア世界の変容』上下、ゆまに書房
樋口陽一　一九七七、『近代立憲主義と現代国家』勁草書房
平野健一郎他編著　一九八八、『アジアにおける国民統合　歴史・文化・国際関係』東京大学出版会
平野健一郎　二〇〇〇、『国際文化論』東京大学出版会
平野健一郎編　一九九四、『講座現代アジア4　地域システムと国際関係』東京大学出版会
平川祐弘　一九八七、『和魂洋才の系譜―内と外からの明治日本』河出書房新社
広瀬和子　一九九八、『国際法社会学の理論　複合システムとしての国際関係』東京大学出版会
一又正雄　一九七三、『日本の国際法学を築いた人々』日本国際問題研究所
今田高俊　一九九五（六刷）、『自己組織性―社会理論の復活―』創文社
今田高俊　二〇〇一、『意味の文明学序説　その先の近代』東京大学出版会
石田雄　一九五四、『明治政治思想史研究』未来社
石田雄　一九七六、『日本近代思想史における法と政治』岩波書店
石田雄　一九八三、『近代日本の政治文化と言語象徴』東京大学出版会
伊藤隆・滝沢誠監修　一九九七～二〇〇一、『明治人による近代朝鮮論』ぺりかん社
伊東俊太郎　一九八五、『比較文明』東京大学出版会
伊東俊太郎　一九九〇、『比較文明と日本』中央公論社
伊東俊太郎編　一九九七、『比較文明学を学ぶ人のために』世界思想社

岩田靖夫他　一九八五、『トポス　空間　時間』新岩波講座哲学七、岩波書店
神川正彦　一九九五、『比較文明の方法　新しい知のパラダイムを求めて』刀水書房
姜尚中　一九九六、『オリエンタリズムの彼方へ－近代文化批判』岩波書店
金子邦彦・津田一郎　一九九六、『複雑系のカオス的シナリオ』朝倉書店
金子邦彦・池上高志　一九九八、『複合系の進化的シナリオ』朝倉書店
桂島宣弘　一九九九、『思想史の十九世紀「他者」としての徳川日本』ぺりかん社
スチュアート・A・カウフマン著、米沢富美子訳　一九九九、『自己組織化と進化の論理：宇宙を貫く複雑系の法則』日本経済新聞社（Kauffman, Stuart A., 1993, *The Origins of Order: Self-organization and Selection in Evolution*, Oxford University Press）
川勝平太　一九九七、『文明の海洋史観』中央公論新社
可児弘明　一九七九、『近代中国の苦力と「猪花」』岩波書店
加地伸行　一九九一、『儒教とは何か』中央公論社
加地伸行　一九九四、『沈黙の宗教－儒教』筑摩書房
金鳳珍　一九九四年一〇月、「欧米国際秩序と東アジア地域秩序」『北九州大学外国語学部紀要』八一号
金鳳珍　一九九五、「近代における東アジア地域秩序の再構築」加藤祐三編著『近代日本と東アジア』筑摩書房
金鳳珍　一九九八年九月、「文化帝国主義と韓国」『北九州大学外国語学部紀要』九三号
金鳳珍　二〇〇〇、「東アジア規範秩序の構築に向けて－朝鮮半島からの視点」大沼保昭編著『東亜の構想　二十一世紀の東アジアの規範秩序を求めて』筑摩書房
金鳳珍　二〇〇四年七月、「思想課題としての日韓関係」山脇直司他編『グローバル化の行方』ライブラリ相関社会科学10、新世社
金栄作　一九七五、『韓末ナショナリズムの研究』東京大学出版会
岸本美緒　一九九八、『東アジアの「近世」』山川出版社
小林正弥　二〇〇〇年一〇月、「超政治学革命：実践的倫理－政治理論としての美徳－公共哲学」『千葉大学法学論集』一五巻二号
小林正弥　二〇〇〇、『政治的恩顧主義論　日本政治研究序説』東京大学出版会
小林正弥　二〇〇一年二月、「東洋的倫理－政治理論の原型とその論敵達：中国思想の新構造主義的外観と今日の政治哲学」

『千葉大学法学論集』一五巻三号
小林正弥 二〇〇一年三月、「新々儒学革命：東洋的美徳－公共哲学の再建」『千葉大学法学論集』一五巻四号
駒井洋編著 一九九八、『脱オリエンタリズムとしての社会知－社会科学の非西欧的パラダイムの可能性』ミネルヴァ書房
河本英夫 一九九五、『オートポイエーシス 第三世代システム』青土社
近藤邦康 一九八一、『中国近代思想史研究』勁草書房
小島毅 一九九六、『中国近世における礼の言説』東京大学出版会
A・クローバー著、堤彪他訳 一九八三、『様式と文明』創文社（Kroeber, Alfred, 1957, *Style and Civilizations*, University of California Press）
黒住真 二〇〇三、『近世日本社会と儒教』ぺりかん社
李基東 一九八七、『東アジアにおける朱子学の地域的展開』東洋書院
李沢厚著、坂本ひろ子・佐藤豊・砂山幸雄共訳 一九八九、『中国の文化心理構造』平凡社
アラスデア・マッキンタイア著、篠崎栄訳 一九九九（四刷）、『美徳なき時代』みすず書房（MacIntyre, Alasdair, 1984, *After Virtue: A Study in Moral Theory*, University of Notre Dame Press, 2nd ed.）
丸山高司 一九九七、『ガダマー 地平の融合』講談社
丸山眞男 一九五二、『日本政治思想史』東京大学出版会
丸山眞男 一九六一、『日本の思想』岩波書店
丸山眞男 一九八六（増補版）、『現代政治の思想と行動』未来社
『丸山眞男集』第一～十六巻と別巻（松沢弘陽・植手通有編 一九九五～一九九七、岩波書店）
松本三之介 一九九六、『明治思想における伝統と近代』東京大学出版会
松浦玲 一九七二年七月、「近世の国家と儒学－日本における儒教型理想主義の終焉（一）」『思想』五七七号
松浦玲 一九七三年一〇月、「文明の衝突と儒者の立場－日本における儒教型理想主義の終焉（三）」『思想』五九二号
源了圓 一九七二、『徳川合理思想の系譜』中央公論社
源了圓 一九八〇、『近世初期実学思想の研究』創文社
閔徳基 一九九四、『前近代東アジアのなかの韓日関係』早稲田大学出版部
三谷博 二〇〇〇年六月、「『革命』の『理解』は可能か－複雑系をヒントに明治維新を考える－」『中国－社会と文化』一五号、中国社会文化学会

三浦国雄　一九八八、『中国人のトポス』平凡社選書一二七、平凡社
宮嶋博史　一九九〇年六月、「朝鮮における公・私田問題の展開」『思想』七九二号
溝口雄三　一九八〇、『中国前近代思想の挫折』東京大学出版会
溝口雄三　一九八九、『方法としての中国』東京大学出版会
溝口雄三　一九九〇年六月、「中国儒教の10のアスペクト」『思想』七九二号
溝口雄三・浜下武志・平石直昭・宮嶋博史編　一九九三〜一九九四、『アジアから考える』全七巻（順番に『交錯するアジア』『地域システム』『周縁からの歴史』『社会と国家』『近代化像』『長期社会変動』『世界像の形成』）東京大学出版会
溝口雄三　一九九五、『中国の公と私』研文出版
諸橋轍次　一九九五（五刷）、『論語の講義』大修館書店
茂木敏夫　一九九七、『変容する近代東アジアの国際秩序』山川出版社
茂木敏夫　二〇〇〇、「東アジアにおける地域秩序形成の論理」辛島昇・高山博編『地域の世界史3　地域史の成り立ち』山川出版社
村上泰亮　一九九八、『文明の多系史観　世界史再解釈の試み』中央公論新社
内藤正中　一九八七（七刷）、『自由民権運動の研究—国会開設運動を中心として—』青木書店
中村雄二郎　一九九八（二刷）、『場所　トポス』弘文堂
G・ニコリス、I・プリゴジン著、安孫子誠也・北原和夫訳　一九九三、『複雑性の探求』みすず書房（Nicolis, Gregoire and Prigogine, Ilya, 1989, *Exploring Complexity: An Introduction*, München: R. Piper GmbH & Co. KG Verlag）
小川晴久　一九九四、『朝鮮実学と日本』花伝社（河宇鳳訳『韓国実学과 日本』図書出版、一九九五）
大沼保昭　一九九八、『人権、国家、文明』筑摩書房
大沼保昭編著　二〇〇〇、『東亜の構想　二十一世紀東アジアの規範秩序を求めて』筑摩書房
小野川秀美　一九六九、『清末政治思想研究』みすず書房
小佐竹猛　一九二六、『国際法より観たる幕末外交物語』文化生活研究会
小佐竹猛　一九三二「近世日本の国際観念の発達」『現代史学大系』五巻、共立社
白永瑞　二〇〇一年七月、「東アジア論—韓国から見たアジア」（文珍瑛訳）、『神奈川大学評論』第三九号（同「世紀之交再思東亜」『読書』一九九九年八月号）
L・ロージャー著、福田素子訳　一九九三、『複雑性の科学　コンプレクシティへの招待』徳間書店（Roger, Lewin, 1992,

Complexity: Life at the Edge of Chaos, New York: MacMillan)
蠟山政道 一九六八、『日本における近代政治学の発達』ぺりかん社
エドワード・W・サイード著、板垣雄三・杉田英明監修、今沢紀子訳 一九八六、『オリエンタリズム』平凡社（Said, Edward, W., 1978, *Orientalism*, New York: Georges Borchardt Inc.）
斎藤真 一九八一、『アメリカ史の文脈』岩波書店
酒井直樹 一九九六、『死産された日本語・日本人 「日本」の歴史―地政的配置』新曜社
酒井直樹 一九九七、『日本思想という問題 翻訳と主体』岩波書店（Naoki, Sakai, 1999, *Translation & Subjectivity: On "Japan" and Cultural Nationalism*, University of Minnesota Press, Second Printing）
佐々木毅・山脇直司・村田雄二郎編 二〇〇三、『東アジアにおける公共知の創出』東京大学出版会
佐々木毅・金泰昌共編 二〇〇一～二〇〇二（全一〇巻）、『公共哲学』東京大学出版会（1『公と私の思想史』、2『公と私の社会科学』、3『日本における公と私』、4『欧米における公と私』、5『国家と人間と公共性』、6『経済からみた公私問題』、7『中間集団が開く公共性』、8『科学技術と公共性』、9『地球環境と公共性』、10『二十一世紀の公共哲学宣言』）
佐々木揚 一九八〇、「日清戦争前の朝鮮をめぐる露清関係」『佐賀大学教育学部研究論文集』二八集一号
佐藤慎一 一九八三、「一八九〇年代の『民権』論―張之洞と何啓の『論争』を中心に―」金谷治編『中国における人間性の探求』創文社
佐藤慎一 一九八八年二月、「模倣と反発―近代中国思想史における『西洋モデル』について―」『法学』五一－六、東北大学法学会
佐藤慎一 一九八九年六月、「儒教とナショナリズム」『中国―社会と文化』四号、東京大学中国学会
クエンティン・スキナー著、半澤孝麿・加藤節編訳 一九九〇、『思想史とはなにか―意味とコンテクスト』岩波書店
島田虔次 一九七〇、『中国における近代思惟の挫折』筑摩書房
島田虔次 一九九七、『隠者の尊重 中国の歴史哲学』筑摩書房
シュペングラー著、村松正俊訳 一九八九、『西洋の没落―世界史の形態学の素描』五月書房
杉原薫 一九九六、『アジア間貿易の形成と構造』ミネルヴァ書房
杉原泰雄 一九八九（九刷）、『国民主権の研究』岩波書店
孫歌 二〇〇二、『アジアを語ることのジレンマ 知の共同空間を求めて』岩波書店
高野雄一編 一九八八、『国際関係法の課題』有斐閣

武田清子編　一九八四（六刷）、『比較近代化論』未来社
武田清子　一九七七（二刷）、『正統と異端の〝あいだ〟―日本思想史試論―』東京大学出版会
竹内好編集・解説　一九六三、『アジア主義』現代日本思想大系第九巻、筑摩書房
田中浩　一九九〇、『国家と個人　市民革命から現代まで』岩波書店
ロナルド・トビ著、速水融・永積洋子・川勝平太訳　一九九〇、『近世日本の国家形成と外交』創文社（Toby, Ronald P., 1984, *State and Diplomacy in Early Japan*, New Jersey: Princeton University Press）
戸川芳郎・蜂屋邦夫・溝口雄三共著　一九八七、『儒教史』山川出版社
藤間生大　一九七七、『近代東アジア世界の形成』春秋社
鶴見和子・川田侃編　一九八九、『内発的発展論』東京大学出版会
梅棹忠夫　一九七四、『文明の生態史観』中央公論社
渡辺浩　一九八五、『近世日本社会と宋学』東京大学出版会
渡辺浩　一九九七、『東アジアの王権と思想』東京大学出版会
渡辺和靖　一九七八（増補版）、『明治思想史―儒教的伝統と近代認識論』ぺりかん社
H・U・ヴェーラー著、山口定・坪郷実・高橋進訳　一九八六（三刷）、『近代化理論と歴史学』未来社（Wehler, H., 1975, *Modernisierungstheorie und Geschichte*, Göttingen: Vandenhock & Ruprecht）
山本新　一九七九、『周辺文明論』千代田印刷
山室信一　二〇〇一、『思想課題としてのアジア　基軸・連鎖・投企』岩波書店
山住正己　一九八〇、『教育勅語』朝日新聞社
山脇直司　一九九九、『新社会哲学宣言』創文社
柳父章　一九七七、『翻訳の思想―「自然」とNATURE―』平凡社
八百啓介　一九九八、『近世オランダ貿易と鎖国』吉川弘文館
吉野作造　一九四八、「我国近代史に於ける政治意識の発生」『明治文化研究』吉野博士民主主義論集八（重版）、新紀元社

（二）欧文

Anderson, Benedict (1991), revised edition (1st edition 1983), *Imagined Communities: Reflections on the Origin and Spread of Nationalism*, London; New York: Verso（ベネディクト・アンダーソン著、白石隆・白石さや訳『増補　想

像の共同体―ナショナリズムの起源と流行―』NTT出版、一九九七)
Barlow, Tani E. (ed. 1997), *Formation of Colonial Modernity in East Asia*, Durham & London: Duke University Press.
Bhabha, Homi (1994), *The Location of Culture*, London; New York: Routledge.
Bloch, Ernst (trans. 1991), *Heritage of Our Times*, translated by Neville and Stephan Plaice, Berkeley and Los Angeles: University of California Press.
Chatterjee, Partha (1993), *Nationalist Thought and the Colonial World: A Derivative Discourse*, Minneapolis: University of Minnesota Press.
Cohen, Paul A. (1974), *Between Tradition and Modernity: Wang T'ao and Reform in Late Ch'ing China*, Cambridge: Harvard University Press.
Conroy, Hilary (1960), *The Japanese Seizure of Korea: 1868-1910*, Philadelphia: University of Pennsylvania Press.
Deuchler, Martina (1977), *Confucian Gentlemen and Barbarian Envoys: The Opening of Korea, 1875-1885*, Seattle: University of Washington Press.
Dilthey, Wilhelm (1958), *Gesammelte Schriften, Bd.VII*, Stuttgart: Teubner; Göttingen: Vandenhoeck & Ruprecht.
Gadamer, Hans-Georg (1986), *Wahrheit und Methode: Grundzüge einer philosophischen Hermeneutik in Gesammelte Werke, Bd.1*, Tubingen: Mohr (原著の一部と二部はそれぞれ轡田収他訳『真理と方法Ｉ』法政大学出版局、一九八六とペゲラー編、池上哲司・山本幾生訳『解釈学の根本問題』晃洋書房、一九七七)
Gilpin, Robert (1981), *War and Change in World Politics*, Cambridge; New York: Cambridge University Press.
Habermas, Jürgen (1981), "Modernity versus Postmodernity," in *New German Critique*, No.22.
Harootunian, Harry (2000), *Overcoming by Modernity: History, Culture, and Community in Interwar Japan*, Princeton and Oxford: Princeton University Press.
Hobsbawm, Eric and Ranger Terence eds. (1983), *The Invention of Tradition*, Cambridge; New York: Cambridge University Press.
Husserl, Edmund (1976), *Die Krisis der europäischen Wissenschaften und die tranzendentale Phänomenologie: Eine Einleitung in die phänomenologische Philosophie, Husserliana* Bd. VI, Haag: Martinus Nijhoff.
Keohane, Robert (1984), *After Hegemony*, Princeton: Princeton University Press.

Kim Bongjin (January 2001),"Searching for the Publicness for Future Generations," in *Bulletin: Faculty of Foreign Studies Kitakyushu University*, No.100.

Kim Bongjin (August 2002),"Rethinking of the Pre-Modern East Asian Regional Order,"in *Journal of East Asian Studies*, Vol.2 No.2.

Kim Bongjin (September 2003), "Return to Japan: The Public/Private in Watsuji Tetsurō's Ethics," in *Sungkyun Journal of East Asian Studies*, Vol.3 No.2.

Levenson, Joseph (1958), *Confucian China and Its Modern Fate: the Problem of Intellectual Continuity*, Berkeley: University of California Press.

Naoki, Sakai (1992), *Voices of the Past: The Status of Language in Eighteenth-Century Japanese Discourse*, Ithaca: Cornell University Press.

Rosenau, J.N. ed. (1969), *Linkage Politics: Essays on the Convergence of National and International Systems*, New York: The Free Press.

Schmid, Andre (2002), *Korea Between Empires, 1895-1919*, New York: Columbia University Press.

Schwartz, Benjamin I. (1996), *China and Other Matters*, Cambridge, Massachusetts: Harvard University Press.

Skocpol, Theda (1979), *States and Social Revolutions; A Comparative Analysis of France, Russia, and China*, Cambridge; New York: Cambridge University Press.

Swartout, Jr., Robert R. (1980), *Mandarins, Gunboats, and Power Politics: Owen Nickerson Denny and the International Rivalries in Korea*, The University Press of Hawaii.

Taylor, Charles (1994; seventh printing), *Sources of the Self: The Making of the Modern Identity*, Cambridge, Massachusetts: Harvard University Press.

Vlastos, Stephen, ed. (1998), *Mirrors of Modernity: Invented Traditions of Modern Japan*, Berkeley: University of California Press.

Wright, Arthur F. ed. (1953), *Studies in Chinese Thought*, Chicago: University of Chicago Press.

あとがき

本書は一九九一年春に東京大学大学院総合文化研究科国際関係論専攻に提出した博士学位請求論文（以下、博論と記す）「東アジア『開明』知識人の国際秩序観――鄭観応、福沢諭吉、兪吉濬の比較研究」を、そのなかの比較対象と比較研究の一部内容のほかは、ほぼ全面的に改稿したものをもとにしてさらに大幅な改訂を加えたものである。それを改稿するに際して、筆者はクレイオー（Clio; ギリシア神話の九ミューズの中、歴史を司るミューズ）を冒瀆するまいと心がけた。がしかし、結局のところ、冒瀆してしまったのだろうか、クレイオーの顔はなお、正面を見せようとせず、悲しみを漂わせているようだ。もっとも、クレイオーは顔の正面をなかなか見せようとしなかったけれども、知的満足をあたえることは惜しまなかったし、想像力を働かせる喜びは筆者にも許された。

歴史は無数の人間の営みが無限の時空間に伸び広がる多層的な関係の網に似ている。そのなかのごく一部がある人によって――ある時、ある場で――記し留められると、この営みはいわば歴史の記録となる。だがそのとき、この関係の網目はすでに破られている。ゆえに、あらゆる記録は必ずしも歴史の事実を記すとは言えず、むしろ歴史の層の一断面を伝えるものであろう。これらの記録に依拠して歴史の事実を再構成すること、すなわち歴史の研究は、実に困難にみちた、専門的な仕事である。だからこそ、真の歴史家は仕事にかかろうとする際にいたく心をなやますのである。

一方、歴史の過程の中で、ある人は自分の知的営みを著す。この著作＝言説も歴史の記録の一種だが、その知的営みは人間関係の網とそれが編み出され、また編み出すコンテクストの中で行われたもの、いわば思惟活動の産物である。それは、真実から虚偽意識までを含んでいる数多くの言説だが、しかし自分の知的営みのごく一部を伝えるものであろう。これらの言説は、思想史研究のテクストすなわち「コンテクスト内の究明＝解釈」の対象となる。その対象として、筆者は近代三国それぞれの「開明」知識人三人の言説を選んだ。そして彼らの対内外観とその変容にみる異種交配の現象を、筆者は「伝統から近代への転換」というコンテクストに照らして比較分析した。この研究は当然至難な仕事であったが、それがはっきりと分かったのは、実は、博論の改稿に取りかかっていた頃のことである。

このようなテーマを選んだ当初から始まったことだが、とくに元の論文を改稿していくうちに、筆者の勉強すべき研究領域は拡大していった。それは、あたかも細胞分裂のように、次々と分裂を繰り返しているようだった。三人それぞれの著作の関連研究文献をはじめ、三人の知的営みの背景にある三国それぞれの伝統思想と近代思想、「近代」の省察のためのヨーロッパの近現代思想、比較思想史の方法論……など学問の分化、専門化が進むにつれて、それぞれの研究領域のおもな筋道や方向を見失わず、つかむのは無謀なことだったかもしれない。筆者自身、個人的な苦い経験もあって、数年前には一種の精神的危機を経験したように思う。この危機から回生することによって筆者の精神は、新たな知的巡歴へと旅立つことが可能になった。博論の全面改稿すなわち本書の執筆である。それを終えた今、筆者は、何かを成就したという知的満足を味わう一方、他方では、そこにみる自分の知的遍歴の不足や論証の不十分さを恥じている。

本書の序章や終章で述べたような問題意識の追究は、まだ決着しておらず、さらなる知的巡歴を残している。ただ、三人の事例の比較分析を通して、近代東アジアにおける比較思想史研究の一地平を開こうとしたが、この目標がわずかなりとも達成できた——と言われる——ならば、筆者には満足である。なお、そのなかには、言外の目標ともいうべきだが、他者を通して自己をみよう、とすれば自己も他者も、ひいては自己と他者に開かれた歴史の広々とした展望も、もっとよくみえるだろうという願望も含まれている。その願望が読者に伝わるならば、これにまさる喜びはない。

人生と学問における喜びも苦しみも味わうことができるように、二人の恩師、金容九先生と平野健一郎先生は教えてくれた。二人の学恩は測り知れない。とくに平野先生は、ながく寝かしていた博論の改稿を促し、また励ましてくれた。御恩をいただいてなかったとすれば、おそらく本書は生まれなかったであろう。

溝口雄三、渡辺浩、平石直昭、佐藤慎一、浜下武志、宮嶋博史、山脇直司、三谷博、姜在彦、河英善、慎鏞廈、李泰鎮ら諸先生からも、筆者はさまざまな教示と指導をいただいた。職についた後もまた、多くの良師にめぐり合えた。たとえば、京都での公共哲学研究会をリードしておられる金泰昌先生は、筆者をその研究会のメンバーの一人として招いてくれたわけだが、それが、筆者の知的巡歴をゆたかにする大きな契機となった。そして、さまざまな研究領域のよき学者たちと出会い、知的交流や親交を広めるうちに、筆者は数々の知的満足と喜びを体験した。この関係を深めるなかで、畏友の小林正弥さんは、もう一人の恩師ともなるべく、坂野潤治先生と筆者との縁を結ばせてくれた。その他、一々名前を記さなかったが、学恩をいただいた先生は多い。

この他、同門同学の人々との知的交流や交友からは、多くの刺激を得た。なかでも、筆者と同様に近代東アジアの比較思想史研究を行っていた藤田雄二さんと張寅性さんには大いに刺激を受け、また励まされた。本書は二人の研究に対するひとつの応答でもある。だが悔しいことに、藤田さんは、今はいない。本書の元になった博論の改稿版が出来上がったのは二〇〇一年一一月のことだが、その約一ヵ月前、藤田さんはこの世を去ったのである。

本書の出版は、筆者がハーヴァード大学ライシャワー研究所の客員研究員としてケンブリッジに滞在している間（二〇〇二年四月～二〇〇三年八月）に準備された。二〇〇二年一二月、筆者は東京大学出版会の竹中英俊さんからの厚意の提案を受けた。出版の方向が示されたものだが、そのなかには枚数制限も含まれていた。今度は、改稿版のほぼ半分以上を縮小する改訂作業に取りかかった。その作業は、同じくライシャワー研究所の客員研究員だった島本実さんの助力を頂きながら進められた。ただし、その後の事情変更により、本書の出版は——竹中さんから紹介された——九州大学出版会の藤木雅幸さんの尽力によって成し遂げられることになった。藤木さんの尽力には深い御礼を申し上げたい。

思えば本書を出版することができたのは、実に周囲の人々の厚意と励ましと尽力と支援のおかげであるといわざるを得ない。とりわけ妻の趙恵実は、相次ぐ論文の改訂作業と研究に追われて、ついつい家庭を疎かにしがちであった筆者を長い間物心両面から支え、また二人の子供達は変わらぬ笑顔で至らぬ父を迎えてくれた。あらためて心からの感謝の気持ちを、皆様に捧げたい。

金　鳳　珍

二〇〇四年八月二〇日

＊本書は、独立行政法人日本学術振興会平成十六年度科学研究費補助金（研究成果公開促進費）の交付を受けて刊行するものである。

人名索引

本文中で漢字・カタカナ表記された人名の項目を採用した。ただし註からは項目を採っていない。配列は，姓名を日本語読みしたときの五十音順。（　）内の〈C〉は中国語，〈K〉はハングルによる読みを原音に近い表記をしたことを示す。また本名や号・別名なども必要に応じて掲出する。なお，カタカナ人名のなかで，中国語名ないし漢字表記を持つ者は（　）内に記す。

あ行

か行

175, 178-180, 184, 192-194, 196
金亨燮（〈K〉キム・ヒョンソップ） 198
金晩植（〈K〉キム・マンシック） 150
黒住真 279, 280
黒田清隆 182
権在衡（〈K〉クォン・ジェヒョン） 178
コーエン，ポール 26
孔子 28, 42, 64, 103, 150, 200, 205
高宗（〈K〉コゾン，李載晃，イ・ジェファン，諱《いみな》は㷩《ヒ》） 53, 112, 174, 176, 177, 179, 184, 192, 193, 195-199, 201
光緒帝（〈C〉クヮンシュティ，清朝第11代の皇帝・徳宗） 22, 37
康有為（〈C〉カン・ヨゥウェイ） 31, 36-38, 171
呉兆有（〈C〉ウ・ツァオヨウ） 110
伍廷芳（〈C〉ウ・ティンファン） 26
後藤象二郎 237
小林正弥 273
小村寿太郎 172, 199

さ行

西園寺公望 209
西郷隆盛 139
載澤（〈C〉ツァイ・ヅォ） 37
斎藤修一郎 193
島田虔次 275, 276
釈迦 28, 205
周公 150
朱子（〈C〉ツゥズ，朱熹，ツゥ・シ） 272
シュペングラー，O. 282
荀子 42
純宗（〈K〉スンゾン，李坧，イ・タク） 201
徐光範（〈K〉ソ・クァンポム） 54, 150, 181, 189, 192-194, 196
徐載弼（〈K〉ソ・ジェピル） 181, 192, 196
徐相集（〈K〉ソ・サンジップ） 198, 199
申応熙（〈K〉シン・ウンヒ） 194
申箕善（〈K〉シン・ギソン） 194
神功皇后 139, 140, 143, 225
杉村濬 175, 177, 178, 179, 194
盛宣懐（〈C〉チォン・シェンフィ） 37, 169
西太后 37
副島種臣 237
孫歌（〈C〉スン・グォ） 288
孫文（〈C〉スン・ウォン） 36, 38

た行

大院君（〈K〉テウォンクン，李昰応，イ・ハウン） 53, 55, 57, 175-179, 182, 185-187, 193, 196
高橋正信 149
高見亀 189, 192
田原嗣郎 100, 101
檀君（〈K〉ダングン，王倹《ワンゴム》） 226
チェンバーズ 240
趙羲淵（〈K〉チョ・ヒヨン） 175, 179, 194
趙景達（〈K〉チョ・キョンタル） 163
張之洞（〈C〉チャン・ツトン） 31, 37
張樹声（〈C〉チャン・シュソン） 26, 32
張仁根（〈K〉チャン・インクン） 198
程頤（〈C〉チォン・イ，伊川，イチュァン） 272
鄭観応（〈C〉チョン・クヮンイン） 6, 10, 19-39, 52, 79-86, 92-95, 98, 102, 103, 105-111, 115, 157, 168-173, 222, 223, 227-230, 239, 240, 251-253, 291-294
鄭廷江（〈C〉チョン・ティンジャン） 21
鄭秉夏（〈K〉チョン・ピョンハ） 196
デニー，O. N. 90, 118
唐景星（〈C〉タン・チンシン） 26
徳富蘇峰 53

な行

は行

ま行

や行

ら行

利雲王・沙　105
李允用（〈K〉イ・ユンヨン）　178，179，194
李圭完（〈K〉イ・キュワン）　194
李源兢（〈K〉イ・ウォンクン）　177
李鴻章（〈C〉リ・フンチャン）　21，37，110，111，113
李周会（〈K〉イ・ジュフェ）　194
李埈鎔（〈K〉イ・ジュンヨン）　193
李泰容（〈K〉イ・テヨン）　177
梁啓超（〈C〉リャン・チチャオ）　31，36-38
劉坤一（〈C〉リュウ・クンイ）　37
老子　27
ローゼン，R. R.　172
盧伯麟（〈K〉ノ・ペックリン）　198
ロバノフ，B. A.　172

わ行

渡辺洪基　149
渡辺浩　277-279

著者略歴

金 鳳 珍（Kim Bongjin）

韓国のソウルで生まれる。

1983年　ソウル大学英文学科卒業。

1985年　ソウル大学社会科学大学院外交学科修了。

1991年　東京大学大学院総合文化研究科博士課程（国際関係論専攻）修了。学術博士。

1993年　北九州大学助教授となる。

2001年　北九州市立大学（大学名変更）教授となり，現在に至る。

東《ひがし》アジア「開明《かいめい》」知識人《ちしきじん》の思惟空間《しいくうかん》

——鄭《チョン》観《クヮン》応《イン》・福沢諭吉・兪《ユ》吉《キル》濬《ジュン》の比較研究——

2004年11月5日　初版発行

著　者　金《キム》　鳳《ボン》　珍《ジン》

発行者　福　留　久　大

発行所　(財)九州大学出版会

〒812-0053 福岡市東区箱崎7-1-146

九州大学構内

電話　092-641-0515（直　通）

振替　01710-6-3677

印刷・製本／㈲レーザーメイト・研究社印刷㈱

ISBN4-87378-844-7